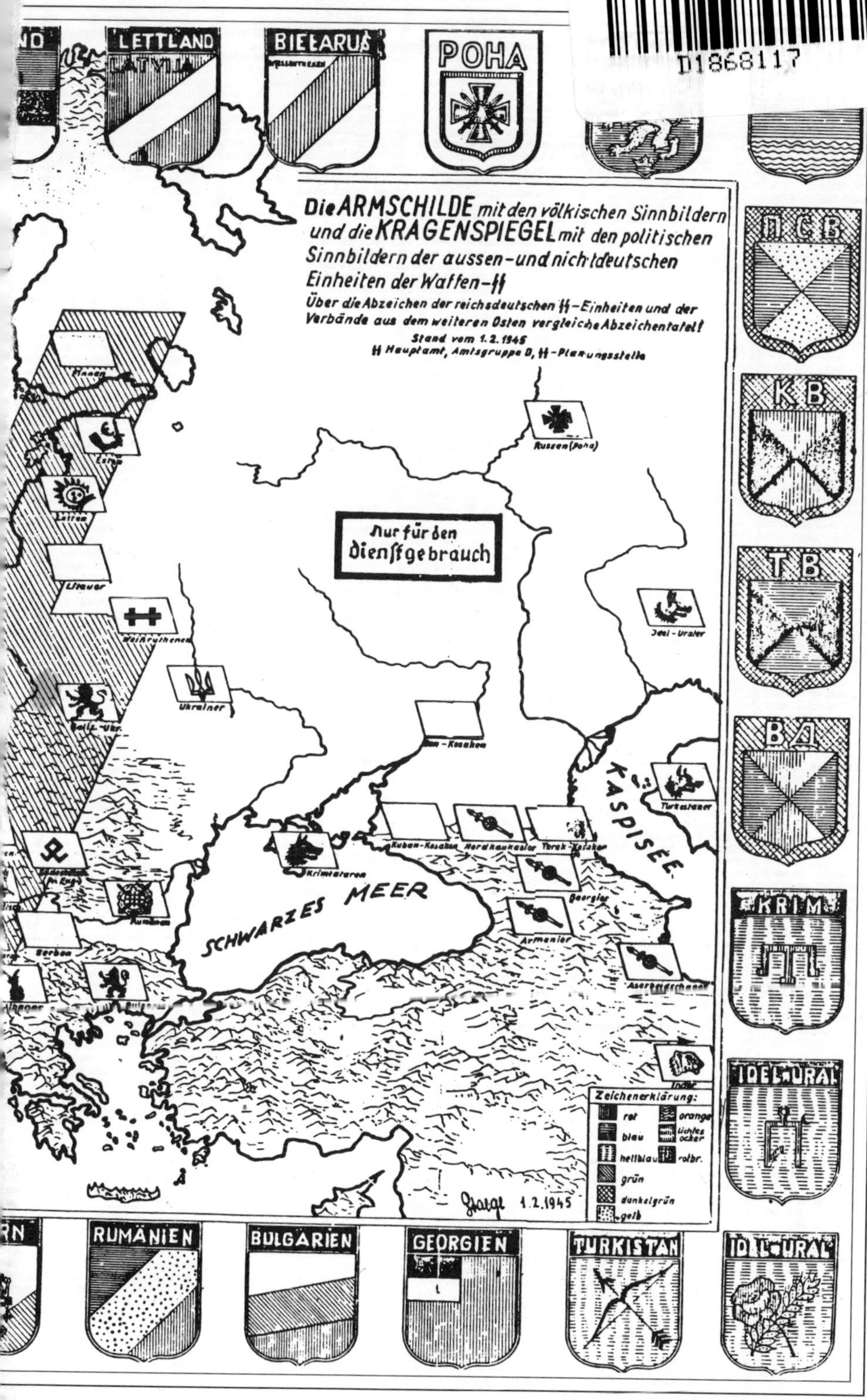
LETTLAND
LATVIJA
BIEŁARUŚ
POHA
Die ARMSCHILDE mit den völkischen Sinnbildern und die KRAGENSPIEGEL mit den politischen Sinnbildern der aussen- und nichtdeutschen Einheiten der Waffen-SS
Über die Abzeichen der reichsdeutschen SS-Einheiten und der Verbände aus dem weiteren Osten vergleiche Abzeichentafel!
Stand vom 1. 2. 1945
SS Hauptamt, Amtsgruppe D, SS-Planungsstelle
Nur für den Dienstgebrauch
Finnen
Esten
Letten
Litauer
Weißruthenen
Ukrainer
Russen (Poha)
Idel-Uraler
Don-Kosaken
Kuban-Kosaken
Nordkaukasier
Terek-Kosaken
Turkestaner
Krimtataren
Georgier
Armenier
Aserbeidschaner
Inder
Serben
Rumänen
Bulgaren
KASPISEE
SCHWARZES MEER
Zeichenerklärung:
rot
blau
hellblau
grün
dunkelgrün
gelb
orange
lichtes ocker
rotbr.
1. 2. 1945
ПСВ
KB
TB
KRIM
IDEL-URAL
RUMÄNIEN
BULGARIEN
GEORGIEN
TURKISTAN
IDEL-URAL

Hans Werner Neulen

Europa und das 3. Reich

Hans Werner Neulen

Europa und das 3. Reich

Einigungsbestrebungen im deutschen Machtbereich 1939-45

Universitas

Meiner Tochter
Sveva Valeria gewidmet

Schutzumschlag: Christel Aumann, München
Vorsatz: Europa-Karte mit den Armschilden
der Waffen-SS. Herausgeber: SS-Hauptamt,
Amtsgruppe D, Planungsstelle. Stand: 1. 2. 1945
(Dokumentenkabinett Vlotho)
Satz: Fotosatz Völkl, Germering
Druck: Druckerei Jos. C. Huber, Dießen
Binden: Thomas Buchbinderei, Augsburg
Printed in Germany
ISBN: 3-8004-1141-5

L'Europe se fédérera ou elle
se dévorera, ou elle sera dévorée.

Pierre Drieu la Rochelle, 1922

Der Zweite Weltkrieg wird für
Europa der Einigungskrieg werden, oder
Europa wird nicht mehr sein.

Giselher Wirsing, 1944

Inhalt

Danksagung

Zahlreiche Archive, Institute und Privatpersonen haben durch ihre großzügige und geduldige Mitarbeit, durch Zurverfügungstellen von Dokumenten und Fotos, weiterführende Hinweise und fruchtbare Anregungen dazu beigetragen, daß diese Studie entstehen konnte.
Ihnen sei auf diesem Wege herzlich gedankt. Besonders verbunden fühlt sich der Verfasser in Belgien Herrn A. Bekaert und Herrn A. Dantoing vom Navorsings- en Studiecentrum voor de Geschiedenis van de Tweede Wereldoorlog/Brüssel sowie Herrn Bernard Delcord; in Frankreich Monsieur Jean Mabire und den Damen und Herren von der Association pour la conservation et la reproduction photographique de la presse/Paris; in Holland Herrn E. G. Groeneveld vom Rijksinstituut voor Oorlogsdocumentatie/Amsterdam und Herrn Otto Spronk; in Italien Herrn Dott. Nicola Cospito sowie Herrn Dr. Jens Petersen vom Istituto Storico Germanico/Rom und der Fondazione Biblioteca luigi micheletti/Brescia; in Norwegen Herrn Odd V. Aspheim, Herrn Bjørn Østring und Herrn P. O. Storlid. In der Bundesrepublik Deutschland schließlich gilt der aufrichtige Dank des Autors Herrn Dr. Werner Best, Herrn Dr. Geert Demarest und Herrn Professor Dr. Hans-Adolf Jacobsen; Frau Dr. Maria Keipert, Herrn Dr. Thimme und Herrn Wiedey vom Politischen Archiv des Auswärtigen Amtes/Bonn; Herrn Dr. Werner vom Bundesarchiv Koblenz und den Damen und Herren vom Bundesarchiv/Militärarchiv in Freiburg; Herrn Dr. Joachim Hoffmann vom Militärgeschichtlichen Forschungsamt in Freiburg; Frau Brigitte Emmer und Herrn Hermann Weiß vom Institut für Zeitgeschichte in München sowie Herrn Alexander Dolezalek von der Studien-Sammlung für europäische Geschichte, Gegenwart und Zukunftsplanung/Vlotho.
Nicht vergessen werden sollen auch Frau Isy Lacour und die zahlreichen Helfer der Stadtbücherei Köln, die dem Verfasser geduldig (fast) alle bibliographischen Wünsche erfüllt haben.

Köln, im Januar 1987 Hans Werner Neulen

Einführung

Es muß verwundern, daß über 40 Jahre nach Kriegsende noch keine zusammenfassende Darstellung der nationalsozialistischen Europakonzeption und der Europaideologie der anderen Achsenstaaten sowie der Kollaborationspolitiker vorliegt, während die Europavorstellungen der Widerstandsbewegungen als erschöpfend dargestellt bezeichnet werden können. Hier sind deutliche Berührungsängste der westlichen Zeitgeschichtsforscher festzustellen. So ist aus der Feder eines bundesdeutschen Historikers zum Gegenstand Nationalsozialismus und Europa nur eine neuere Studie zu verzeichnen.[1] Zu Recht beklagt daher Ulrich Herbert: »Eine gründliche Untersuchung dieses historisch wie politisch interessanten und brisanten Themas steht noch aus.«[2] Dies Manko ist um so erstaunlicher, da eine der Zentralfragen für die Beurteilung der politischen Kriegführung der Dreimächtepaktstaaten angesprochen ist, denn das gescheiterte Ringen um eine gültige Europakonzeption bedeutete für die Achse den politischen Verlust des Krieges.
DDR-Historiker haben sich der Analyse der NS-Europaideologie allerdings schon relativ früh angenommen. Dies aber durchaus nicht immer in wissenschaftlicher Form, sondern in dem propagandistischen Bemühen, zu »beweisen«, daß die bürgerliche deutsche Widerstandsbewegung in weitgehender Übereinstimmung mit dem nationalsozialistischen Imperialismus geplant habe und die Europäische Wirtschaftsgemeinschaft der Nachkriegszeit von dem gleichen reaktionären, aggressiven und imperialistischen Ungeist beflügelt werde wie die Europaplanung des NS-Systems.[3] Dabei schreckten kommunistische Historiker auch vor Geschichtsfälschungen und Manipulationen nicht zurück, so wenn aus der Denkschrift *Das Ziel* von Beck und Goerdeler wie folgt zitiert wurde: »Die zentrale Lage, die zahlenmäßige Stärke und die hochgespannte Leistungsfähigkeit verbürgen dem deutschen Volk die Führung des europäischen Blocks«[4], und der wichtige und einschränkende Nachsatz: »wenn es sie nicht durch Unmäßigkeit oder durch Machtsuchtmanieren verdirbt«[5], schlicht unterschlagen wurde.
Ähnliches wie für die mangelnde wissenschaftliche Erforschung der NS-Europakonzeption gilt im übrigen auch für die Europaideolo-

gie der anderen Staaten, die mit dem Dritten Reich durch Bündnisverträge, politisches Kalkül, oder, weil unter Besatzung stehend, eng verbunden waren. Sie ist ein Desiderat der Zeitgeschichtsforschung, sieht man von zwei – nicht überzeugenden – Beiträgen zur europäischen Komponente des italienischen Faschismus[6] ab. Für einige Historiker scheinen die Begriffe Faschismus/Nationalsozialismus und Internationalismus sowie Achse und vereinigtes Europa schon deshalb kein zu untersuchendes Thema zu sein, weil sich diese Termini gegenseitig ausschließen. Auf den ersten Blick mag es tatsächlich paradox erscheinen, daß während des Krieges Überlegungen hinsichtlich der Einigung Europas gerade auch von jenen Parteien, Gruppen und Publizisten angestellt wurden, die dem nationalistischen und faschistischen Lager des jeweiligen Landes zuzurechnen waren. Aber es gab zahlreiche dieser Pläne, sie wurden an die nationalsozialistische Führung herangebracht in der Erwartung, daß eine von Berlin getragene und gesteuerte politische und wirtschaftliche Union des Kontinents den Mitgliedsstaaten eine größtmögliche Unabhängigkeit und Freiheit garantieren würde. So ist es schlicht falsch, wenn der Dozent am Institut für Geschichte der Polnischen Akademie der Wissenschaften, Jerzy W. Borejsza, apodiktisch feststellt: »Der Faschismus erwies sich als Antithese des Internationalismus.«[7] Im Gegensatz hierzu vertreten einige Nostalgiker des »antibolschewistischen Kreuzzuges« von 1941 noch heute die Meinung, daß ein siegreicher Hitler der Stifter und Gründer eines einigen und glücklichen Europa gewesen wäre.[8]
Die vorliegende Studie, die sich zum größten Teil auf schwer zugängliche, unveröffentlichte oder noch nicht ins Deutsche übertragene Dokumente stützt und für die nahezu die gesamte NS-Literatur zum Thema Europa ausgewertet wurde, wird darlegen, daß der Faschismus, besonders in seiner französischen und italienischen Form, durchaus keine unbedingte Gegenthese zum Internationalismus darstellt und daß im Schatten des Hakenkreuzes eine Vielzahl europäischer Entwürfe erwogen wurde, daß andererseits aber Hitler ein Gegenpol zu einem Europäer war. Als 1943 französische und italienische, finnische und norwegische, belgische und rumänische Politiker und Diplomaten geradezu verzweifelt nach einer europäischen Initiative der Reichsregierung riefen, waren es Hitler und Ribbentrop, die jeden Gedanken an eine europäische Union im

Keim erstickten. Immerhin aber ließ Ribbentrop es zu, daß seine Diplomaten im Auswärtigen Amt Exposés und Entwürfe zum Thema eines vereinigten Achseneuropa anfertigten, die bereits derart ausformuliert waren, daß der deutsche Reichsminister des Äußeren sich im Juni 1943 rühmen konnte, seine Behörde könne »innerhalb von 24 Stunden« eine Europaerklärung abgeben.[9] Sie erfolgte nie. An der nationalsozialistischen Ignoranz, an ihrem absoluten Herrschaftsanspruch zerschellten auch alle europäischen Anstöße von ausländischen Politikern, die mit Berlin verbündet waren oder sich ihm ideologisch nahe fühlten. Versanden mußten schließlich auch alle Pläne deutscher Wirtschaftsexperten, die »Nachkriegsplanungen der Europäischen Verteidigungsgemeinschaft bzw. der EWG bisweilen im Detail« vorwegnahmen.[10] Der gescheiterten praktischen Europapolitik des Regimes korrespondierte die völlig unzureichende theoretische Fundierung des nationalsozialistischen Hegemonialstrebens. Weder die Propagandisten noch die NS-Wissenschaftler konnten eine auch nur in Ansätzen schlüssige Untermauerung für die angebliche Funktion des Reiches als europäische Ordnungsmacht vorweisen. Klischees, Verzerrungen und rassistisches Imponiergehabe dominierten. Selbst den vielbeschworenen Begriff der Neuen Ordnung haben die Berliner Machthaber nicht geprägt, vielmehr dürfte Ribbentrop schlicht den Titel einer französischen Zeitschrift des föderalistischen Personalismus der 30er Jahre kopiert haben: *L'Ordre Nouveau.*[11]

Mit der vorliegenden Studie geht es dem Autor nicht darum, griffige Thesen und Theorien zum Thema Neues Europa und zu den Vorstellungen einzelner Achsenpolitiker, welchen Inhalt und welche juristische Form dieses Europa haben sollte, aufzustellen. Es ist vielmehr primär unser Anliegen, erst einmal Fakten zusammenzustellen, um eine verläßliche Basis für eine Beurteilung der kontinentaleuropäischen Einigungspläne 1939–1945 zu erhalten. Die vorgenommene Übersicht kann jedoch nicht erschöpfend sein. Bei den vielen Facetten der autoritären, faschistischen und nationalsozialistischen Europaplanungen wäre es vielmehr wünschenswert, wenn diese Aspekte für jedes einzelne Land in einer gesonderten Studie untersucht würden, eine Aufgabe, der sich die Fachhistoriker hoffentlich nicht verschließen werden. Die Materialzusammenstellung des Autors ist jedoch beweiskräftig genug für eine vergleichende Betrachtung der einzelnen und unterschiedlichen Europavorstellungen. Diese komparative Analyse wird sich dem Leser aufdrängen und nicht nur zu dem Schluß führen, daß mit den in Rom, Paris und Oslo vertretenen europäischen Neuordnungsplänen bei gleichzeitiger Liberalisierung der Besatzungspraxis womöglich bis zum Herbst 1942 nicht nur ein Großteil der europäischen Bevölkerung für die Sache der Achse hätte gewonnen werden können, sondern auch die Schlußfolgerung nach sich ziehen, daß diese Pläne 1940/41 auch die Grundlage für einen Frieden mit dem Empire hätten abgeben können. Die Projekte Hitlers, Himmlers und Ribbentrops hatten demgegenüber nie die Chance eines Ausgleichs mit der europäischen Bevölkerung und den westlichen Demokratien.

Noch ein Wort zu den hier abgedruckten Dokumenten: In die Studie aufgenommen wurden Unterlagen über deutsche, italienische, französische, belgische, holländische, norwegische, finnische und rumänische Europavorstellungen. Das Schwergewicht wurde naturgemäß auf die politischen Anschauungen und Pläne der Reichsregierung und ihrer Behörden gelegt. Da die europäische Perspektive der Kriegsjahre sowohl aus der Sicht der – vorübergehenden – Siegerstaaten wie auch der Besiegten aufgezeigt werden soll, sind Staaten des Dreimächtepaktes (Deutschland, Italien, Rumänien), des Antikominternpaktes (die vorstehenden sowie Finnland) ebenso berücksichtigt wie Länder, die sich im Zustand der Besetzung durch die Achsenmächte befanden (Frankreich, Belgien, Holland, Norwegen). Andere Mitgliedsstaaten des Dreimächtepaktes, wie etwa Kroatien, die Slowakei und Bulgarien, haben, soweit ersichtlich, keine eigenständigen Planungen für ein uniertes Neues Europa hervorgebracht. Dies gilt ebenso für die besetzten Länder Dänemark und Griechenland.

Aus mannigfachen Gründen sind Ungarn und die Vorstellungen des russischen Generals Wlassow in die Arbeit nicht miteinbezogen worden. Was Wlassow und sein Komitee zur Befreiung der Völker Rußlands anbetrifft, so fehlt es schon an beweiskräftigen, abschließenden Unterlagen über die europäischen Zukunftsvorstellungen der russischen Antikommunisten. Es kann jedoch davon ausgegangen werden, daß Wlassow und seine Anhänger sich ein Neues Europa nur auf der Basis der völligen Gleichheit und Gleichberechtigung aller Völker und Staaten des Kontinents vorstellen konnten[12] und der europäische Komplex für sie nur ein Teilproblem darstellte, da sie die asiatische Komponente Rußlands nicht aus den Augen verloren.[13]

In Ungarn war es insbesondere die faschistische Pfeilkreuzlerpartei unter Ferenc Szalasi, die europäische Fragen aufwarf und südosteuropäische Einigungsmodelle vertrat. Der Edition von Dokumenten steht jedoch nicht zuletzt die schwer verständliche, fast unübersetzbare Sprache Szalasis entgegen. Nicht unerwähnt bleiben soll jedoch, daß die Pfeilkreuzler für eine multinationale Föderation eintraten, die sie als Großes Karpato-Donau-Vaterland (K.D.N.H. – Kárpát-Duna-Nagy-Haza) bezeichneten. Sie sollte das historische Land der Stefanskrone umfassen und sich unter anderem auch auf Kroatien, Dalmatien und Bosnien-Herzegowina erstrecken und versprach allen Völkern Autonomie, Selbstverwaltung und eigene Rechte.[14] Im Juni 1940 brachten die Pfeilkreuzler eine entsprechende Nationalitätencharta im Parlament ein, die jedoch an der rechtsreaktionären Mehrheit scheiterte.

Bei der Auswahl der 61 Dokumente hat sich der Autor von den Kriterien leiten lassen, zum einen Material zusammenzutragen, das für die Europavorstellungen der zur Achse gehörenden oder ihr zuneigenden führenden politischen Schichten der betreffenden Länder bzw. für das dort vorherrschende intellektuelle Klima im Lager der mit der Achse sympathisierenden Intellektuellen typisch und repräsentativ ist. Wir haben weiter versucht, möglichst viele Dokumente vorzulegen, die unveröffentlicht sind bzw. noch in keiner deutschen Fassung vorlagen. Keine Berücksichtigung fanden nationalsozialistische Unterlagen, die sich allein mit Eroberung, Besetzung und Einverleibung fremder Gebiete beschäftigen, die also keinerlei europäische Ansätze aufweisen.

Der besseren Lesbarkeit willen wurden die Fußnoten zu den einzelnen Dokumenten gleich im Anschluß an das jeweilige Schriftstück aufgenommen. Falls nicht abweichend angegeben, handelt es sich bei den Anmerkungen mit arabischen Zahlen um Kommentierungen des Autors. Die Fußnoten zu den Textkapiteln befinden sich demgegenüber im Anhang.

Deutschland

Das europafeindliche Regime

Der einzige positive Europabeitrag aus Kreisen der NSDAP stammte vom Strasser-Flügel der Partei und wurde 13 Jahre vor Kriegsbeginn ausgearbeitet. Am 25.1.1926 nahm die von Gregor Strasser (1892–1934) geführte Arbeitsgemeinschaft der nord- und westdeutschen Gaue einen Dispositionsentwurf für ein neues Parteiprogramm an, der einen Zollverein mit der Schweiz, Ungarn, Dänemark, Holland und Luxemburg vorsah. Außenpolitisch wurde weiter die Schaffung der Vereinigten Staaten von Europa mit einem einheitlichen Maß- und Münzsystem angekündigt. Dem Großdeutschen Reich kam in der Konzeption die Funktion zu, als »Anziehungspunkt für den Mitteleuropäischen Zollverein und als Schwergewicht für die Vereinigten Staaten von Europa« zu dienen.[1] Diese, für den deutschen Nationalismus geradezu revolutionären Ansichten, konnten sich innerhalb der NSDAP nie durchsetzen. Während des Krieges entwickelte die Partei keinerlei europäische Initiativen, es wurden keine Gedanken für eine ausgewogene europäische Neuordnung laut. Die Gauschulungsleiter boten in ihren »Nur für den Dienstgebrauch!« bestimmten Broschüren den Parteigenossen wenig mehr als hohle Phrasen und stereotype Propagandafloskeln. Aber aus den Schulungs-Unterlagen des Reichsorganisationsleiters lassen sich doch einige Kernpunkte herausarbeiten, nach denen die NSDAP Europa neu gestalten wollte. So sollten trotz der immer wiederkehrenden Beteuerung, daß der Nationalsozialismus keine Exportware sei, die nationalsozialistischen Grundwerte das »Lebensgesetz des europäischen Kontinents von morgen«[2] sein, wobei die »europäische Revolution« ihren Höhepunkt in der geistigen und physischen »Befreiung« vom Judentum fand.[3] In diesem »rassereinen Europa« war für unabhängige germanische Kleinstaaten, deren Selbstbehauptungswillen als Separatismus abgetan wurde, kein Platz, sie würden – wie etwa die Niederlande und Flandern – in den Reichsverband integriert werden.[4] Das fehlende Verständnis für jede supranationale europäische Union, die eine echte Teilhaberschaft der Mitgliedsstaaten voraussetzte, findet sich bereits in den frühen Schriften Hitlers. In seinem zweiten Buch aus dem Jahr 1928 verwarf er die paneuropäische Lösung als »eine phantastische, geschichtlich unmögliche Kinderei«.[5] Ein formaler Zusammenschluß von Staaten, der nicht durch jahrhundertelange Kämpfe von einer europäischen Vormacht erzwungen worden war, mußte seiner Ansicht nach an inneren Rivalitäten zerbrechen. Ein langer Einigungsprozeß mit Völkern, die gemäß der nationalsozialistischen Doktrin biologisch minderwertig waren, würde wiederum nach der Meinung Hitlers zur rassischen Erschöpfung des Gründerstaates führen. Die Negation einer föderativen Lösung und eines Zusammenschlusses mit slawischen und romanischen Völkern schloß aber nicht aus, daß Deutschland sich zum Sachwalter der anderen germanischen Völker aufwarf und diese in einen Reichsverband hineinzwang, in dem und über den Deutschland allein und ausschließlich zu bestimmen und zu verfügen hatte. Tatsächlich war dies Hitlers Zukunftsvorstellung von einem nationalsozialistischen Kontinent, eine Konzeption, bei der Europa auf die germanischen Völker eingegrenzt wurde und diese wiederum nur als Glieder des Reiches, nicht als eigenständige, historisch gewachsene und autonome Träger der Geschichte gesehen wurden.[6] Während des Krieges ließ der deutsche Diktator nie einen Zweifel daran, daß er die Holländer, Flamen, Dänen, Norweger und Schweden in das Großgermanische Reich hineinnehmen wollte.[7] Um diesen germanischen Kern von 120 bis 130 Millionen Menschen sollte sich dann das restliche Europa gruppieren, so daß Berlin einen Raum von 400 Millionen Menschen kontrolliert hätte.[8] Selbst das Germanische Reich mit seinen privilegierten Völkern konnte Hitler nicht als gleichberechtigte Gemeinschaft anerkennen: »Über die ewige Rederei von Gemeinschaft könne er nur lächeln, da die großen Schwärmer meinten, Gemeinschaft lasse sich zusammenreden ... Gemeinschaft lasse sich eben nur durch Gewalt schaffen und erhalten.«[9] Da man dieses Europa im Schatten deutscher Bajonette weder den neutralen noch den besetzten Nationen als Zukunftsperspektive anzubieten wagte, blieb der nationalsozialistische Europagedanke während der gesamten Dauer des Krieges blaß und zweideutig. Der Presse wurde im Juni 1941 verboten, konkrete Betrachtungen über das Zusammenleben der Völker anzustellen[10], und Staatssekretär von Weizsäcker bestätigte im Mai 1943 noch einmal Hitlers grundsätzliches Mißtrauen gegenüber positiven Europaplänen: »Als Grund, weshalb wir uns auf Gespräche über ›Neuordnung Europas‹ nicht einzulassen hätten, wird vom Führer intern gesagt, unsere Nachbarn seien ja doch alle unsere Feinde. Wir müßten sie ausquetschen, könnten und dürften ihnen aber nichts versprechen.«[11]

Vor diesem europafeindlichen Hintergrund des Nationalsozialismus muß es auf den ersten Blick verwundern, daß sich in den ersten sieben Jahren des Regimes in Deutschland noch eine Organisation betätigen konnte, die sich supranational gab und einen betont europäischen Stil pflegte. Aber die Internationale Arbeitsgemeinschaft der Nationalisten (IAdN) hatte im NS-System sehr wohl ihre Funktion, und diese war durchaus anders, als es ihre europäischen Kontaktpersonen häufig vermuteten.

Der deutsche Völkerrechtler Hans K. E. L. Keller hatte die IAdN[12] Anfang 1934 in Zürich aus der Taufe gehoben. Die Arbeitsgemeinschaft gab vor, die Achtung unter den einzelnen Nationalitäten zu stärken und propagierte eine übervölkische Friedensordnung. Nie wurde aus der IAdN eine Massenbewegung, aber sie vermochte es, einen kleinen Kreis hochkarätiger europäischer Gelehrter und Intellektueller um sich zu scharen und einige Kongresse durchzuführen. Der erste fand vom 5.12. bis 7.12.1934 in Berlin statt[13], der zweite vom 10. bis 12.7.1935 in London, der dritte und letzte vom 25. bis 29.7.1936 in Oslo. Nach außen hin traten Keller und seine Organisation als private und unabhängige Einrichtung auf, ein Etikett, das es der IAdN ermöglichte, Kontakte auch zu solchen Persönlichkeiten des Auslandes aufzunehmen, die nie auf die Idee gekommen wären, mit einer nationalsozialistischen Organisation in engere Verbindung zu treten. Aber es hätte auffallen müssen, daß sich Kellers völkische Auffassung des internationalen Rechts nur wenig von den nationalsozialistischen Völkerrechtstheorien unterschied.[14] Tatsächlich wurde er bereits seit 1934 vom Reichspropagandaministerium in Berlin finanziell unterstützt. Goebbels beabsichtigte, mit der Gruppe Kellers den von Rom unterstützten und im Juli 1933 gegründeten CAUR (Comitati d'azione per l'universalità di Roma) das Wasser abzugraben. Die Aktivitäten der CAUR lagen den Nationalsozialisten schwer im Magen, hatten diese doch im Dezember 1934 in Montreux einen internationalen Kongreß abgehalten, zu dem deutsche Teilnehmer nicht eingeladen worden waren und der eine klare Stoßrichtung gegen den nationalsozialistischen Rassismus gehabt und Mussolinis Führungsrolle in einem künftigen faschistischen Europa bestätigt hatte. Das Reichspropagandaministerium hoffte, mit Kellers IAdN ein Gegengewicht zu den CAUR geschaffen zu haben. So liest man in einem Aktenvermerk des Auswärtigen Amtes vom 14.2.1936, bei Kellers Initiative handele es sich »um eine deutsche defensive Gegenaktion gegen die unter Leitung des italienischen Kammerdeputierten Coselschi stehende Bewegung Aktionskomitee für die ›Universalität Roms‹.«[15] Noch 1936 erfreute sich Keller der Unterstützung des Propagandaministeriums. Das AA sandte am 18. Juli 1936, kurz vor dem 3. Kongreß der IAdN, folgendes Schreiben an die Deutsche Gesandtschaft in Oslo: »Das Reichsministerium für Volksaufklärung und Propaganda hat, wie ich vertraulich mitteile, die Reise des Dr. Keller finanziert, bittet aber, von seiner Anwesenheit keine amtliche Notiz zu nehmen.«[16] Die Person Kellers und seine Arbeitsgemeinschaft waren im Dritten Reich aber nicht unumstritten. Insbesondere das AA opponierte gegen den geltungssüchtigen Völkerrechtler, der im Juli 1936 in Oslo die Akademie für die Rechte der Völker gründete und damit sofort auf Konfrontationskurs zur offiziellen Akademie für Deutsches Recht in Berlin geriet. Die Berliner Diplomaten verabscheuten Keller und seine seltsamen Werbemethoden, sie warfen ihm vor, er betreibe antifaschistische, gegen Italien gerichtete Propaganda. Auf Druck des AA erklärte das Propagandaministerium in einem Schreiben vom 6. März 1937, bis zum 1. April würde die Liquidation der Akademie der Rechte der Völker durchgeführt. Dessenungeachtet setzte Keller seine Aktivitäten munter fort, ein Indiz dafür, daß er einen anderen Schutzherrn innerhalb des NS-Systems gefunden haben mußte. Schließlich kam es im Februar 1938 in Berlin zu einer Konferenz über das weitere Schicksal Kellers und der IAdN, an der zehn Behörden und Parteistellen teilnahmen. Alle diese Institutionen, selbst das Propagandaministerium, sprachen sich gegen weitere Aktivitäten Kellers aus, aber dieser hatte mittlerweile einen anderen Förderer gefunden – die Geheime Staatspolizei. Sie hielt ihre schützende Hand über die Arbeitsgemeinschaft, konnte Keller ihr doch durch Auslandskontakte nützlich sein und durch seine Propaganda europäische Wissenschaftler näher ans Dritte Reich heranziehen. Keller war es somit möglich, trotz wiederholter Proteste des Auswärtigen Amtes seine Arbeit noch bis etwa Frühjahr 1940 fortzusetzen, weitere Aktivitäten der Arbeitsgemeinschaft und der Akademie sind nicht feststellbar.[17]

Vom »Europarausch« des Jahres 1940 bis zur Katastrophe von Stalingrad

1940 befanden sich zahlreiche deutsche Dienststellen, beflügelt durch die schnellen Siege im Westen, in einer Art »Europarausch«.[18] In den verschiedenen Ministerien und Reichsbehörden wurden Pläne und Vorschläge für eine europäische Nachkriegsordnung unter deutscher Führung erarbeitet. Im Auswärtigen Amt befürwortete der Gesandte Clodius am 30. Mai 1940 die Einbeziehung von Holland, Belgien, Luxemburg und Norwegen in den großdeutschen Wirtschaftsraum.[19] Sein Kollege Ritter plädierte zwei Tage später für einen deutsch geführten Großwirtschaftsraum mit eingegliederten (Holland, Belgien, Luxemburg, Dänemark, Norwegen) und angegliederten (Donauraum, Baltikum, Schweden, Finnland) Gebieten, der rund 200 Millionen Menschen umfassen sollte.[20] Am 31. Mai 1940 legte Werner Daitz, der im September 1939 die Gesellschaft für europäische Wirtschaftsplanung und Großraumwirtschaft e. V. gegründet hatte, eine *Denkschrift zur Errichtung eines Reichskommissariats für Großraumwirtschaft* vor (Dok. Nr. 2). Aus taktischen Erwägungen beabsichtigte Daitz, die deutsche Großraumwirtschaft der Öffentlichkeit im In- und Ausland als einen »europäischen« Wirtschaftsverbund vorzustellen. Die Ziele seiner Denkschrift waren tatsächlich exorbitant: Der Wirtschaftsraum sollte sich auf »sämtliche Völker des Festlandes von Gibraltar bis zum Ural und vom Nordkap bis zur Insel Cypern« erstrecken.[21] Diese Konzepte, mit denen sich die Nationalsozialisten einen Cordon économique in Europa schaffen wollten und die gleichzeitig – was die Entwürfe von Ritter und Clodius angeht – eine ökonomische Plattform für den Angriff auf die Sowjetunion abgaben[22], waren sicher symptomatisch für zahlreiche Pläne der deutschen Großindustrie im Jahre 1940.[23] Aber Daitz wurde schon relativ früh angewiesen, sich auf rein wissenschaftliche Arbeiten zu beschränken, und der Handelspolitische Ausschuß, dem Vertreter verschiedener Ministerien angehörten, beschloß am 9.8.1940, die Euphorie zu bremsen und die »öffentlichen Erörterungen über die deutschen

Pläne für die wirtschaftliche Neugestaltung Europas nach Möglichkeit zu beschränken«.[24]

Der erste Entwurf zum *Aufbau der deutschen Wirtschaft,* der im Reichswirtschaftsministerium, dem mit Erlaß Görings vom 22.6.1940 die Neuordnung der deutschen Friedenswirtschaft und der Neuaufbau der von Deutschland geführten kontinentalen Wirtschaft übertragen worden war[25], formuliert wurde, orientierte sich mehr an mitteleuropäischen Vorstellungen des Ersten Weltkrieges als an nationalsozialistischen Großraumplänen (Dok. Nr. 3). Auch die im Ausland vielbeachtete Rede von Reichswirtschaftsminister und Reichsbankpräsident Funk vom 25.7.1940 zum Thema der wirtschaftlichen Neuordnung Europas war eher verhalten. Funk wollte die ökonomische Neuorganisation pragmatisch angehen und das Gemeinschaftsgefühl unter den europäischen Völkern durch Zusammenarbeit auf allen Gebieten der Wirtschaftspolitik stärken. Er ließ aber keinen Zweifel daran, daß Deutschland der Nutznießer der wirtschaftlichen Neuordnung sein sollte: »Die kommende Friedenswirtschaft muß dem Großdeutschen Raum ein Maximum an wirtschaftlicher Sicherheit garantieren und dem deutschen Volke ein Maximum an Güterverbrauch zur Erhöhung der Volkswirtschaft. Auf dieses Ziel ist die europäische Wirtschaft auszurichten.«[26] Ähnlich hatte sich Funk drei Tage zuvor in einer Chefbesprechung geäußert: »Deutschland besitzt in Europa jetzt politisch die Macht, eine *Neuordnung der Wirtschaft* entsprechend seinen Bedürfnissen durchzusetzen. Der politische Wille, diese Macht zu gebrauchen, ist vorhanden. Daraus ergibt sich, daß die Länder sich nach uns ausrichten müssen. Die Wirtschaft der übrigen europäischen Länder muß sich unseren Bedürfnissen anpassen.«[27]

Bei allen konzeptionellen Überlegungen des Reichswirtschaftsministeriums, insbesondere der Abteilung Vorbereitung und Ordnung unter Staatssekretär Gustav Schlotterer[28], standen die Interessen des Reiches eindeutig und dominierend im Vordergrund. Die europäischen Nationalwirtschaften sollten dem Reich zuarbeiten, seine ökonomische Freiheit sichern und die Blockadefähigkeit stärken. Aber Schlotterer war sich durchaus bewußt, daß dieses Ziel allein mit Mitteln der Gewalt und Ausbeutung auf Kosten der ausländischen Wirtschaft nicht zu realisieren war. Er brachte deutsche Industrielle mit ihren Kollegen aus dem besetzten Westeuropa zusammen, die die Grenzen überwinden und in ökonomischen Angelegenheiten kooperieren sollten. Ein vereinheitlichtes Transportsystem und eine europäische Rationalisierung der Industrie würden schließlich nach Schlotterers Auffassung »auf ein ›wirtschaftliches Paneuropa‹ hinauslaufen, das nicht der Zusammenschlüsse von Staaten bedürfe, sondern der Vereinigung von Nationalwirtschaften auf der Grundlage von Verträgen zwischen den Nationen«.[29] Diese Devise machten sich besonders die deutschen Industriellen der Ruhrkohle und des Ruhrstahls zu eigen, die die westeuropäischen Konkurrenzunternehmen nicht aufsogen oder liquidierten, vielmehr drängten sie sie auf die Stellung von Juniorpartnern zurück. Insoweit wurde keine rigorose Exploitationspolitik verfolgt, sondern ein geschmeidiger Kurs von Wirtschaftsdiplomatie, getragen von der Vision eines »funktional und ökonomisch durch Produzenten-Vereinbarungen integrierten Europa«.[30]

»Deutschland siegt an allen Fronten für Europa«. Zum Aufkleben auf Briefsendungen bestimmte, hier vergrößert dargestellte deutsche Propaganda-Vignette aus dem Jahr 1941 (Archiv Wilhelm Kreft)

Aber die Jahre 1940/41 brachten auch andere Konzepte hervor, Vorstellungen, die bestimmt waren durch hemmungslosen Chauvinismus und Imperialismus. Reichspropagandaminister Goebbels etwa erklärte am 26.10.1940 vor Führern der NSDAP in Wien: »Wenn dieser Krieg zu Ende ist, dann wollen wir die Herren über Europa sein.«[31] In zahlreichen Amtsstuben des Dritten Reiches waren Bürokraten und Diplomaten damit beschäftigt, diesen Herrschaftsanspruch durch konkrete Pläne manifest zu machen. Der Gesandte Braun von Stumm erarbeitete im Mai/Juni 1940 ein Papier

über Grenzfragen im Westen, wonach Belgien, Holland und Frankreich große Gebiete an das Reich abzutreten hatten und teilweise die Grenze von 1619 wiederhergestellt werden sollte.[32] Wesentlich radikaler plante der 1890 in Dorpat geborene Werner Hasselblatt, Mitglied der Akademie für Deutsches Recht und Rechtsberater sowie ständiger Beauftragter des Verbandes der Deutschen Volksgruppen in Europa. Seine *Zusammenfassung der Denkschrift über die Tatbestände und Gefahren der völkerpolitischen Lage nach dem Sieg* vom November 1941 sah vor, daß in einem nationalsozialistisch beherrschten Nachkriegseuropa nur 50% der Europäer ihre Eigenstaatlichkeit behalten durften. 200 Millionen Menschen sollten unter langdauernd gedachter Verwaltung oder einer totalen Verwaltungsaufsicht des Reiches stehen. Selbst die Staaten, denen Hasselblatt ihre weitere nationale Existenz nicht streitig machte, hätten den größten Teil ihrer Selbständigkeit verloren, sie würden, wie etwa Rumänien, dem Reich »hörig bleiben«.[33]
Derartig megalomanische und hybride Projekte wurden zwar nicht realisiert und kamen über Entwürfe nicht hinaus. Andererseits war die Reichsführung in Berlin auch nicht fähig, den Panzer der eigenen nationalsozialistischen Weltanschauung zu sprengen und nach dem Sieg über Frankreich ein ernsthaftes Friedensangebot an England, gekoppelt mit der gleichzeitigen Proklamation einer autoritären europäischen Neuordnung, abzugeben. Ein derartiger Schritt wurde Ende Oktober 1940 in London und in den neutralen Ländern erwartet. Für den Fall, »daß Hitler als von Europa legitimierter Sprecher England ein Angebot unterbreiten würde«, befand sich die britische Regierung in einer äußerst unangenehmen Lage, denn sie hätte der eigenen Bevölkerung eine Ablehnung nur schwer plausibel machen können.[34] Aber aus Berlin kam keine großzügige Geste für die unterworfenen Völker, kein Plan für eine europäische Neustrukturierung, der im Ausland auf Interesse hätte stoßen können. Noch einmal, im Sommer 1941, nach den großen deutschen Waffenerfolgen in Rußland, rechnete London mit einem generösen deutschen Friedensplan, »den die Engländer mehr fürchteten als die militärische Invasion der Insel«.[35] In dieser Phase, die der deutschen Diplomatie große Möglichkeiten eröffnete, die sie nicht zu nutzen verstand, übersandte Albrecht Haushofer Staatssekretär von Weizsäcker eine bemerkenswerte Denkschrift. Haushofer, der Sohn des

berühmten Geopolitikers Karl Haushofer, zählte zu den »wilhelminischen Imperialisten«, deren Ziele nur partiell deckungsgleich mit denen Hitlers waren. Bereits am 8. September 1940 hatte er bei Rudolf Heß über die Möglichkeiten eines deutsch-englischen Friedens referiert und dabei ausgeführt: »Nach meiner Überzeugung lehre der jetzige Krieg, daß Europa für seine bisherige anarchische Lebensform zu klein geworden sei und daß es eine innere, föderative und keineswegs allein auf Polizeiherrschaft einer einzelnen Macht aufgebaute Ordnung, bei Aufrechterhaltung eines Teils seiner Weltstellung und Sicherheit gegen das sowjetrussische Eurasien, nur bei enger deutsch-englischer Zusammenarbeit finden könne.«[36] Diese Zusammenarbeit sollte unter anderem durch eine gemeinsame Flotte, gemeinsame Luftwaffe und eine gemeinsame Besitzverteidigung in der Welt besiegelt werden. Mit seiner an das AA gerichteten Denkschrift vom November 1941 knüpfte Haushofer an seine Friedenspläne an und befürwortete unter anderem die Errichtung eines Europäischen Bundes, dem auch Schweden, Norwegen, Dänemark, die Schweiz und Italien angehören sollten (Dok. Nr. 4). Obwohl Haushofers Friedensprogramm in der Tradition preußisch-deutschen Machtstrebens stand, »hätte es auf dem Höhepunkt der deutschen Machtentfaltung beträchtliche Erfolgschancen gehabt, selbst wenn es der politisch unglaubwürdige Hitler den Besiegten und Neutralen verkündet hätte«.[37]

Die deutsche Diplomatie entfaltete in den Jahren 1940/41 keine europäischen Initiativen. Der Abschluß des Dreimächtepaktes am 27.9.1940 wurde von der Presse zwar als Magna Charta der Neuen Ordnung dargestellt und die Erneuerung des Antikominternpaktes im November 1941 als erster europäischer Kongreß gepriesen[38], aber in Wirklichkeit war die Wirkung dieser Verträge vornehmlich propagandistisch.

Am 27. September 1941 entwickelte auch der in der Wilhelmstraße tätige Publizist Dr. Karl Megerle sehr wohlklingende *Positive Presse- und Propagandathesen:* »Alle geschichtlich bewährten Völker und Staaten Europas sind als Glieder des neuen Europa willkommen. Ihre nationale und kulturelle Entwicklung in freier, eigenständiger Unabhängigkeit ist gewährleistet. Jedes Volk soll nach eigener Façon am neuen Europa teilnehmen.«[39] Aber Reichsaußenminister von Ribbentrop dachte nicht daran, diese Thesen in die Praxis um-

Bündnissysteme der Achse (Stand: Mai 1943)

Antikominternpakt vom 25.11.1936, erneuert am 25.11.1941
Deutschland, Japan; Italien (6.11.1937), Mandschukuo (Januar 1939), Ungarn (Februar 1939), Spanien (März 1939), Bulgarien, Kroatien, Dänemark, Finnland, National-China (Nanking), Rumänien, Slowakei (alle 25.11.1941)

Dreimächtepakt vom 27.9.1940
Deutschland, Italien, Japan. Ungarn (20.11.1940), Rumänien (23.11.1940), Slowakei (24.11.1940), Bulgarien (1.3.1941), Kroatien (15.6.1941)

Verbündete, ohne dem Dreimächtepakt beigetreten zu sein
National-China (Nanking), Mandschukuo, Thailand, Finnland

zusetzen. Zum einen fehlte ihm in der Außenpolitik jede Originalität. Er hatte praktisch nur einmal, in den Jahren 1939/40, ein eigenständiges Konzept vertreten, als er die Bildung eines euro-asiatischen Kontinentalblocks vorschlug, ein weltpolitisches Viereck Berlin-Rom-Moskau-Tokio, das eine Alternative zu dem deutschen Angriff auf die Sowjetunion gewesen wäre.[40] Zum anderen waren alle wichtigen außenpolitischen Entscheidungen in der Person Hitlers zentriert, so daß die Position eines Außenministers im Dritten Reich eigentlich überflüssig war. Da Hitler seine Politik ab 1939 ausschließlich mit Waffengewalt durchsetzte, fiel der Diplomatie nur noch die Rolle eines Statisten zu: Die deutschen Diplomaten befanden sich in demselben Tempo, in dem die deutschen Armeen vorrückten, auf dem Rückzug. Und Ribbentrop, der »sich gegenüber Hitler in einem aus Suggestion und Angst erwachsenen Zustand der Hörigkeit«[41] befand, hatte weder die Kraft noch das Format, die Hitlersche Kriegspolitik in Bahnen zurückzulenken, die diplomatische Möglichkeiten eröffneten. Ein Mitglied der Informations- und Presseabteilung im AA urteilte über den Reichsaußenminister: »Der Krieg und alles, was dazu gehört, überfordern Ribbentrop täglich. Weit davon entfernt, der Mann aus Eisen zu sein, für den er sich gibt, verraten seine früh gealterten Züge, daß er leidet. Der Außenminister hat alles auf eine Karte gesetzt: Hitler. Ein

Stirnrunzeln aus dem Führerhauptquartier bringt Welten in ihm zum Einsturz.«[42]

Zudem war Ribbentrops Ministerium nicht das einzige, das sich mit Fragen der Außen- und Europapolitik beschäftigte. Nach der Art einer vielköpfigen Hydra wirkten hier die verschiedensten Instanzen neben- und gegeneinander.[43] Das Reichsministerium für die besetzten Ostgebiete und der Reichsführer SS waren nur zwei der Konkurrenten. Nahezu unabhängig vom Auswärtigen Amt arbeiteten zahlreiche Forschungsinstitute und akademische Gesellschaften an Plänen für ein Neues Europa und eine Großraumordnung oder an der dogmatischen Untermauerung des deutschen Herrschaftsanspruchs. Zu nennen sind hier:[44]

- die bereits erwähnte Gesellschaft für europäische Wirtschaftsplanung und Großraumwirtschaft e. V.
- das Zentralforschungsinstitut für nationale Wirtschaftsordnung und Großraumwirtschaft (gegründet 1941),
- die Reichsarbeitsgemeinschaft für Raumforschung und Raumordnung (gegründet 1936),
- die Deutsche Weltwirtschaftliche Gesellschaft,
- das Arbeitswissenschaftliche Institut der Deutschen Arbeitsfront,
- das Deutsche Auslandswissenschaftliche Institut, Universität Berlin,
- das Institut für Weltwirtschaft, Universität Kiel,
- das Institut für Großraumwirtschaft, Universität Heidelberg,
- das Institut für Staatsforschung, Universität Berlin.

Besonderen Eifer bei der Ausarbeitung nationalsozialistischer Theorien zum europäischen Großraum legten die Gesellschaft für europäische Wirtschaftsplanung und Großraumwirtschaft e. V. unter dem Gesandten Werner Daitz und das Deutsche Auslandswissenschaftliche Institut unter Professor und SS-Standartenführer Dr. Franz Alfred Six an den Tag. Dies Institut war zusammen mit der Auslandswissenschaftlichen Fakultät Berlin der eigentliche Kristallisationspunkt der nationalsozialistischen Politikwissenschaft.[45] Es gab die Monatsschrift *Zeitschrift für Politik* sowie das *Jahrbuch für Weltpolitik* heraus und veranstaltete in den Kriegsjahren auch Ausländerkurse, die Akademiker aus befreundeten und unterworfenen Nationen auf die Grundlagen der nationalsozialistischen Neuen Ordnung festlegen sollten.[46]

245

Der Deutsche Kurzwellensender erbittet Ihre Mitarbeit an der Sendung Europa-Stunde, in der die bekanntesten Wirtschaftsführer Europas zu Wort kommen sollen.

Die **Europa-Stunde** ist eine Sondersendung in amerikanischer Sprache. Sie umfaßt einen Zeitraum von 45 Minuten. Sie wird einmal wöchentlich, jeden Donnerstag, auf der Kurzwelle mit Richtstrahler nach den Vereinigten Staaten gestrahlt. An der Sendung beteiligt sind sämtliche zur Verfügung stehenden Kurzwellensender Europas. Die günstigste Sendezeit ist gewählt. Weiteste Hörerkreise - von der Atlantikküste bis zum Pazifischen Ozean - werden erfaßt.

Die **Europa-Stunde** lehrt den Amerikaner das neue Europa in seiner jetzigen und zukünftigen Gestalt und Bedeutung verstehen. Sie erzeugt in ihm ein Verständnis für das Kriegs- und Friedensziel der Achsenmächte und ihrer Verbündeten. Sie zeigt die ganze Sinnlosigkeit eines gewaltsamen Eingriffs in eine unaufhaltsame, zielstrebende Entwicklung des neuen Europa, eines Eingriffs, den sich Washington über den Kopf des amerikanischen Volkes hinweg zum Ziel gesetzt hat.

Die **Europa-Stunde** läßt den Yankee teilnehmen an den zahllosen Problemen, die dem neuen Europa entgegentreten. Sie läßt ihn begreifen, welche ungeheure Pionierarbeit - würdig der seiner Vorfahren auf amerikanischem Boden - das kämpfende Europa von heute leistet. Sie gibt ihm Einblick in die Zusammenarbeit der europäischen Völkerfamilie auf allen Gebieten, sei es Handel und Industrie, Zoll- und Transportwesen, Landwirtschaft, Arbeitseinsatz, Wissenschaft oder Kunst und Erziehung.

Die **Europa-Stunde** berichtet von jedem sichtbaren Fortschritt, jedem Erfolg auf dem Wege zur Verwirklichung des neuen Europa. Sie spricht nicht vom Kriege, sondern von seinen geernteten oder noch reifenden Früchten, seinem Sinn und Ziel.

Die **Europa-Stunde** ist keine Schulstunde. Die Belehrung, die Berichterstattung über das neue Europa erfolgt nicht in überlegen-dozierendem Tone, gleichsam mit drohend erhobenem Zeigefinger. Sie belehrt durch objektiv bleibende, von Humor belebte Tatsachen-Schilderungen, die ganz auf die Interessen, die Vorbildung und die Mentalität des amerikanischen Menschen abgestellt sind. Sie erzieht den Amerikaner zum eigenen Denken. Sie erzeugt ein Urteil, ohne ihm vorzugreifen oder europäische Anschauung aufzudrängen.

Die **Europa-Stunde**, ihre Planung, Gestaltung und Durchführung ist einem Mann anvertraut, der lange in den Staaten gelebt, gearbeitet und Erfolg gehabt hat. Er kennt den Hörer, an den er sich wendet. Als Werbefachmann beherrscht er die Sprache, die der Yankee zu hören gewohnt ist und leicht versteht. Als Europäer, den wir jetzt ganz Europa bereisen ließen, kann er über das neue Europa aus eigener Anschauung überzeugend berichten.

Die **Europa-Stunde** stellt ihn vor eine Aufgabe, die - theoretisch gesehen - die Beherrschung sämtlicher Fachgebiete voraussetzt. Kein Mensch ist auf a l l e n Spezialgebieten ein Fachmann. Deshalb bitten wir Sie, ihm Ihre Kenntnisse auf Ihrem Spezialgebiet zur Verfügung zu stellen.

Ein Themenkatalog für die Europa-Stunde des Deutschen Kurwellensenders lag schon gedruckt vor, als Ribbentrop die Sendereihe untersagte (PA AA Handakten Luther, Bd. 14)

Das AA war somit bei der Neuordnung Europas nahezu einflußlos.[47] Bereits ab 1941 ließ der weitere Kriegsverlauf »dem Auswärtigen Amt keinerlei Handlungsspielraum mehr, zumal die Behörde jeglichen Einfluß auf die politischen Entscheidungen eingebüßt hatte«.[48] Nachdem das Reich 1942 nur noch mit 22 Staaten diplomatische Beziehungen unterhielt, reduzierte sich die Diplomatie auf eine reine Kriegsbündnispolitik, die Wilhelmstraße wurde zum Zuarbeiter für andere Behörden. Resigniert schrieb von Ribbentrop: »Nur vom Hörensagen erfuhr ich gelegentlich von Plänen des Führers, für ein ›Germanisches Reich‹ mit dem Deutschen Reich als Kern und einem föderativen Zusammenschluß der anderen germanischen Staaten.«[49] Die Arbeit des Auswärtigen Amtes erschöpfte sich nun in zunehmendem Maße in Ämterrivalitäten und Kompetenzkonflikten. Der Reichsaußenminister wachte eifersüchtig darüber, daß seinem Ministerium zumindest die letzten verbleibenden Entscheidungszuständigkeiten nicht beschnitten wurden. So vergeudeten die Diplomaten mitten im Krieg mehr als die Hälfte ihrer Arbeitszeit mit Reibereien mit anderen Dienststellen.[50] Dabei scheint zeitweilig die Maxime vorgeherrscht zu haben, die Initiativen, die im Zusammenhang mit Europa standen und nicht vom Reichsaußenminister ausgingen, abzublocken. So im Fall der »Europastunde« und der geplanten Ausstellung »Kampf um Europa«. Im März 1942 bereitete die Rundfunkpolitische Abteilung im AA in Zusammenarbeit mit der Reichsrundfunkgesellschaft die Einrichtung einer neuen Sendereihe »Europastunde« vor. Die »Europastunde« sollte wöchentlich einmal über sämtliche in den USA hörbaren Kurzwellensender ausgestrahlt werden und den Vereinigten Staaten in propagandistischer Form »das neue Gesicht des werdenden Europa zeigen«.[51] Die Rundfunkpolitische Abteilung hielt sich streng an die ergangenen restriktiven Weisungen und betonte ausdrücklich, bei der neuen Sendereihe sollten Prognosen über die zukünftige Gestaltung Europas vermieden werden. Die Vorbereitungen für die »Europastunde« waren, wie die gedruckte Themenaufstellung für die Sondersendung beweist, schon weit fortgeschritten, als der Reichsaußenminister über die Initiative unterrichtet wurde. Ribbentrop verbot die Durchführung der »Europastunde« in der geplanten Form als außenpolitisch unzweckmäßig (Dok. Nr. 5). Dies wohl auch unter Berücksichtigung der Tatsache, daß das Reich

kein vertrauenerweckendes europäisches Konzept anzubieten hatte, das allen europäischen Nationen eine positive Zielvorstellung gab und zum Beispiel die italienisch-französischen und ungarisch-rumänischen Gegensätze hätte überbrücken können.
Geradezu vehement war die Ablehnung des Reichsaußenministers gegenüber der von Rosenberg geplanten Ausstellung »Kampf um Europa«. Der Beauftragte des Führers für die Überwachung der gesamten geistigen und weltanschaulichen Schulung und Erziehung der NSDAP beabsichtigte, die Ausstellung im Herbst 1942 in Berlin und München durchzuführen. Sie sollte am 26. Oktober 1942 mit einer Großveranstaltung in der Krolloper beginnen, als Redner waren Göring, der Reichsaußenminister und der Reichspropagandaminister vorgesehen. In einer sich anschließenden Vortragsreihe sollten hochkarätige deutsche Wissenschaftler die Möglichkeit erhalten, zu zahlreichen Aspekten der Neuen Ordnung Stellung zu nehmen. Ribbentrop reagierte äußerst scharf auf die Idee seines Parteigenossen Rosenberg und teilte ihm mit Schreiben vom 1.9.1942 mit, er habe von der Ausstellung Abstand zu nehmen. Ihr Thema falle ausschließlich in die Zuständigkeit des AA, weiter sei der Zeitpunkt für die Veranstaltung ungünstig, da mit ihr Probleme aufgeworfen würden, »die sowohl aus allgemeinen außenpolitischen Gründen als auch im Hinblick auf unsere Verbündeten und die Neutralen zur Zeit noch nicht berührt werden dürfen«.[52] Als Rosenberg mit Antwortbrief vom 4. September auf der Durchführung der Ausstellung bestand, übermittelte Ribbentrop seinem ständigen Beauftragten im Führerhauptquartier eine Notiz zum Vortrag bei Hitler. Diese Notiz ist eines der interessantesten Dokumente zum Verständnis der nationalsozialistischen Europapolitik. Gemäß Ribbentrops Auffassung hatte vorerst jede Konkretisierung der Neugestaltung und Neuordnung Europas zu unterbleiben, weil dadurch den besetzten west- und nordeuropäischen Ländern der ihnen zugedachte Status offenbar werden mußte und die verbündeten Länder beunruhigt worden wären.[53] Erst nach dem Endsieg, wenn auf niemanden mehr Rücksicht genommen werden mußte, wollte man mit dem hypertrophen Gedanken eines Großgermanischen Reiches an die Öffentlichkeit treten (Dok. Nr. 6). Wie nicht anders zu erwarten, stimmte Hitler der Einschätzung seines Außenministers zu, die Großkundgebung Rosenbergs wurde verboten.

Ein ähnliches Tauziehen gab es um die von der HJ-Führung ausgerichtete Gründungsveranstaltung zum Europäischen Jugendverband. Im Frühjahr 1942 hatte Reichsleiter von Schirach die Zustimmung Mussolinis zur Gründung eines Europäischen Jugendverbandes eingeholt, Reichsjugendführer Axmann kündigte die Bildung dieser supranationalen Dachorganisation während einer Jugendveranstaltung in Weimar am 5. Juli 1942 an.[54] Aber bei der Vorbereitung und Durchführung des Gründungskongresses war von Schirach beinahe überall angeeckt. Durch unmittelbare Kontakte mit ausländischen Dienststellen hatte er das AA verärgert, die Italiener durch Nichtbeachtung der paritätischen Besetzung des Jugendverbandes vor den Kopf gestoßen und sich zudem noch den Zorn des Propagandaministers zugezogen.[55] Die Gründungsveranstaltung fand schließlich vom 14. bis 18. September 1942 in Wien statt. Während die Wiener über »Baldurs Kinderfest« witzelten, bedachte Goebbels in der Reichshauptstadt die Veranstaltung mit beißendem Spott: »Wien komme ihm wie die Neuauflage des Frankfurter Kongresses vor, nur daß damals Männer mit Bärten getagt, während dieses Mal die Pimpfe sich in nutzlosem Geschwätz ergangen hätten. Der Minister sagt, ihm käme die Tagung in Wien wie eine Jugendkirmes vor.«[56] Dabei war der Kongreß, bei dem sich die 14 beteiligten Jugendorganisationen zu einem Europäischen Jugendverband zusammenschlossen[57], zu einem Erfolg für die HJ-Führung geworden. Baldur von Schirach hatte in seiner Eröffnungsrede sogar ein nationalsozialistisches Tabu verletzt, als er für alle dem Europäischen Jugendverband angehörenden nationalen Jugendorganisationen den Grundsatz der Gleichberechtigung proklamierte (Dok. Nr. 7). Aber dieser internationale Dachverband blieb trotz einiger positiver Ansätze weitgehend ein legitimes, wenn auch ungeliebtes Kind des NS-Systems, was schon bei der Zusammensetzung deutlich wurde: Vertreter von französischen Jugendgruppen waren nicht eingeladen worden, und die estnische, lettische und tschechische Jugend trat nur innerhalb der deutschen Delegation in Erscheinung. Zudem wurde der Europäische Jugendverband schon kurz nach seiner Gründung vom AA torpediert, welches durchsetzte, daß die Arbeit der Vereinigung während des Krieges ruhen sollte.[58] Weitere Tagungen des Verbandes fanden nicht mehr statt, nur in der Auslandspropaganda wurde die Zusammenfassung der europäi-

schen faschistischen und nationalsozialistischen Jugendorganisationen noch eine Zeitlang herausgestellt.[59] Hitler nahm schließlich die Streitereien um die Europa-Ausstellung Rosenbergs und den Europäischen Jugendverband zum Anlaß, die »Planung, Vorbereitung und Durchführung europäischer oder internationaler Demonstrationen wie Kongresse, Tagungen, Gründung von Verbänden usw.« grundsätzlich zu untersagen.[60] Nicht betroffen von diesem Verbot waren die Tagungen der Internationalen Journalistenkonferenz und des Europäischen Schriftstellerverbandes, der im Oktober 1941 in Weimar gegründet worden war. Die geistigen Waffen, die den Tagungsteilnehmern auf dem ersten Kongreß angeboten wurden, waren allerdings so dürftig, daß eine Suspendierung der weiteren Tätigkeit dieses Verbandes keine kulturelle Lücke hinterlassen hätte. So wurde in Weimar im Oktober 1941 verkündet, »der europäische Gedanke« sei »ja in Wirklichkeit nichts anderes als das Zusammengehörigkeitsbewußtsein der germanischen Rasse ...«.[61] Wie diese Verzerrung der Europaidee auf die anwesenden ungarischen, rumänischen und bulgarischen Schriftsteller gewirkt haben mag, kann man sich unschwer vorstellen. Trotzdem gaben insbesondere die französischen Teilnehmer, die glücklich waren, als Angehörige einer besiegten Nation an der Veranstaltung des Siegers teilnehmen zu können, zum Teil geradezu euphorische Eindrücke von der Weimarer Tagung wieder.[62] Als schließlich im Oktober 1942 das zweite Treffen der europäischen Schriftsteller stattfand, war die Begeisterung einer realistischeren Einschätzung gewichen. Die Italiener zeigten sich sogar maßlos enttäuscht. Emilio Falqui bemerkte zu der Veranstaltung: »Ein Nest von Idioten.«[63]
Eine derartige Selbstkritik war in der NS-Hierarchie verpönt. Hier dominierten 1942 noch Siegeszuversicht und ungebrochener Machtwille. Zwei Denkschriften aus dem dritten Kriegsjahr, die sich in eindeutig imperialistischer Form mit der Neugestaltung Europas beschäftigten, sind symptomatisch für den totalen nationalsozialistischen Herrschaftsanspruch über den Kontinent. Der SS-Frontoffizier Wolfram Heinze erarbeitete ein Memorandum mit dem Titel *Über Führung und Verwaltung des europäischen Reiches der Deutschen*, das er im September 1942 abschloß.[64] Sein Deutsches Reich germanischer Nation sah für die deutsche Schweiz, Holland und Flandern den Status von Reichsländern mit einem

Reichsverweser an der Spitze vor. Diese Institution rechnete er der Regionalverwaltung zu. Als weitere Verwaltungseinheiten empfahl er Reichsgaue (Böhmen-Mähren, die Krim) und Reichsgouvernements (in den ehemals russischen Gebieten). Beim Reichskommissar für die besetzten niederländischen Gebiete machte sich Abteilungsleiter Dr. Kurt O. Rabl Gedanken über die *Neuordnung Europas und zur künftigen Verfassung eines Großreiches unter Führung der europäischen Nordvölker.*[65] Seine Denkschrift trägt das Datum vom 9. Dezember 1942 und bezog optimistisch auch Länder in die Verfügungsgewalt des Reiches ein, die sich noch nicht unter deutscher Herrschaft befanden. Der Autor phantasierte von einem immerwährenden Bund der europäischen Nordvölker, der innerhalb von höchstens zwei Generationen zu einer geschlossenen Einheit zusammenwachsen sollte. Als Teilnahmeländer waren neben dem Reich, Holland, Flandern, Dänemark und Norwegen auch Schweden, England, Schottland, Wales und Nordirland vorgesehen. Sie alle sollten ihres eigenständigen Status verlustig gehen und die großdeutsche Gauverfassung übernehmen. Schlimmeres noch drohte dem gesamten Osten, Palästina und den britischen und belgischen Besitzungen in Afrika. Diesen Territorien fiel nach der Konzeption des Verfassers die Rolle von Kolonialgebieten des Bundes zu, die Bewohner sollten Reichsuntertanen ohne politische Rechte werden. Als diese gespenstischen Pläne entstanden, bahnte sich die Katastrophe und Tragödie von Stalingrad an.

Die Zäsur des Jahres 1943

Stalingrad stellt eine Zäsur für die deutsche Kriegszielpolitik und -propaganda dar.[65a] Hatte innerhalb des NS-Regimes bisher die blinde Siegesgläubigkeit vorgeherrscht, so bestimmten nun für einige Monate Versuche einer Modifikation des strategischen Kalküls oder zumindest des taktischen Vorgehens die Leitbilder der Planung. Die Einsicht, daß der Krieg mit militärischen Mitteln allein nicht zu einem siegreichen Ende geführt werden konnte, erzwang in Kreisen führender Funktionäre neue konzeptionelle Überlegungen. Reichspropagandaminister Dr. Goebbels, der noch im September 1942 scharf gegen das »Gerede« vom Neuen Europa polemisiert hatte (Dok. Nr. 8), gab am 15. Februar einen Erlaß heraus, der

der deutschen Politik zumindest propagandistisch ein neues, europäisches Gesicht geben sollte. In den Richtlinien heißt es unter anderem: »Ebenso unangebracht ist eine Darstellung der künftigen Neuordnung Europas, aus der die Angehörigen fremder Völker den Eindruck gewinnen könnten, als ob die deutsche Führung sie in einem dauernden Unterwerfungsverhältnis zu halten beabsichtige.«[66] Die deutsche Propagandamaschinerie schaltete vom russischen auf das bolschewistische Feindbild um, die Parole »Europa gegen den Bolschewismus« wandte sich an das Gemeinschafts- und Zusammengehörigkeitsgefühl auf dem Kontinent.[67] Hitler griff das Thema in seiner Ansprache zum zehnten Jahrestag der Machtergreifung auf und pries die Wehrmacht als den europäischen Schutzschirm des Kontinents. Goebbels stand ihm nicht nach und verkündete in seiner Sportpalast-Rede vom 18.2.1943, das Abendland sei in Gefahr, vom Bolschewismus und seinen »motorisierten Roboterdivisionen« überrannt zu werden. Nur das Reich und seine Verbündeten seien in der Lage, die Rettung Europas zu gewährleisten.[68] Im Reichspropagandaministerium und im Reichsministerium für die besetzten Ostgebiete wurde an einer »Ostproklamation« gearbeitet, die die Rolle des Reiches als Befreier vom versklavenden Bolschewismus herausstreichen sollte. Aber Hitler dachte weder an eine »Ostproklamation« noch an eine Änderung der Besatzungspolitik oder gar eine europäische Öffnung des Nationalsozialismus. Zugänglicher zeigte er sich nur »in der Frage eines rohen Europaprogramms«[69], also in einer stärkeren propagandistischen Herausstellung des Europagedankens. Goebbels nutzte diesen Freiraum geschickt aus, als er am 13.3.1943 der dänischen Zeitung *Berlinske Tidende* ein Interview gab, in dem er betonte, die europäische Neuordnung werde auf freiwilliger Basis erfolgen und sich nicht auf Kosten des individuellen Gepräges der europäischen Nationen vollziehen (Dok. Nr. 9). Aber diese Ausführungen mit ihrer völlig neuen Tonart waren nur ein opportunistischer Schachzug, ein skrupelloser Propagandatrick, mit dem sich der Berliner Minister die Mitarbeit der europäischen Völker an den deutschen Kriegsanstrengungen sichern wollte.[70] Seinem Tagebuch vertraute Goebbels an, worum es ihm mit seinen verbalen europäischen Harmoniekundgebungen in Wirklichkeit ging: um die nationalsozialistische Beherrschung des Kontinents und schließlich auch um die Weltherrschaft.[71] So gelangte Berlin nicht aus dem Dilemma heraus, quasi alle europäischen Nachbarn als Feinde oder Konkurrenten einzuschätzen, für die daher nur die Alternative eines Satellitenstaates oder – schlimmer noch – eines Annexes des Reiches bei Verlust der materiellen und juristischen Staatlichkeit in Frage kam. Letztlich führte der Einschnitt von 1943 nur zu Abstrichen in der Kriegszielprogrammatik, alle anderen und weitergehenden Versuche zerschellten an der rigorosen und unabdingbaren Haltung Hitlers, der am 8. Juni 1943 über den Ostraum ausführte: »Ich kann keine Zukunftszielsetzung machen, die mir hier unabhängige Staaten, autonome Staaten aufbaut.«[72] Mochten die *SS-Leithefte* auch ein Neues Europa ankündigen, das keiner einseitigen Herrschaft einer einzelnen Macht unterworfen sein sollte[73], mochte Werner Daitz auch wortgewandt betonen, daß den europäischen Völkern »ein Leben in Freiheit und Eigenständigkeit«[74] garantiert werde, all dies blieben deklamatorische Gesten, die als solche selbst von vielen antikommunistischen Europäern erkannt und entlarvt wurden. So heißt es in einem Beschluß der III. Konferenz der Organisation Ukrainischer Nationalisten OUN-Bandera vom Februar 1943:

> »Seine [Deutschlands] Bemühungen, die unterdrückten Völker zu einem stärkeren Kampf gegen den Bolschewismus zu gewinnen oder zu zwingen ... erweisen sich als ein heimtükkisches Manöver und als verspäteter Versuch zur Vermeidung der Folgen aus begangenen Fehlern und als Mittel zur Stärkung seines Militärpotentials mit den Kräften der unterdrückten Völker.«[75]

Es gab kaum ein Reichsministerium, in dem 1943 nicht Überlegungen zur europäischen Neuordnung angestellt und Pläne zu ihrer Realisierung entworfen worden wären. Ein Schwerpunkt dieser konzeptionellen Tätigkeit lag beim Reichsaußenministerium, das endlich wieder Anlaß hatte, sich mit Grundüberlegungen der Außenpolitik zu befassen. Bereits in Aufzeichnungen des AA vom April 1942 findet sich ein Hinweis auf ein Europakomitee (Dok. Nr. 5), welches angeblich nach dem Abschluß des Frankreichfeldzuges von Ribbentrop ins Leben gerufen worden sei (Dok. Nr. 6). Aber bei diesem Komitee konnte es sich nur um einen losen, informellen Arbeitskreis handeln, denn präzise Überlegungen, wie sich ein derartiges Komitee zusammensetzen sollte, erfolgten erst im September 1942. Unterstaatssekretär Luther nahm am 20. und 26.9.1942 zu den Fragen Stellung und schlug vor, einen Europaausschuß des Deutschen Reiches unter Führung des Außenministers zu bilden, der durch ein gemeinsames Generalsekretariat mit dem Europaarbeitskreis des AA verbunden sein sollte.[76] Ausführliche Entwürfe zum Aufgabengebiet und zu den Funktionen des Europaausschusses und des Arbeitskreises legten Legationsrat Dr. Walther Kieser und Ministerialdirektor Dr. Werner Best vor.[77] Es war eindeutig, daß Luther mit seinem Projekt beabsichtigte, auf dem Gebiet der allgemein erörterten Großraum- und Europafragen die geistige und politische Führung zu übernehmen.[78] Während der Europaausschuß die Neuregelung der Beziehungen zwischen dem Deutschen Reich und den Staaten und Völkern Europas vorbereiten sollte, hatte der innere Arbeitskreis die Aufgabe, dem Ausschuß zuzuarbeiten und ihm Lösungsvorschläge zu unterbreiten. Weiter hoffte das Auswärtige Amt, mit einem Europaausschuß die Bildung eines von der Wilhelmstraße unabhängigen Europaministeriums zu verhindern. Europaausschuß und Arbeitskreis hatten sich noch nicht konstituiert, als Ribbentrop mit Datum vom 21.3. 1943 eine Aufzeichnung über einen Europäischen Staatenbund und eine entsprechende Gründungsakte vorlegte (Dok. Nr. 10). Diese Ausarbeitung war auf den ersten Blick revolutionär, sie versprach den Mitgliedsstaaten ihre Souveränität, Freiheit und politische Unabhängigkeit. Aber Hitler lehnte den Entwurf ab, da er nicht davon abzubringen war, »daß Deutschland allein das Heft in der Hand behalten müsse«.[79] Ribbentrop selbst ließ keinen Zweifel daran, daß er diesen Staatenbund nur als propagandistisches Spielmaterial ansah und unbeirrt an dem Ziel eines Großgermanischen Reiches festhielt, das jede föderative Lösung ausschloß. Sein Plan war daher nicht viel mehr als eine Hülle für die absolute deutsche Hegemonie.[80] Auch später machte der Reichsaußenminister nie ein Hehl daraus, daß er mit seinem eigenen Europaexposé »innerlich selbst nicht ganz einverstanden gewesen sei«[81], daß er sein Projekt nur mit halbem Herzen vertrat und es für ihn eher eine Diskussionsgrundlage als eine alternative Planung darstellte.[82] Wie wenig der Chef der NS-Diplomatie den Europagedanken schätzte, geht schließlich aus seinem Gespräch mit Dino Alfieri vom 10. Juni 1943 hervor, als er dem um eine europäische Sinngebung des Krieges bemühten italienischen Botschafter entgegenhielt, »man müsse die besetzten Länder in völliger Zersplitterung halten«.[83]

Trotz der kritischen Haltung Ribbentrops waren zumindest die organisatorischen Arbeiten für den Europaausschuß vorangekommen. Dieser war mit Verfügung vom 5. April 1943 offiziell ins Leben gerufen worden.[84] Die noch 1942 vorgesehene Aufteilung in einen Europaausschuß des Deutschen Reiches und den Europaarbeitskreis des AA wurde aufgegeben. Dem Ausschuß selbst gehörten neben Ribbentrop 14 Diplomaten an, als Sekretär fungierte Legationsrat von Trützschler.[85] Um die Tagungen des Ausschusses vorzubereiten, wurden drei Arbeitsgruppen gebildet, die sich mit historischen, geographischen, vertraglichen und publizistischen Problemen auseinandersetzen sollten. Der Wirkungskreis der Institution, die vertraulich arbeitete, war im übrigen recht bescheiden. »Hauptaufgabe des Ausschusses«, so lesen wir in den Richtlinien[86], »ist in der gegenwärtigen Phase des Krieges die Sammlung von Material und die Vorbereitung von Unterlagen für die bei Kriegsende zu treffenden Regelungen der europäischen Neuordnung. Die Ausarbeitung bestimmter Pläne für die Gesamtgestaltung des künftigen Europa hat dabei vorerst noch zu unterbleiben.«

Da sich mithin der Europaausschuß konstituiert hatte, muß es überraschen, daß sich in den Akten des Auswärtigen Amtes noch eine Aufzeichnung über die Bildung eines Europakomitees befindet, die zwei Monate nach der grundsätzlichen Verfügung Ribbentrops erstellt wurde und ein Gremium von vier Arbeitsgruppen vorsah.[87] Der Autor scheint von der Weisung seines obersten Dienstvorgesetzten und der Einrichtung des Europaausschusses tatsächlich keine Kenntnis gehabt zu haben – ein symptomatischer Vorgang für die Geheimniskrämerei und mangelnde Koordination innerhalb einer obersten Reichsbehörde.

Der Europaausschuß blieb nicht untätig und legte am 9. September 1943 17 Leitsätze vor, die die Einigung Europas auf föderativer Grundlage versprachen (Dok. Nr. 14).[88] Es war ein beeindruckendes Dokument, unter das alle der Achse angehörenden und ihr zuneigenden Nationen ihre Unterschrift hätten setzen können. Aber es wurde nie eine Grundlage nationalsozialistischer Außenpolitik, sondern blieb ein Schubladenentwurf ohne Bezug zu der harten Realität der Neuen Ordnung.

Enthielten alle Projekte, Pläne und konzeptionellen Überlegungen des Jahres 1943 nur »Scheinzugeständnisse«[89], waren es nur taktische Kniffe, um die eigenen Absichten zu tarnen oder zu verschleiern, sahen sie keine politischen Änderungen innerhalb der bestehenden Herrschaftsstruktur vor, sondern vertraten nur andere Nuancen, technische Alternativen oder den Einsatz etwas geschmeidigerer Herrschaftsmittel?[90] Zum Teil waren es tatsächlich nur propagandistisch-defensive Gegenaktionen gegenüber alliierten Plänen, wie etwa die Aufzeichnung von Clodius über die wirtschaftliche Neuordnung Europas, die eine deutsche Antwort auf Wirtschaftsentwürfe der Westmächte vorsah (Dok. Nr. 13). Bei der Auswertung der Aktenbestände des Auswärtigen Amtes ist aber nicht zu übersehen, daß es innerhalb dieser Behörde, die 1943 6458 Mitarbeiter zählte, auch abweichende Auffassungen gab, daß Diplomaten bei taktischer Adaption ihrer Entwürfe an die NS-Sprachregelung theoretische Ansätze vertraten, die, wären sie durchgeführt worden, das Reich vom reißenden Fahrwasser der rassistischen Hegemonie in das ruhigere Gewässer einer multinationalen konföderativen Ordnung gebracht hätten. Schließlich war das AA keine von unversöhnlichen Nationalsozialisten völlig durchsetzte Einrichtung, sondern eine Behörde, die nach einer Schätzung des Legationsrates und Widerstandskämpfers Hans-Bernd von Haeften (1905–1944) rund 60 % nichtnationalsozialistischer Beamter aufwies.

Der Vortragende Legationsrat Dr. Kolb trat in seinen *Vorschlägen zur Gleichschaltung der europäischen und großostasiatischen Großraumpolitik* vom 23.2.1943 für eine Großraumgemeinschaft auf freiwilliger Basis ein.[91] Realistisch ging Kolb davon aus, daß in Europa die Furcht herrsche, »daß das nationalsozialistische Deutschland den Völkern Europas seinen Willen aufzwingen wolle«. Sein Alternativkonzept verzichtete dann auch auf unmittelbaren Zwang. Der Großraumgemeinschaft sollten alle Staaten angehören können, gleichgültig, ob ihre innere Struktur totalitär, monarchistisch oder parlamentarisch war. Die Gemeinschaft hatte die jeweilige Verfassung der Einzelstaaten anzuerkennen und durfte sich nicht in deren innere Verhältnisse einmischen. Zwischen den Staaten würden Verträge auf der Basis der Gleichberechtigung abgeschlossen werden. Kolbs Schlußsatz hätte auch Coudenhove-Kalergi unterschreiben können:

> »Das Haupthindernis auf der Schaffung der Großraumgemeinschaft [sic] ist im Osten wie im Westen die Furcht der Völker vor den Führungsmächten. Sie kann weitgehend durch die Beobachtung der vorstehend aufgeführten Grundregeln behoben werden, deren Anwendung im Verkehr der Menschen und Völker immer nur Segen gestiftet hat: völkisches Selbstbewußtsein ohne Überheblichkeit, Achtung vor den anderen Volkspersönlichkeiten, Gegenseitigkeit und Gleichberechtigung beim Abschluß von Verträgen, gegenseitiges Vertrauen, Wahrung der Eigeninteressen ohne Verletzung berechtigter fremder Interessen, Verzicht auf Einmischung in fremde Angelegenheiten, Rücksicht auf das Gemeinwohl.«[92]

Sein Vertragsentwurf, vorgesehen für Deutschland, Italien und Japan und betreffend die politische Gestaltung der Großräume Europa und Großostasien, hätte noch 1941 auf die unterjochten europäischen Nationen wie ein verheißungsvolles Fanal wirken können.
Überlegungen zur politischen Ausgestaltung des Europagedankens stellte auch der Gesandte Dr. Hans Frohwein an, der Mitte 1943 von der Deutschen Waffenstillstands-Delegation für Wirtschaft in Paris nach Berlin zurückversetzt wurde. Er entwickelte *Grundgedanken eines Plans für das neue Europa*, die er am 7.6.1943 an das AA sandte.[93] Auch seine konzipierte Europäische Gemeinschaft sollte auf freiwilliger Basis geschaffen werden, wobei ein europäischer Friedenspakt die Freiheit und Unabhängigkeit der Teilnehmerstaaten garantierte. Jedes einzelne Land würde sein nationales Leben nach eigenem Ermessen, aber unter Beachtung der Verpflichtungen gegenüber der Gemeinschaft gestalten können. Streitigkeiten untereinander sollte ein europäischer Gerichtshof regeln.
Die umfassendesten Initiativen entfaltete der Gesandte Cécil von Renthe-Fink, der bei jeder sich bietenden Gelegenheit versuchte, seinem Reichsminister eine Erklärung für ein geeintes Europa und die Zustimmung zu dem Konzept eines europäischen Staatenbundes abzutrotzen.[94] Am 9. September 1943 legte er Ribbentrop eine

Notiz über einen europäischen Staatenbund vor, die einerseits die Notwendigkeit zur Gründung einer supranationalen Staatengemeinschaft betonte, andererseits den Bund zu einem Instrument der NS-Außenpolitik denaturierte (Dok. Nr. 15). War sein Projekt daher nur ein Schachzug zur Camouflage des nationalsozialistischen Imperialismus? Es scheint eher, daß der Berufsdiplomat von Renthe-Fink, der noch aus dem Diplomatischen Dienst des Kaiserreiches stammte, sich taktisch der hybriden Sprache des Regimes bediente und seine Notiz so abfaßte, daß sie der Mentalität und dem intellektuellen Horizont seiner Vorgesetzten entsprach, um auf diesem Wege zu erreichen, daß das Reich aus der Sackgasse der nackten Gewalt herauskam und die europäische Karte, die eine Eigendynamik entwickeln mußte, ausspielte. Staatssekretär von Weizsäcker hat in seinen Erinnerungen über das Dilemma der Diplomaten, die innerhalb des Systems eine vernünftige Kurskorrektur durchsetzen wollten, geschrieben:

> »Niemand kam damals in Deutschland zum Ziel, wenn er nicht der herrschenden Ausdrucksweise Rechnung trug. Vorschläge vernünftig gebliebener Beamter oder Offiziere und fast alle ihre Argumente waren solche *ad hominem* ... Wer in jener Periode in Deutschland politisch wirken wollte, schrieb ja nicht, um später als kluger Warner darzustehen, nicht um seine Seele zu retten. Er sprach und schrieb in Konkurrenz zu Psychopathen und für Psychopathen.«[95]

Als der deutsche Botschafter in Helsinki, Wipert von Blücher, im Sommer 1943 Berlin besuchte und mit den »alten Beamten« im AA über eine europäische Perspektive des Krieges in Gedankenaustausch trat, konnte er feststellen, daß sie mit ihm darüber übereinstimmten, »daß das künftige Europa auf föderativer und paritätischer Basis gestaltet werden müsse ...«.[96] Es kann wohl keinem Zweifel unterliegen, daß auch Cécil von Renthe-Fink, der bereits 1913 in den Diplomatischen Dienst eingetreten war, zu diesen »alten Beamten« zählte. Zwar hat ihn der selbstgerechte Schweizer Botschafter bei der Vichy-Regierung als glühenden und überzeugten Nationalsozialisten geschildert[97], aber für das Einhalten der NS-Sprachrichtlinien durch Renthe-Fink gab es neben taktischen Erwägungen noch einen anderen Grund: Der deutsche Diplomat, der im nationalsozialistischen Umfeld als »reaktionär« galt, handelte auch aus Angst vor der Partei.[98] Diese Angst ließ ihn aber nicht zum willenlosen Komplizen werden. Sein Spruchkammerverfahren in Detmold im September 1949 endete mit dem Urteilsspruch »nicht belastet«.

Renthe-Fink verfaßte neben der schon erwähnten Notiz (Dok. Nr. 15) noch zahlreiche weitere Entwürfe für die Proklamation eines Europäischen Staatenbundes.[99] In seinen Exposés schlugen sich auch die europäischen Anregungen nieder, wie sie mit dem Reich verbündete Diplomaten ausländischer Nationen – etwa der Italiener Babuscio Rizzo, der Finne Kivimäki – im Jahr 1943 in zunehmendem Maße und drängend dem AA unterbreiteten. Die japanische Unabhängigkeitserklärung für die Philippinen nahm Renthe-Fink zum Anlaß, dem Reichsaußenminister am 13.10.1943 zu empfehlen, ein Presseinterview zu geben, in dem er die vertrauensvolle Zusammenarbeit als Ziel der deutschen Politik betonen und den einzelnen Staaten ihre nationale Unabhängigkeit garantieren sollte.[100] Am 16.11.1943 schlug der konservative deutsche Diplomat Ribbentrop vor, am Gründungstag des Antikominternpaktes in einer Rundfunkansprache die Grundsätze für ein vereinigtes Europa zu verkünden.[101] Kurze Zeit später wurde Renthe-Fink als Sonderberater nach Vichy versetzt. Seine gesamte Arbeit, die viele Facetten des europäischen Problems abgedeckt hatte, war umsonst gewesen.

Parallel zu den Bemühungen des AA waren auch im Reichsministerium für Rüstung und Kriegsproduktion Überlegungen angestellt worden, dem Europagedanken im Rahmen der deutschen Kriegswirtschaft zum Durchbruch zu verhelfen. Der im neu geschaffenen Planungsamt dieses Ministeriums eingesetzte Oberregierungsrat Arnold Köster unterzeichnete am 13. September 1943 eine *Denkschrift betreffend Europäische Wirtschafts-Planung*, in der er davon ausging, daß Deutschland die besetzten Gebiete bisher zwangsweise und wenig planvoll ausgenutzt habe.[102] Dies hatte, wie der Verfasser zutreffend bemerkte, »Verstimmung gutwilliger Elemente, zunehmenden Haß feindlicher Volksschichten, passive Resistenz und Sabotage« zur Folge. Zudem böte das Reich als »zweifelhafter Schuldner« entwürdigende Sicherheiten. Um eine totale Mobilisierung der europäischen Rüstungswirtschaft zu erreichen, befürwortete Köster die Überwindung der bisherigen Improvisationen und die Einrichtung einer Europäischen Wirtschafts-Planung unter deutscher Führung, die nur dann funktionieren könne, wenn das Reich alle gutwilligen ausländischen Kräfte loyal mitwirken lasse und auf außerdeutsche Belange Rücksicht nehme. Der Oberregierungsrat aus dem Speer-Ministerium rückte damit ein Stück von der nationalsozialistischen Ausbeutungsmentalität ab, aber seine Gedanken kamen drei Jahre zu spät. Auch Köster hielt im übrigen unbeirrt am deutschen Führungsanspruch über Europa fest.

Der Europagedanke im NS-Schrifttum

Es war die Aufgabe nationalsozialistischer Juristen, den Berliner Führungsanspruch in eine einigermaßen plausible rechtliche Form zu gießen. Sie lösten ihre Aufgabe eher kläglich. Die fundierteste Untermauerung des NS-Großraumdenkens lieferte der Preußische Staatsrat und Rechtslehrer Carl Schmitt (1888–1985) mit seinem zuerst 1939 erschienenen Werk *Völkerrechtliche Großraumordnung und Interventionsverbot raumfremder Mächte*, das eine deutsche Monroe-Doktrin für Europa verkündete.[103] Aber keiner der anderen nationalsozialistischen Rechtsgelehrten hatte die intellektuellen Qualitäten eines Carl Schmitt. So entwickelte das neue NS-Völkerrecht die Theorie eines europäischen Führungsraum des Reiches, der neben den eigentlichen Hoheitsraum trat.[104] In diesem Führungsraum sollte ein »inneres Völkerrecht« Gültigkeit haben, das es dem Reich ermöglicht hätte, nach Belieben mit den einzelnen Völkern in diesem Raum umzuspringen. Die Einbeziehung nichtdeutscher Völker in diesen Führungsraum wurde damit bemäntelt, sie seien dem politischen Großkampf nicht gewachsen.[105] Im Mittelpunkt der neuen Konzeption des Völkerrechts stand nicht mehr der Staat, sondern das Volk, das Träger und Glied des Völkerrechts sein sollte[106], wobei nur das »wertvolle Volkstum« ein Anrecht auf Sicherung seiner völkisch-rassischen Souveränität hatte.[107] Diese Theorie von der unterschiedlichen Wertigkeit der Völker, die Meßlatte einer rassischen Rangordnung, verstieß eindeutig gegen den auf den Grundsätzen der Gleichheit und Unabhängigkeit basierenden herkömmlichen Begriff der Souveränität.[108] Als Ersatz für die Eigenstaatlichkeit sollten den ihres rechtlichen Schutzes beraubten Nationen volkseigene Heimatgebiete zugewiesen werden.[109] Auch

das Selbstbestimmungsrecht fand keine Gnade vor den Augen der NS-Juristen[110], die mit Völkern und Staaten jonglierten, als handele es sich um Fallbeispiele aus einer Semesterarbeit. Allein bestimmend, alles regelnd und oktroyierend war das Reich, das zum »Lebenskern des Großraumes«[111] hochstilisiert wurde. Das neue innere oder innerkontinentale Völkerrecht ließ den gewaltunterworfenen europäischen Nationen kaum eine Chance, über das eigene Schicksal mitzubestimmen. So beruhte die Mitgliedschaft im Führungsraum des Reiches nicht auf freiwilligem Beitritt oder freiwilligem Verbleiben. Unverblümt wurde vom Zwang zum Beitritt gesprochen und geschrieben: »Der natur- und wertgesetzliche Zusammenhang der europäischen Volksgemeinschaften untereinander und insbesondere zu dem Großdeutschen Reich ist einerseits ein historisches Faktum und andererseits von dem Willen und dem Bewußtsein des einzelnen Europäers völlig unabhängig.«[112] Diese totale Machtanmaßung war die Konsequenz aus einem Völkerrecht, das »zerstückelt und biologisiert«[113] worden war. Auch wer ohne Biologie auskam wie Professor Dr. Hans Peter Ipsen, fand positivistisch eine Rechtsform für die Hoheit des Reiches über nahezu ganz Kontinentaleuropa: die Reichsaußenverwaltung, die, wie es der Verfasser stolz in der *Brüsseler Zeitung* vom 3. April 1943 schrieb, sich auf 154 Millionen Menschen jenseits der inneren Reichsgrenzen erstreckte (Dok. Nr. 11). Ipsens Kollege Friedrich Berber (1898–1984), Mitglied des Europaausschusses im AA und Leiter des Instituts für auswärtige Politik in Hamburg, war weniger kreativ, als es darum ging, eine verbindliche juristische Formel für die nationalsozialistische Neuordnung und die einzelnen Formen der Okkupationsverwaltung (Regierungsverwaltung, Kolonialverwaltung, Aufsichtsverwaltung) zu finden. Er vertraute auf »das Geheimnis der für die Neuordnung Europas tätigen Weisheit«, um die verschiedenen europäischen Völker, Kulturen und Rassen in eine Art Commonwealth à la Hitler einzubinden.[114]
Hitler, der Juristen verabscheute, hatte kein völkerrechtliches Konzept für die Absorbierung und Eingemeindung der unterworfenen Nachbarstaaten. Wie Ribbentrop, so war auch ihm daran gelegen, die europäische Frage nach außen offenzulassen, bis ein siegreicher Kriegsausgang es ihm ermöglichen würde, eine Nachkriegsordnung nach seinem Willen und ohne Rücksicht auf die Wünsche der Be-

troffenen zu diktieren. Es ist daher mehr als überraschend, daß der deutsche Diktator im September 1943 eine Selbständigkeitserklärung für ein Nachkriegsnorwegen abgab (Dok. Nr. 16). In dieser Erklärung fehlt jedoch jeder Hinweis auf die Unabhängigkeit Norwegens, und der Vorbehalt hinsichtlich der europäischen Gemeinschaft hätte es Berlin ermöglicht, seine Stützpunktwünsche (Trondheim) zu realisieren und die Außen-, Innen- und Wehrpolitik des skandinavischen Staates nach deutschen Vorstellungen auszurichten. Hätte die Deklaration eine weitergehende Bedeutung gehabt, so hätte man erwarten dürfen, daß sie in Form eines feierlichen Staatsaktes erfolgt wäre, zumal sie den Nationalsozialisten weitgehende propagandistische Möglichkeiten in die Hand hab. Statt dessen wurde sie eher geschäfts- und routinemäßig abgewickelt. Zumindest für die Zeitschrift *Die Aktion. Kampfblatt für das Neue Europa* aber hatte die Norwegenerklärung Hitlers Modellcharakter für ganz Europa. Der ungenannte Verfasser ging eindeutig über den Text der Deklaration, die sich ja ausschließlich auf Norwegen bezog, hinaus und interpretierte sie als musterhafte Garantie für eine Neuorganisation des Kontinents, wobei er betonte, staatliche Funktionen, die an die europäische Gemeinschaft abgegeben würden, »werden nicht an Deutschland gegeben« (Dok. Nr. 18). Eine aufschlußreiche Auslegung, da für die meisten Nationalsozialisten die Begriffe Reich und Europa identisch waren. An der Ehrlichkeit und Ernsthaftigkeit der Ausführungen in diesem Beitrag von *Die Aktion* dürften kaum Zweifel bestehen, wenn man sich vergegenwärtigt, daß die für den politischen Kurs verantwortliche Hauptschriftleiterin der Zeitschrift, die bis zum Hitler-Stalin-Pakt unter dem Namen *Contra-Komintern* erschien, eine bemerkenswerte und mutige Frau war: Melitta Wiedemann. Die in St. Petersburg geborene engagierte Journalistin hatte bei verschiedenen Zeitungen, unter anderem auch beim *Angriff*, gearbeitet. 1931 war sie aus der NSDAP ausgetreten und hatte sich während des Krieges relativ früh für eine deutsche Unterstützung von General Wlassow ausgesprochen.[115] In zahlreichen Briefen an SS-Führer vertrat sie nachdrücklich die Idee einer Änderung der Ostpolitik, und mit Schreiben vom 5. Oktober 1943, das an den Persönlichen Referenten des Reichsführers SS weitergeleitet wurde, plädierte sie dafür, das Reich möge die Paneuropa-Idee aufgreifen und sich als Führungsmacht eines europäischen Staatenbundes ausweisen (Dok. Nr. 17). Himmler blieb von der Zivilcourage der Journalistin und Russenfreundin durchaus nicht unbeeindruckt, aber als Melitta Wiedemann weiterhin konsequent die verbrecherische Ostpolitik in Zweifel zog, kostete es sie fast den Kopf. Am 17.11.1944 kam sie für kurze Zeit in Gestapohaft.[116]

Derartig unkonventionelle Thesen, wie sie Frau Wiedemann vertrat, lassen sich in dem nahezu uferlosen nationalsozialistischen Schrifttum zum Thema Europa und Neues Europa nur selten finden. Überwiegend wurde einem hemmungslosen Expansionismus gehuldigt, der die europäischen Staaten zu reinen Statisten, Objekten und Planungsgrößen degradierte. Fast in allen Publikationen der nationalsozialistischen Theoretiker tauchen fünf Leitlinien auf, die die Magna Charta der Neuordnung darstellen: die Hervorhebung der Reichsideologie, die Wertung Europas als biologische, nicht aber als geographisch-kulturelle Einheit, die Ablehnung aller bisher gültigen juristischen und politischen Konzepte für ein einiges Europa, die Konzeption der Großraumwirtschaft und schließlich die propagandistische Herausstellung der europäischen Freiwilligenverbände als Vorreiter des Neuen Europa.

Bei der Herausarbeitung der Reichsideologie, die den deutschen Herrschaftsanspruch über Europa historisch begründen sollte, wetteiferten mehrere Geschichtswissenschaftler um die eingängigste Formel zur Legitimierung des NS-Expansionismus. Der junge Historiker Karl Richard Ganzer (1909–1944) schrieb über Prinzip und Typus des Reichsbegriffs: »Der deutsche Kern organisiert kraft seiner höheren politischen Potenz um sich als bestimmende Mitte eine Gruppe andersgearteter Räume, die völkisch durchaus eigenständig sein können, zu einer politischen Gemeinschaft; in ihr sind die deutsche Führung und die andersvölkische Eigenständigkeit in organischer Stufung ausgewogen«.[117] Bei diesem imperialen Verständnis und Sendungsbewußtsein war es ein leichtes, die Besetzung von Holland, Belgien, Dänemark und Norwegen in eine »Schutzhoheit« und einen geschichtlichen Auftrag umzudeuten. Ganzers Kollege Wilhelm Schüßler von der Universität Berlin vertrat den gleichen imperialistischen Ansatz bei der Definition des Reichsbegriffes: » ... ›Reich‹ ist mehr als der begrenzte Nationalstaat, ›Reich‹ heißt: Deutschland als führende, als ordnende Macht

auf dem Festlande, wie es in der großen Kaiserzeit des Mittelalters gewesen war. ›Reich‹ geht weiter über ›Staat‹ hinaus, heißt Zusammenfassung verschiedener Elemente zu höherer Einheit, heißt Rangordnung, heißt Führung durch die Deutschen und Sendung, die der Staat allein nicht erfüllen kann.«[118] Das Reich als Europa gestaltende Ordnungsmacht, als Träger der gesamtgermanischen Zukunft[119], ist eine Konstante der NS-Geschichtsbetrachtung. Von diesem historisierenden Ausgangspunkt war es nur noch ein Schritt bis zur Begründung der Führungsautorität des Reiches Adolf Hitlers über den Kontinent: »Böhmen und Mähren, Polen und die kleineren im Nordosten liegenden Staatengebilde, skandinavische Randstaaten, Burgund, Ungarn, Italien und Dänemark zählen in abwechselnder geschichtlicher Folge zum Reichsraum und werden wiederum in verschiedenartiger Stufung in die Reichsordnung einbezogen.«[120] Aber alle Analogiebildungen konnten nicht darüber hinwegtäuschen, daß der NS-Reichsbegriff nur wenig mit der mittelalterlichen Reichsidee zu tun hatte. Beruhte das Sacrum Imperium doch nicht auf Herrschaft, sondern auf Recht, nicht auf Befehl, sondern auf schlichtender Autorität. Und es leitete sich vom göttlichen Ursprung ab und nicht von menschlicher Willkür.[120a]
Den NS-Historikern gelang es nicht, die nationalsozialistischen drei Leitlinien – »die Bewußtseinsförderung von der nordischen Edelrasse; die Propagierung der aus der deutschen Nationalgeschichte auf Hitler zulaufenden Entwicklung einer dominierenden Reichsideologie; die Rückführung der abendländischen Kultur auf einen germanisch-nordischen Wurzelgrund«[121] – schlüssig darzulegen und wissenschaftlich zu untermauern. Diese Thesen wurden zwar popularisiert, es gab aber keine fundierte Grundlage für sie.
Ebenso verbreitet wie der Reichsmythos war in Veröffentlichungen des Dritten Reiches die Vorstellung, daß Europa ein biologischer Begriff war. SS-Brigadeführer Six, ab 1942 Leiter der Kulturpolitischen Abteilung im AA, schrieb dazu: »Europa ist der aus der Gestaltungskraft der arischen Rasse geschaffene Lebensraum der europäischen Rassen und Völker. Die gemeinsame rassische Herkunft über alle trennenden politischen, staatlichen und weltanschaulichen Unterschiede ist das verbindende Element der europäischen Völker.«[122] Die Sowjetunion war vom Begriff Europa ausgeschlossen[123], der gesamte osteuropäische Raum galt als »gähnendes Vaku-

um ... solange er nicht nach dem ordnenden Willen der kontinentalen Hochburg gegliedert und sittlich gestaltet ist ...«.[124] In diesem »gähnenden Vakuum« sollte die germanische Herrenrasse nach Belieben schalten und walten, galt die sowjetische Bevölkerung doch als eine »geistig minderwertige Masse«, waren die Russen doch »geistig Tote« oder bloße »Muskelwesen«.[125]
Grundsätzlich negativ war schließlich die Meinung der nationalsozialistischen Autoren über die herkömmlichen und bekannten Europakonzepte und ihre juristische und politische Ausformung. Europäischer Staatenbund, europäischer Bundesstaat, Konföderation, Vereinigte Staaten von Europa, Paneuropa – alle diese Modelle wurden verworfen. Der Idee eines europäischen Staatenbundes – eine Lösung, die von fast allen Kollaborationspolitikern begrüßt und auch von Teilen des AA favorisiert wurde – hielten die NS-Theoretiker insbesondere entgegen, daß sie auf dem Grundsatz der »formalen Gleichheit«[126] beruhe, ein Prinzip, das mit der nationalsozialistischen Aufteilung in rassisch gute und schlechte Völker kollidierte. Ein besonders heftig attackiertes Feindbild war die Paneuropa-Idee des Grafen Coudenhove-Kalergi. Nachdem Hitler der Paneuropa-Bewegung bereits 1928 vorgeworfen hatte, sie führe »zu einer Verbastardung und Verniggerung der Kulturmenschheit«[127], rissen die Angriffe seiner Epigonen auf die Arbeit Coudenhove-Kalergis, der als Vollzugsgehilfe des Versailler Systems denunziert wurde, nicht mehr ab.[128] Überhaupt galt für alle westlich beeinflußten Föderations- und Konföderationspläne, daß es sich um alliierte Propaganda handelte, um ein »englisch-amerikanische(s) Rattenfängerlied«.[129] Auch der Mitteleuropagedanke, wie er von Friedrich Naumann und Franz von Liszt im Ersten Weltkrieg entwickelt worden war[130], war nicht mehr aktuell. Zwar schien Hitler 1938 mit dem Griff nach Wien und Prag für einen Augenblick an die Mitteleuropaidee anknüpfen zu wollen, aber seine Planung ging weit über den zentraleuropäischen Raum und das nicht unvernünftige Programm Naumanns hinaus. So irrte Helmut Rumpf, als er 1942 schrieb: »Die politische Tatsache ›Mitteleuropa‹ ist heute geschaffen. Um ihre Erhaltung kämpft die größte Militärmacht der Welt.«[131] Die Wehrmacht kämpfte nicht für einen föderativen mitteleuropäischen Staatenbund, der nach Naumanns Vision Toleranz gegenüber allen Nationalitäten praktizieren sollte, son-

dern nach dem Willen Hitlers für ein deutsches Indien im Ostraum. Auch Arthur Seyß-Inquart, der Reichskommissar der Niederlande, in dem zahlreiche enttäuschte Nationalsozialisten den künftigen Reichsaußenminister sahen, lehnte jede föderative Lösung, jeden Gedanken an einen Staatenbund ab (Dok. Nr. 12). 1944 war seine Haltung allerdings realistischer und selbstkritischer geworden. In einer Rede vor HJ-Führern, die er am 14. Juli 1944 hielt, räumte er ein, daß sich Deutschland mit seiner Besatzungspolitik nicht beliebt gemacht habe und es ein Fehler gewesen sei, Methoden der Gleichschaltung und Schulmeisterei angewandt und den besetzten Gebieten keine Chance gegeben zu haben. Aber eine Europa-Charta mit verbrieften Rechten für die einzelnen Völker kam auch für ihn nicht in Frage. In völliger Verkennung der politisch-psychologischen Situation ging Seyß-Inquart davon aus, vor Verabschiedung einer Europa-Charta müßten sich die Nachbarstaaten für das Reich entscheiden, anstatt den umgekehrten Weg in Erwägung zu ziehen.[132]
Die nationalsozialistische Publizistik erschöpfte sich in der Ablehnung der föderalistischen Europalösungen, ohne selbst mit positiven Leitbildern für eine Einigung des Kontinents an die Öffentlichkeit zu treten. Dr. Werner Frauendienst, Privatdozent in Halle und Legationssekretär im AA, entwickelte Vorstellungen, die im europäischen Ausland blankes Entsetzen hervorrufen mußten. Er beschrieb einen europäischen »Bund«, für den die im Inneren des Reiches herrschende Verfassung als Vorbild dienen sollte. In seinem Einheitsstaat wären also die Hoheitsrechte der ausländischen Staaten auf das Reich übergegangen.[133]
Beliebtestes Thema der nationalsozialistischen Wirtschaftswissenschaftler war die Idee der Großraumwirtschaft, die ab 1942 unter dem Etikett der Europäischen Wirtschaftsgemeinschaft propagiert wurde. Der Begriff Europäische Wirtschaftsgemeinschaft selbst war 1916 von Werner Daitz geprägt worden[134] und galt quasi als ökonomische Ergänzung des Lebensraumgedankens. Historisch sollte das Konzept auf die Hanse zurückgeführt werden. Es bedeutete nichts anderes, als daß eine Zentralgewalt – das Reich – in einem bestimmten übernationalen Raum die einzelnen Produktionen und Industrien aufeinander abstimmte und Leitungsmaßnahmen durchführte.[135] Bereits im August 1939 hatte die Amtsgruppe Wehrwirtschaft im OKW die wehrwirtschaftliche Lage eines unter deutscher

Führung stehenden Großwirtschaftsraumes untersucht.[136] Die Großraumwirtschaft sollte dem Nationalsozialismus das Instrument dafür in die Hand geben, »seiner politischen Herrschaft in Europa das ökonomische Fundament zu verschaffen«.[137] Allerdings wurde bis Kriegsende nur eine fragmentarische Konzeption der Großraumwirtschaft erarbeitet. Insbesondere das Problem der Koordination der einzelnen Volkswirtschaften im Großraum fand keine befriedigende Lösung. Noch 1944 schrieb Professor Erik von Sivers von einer »auffallenden Unbestimmtheit und Uneinheitlichkeit«[138] bei der Behandlung von Grundproblemen der übernationalen Wirtschaft. Einig waren sich die meisten Wirtschaftstheoretiker aber darin, daß die Kontinentalwirtschaft nach außen die Blockadefestigkeit Europas sichern würde und nach innen arbeitsteilig aufgebaut werden sollte. Den Veredelungsländern wie etwa Dänemark und Holland standen die Länder des Ostens und Südostens als Kornkammer gegenüber. Dieser Zustand, und damit die Agrarstruktur der Donauländer, sollte festgeschrieben werden.[139]

Was die dogmatische Begründung des Gedankens der Großraumwirtschaft anbetrifft, so stritten zwei unterschiedliche Denkschulen gegeneinander. Werner Daitz vertrat den strikt biologischen Standpunkt, wonach ein echter Großraum nur bei einer biologisch zusammengehörenden Völkerfamilie gegeben sei[140], während andere Autoren wesentlich pragmatischer auf den Gedanken einer Zweckgemeinschaft abstellten.[141] Wie bei der juristischen Diskussion um die Souveränität der Einzelmitglieder des Neuen Europa, so gab es auch im Rahmen der Konkretisierung der Europäischen Wirtschaftsgemeinschaft divergierende Vorstellungen hinsichtlich der Selbständigkeit der Mitgliedsstaaten. Daitz befürwortete die »Auflockerung« der staatlichen Souveränität zugunsten der völkischen Souveränität[142] und stand den NS-Theoretikern von einem neuen Völkerrecht damit am nächsten. Einige seiner Kollegen aber machten sich zu Sachwaltern und Verteidigern der Selbständigkeit der europäischen Staaten innerhalb der Wirtschaftsgemeinschaft[143] und nahmen damit Vorstellungen vorweg, wie sie in der späteren Nachkriegs-EG vertreten wurden. Am weitesten vor wagte sich Arno Sölter, der die Freiwilligkeit der Gemeinschaft betonte und klarstellte, »daß auf die Dauer ein befriedetes und zufriedenes Europa nicht mit Bajonett und Kommißstiefel aufrechterhalten werden kann ...«.[144]

Ein weiteres Lieblingsthema nationalsozialistischer Autoren war die an sich zutreffende These, daß es sich bei dem 1939 begonnenen Krieg im Kern um einen europäischen Binnen-, Bürger- oder Bruderkrieg handelte.[145] Dem Reich sollte auf Grund seiner angemaßten Organisationshoheit das Recht zufallen, durch Errichtung einer Neuen Ordnung für das Ende dieser Bruderkriege zu sorgen. Der Feldzug gegen die Sowjetunion wurde im Rahmen der nationalsozialistischen Propaganda zum europäischen Einigungskrieg hochstilisiert, wobei den europäischen Freiwilligenverbänden die Rolle des Vorreiters einer neuen großen Brüderlichkeit und die Funktion der Speerspitze des Neuen Europa zufiel:

> »Der Feldzug gegen die Sowjets, in dem die Truppen Italiens, Ungarns, Rumäniens, Finnlands und der Slowakei sowie Freiwilligenlegionen fast aller übrigen Völker Europas – Spanier, Portugiesen, Franzosen, Wallonen, Flamen, Holländer, Dänen, Schweden, Norweger, Kroaten – Schulter an Schulter mit der deutschen Wehrmacht kämpfen, ist nicht nur für die militärische, wirtschaftliche und kulturelle Sicherung Europas von höchster Bedeutung, sondern ebenso für die moralische Wiedergeburt des solidarischen Europa.«[146]

Diese Einschätzung entsprach zwar, wie der Autor bereits an anderer Stelle näher dargelegt hat[146a], dem Selbstverständnis zahlreicher internationaler Freiwilliger von Wehrmacht und Waffen-SS, aber ein solidarisches Europa, die Nachkriegsordnung eines europäischen Hauses mit Eigen- und Mitbestimmung war eben kein nationalsozialistisches Kriegsziel, so daß der Idealismus und die europäische Sehnsucht der ausländischen Legionäre mißbraucht und ausgebeutet wurden.

Propaganda, Vernebelungstaktik, biologisch-rassistisches Denken, juristische Anmaßung, imperialistische Großmannssucht – erschöpften sich die Publikationen der nationalsozialistischen Zeit in derartigen Betrachtungen, die den Europagedanken auf den Kopf stellten, verfälschten? Es gab einige wenige Ausnahmen. Der jungkonservative Einzelgänger August Winnig (1878–1956), der 1920 aus der SPD ausgeschlossen worden war[147], hatte bereits 1938 ein Buch über Europa veröffentlicht[148], in dem er das Kunststück fertig gebracht hatte, Hitler und den Nationalsozialismus mit keiner Silbe zu erwähnen. Winnig sah im christlichen Glauben das einigende Element für Europa. Vom NS-Gedankengut weit entfernt war auch eine kunstgeschichtliche Studie von A. E. Brinckmann[149], der 1935 von seinem Berliner Lehrstuhl verdrängt worden war. Der Autor warb für das gegenseitige Verständnis der Nationen und eine europäische Gemeinschaft, wobei er hervorhob, daß es eine höhere Verpflichtung gebe als die gegenüber dem Vaterland. Der Hauptlektor im nationalsozialistischen Amt für Schrifttumspflege reagierte scharf auf diese Ausführungen: »Brinckmanns Buch Geist der Nationen ist ein vernichtendes Urteil gegen ihn. So ungerecht in der deutschen Sache war vor ihm noch kein anderer ... Er ist der Mann der internationalen Verbindungen und Freundschaften.«[150] Auch auf dem Wirtschaftssektor gab es neben den bereits erwähnten Autoren Stimmen, die in einem europäischen Wirtschaftsraum etwas anderes sahen als einen Zugriff auf die Ressourcen der Nachbarländer. Dr. Anton Reithinger von der IG Farbenindustrie AG etwa plädierte für eine europäische Gemeinschaftsarbeit, die auf nachbarlicher Unterstützung basieren sollte. Sein Großraum wollte allen Völkern die größte wirtschaftliche und soziale Wohlfahrt bringen und die nationale und kulturelle Entwicklung der Nationen achten: » ... wir sind verpflichtet, nicht nur großdeutsch, sondern auch europäisch im besten Sinne des Wortes zu denken, und da scheint es mir, daß wir als Europäer danach streben sollten, daß Europa und seine geschichtlich als völkische Einheiten geformten Nationen auf der Grundlage der Erkenntnisse und Fortschritte unserer Zeit als eine politische, wirtschaftliche und kulturelle Lebensgemeinschaft ... fortentwickelt werden sollte.«[151]

Die beste Feder im Lager der Journalisten, Wissenschaftler und Wirtschaftsführer, die nicht voll auf die Linie des NS-Expansionismus eingeschworen waren, führte ohne Zweifel Giselher Wirsing.[152] Der wendige und opportunistische Redakteur und Intellektuelle, der aus dem konservativ-revolutionären Lager stammte, schrieb sich mit seinem Buch *Das Zeitalter des Ikaros* um Nuancen am nationalsozialistischen Imperialismus vorbei, nicht ohne die zeitbedingten üblichen Zugeständnisse, etwa hinsichtlich der völkisch gegliederten Großräume, zu machen. Aber in seinem Buch war ein Bekenntnis zum Föderalismus enthalten, wie es der Autor schon 1932 in der Studie *Zwischeneuropa und die deutsche Zukunft* abgegeben hatte. Wirsing verfocht die These, der Weltkrieg stelle den vierten Anlauf für eine europäische Einigung dar, nachdem die Versuche Napoleons, der Heiligen Allianz und Briands gescheitert waren. Prophetisch sah er voraus, welches Schicksal den Kontinent nach der Niederlage der Achsenmächte erwartete:

> »Würden Deutschland und Japan im Zweiten Weltkrieg unterliegen, so stünden sich, da England für sich allein nicht bestehen kann, die beiden auf die Weltherrschaft gerichteten Universalismen des Amerikanismus und Sowjetismus als ungeheure Giganto-Moloche gegenüber. Sowohl die europäische wie die asiatische Sphäre würden dann unvermeidlich zu den umstrittenen Zonen dieser beiden gewaltigen Machtbereiche werden.«[153]

Giselher Wirsing gab als Chefredakteur von *Signal* in den Jahren 1943–45 dieser vom OKW herausgegebenen exzellenten Propagandaillustrierten jenen europäischen Touch, jene europäische Note ohne nebulösen Rassismus und mythische Reichsbeschwörung, die die Zeitschrift im Ausland zum beliebtesten und wirkungsvollsten deutschen Medium machte.

Initiativen der letzten Kriegsjahre

Wirsings Buch *Das Zeitalter des Ikaros* erschien 1944. Zu diesem Zeitpunkt waren die politischen Planungen im AA zur Schaffung eines Europäischen Staatenbundes eingestellt. Auch die »Denkschriften-Schlacht«[154], die nach Ausbruch des Rußlandfeldzuges eingesetzt hatte und von zahlreichen Offizieren und Verwaltungsfachleuten geführt wurde, die versuchten, der versklavenden Ostpolitik des Reiches einen neuen Inhalt zu geben, begann abzuebben. Die Denkschriften Oberländers, Dwingers, Bräutigams und von Mendes, um nur einige Verfasser zu nennen, hatten nichts eingebracht.[155] Im Februar 1944 legte der Generalkommissar der Krim, A. E. Frauenfeld, ein 37seitiges Memorandum über die Probleme der Verwaltung der besetzten Ostgebiete vor[156], das die bis dahin wohl schärfste Abrechnung mit der nationalsozialistischen Ostpolitik darstellte, die der Autor als »Meisterwerk falscher Behandlung« und als instinktlos und katastrophal brandmarkte. Aber Frauenfeld

war ein Nützlichkeitsliberaler, er stellte die Endziele der deutschen Kolonialpolitik nicht in Frage, wollte das Ziel aber nicht durch blanken Terror, sondern durch eine versöhnlichere Politik und Maßnahmen berechnender Großzügigkeit erreichen.[157] Ähnlich argumentierte Heinz von Homeyer, ehemaliger Leiter der Wirtschaftsabteilung im Generalkommissariat Melitopol, in einer Denkschrift vom 1.3.1944. Er sprach sich für eine Europa-Charta aus, ohne jedoch ernstlich vorzuhaben, den europäischen Völkern Mitgliedschaftsrechte oder autonome Befugnisse einzuräumen. Seine Europa-Charta war nur ein propagandistischer Trick aus dem Arsenal der psychologischen Kriegführung (Dok. Nr. 19). Als seriöser einzuschätzen ist ein Memorandum von Oberregierungsrat Walter Labs aus dem Reichsministerium für die besetzten Ostgebiete, der bei Beibehaltung der absoluten deutschen Führungsposition im »europäischen Großraum« ebenfalls für eine Europa-Charta eintrat, wobei die Ostvölker als Gliedvölker anerkannt wurden und einen Anspruch auf Bildung, Wohlstand und soziale Gerechtigkeit haben sollten (Dok. Nr. 21). Aber die meisten Reichsbehörden dachten 1944 nicht daran, grundlegende Abstriche am nationalsozialistischen Programm vorzunehmen oder ernstgemeinte Initiativen für die europäische Neuordnung einzuleiten. Reichsminister Lammers etwa ließ seinen Kollegen Rosenberg im August 1944 wissen, daß der Zeitpunkt für die Festlegung von Grundsätzen einer europäischen Ordnung noch nicht gekommen sei (Dok. Nr. 22).
In bescheidenem Rahmen fand 1944 jedoch ein Kongreß statt, der bei den meisten Delegierten aus 17 Ländern Hoffnungen erweckte, Hoffnungen, die sich nicht auf eine politische Neuordnung Europas bezogen, sondern auf eine fortschrittliche europäische Sozialordnung. Auf Einladung des Arbeitswissenschaftlichen Instituts der Deutschen Arbeitsfront (DAF) fand vom 14. bis 19. März 1944 in Bad Salzbrunn/Schlesien eine Tagung von Sozialpolitikern und Sozialwissenschaftlern der europäischen Völker statt, deren Schlußprotokoll als Dok. Nr. 20 abgedruckt ist. Die Grundüberlegungen zur Sozialordnung zeigten durchaus modernisierende Ansätze, das Recht auf Arbeit wurde grundsätzlich anerkannt, ebenso die Vielfalt der einzelnen europäischen Sozialordnungen, die nicht schematisiert oder gleichgeschaltet werden sollten. Selbst auf eine internationale Kodifizierung des Sozialrechts wollte man verzich-

ten, da eine einheitliche Gesetzgebung »nur um den Preis der Aufgabe der nationalen Eigenständigkeit der einzelnen Völker erreicht werden kann«.[158] Das Echo auf die Veranstaltung in der ausländischen Kollaborationspresse, in den Medien der verbündeten Staaten, ja selbst in schwedischen Zeitungen, war positiv.[159] Im Oktober 1944 trat dann ein engerer Arbeitskreis von Sozialwissenschaftlern zusammen, um die 17 Thesen des Schlußprotokolls weiterzuentwickeln.

Der Nationalsozialismus hatte Gelegenheit, die wohlklingenden europäischen sozialpolitischen Grundsätze von Bad Salzbrunn auf dem Reichsgebiet für die ausländischen Arbeitskräfte, für Kriegsgefangene, Fremdarbeiter und freiwillige Zivilarbeiter, in die Tat umzusetzen. Nichts dergleichen geschah. Die ausländischen Arbeiter waren für die Erhaltung und Steigerung der deutschen Rüstungsproduktion von entscheidender Bedeutung. Ihre Zahl stieg daher von 3 506 000 im September 1941 auf 5 743 000 im Februar 1943.[160] Euphemistisch »Gastarbeiter« genannt, wurden diese je nach »rassischer Wertigkeit« in verschiedene Behandlungskategorien eingeteilt und führten zum Teil ein Sklavendasein. Noch 1944 konnte ein Ausländer grundsätzlich nicht Vorgesetzter deutscher Arbeiter sein, er konnte auch nicht zur Betriebsgemeinschaft gehören. Die DAF forderte, dem Ausländer »mit der größten Zurückhaltung«[161] zu begegnen, drang aber immerhin auch darauf, ihn nicht als Ausbeutungsobjekt anzusehen und ihm unbedingt eine gerechte Behandlung zukommen zu lassen; Wünsche, die nur allzuoft an der brutalen Alltagsrealität scheiterten. Insbesondere war die völlige Gleichstellung der Ostarbeiter mit den anderen Arbeitskräften im März 1944 noch nicht erreicht[162], und es gehörte schon viel Optimismus dazu, die endgültige Abschaffung des diskriminierenden Ostabzeichens und die Einführung eines Volkstumsabzeichens für Ostarbeiter damit zu kommentieren, diese Polizeiverordnung habe »weiter tragende Folgen ... als die ganze Atlantik-Charta«.[163] So blieb sich der Nationalsozialismus, der nach außen kein positives Europabild vermitteln konnte, auch im Inneren des Reiches treu: Reichssicherheitshauptamt und Parteikanzlei bestanden mit Erfolg auf der Beibehaltung der rassisch begründeten Differenzierungen unter den Ausländern und dem Postulat vom deutschen Herrenmenschentum. Gerade in der Ausländerfrage wird einer der entscheidenden Unterschiede zwischen Nationalsozialismus und Faschismus deutlich. Während das Reich Polen und Russen als Heloten behandelte, letztere zumindest bis zur Anerkennung der Wlassow-Bewegung 1944, hatte es der italienische Gouverneur von Libyen, Italo Balbo, 1939 durchgesetzt, daß seine Kolonialtruppen die italienische Staatsbürgerschaft zuerkannt bekamen. Sein Vorschlag, allen Libyern die italienischen Bürgerrechte zu gewähren, wurde zwar vom faschistischen Gran Consiglio verworfen, aber zumindest erhielten die Wüstenbewohner eine gesonderte Rechtsstellung, die in etwa der der Commonwealth-Angehörigen entsprach.[164]

Obwohl die deutsche Außenpolitik im Jahr 1944 keine Initiative entwickelte, die auch nur im entferntesten das Etikett »europäisch« verdient, gab es einzelne Einrichtungen des Reiches, in denen europäische Vorstellungen ventiliert wurden. Von Dezember 1943 bis etwa in den Sommer 1944 hinein tagte unter Leitung von Hans Kehrl das »Europakränzchen« – später »Europakreis« genannt – des Rüstungsministeriums, das einerseits die Aufgabe hatte, die kontinentale Rüstungsproduktion zu steigern, andererseits aber auch Fragen der Nachkriegsplanung behandelte.[165] Im Sommer 1944 versuchte das Reichswirtschaftsministerium in einer Auseinandersetzung mit den Nachkriegsplänen der Alliierten zumindest die Grundsätze einer Nachkriegswirtschaftsordnung in Deutschland und Europa aufzuzeigen.[166] Der Erfolg war nur gering, da keine konkreten Planungen angeboten wurden. Anregungen und Vorschläge kamen auch aus Kreisen der Privatwirtschaft. Richard Riedl, Aufsichtsratsvorsitzender der Donau Chemie AG legte – wahrscheinlich im Herbst 1944 – eine Denkschrift mit dem Titel *Weg zu Europa. Gedanken über ein Wirtschaftsbündnis europäischer Staaten (W.E.St.)* vor.[167] Als deutsches Nachkriegsziel sprach er sich für einen europäischen Großraum, einen Staatenbund aus, der auf dem »Zusammenschluß freier Nationen« basierte. Selbständigkeit und nationaler Bestand der besetzten Gebiete und der kleinen Völker sollten nicht angetastet werden, wobei der Autor für den »Verzicht auf Herrschaftsgelüste eines einzelnen Volkes über die anderen …« eintrat und Deutschland die Rolle eines »Fahnenträgers«, nicht aber die des Herrn Europas zuschrieb.

Die Funktion einer europäischen Avantgarde versuchte auch

Reichspressechef Dr. Dietrich dem Reich zuzuordnen, als er im Dezember 1944 in Wien auf dem 3. Kongreß der Union Nationaler Journalistenverbände vor Zuhörern aus 22 Nationen sprach (Dok. Nr. 25). Aber seine Rede blieb ohne europäische Substanz, war nur ein blasses Produkt der noch auf Hochtouren laufenden Propagandamaschinerie, und es klang vor dem Hintergrund des mörderischen KZ-Systems mehr als zynisch, »erhabene Ziele und hohe Ideale« als die Maximen nationalsozialistischer Politik darzustellen. Dietrichs Rede bedeutete den Schwanengesang für die Internationale Journalistenkonferenz, die ihren Höhepunkt auf der 2. Tagung im Juni 1943 im Kongreßsaal der Wiener Hofburg gehabt hatte, als Knut Hamsun mit seiner Forderung »England muß in die Knie!« 400 Presseleute aus Ländern der Achse oder aus von Deutschland kontrollierten Staaten zu Beifallsstürmen hingerissen hatte.[168] Im Propagandistischen und in dem Versuch, die verbliebenen Verbündeten an die Sache Berlins zu binden, erschöpfte sich auch der letzte Kurs des Auslandswissenschaftlichen Instituts, der im Januar 1945 stattfand und unter dem Motto »Europa in der Entscheidung« stand (Dok. Nr. 26). Die Referentenliste war von der Internationalität her zwar beeindruckend, aber die Ausführungen der deutschen Tagungsteilnehmer ließen selbst bei den größten Optimisten nicht die Hoffnung aufkeimen, das Reich werde nun in letzter Stunde eine föderative europäische Nachkriegsregelung favorisieren.[169]
In wirklich letzter Stunde griff Reichsfinanzminister Lutz Graf Schwerin von Krosigk den Europagedanken auf, als er sich im Frühjahr 1945 in mehreren Schreiben an Goebbels wandte. Am 12. März schrieb er: »Es genügt nicht, in der politischen Defensive zu bleiben und nur das Chaos anzuprangern, in das Europa gestürzt werden soll – auch das ist notwendig, aber nicht mehr ausreichend –, sondern wir müssen mit deutlicheren Konturen, als es bisher geschehen ist, das Bild des künftigen Europas, wie es *uns* vorschwebt, der Welt zeigen.«[169a] Als Schwerin von Krosigk jedoch im Mai 1945 in der Geschäftsführenden Reichsregierung unter Großadmiral Dönitz das Amt des Außenministers und Leitenden Ministers zufiel, ging von seiner Seite keine einzige europäische Initiative aus.

SS und Europa

1944/45 machte sich ein einzelner Offizier im SS-Hauptamt, Hauptsturmführer Alexander Dolezalek, daran, all das nachzuholen, was bisher auf europäischem Gebiet vom Auswärtigen Amt, der Reichskanzlei und anderen Behörden versäumt und unterlassen worden war. Es ist ein nahezu unbekanntes Kapitel der Zeitgeschichte, das zudem, insoweit es behandelt worden ist, unrichtig zugeordnet, beurteilt und interpretiert wurde. Daß neue Pläne gerade aus Kreisen der Waffen-SS kamen, ist wenig verwunderlich, denn Teile des Schwarzen Ordens hatten sich bereits relativ früh von den großgermanischen und imperialistischen Ambitionen ihres Reichsführers emanzipiert.

Himmlers gespenstischer Traum von dem Auftrag der blonden Edelrasse, die Erde zu beherrschen, gipfelte in der Vision eines Weltreiches: »Nach dem großdeutschen Reich kommt das germanische Reich, dann das germanisch-gotische Reich bis zum Ural, und vielleicht dann auch noch das gotisch-fränkische-karolingische Reich.«[170] Der Reichsführer propagierte ein germanisches Imperium jenseits von Partei und Staat, ein übernationales Herrschaftsgebilde, in dem die SS als Orden und Träger der germanischen Ideologie der eigentliche Einigungs- und Führungsfaktor sein sollte. Selbst die sich rapide verschlechternde Kriegslage brachte Himmler nicht von seinen hybriden Plänen ab. Noch am 3.8.1944 verkündete er: »Es ist unverrückbar, daß wir ein germanisches Reich gründen werden. Es ist unverrückbar, daß zu den 90 Millionen die 30 Millionen übrigen Germanen hinzukommen werden, so daß wir unsere Blutbasis auf 120 Millionen vermehren.«[171] Der Chef des Reichssicherheitshauptamtes Reinhard Heydrich, pragmatischer veranlagt und weniger überspannt als sein Vorgesetzter Himmler, argumentierte ähnlich, als er in Prag im Oktober 1941 die Grundsätze der nationalsozialistischen Neuordnungspolitik darlegte, wonach die germanisch besiedelten Räume »in irgendeiner Art ... zu uns gehören werden.«[172]

Aber die germanischen Freiwilligen, die ab 1940 zu den deutschen Verbänden der Wehrmacht und Waffen-SS stießen, taten dies nicht aus der Motivation heraus, die Autonomie ihrer Heimatländer preiszugeben oder um die freiwillige Unterwerfung unter einen ger-

manischen Zwangsstaat zu praktizieren.[173] Der Schweizer Armin Mohler, der sich 1942 zusammen mit jungen Ausländern aus zahlreichen Nationen im Lager Kalkhorst in der Lübecker Bucht aufhielt, berichtet über die damalige Motivation: »Sie waren gekommen, weil sie vom Deutschen Reich die Schaffung eines geeinten Europas freier Nationen erhofften, und sie wollten weder einen Kommissarstaat noch eine Gesellschaft des ›Kampfes aller gegen alle‹. Da war sehr viel Idealismus aufs Mal, wie es wohl nur unter Jugend möglich ist.«[174] Sein Landsmann François Lobsiger, der die Uniform der Waffen-SS anzog, träumte von einem »starken, einigen und brüderlichen Europa«[175], ein Ideal, das zahlreiche seiner internationalen Kampfgefährten, die sich häufig als »politische Soldaten im höchsten Sinne«[176] verstanden, teilten. Infolge der Aufnahme des Europa-Stichworts in die deutsche Propaganda haben daher »Soldaten, deutsche wie solche der Freiwilligenverbände, ehrlich gemeint, in Hitlers Armeen für Europa zu kämpfen. Aber solche Effekte haben Platz gegriffen nicht wegen, sondern trotz Hitlers nationalistischer Konzeption vom ›Germanischen Reich‹.«[177]
Im SS-Hauptamt versuchten ausländische Offiziere für die holländischen, flämischen, wallonischen, skandinavischen und sonstigen Freiwilligen der Waffen-SS, die sich häufig als Vorflut einer europäischen Armee fühlten und gleichberechtigt nebeneinander gegen den Stalinismus kämpften, so etwas wie eine europäische Programmatik auszuarbeiten. Eine europäisch-föderalistische Konzeption vertraten insbesondere die Schweizer Dr. Franz Riedweg und Dr. Heinrich Büeler (1901-1985).[178] Sie sahen die Waffen-SS als Keimzelle einer europäischen Wehrmacht an. Dies Gedankengut wurde nie ein offizielles Leitbild der SS, aber es fand Eingang in die Kreise deutscher und ausländischer Offiziere und wurde auch von den Absolventen der SS-Junkerschule Bad Tölz aufgegriffen. Büeler berichtet hierüber:

> »Insbesondere gab es hinsichtlich des Neubaus Europas nach dem Kriege kein Programm. Diese Frage wurde allerdings innerhalb der ›Waffen-SS‹ öfters diskutiert. Dabei gab es die verschiedensten Variationen, grundsätzlich lag aber allen die These zugrunde, daß Europa nur auf der Basis des Föderalismus im sozialen und politischen Sinne aufgebaut werden

könnte. Man war überzeugt, daß die gleiche Kameradschaft, welche die ›Germanen‹ und ›Europäer‹ in der ›Waffen-SS‹ im Kampfe gegen den asiatischen Bolschewismus verband, auch zum Neubau Europas in diesem Sinne führen würde. Aber irgendwelche praktische politische Bedeutung hatten diese Diskussionen nicht.
Man stellte sich die europäische Staatenunion etwa folgendermaßen vor: Die ›Germanischen Staaten‹ (Schweden, Norwegen, Dänemark, Niederlande, Belgien, Schweiz und Deutschland) in einem Staatenbund zusammengefaßt. In bezug auf die Schweiz war man sich nicht ganz klar und zwar im Hinblick auf Italien und Frankreich. Es gab auch eine Auffassung, die unter Berücksichtigung dieser beiden Staaten die Meinung vertraten [sic], daß die Schweiz als unabhängiger Staat der europäischen Staatenunion angehören sollte.
Die ›Germanische Gemeinschaft‹ wäre durch Deutschland als ›Primus inter pares‹ geführt worden. Man sprach immer von ›Führung‹ und nicht von ›Hegemonie‹. Wenn man vom ›Reich‹ sprach, verstand man darunter auch nicht einen staatsrechtlichen Begriff, sondern einen ›politischen Ordnungsbegriff‹. Man brauchte diesen Begriff auch immer wieder im Gegensatz zum ›Imperium‹.
Die ›Germanische Gemeinschaft‹ sollte nach altgermanischer Tradition aufgebaut werden. Tragend für das politische Leben sollten vor allem die Gemeinden, dann die Ämter, die Provinzen, die Gaue werden. Aus den verschiedenen Ländern sollten die Gesandten zum ›Germanischen Landtag‹ beschickte werden [sic]; es sollte auch eine ›Germanische Exekutive‹ bestellt werden ...
Neben der ›Germanischen Gemeinschaft‹ dachte man überdies an eine europäische Staatenunion. Diese sollte neben jener alle anderen Staaten Europas umfassen: England, Frankreich, Spanien und Italien mit ihren Kolonien, außerdem die ›Baltische Staatengemeinschaft‹, bestehend aus Finnland, Estland, Lettland und Litauen, sowie die ›Staatengemeinschaft des Balkans‹, bestehend aus Griechenland, Bulgarien, Rumänien, Jugoslawien, Kroatien, Slowakei, Tschechei und Ungarn.

Grundsätzlich wurde auch die Auffassung vertreten, daß der Osten bis zum Ural föderativ aufgeteilt und in irgendwelchen ›Bünden‹ der ›Europäischen Staatenunion‹ beizutreten hätte, wobei aber hier die ›Germanischen Staaten‹ an einem engeren Bündnis interessiert waren.
Diese ganze Entwicklung glaubte man vor allem über das Gebiet der Wirtschaft herbeiführen zu können, indem man über eine allgemeine europäische Zollunion zu einem einheitlichen kontinentalen Wirtschaftsraum zu kommen hoffte. Man war überzeugt, daß ein solcher so unerhörte wirtschaftliche Vorteile und ein solches Aufblühen Europas zur Folge haben würde, daß die einzelnen Staaten ohne weiteres bereit sein würden, zugunsten des Ganzen auf gewisse Souveränitätsrechte zu verzichten.
Hier dachte man vor allem an einen europäischen Generalstab und eine [sic] auf der Basis der Freiwilligkeit und Auslese bestehendes Heer, Luftwaffe und Marine sowie auf eine europäische Außenpolitik [sic] in bezug auf außereuropäische Staaten. Dabei war man sich aber durchaus bewußt, daß alle diese Forderungen nur allmählichen [sic] und in Etappen zu verwirklichen seien, sofern nicht der Friede über kurz oder lang wieder gestört werden sollte.«[179]

Ideologisches Zentrum der SS-Europa-Konzeption war das SS-Hauptamt mit seinen Amtsgruppen D (zuletzt: Europa-Amt, zuvor: Germanische Leitstelle) und der Amtsgruppe C (Schulung). In der Amtsgruppe D (Stabsführer: Erich Spaarmann) war 1944 Alexander Dolezalek mit der Bearbeitung von Grundsatzfragen (HA-Planung) beauftragt. Seinen Europaplänen lag eine ähnliche föderalistische Konzeption zugrunde, wie sie Dr. Riedweg und Dr. Büeler entwickelt hatten, obwohl er diese Gedanken nicht kannte. Dolezalek versuchte quasi in letzter Stunde eine Entgegnung zu finden auf die entscheidende Frage, die der Schriftsteller Carl Düssel 1944 aufgeworfen hatte: »Warum schweigt ihr Deutschen euch aus? Warum sagt ihr nicht klar und deutlich, wie ihr die Zukunft, unsere Zukunft, die Zukunft Europas euch denkt?«[180] Dolezaleks Antwort war die Europäische Eidgenossenschaft.
Undogmatisch, intelligent und mit der nötigen Zivilcourage ent-

Reichsaußenminister von Ribbentrop in der Uniform eines SS-Gruppenführers (CGWOII)

Alexander Dolezalek leitete 1944/45 die Planungsabteilung in der Amtsgruppe D des SS-Hauptamtes (Archiv Autor)

Ribbentrop bei seiner Ansprache anläßlich des Abschlußes des Dreimächtepaktes am 27.9.1940 (CGWOII)

Drei Politiker, die sich anscheinend nichts zu sagen haben: Laval, Hitler und Bastianini bei einem Treffen 1943 (Ullstein Bilderdienst)

Der deutsche Diplomat Cécil von Renthe-Fink war 1943 im Auswärtigen Amt mit europäischen Grundsatzfragen befaßt (Ullstein Bilderdienst)

wickelte Dolezalek nacheinander in jeweiliger Anpassung an die Situation die sogenannten Generalpläne 1943, 1944 und schließlich 1945. Er konzipierte unter anderem die Politik der doppelten Kehrtwendung[181], einen Zwei-Phasen-Plan, als letzte Möglichkeit, die starre Casablanca-Formel des »unconditional surrender« doch noch zu überwinden und die Gunst der deutschen Mittellage zu nutzen. Nur die Drohung mit einem weitergehenden Rapallo konnte seiner Ansicht nach den Westen gesprächsbereit machen. Alle vorhandenen Fäden zur Sowjetunion sollten genutzt werden, um einen Sonderfrieden mit dem Osten, ein neues Brest-Litowsk, als wahrscheinlich erscheinen zu lassen. Auch im Inneren sollten innenpolitische und sozialpolitische Radikalmaßnahmen ein ideologisches Näherrücken der beiden Sozialismen signalisieren.[182] Hatte nicht selbst Churchill gesagt, er fürchte nichts mehr, als ein erneutes Zusammengehen der beiden »größten Gangster des Jahrhunderts«, Hitler und Stalin? Dolezalek hoffte daher, die Furcht Washingtons und Londons vor einer Allianz Berlin-Moskau und einem kommunistisch infizierten Europa bis zum Rhein sei so groß, daß es noch zu einer Verständigung mit den Westmächten kommen könnte. Ein derartiges Doppelspiel mag in der Rückschau als illusionäres Wunschdenken erscheinen, aber selbst Ribbentrop griff im Frühjahr 1945 noch auf den untauglichen Versuch zurück, Friedensfühler zu den Westmächten auszustrecken, um mit einer Warnung vor einer Ostoption des Deutschen Reiches die heterogene feindliche Koalition zu spalten.[183] Dies war jedoch nur eine verbale Drohung, ohne die in der »doppelten Kehrtwendung« vorgesehenen konkreten Menetekel.
Natürlich gab es innerhalb des Systems Widerstände gegen die Planungen Dolezaleks. So sollten innenpolitisch Zeichen gesetzt werden, wonach ein zusammenbrechendes Deutschland sich verstärkt dem Kommunismus zuwenden würde. Dies ging freilich nicht ohne das Reichssicherheitshauptamt. Doch der Chef des RSHA, Dr. Kaltenbrunner, lehnte ein solches Unternehmen in einem persönlichen Gespräch als zu gefährlich ab. Ein besonders heikler Punkt betraf die Verhandlungsfähigkeit der deutschen Führung. Das erstrebte Endziel, der Kompromißfrieden mit dem Westen, wäre kaum zu erreichen gewesen mit einem allmächtigen Diktator Hitler an der Spitze des Reiches. Intern wurde daher überlegt, Hitler auf

die formelle Position eines Reichspräsidenten zurückzudrängen bei gleichzeitiger Aufwertung des Reichsführers SS.[184]
Die von Dolezalek entwickelten Generalpläne enthielten in ihren vielen Anlagen eine Fülle von Vorschlägen. Unter anderem »Fünf Thesen«. These 3 war der europäischen Friedensidee gewidmet (Dok. Nr. 23). Ein föderalistischer Bund, die Europäische Eidgenossenschaft, sollte auf freiwilliger Zusammenarbeit, der Freiheit des Volkstums und auf einem national differenzierten Sozialismus basieren. Das europäische Programm sollte nicht nur eine antiimperialistische Kurskorrektur des Reiches signalisieren, sondern auch den Westmächten die Verständigung mit Berlin erleichtern. Die in den Anlagen zu den »Fünf Thesen« enthaltene Europa-Charta (Dok. Nr. 24) konkretisierte die Vorstellungen für eine Grundordnung, die die Planung im SS-Hauptamt für ein kommendes Europa vorschlug, soweit dies innenpolitisch damals gerade noch möglich schien. Um die Gleichberechtigung zu dokumentieren, wurde für die ausländischen Freiwilligen und verdiente Fremdarbeiter ein Zusatzpaß, der Europapaß, vorgeschlagen. Zusätzlich zu den Staatsangehörigkeits-Papieren garantierte er sich allmählich erweiternde Rechte. Die Planungsabteilung setzte den Paß zusammen mit dem Innenministerium und im Einvernehmen mit den 42 obersten Reichsbehörden durch, ohne daß das Projekt noch realisiert werden konnte.[185]
Nicht nur in der Amtsgruppe D, auch in der Amtsgruppe C des SS-Hauptamtes wurden Ende 1944 Überlegungen hinsichtlich eines Europakonzepts angestellt. Diese Abteilung erarbeitete im Oktober 1944 einen Entwurf: *Die politische Aufgabe des deutschen Führers und Unterführers in den fremdvölkischen Einheiten der Waffen-SS.*[186] Unter Rückgriff auf das Ostgotenreich Theoderich des Großen, das Karolingische Reich und die Staufer wurde die Forderung nach einem europäischen Block erhoben, ohne daß näher dargelegt wurde, welche rechtliche Gestalt dieser Block annehmen sollte. Der Verfasser des Entwurfs ließ jedoch keinen Zweifel an der Ablehnung einer imperialistischen Gewaltpolitik, die die kleineren Völker der Zwangsassimilierung preisgab. Ebenso verworfen wurde der Grundgedanke der Gleichheit aller Völker sowie das amerikanische Konzept der Verschmelzung der Einwanderer-Nationalitäten. Diesen Modellen setzte die Amtsgruppe C eine europäische

Take Your Choice!

SOVIET DICTATORSHIP

If Germany collapses, she will go Bolshevist – of that there is not the slightest doubt. The other countries of Europe are already well on their way to becoming Soviet republics.
What does that mean to you?
Stop for a moment and think what the position of Britain would be in such a case. Even though theoretically on the winning side, Britain would be isolated in face of a Soviet-Europe and Asia stretching from the Atlantic to the Pacific.
The inevitable result would be the end of her wealth, her trade, her civilization and her Empire!

EUROPEAN-BRITISH PEACE

What is the alternative?
A union of all the nations of the Continent and their collaboration with Britain and the British Empire.
By this means Europe would be safeguarded against agression from the East, the continued existence of the Empire would be guaranteed and permanent peace would be assured for Europe after a long period of bloody fratricidal wars.
Then the present conflict would mark the end of European warfare and strife.

European British Peace League

Das erste Flugblatt der 1944 vom SSHA in Berlin gegründeten European British Peace League mit englischem Text. Beschworen wird die »Union aller Völker des Kontinents« (Dokumentenkabinett Vlotho)

»Völkergenossenschaft« gegenüber, deren Glieder nicht gleichgeschaltet werden sollten. Im Kern blieb das auf 19 Seiten niedergelegte Exposé rassistisch-nebulös, durchzogen von klischeehaften Propagandafloskeln.

Dolezalek hatte sich mit seinen Arbeiten weiter vorgewagt als die Kameraden von der Amtsgruppe C im abgelegenen Kulmbach. Er bewegte sich auf einem gefährlichen Terrain, denn seine Konzepte setzten deutliche Kurskorrekturen in der Innen- und Außenpolitik voraus. Das Reichssicherheitshauptamt ließ ihm eine unmißverständliche Drohung zukommen: »Sie beschäftigen sich seit einiger Zeit mit Fragen, die den Führer allein angehen. Wir warnen Sie.«

Der Hauptsturmführer, der zur systemimmanenten Opposition innerhalb des Hitlerreiches gehörte, die sich selbst »Klub zur Verhinderung des deutschen Selbstmordes« nannte, plante weiter. So entstand zum Beispiel im Juni 1944 auf seine Initiative hin die von Friedrich von der Ropp geleitete European British Peace League, die mit Hilfe der Kirchen und der anglophilen und antikommunistischen Widerstandsorganisationen in Nord- und Westeuropa eine Brücke nach Großbritannien schlagen sollte.

Die Politik der doppelten Kehrtwendung scheiterte. Aber der unermüdliche 31jährige Jurist und Planer aus dem Europa-Amt der SSHA hatte sogar noch für die Zeit nach der Niederlage vorausgedacht. Eine Deutsche Freiheitsbewegung[187] sollte mit friedlichen Mitteln im besetzten Teil des Reiches tätig werden. Ihr außenpolitisches 12-Punkte-Programm *Die europäische Friedensordnung*[188] war das letzte von wenigen Dokumenten des Großdeutschen Reiches, in dem eine föderalistische europäische Zusammenarbeit beschworen wurde (Dok. Nr. 27).

Die Deutsche Freiheitsbewegung hatte sich vom Nationalsozialismus zwar noch nicht ganz freigeschwommen, aber innen- und außenpolitische Lösungsansätze propagiert, die das totalitäre Führerprinzip und den alleinigen Herrschaftsanspruch Deutschlands aufgaben. Es war ein weiter Weg gewesen vom germanischen Zwangsstaat unter absoluter deutscher Hegemonie bis hin zu einer Europäischen Eidgenossenschaft, in der jedes Volk über seine Ordnung und seine politische Gestaltung frei entscheiden können sollte. Und der geistige Urheber Dolezalek verkörperte nur eine kleine intellektuelle Minderheit innerhalb des uneinheitlichen SS-Imperiums.

Dokument Nr. 1

Krieg um die Einheit und Freiheit Europas, September 1939[1]

Abschrift September 1939.[1]

Notiz für den Herrn RAM

Der gegenwärtige Krieg ist auch ein Krieg um die Einheit und Freiheit Europas.
Seine Ziele sind:
Herstellung eines dauerhaften, gesicherten Friedens für die europäischen Länder. Sicherheit gegen wirtschaftliche Erdrosselung[2] und raumfremde Einmischung Englands und der Vereinigten Staaten. Europa den Europäern.
Gemeinsame europäische Lösung des bolschewistischen Problems. Ohne Vernichtung des Bolschewismus keine Freiheit und Sicherheit für Europa. Gemeinsame Zurückgewinnung und Erschließung jener Räume, die bisher von dem Bolschewismus zu rein destruktiven Zwecken gegen Europa organisiert wurden, zum Wohl ganz Europas.
Beseitigung der europäischen Kriegsursachen, vor allem des Systems der Balance of powers, das eine permanente Kriegsdrohung für Europa bedeutet und vom Kampf aller gegen alle lebt. Sicherung der Lebensmöglichkeiten aller europäischen Völker. Ein Europa der Zusammenarbeit, des Wohlstandes, der sicheren Märkte und Preise, stabiler Währungen und sozialer Gerechtigkeit.[3]
Überwindung des europäischen Partikularismus durch friedliche und freie Zusammenarbeit der europäischen Völker. Bekenntnis zu Europa bedeutet nicht Unterwerfung, sondern loyale, gleichberechtigte Zusammenarbeit.[4] Jedes europäische Volk soll nach seiner Façon am neuen Europa teilnehmen. Die einzige Forderung an europäische Staaten: Loyale, Europa bejahende Glieder zu sein.
Gegenwärtiger Zustand Europas ist durch Kriegsnotwendigkeiten und durch den Zusammenbruch der Zwangsordnung von Versailles bedingt. Das Neue wird immer unter Schmerzen geboren. Europa

gleicht heute einem riesigen Bauplatz mit der ganzen scheinbar sinnlosen Unordnung eines solchen. Man darf nicht den Bauplatz mit dem zu errichtenden Gebäude verwechseln. Unsere Gegner versuchen, die kriegsbedingten Erscheinungen in Europa als die neue Ordnung selbst und als den Normalzustand hinzustellen, der Europa nach einem Siege der Achsenmächte und ihrer Verbündeten erwartet. Das ist eine bewußte Lüge. Die Achsenmächte sind entschlossen, durch gemeinsame Anstrengungen aller europäischen Völker ein Gebäude zu errichten, in dem sie alle in Freiheit, Wohlstand und Sicherheit zusammenleben können.

Die Weltverbesserungspläne unserer Gegner sind entweder Heuchelei oder Plagiat an faschistischem und nationalsozialistischem Gedankengut. Als Verbündete des Bolschewismus und als große Versager beim Aufbau einer besseren Weltordnung nach dem Ersten Weltkrieg sind sie nicht legitimiert, unsere Neuordnung zu kritisieren oder von Neuordnung zu sprechen. Alle von ihnen entwikkelten Erneuerungsprogramme, vor allem auf sozialem und wirtschaftlichem Gebiet, sind glatte Nachahmungen des Nationalsozialismus und Faschismus. Das beweist die Lebens- und Anziehungskraft unserer Ideen und deren Übereinstimmung mit den geschichtlichen Notwendigkeiten unserer Zeit. Wir haben hier einen jener geschichtlichen Prozesse vor uns, der, wenn bestimmte Lebensformen ausgehöhlt und neue Ideen zum Durchbruch reif sind, in gewissem Sinn alle Völker erfaßt und zur Anpassung zwingt. Indem unsere Gegner sich gezwungen sehen, ihren Völkern und der Welt ein Zukunftsbild zu entwerfen, das unserer Ideenwelt entnommen ist, werden sie von der Geschichte als Instrument zur Durchsetzung des Neuen benützt, während sie ihre Völker in den Krieg gestürzt haben, um die alte Welt zu erhalten. Ihre Völker haben daher das Recht zu der Frage, warum es erst eines neuen und blutigen Weltkrieges bedurft habe, um sie zur Einsicht in die Notwendigkeit sozialer und wirtschaftlicher Reformen zu zwingen, die man im nationalsozialistischen Deutschland im Frieden entwickelt und durchgeführt habe.

Anmerkungen:

[1] Es spricht einiges dafür, daß diese Notiz nicht vom September 1939 stammt, sondern aus einem späteren Jahr und etwa in den Zeitraum zwischen Juli 1941 und Juli 1943 einzuordnen ist. So werden die Anstrengungen der Achsenmächte erwähnt, obwohl sich Deutschland im September 1939 noch allein im Kampf befand. Auch der antibolschewistische Grundton paßt ebensowenig wie der Begriff Weltkrieg in das Jahr 1939, da zu dieser Zeit der deutsch-russische Pakt vom 23.8.1939 erst wenige Wochen alt war. M. Salewski, Ideas of the National Socialist Government and Party, in: Documents on the History of European Integration, vol. 1, Berlin-New York 1985, S. 55, vermutet, daß das Dokument aus dem Jahr 1943 stammt.
Im übrigen ist nicht erkennbar, wer die Notiz verfaßt hat.

[2] Der Halbsatz »Sicherheit gegen wirtschaftliche Erdrosselung« ist in dem Dokument von Hand durchgestrichen.

[3] Die beiden letzten Sätze, beginnend mit »Sicherung der Lebensmöglichkeiten ...« sind in dem Dokument von Hand durchgestrichen.

[4] Die ersten beiden Sätze dieses Abschnitts, beginnend mit »Überwindung des europäischen Partikularismus ...« sind in dem Dokument von Hand unterstrichen.

Quelle:

PA AA, Nachlaß Cécil von Renthe-Fink, Bd. 13, E 384407–E 384409

Dokument Nr. 2

Werner Daitz: Denkschrift zur Errichtung eines Reichskommissariats für Großraumwirtschaft, 31.5.1940

Denkschrift

Errichtung eines Reichskommissariats für Großraumwirtschaft

Seit mehr als zwei Jahrzehnten habe ich in zahlreichen Artikeln, Reden und Büchern darauf hingewiesen, daß das unter dem Protektorat des englischen Pfundes und der englischen Flotte stehende liberalistische Weltwirtschaftssystem sich zwangsläufig auflösen müsse in mehrere autonome oder autarke Wirtschaftsblöcke bzw. Großraumwirtschaften in einen Dollarblock, einen Yenblock, einen Rupienblock und einen kontinentaleuropäischen Markblock.
Durch die englische Blockade Deutschlands in den Jahren 1914 bis 1918 und nun wieder 1939 bis 1940 ist diese Entwicklung beschleunigt worden. Besonders die gegenwärtige Blockade hat die zwangsläufige Bildung einer kontinentaleuropäischen Großraumwirtschaft unter deutscher Führung als wirtschaftliche Selbsthilfemaßnahme des europäischen Festlandes erzwungen. Die Neuordnung des europäischen Kontinents, dieses ewigen Kernraums der weißen Rasse, findet hierin den Ausdruck ihrer notwendigen wirtschaftlichen Wiedererstarkung und Unabhängigkeit. Diese wirtschaftliche Zusammenarbeit der kontinentaleuropäischen Völker muß unter der Parole stehen: Europa den Europäern, der europäische wirtschaftliche Bedarf muß zuerst in Europa selbst erzeugt und ausgetauscht werden und dann erst mit anderen Wirtschaftsblöcken oder Großraumwirtschaften – ebenso wie die übrigen sich immer mehr festigenden Großraumwirtschaften erklären: Amerika den Amerikanern, Ostasien den Ostasiaten, Indien den Indern usw.
Eine kontinentaleuropäische Großraumwirtschaft unter *deutscher* Führung muß in ihrem letzten Friedensziel sämtliche Völker des Festlandes von Gibraltar bis zum Ural und vom Nordkap bis zur Insel Cypern umfassen, mit ihren natürlichen kolonisatorischen Ausstrahlungen in den sibirischen Raum und über das Mittelmeer nach Afrika hinein.

Um die wissenschaftlichen Grundlagen für den wirtschaftspolitisch unabwendbaren Aufbau einer solchen kontinentaleuropäischen Großraumwirtschaft unter deutscher Führung zu schaffen, habe ich bereits in den ersten Tagen des Krieges die

»Gesellschaft für europäische Wirtschaftsplanung und Großraumwirtschaft e. V.«

gegründet. Diese Gesellschaft steht aufgrund eines Erlasses des Reichserziehungsministeriums in engster Arbeitsgemeinschaft mit den deutschen wirtschaftswissenschaftlichen Instituten, die planmäßig von ihr für die Erfordernisse der innerkontinentalen Ergänzung der kontinentaleuropäischen Großraumwirtschaft angesetzt worden sind. Um diese kontinentaleuropäische Großraumwirtschaft *unter deutscher Führung* in die Wege zu leiten, ist inzwischen ein reiches Material für den Neuabschluß der deutschen Handelsverträge erarbeitet worden. Durch den Eintritt der maßgeblichen Staatssekretäre in den Führer-Ring der Gesellschaft für europäische Wirtschaftsplanung und Großraumwirtschaft e. V.[1] ist mit nahezu sämtlichen Reichsministerien die entsprechende politische und ressortmässige Bindung geschaffen worden. Die Gesellschaft kann mit ihrer auf zwischenstaatliche Arbeit ausgerichteten Tätigkeit jeden Augenblick als Instrument der politischen Führung des Reiches eingesetzt werden, ohne andererseits die Bewegungsfreiheit der Reichsregierung zu beengen.

Grundsätzlich muß jedoch bemerkt werden, daß es aus außenpolitischen Gründen notwendig erscheint, diese kontinentaleuropäische Großraumwirtschaft unter deutscher Führung *nicht* als eine *deutsche* Großraumwirtschaft zu bezeichnen; denn in dem Augenblick, in dem dies geschieht, werden vermutlich aus Prestigegründen Italien eine italienische, Sowjetrußland eine sowjetrussische Großraumwirtschaft usw. errichten wollen. Damit würde dann von vornherein die Bildung einer wirklichen *kontinentaleuropäischen* Großraumwirtschaft unter deutscher Führung sehr erschwert, wenn nicht unmöglich sein. Eine das ganze europäische Festland umfassende Großraumwirtschaft aber ist unbedingt erforderlich, um den gewaltigen Wirtschaftsblöcken Nord- und Südamerikas, dem Yenblock und dem vielleicht verbleibenden restlichen Pfundblock erfolgreich die Stirn zu bieten. Es erscheint daher politisch unzweckmäßig, nur eine *deutsche* Großraumwirtschaft errichten

zu wollen, wenn selbstverständlich auch als nächstes Kriegs- und Friedensziel die feste wirtschaftliche Eingliederung der von Großdeutschland in erster Linie abhängigen Länder West-, Nord- und Südosteuropas erfolgen muß. Wenn wir den europäischen Kontinent wirtschaftlich führen wollen, wie dies aus Gründen der wirtschaftlichen Stärkung des europäischen Kontinents als Kernraum der weißen Rasse unbedingt erforderlich ist und eintreten wird, so dürfen wir aus verständlichen Gründen diese nicht als eine *deutsche* Großraumwirtschaft öffentlich deklarieren. Wir müssen grundsätzlich immer nur von Europa sprechen, denn die deutsche Führung ergibt sich ganz von selbst aus dem politischen, wirtschaftlichen, kulturellen, technischen Übergewicht Deutschlands und seiner geographischen Lage. Ebenso wird mit Hilfe unseres deutschen Wirtschaftssystems, wie es durch die nationalsozialistische Revolution geschaffen wurde, sich die Mark bei einer geschickten handelspolitischen Führung ganz von selbst als Standard-Währung durchsetzen, wie sich das Pfund, der Dollar und der Yen in ihren Wirtschaftsbereichen als Standardwährung durchgesetzt haben.
Die umfangreichen Erfahrungen aus jahrelanger Vorarbeit, die mir in meiner Gesellschaft, in der ich auch die von mir ausgerichteten Wirtschaftswissenschaftler vereinigt habe, ermöglichen es der politischen Führung des Reiches, wichtige Hilfsdienste bei dem Aufbau der kontinentaleuropäischen Großraumwirtschaft zu leisten [sic].
Ich schlage deshalb vor, daß ein

»Reichskommissar für europäische Großraumwirtschaft«

ernannt wird, der von sämtlichen Reichsressorts bei allen Maßnahmen, die die deutsche Außenwirtschaft un [sic] den über die Grenzen des Reiches hinausgehenden Verkehr betreffen, gehört werden muß. Dieses Reichskommissariat müßte zweckmäßig der Reichskanzlei direkt unterstellt werden, um den Führer nicht zu belasten.

(Werner Daitz)

Berlin, den 31. Mai 1940

Anmerkungen:

[1] Dem Führer-Ring der Gesellschaft gehörten folgende Staatssekretäre an: Staatssekretär Alpers, Reichsforstamt; Staatssekretär Königs, Reichsverkehrsministerum; Staatssekretär Dr. Muhs, Reichsstelle für Raumordnung; Staatssekretär Dr. Syrup, Reichsarbeitsministerium; Staatssekretär Backe, Reichsministerium für Ernährung und Landwirtschaft; Staatssekretär Dr. Freisler, Reichsjustizministerium; Staatssekretär Kleinmann, Reichsverkehrsministerium; Staatssekretär Stukkart, Reichsministerium des Innern.

Quelle

BA R 43 II/311, 339408–339412

Dokument Nr. 3

Aufbau der deutschen Wirtschaft, 9.7.1940

Zu Rk. 10364 B — Berlin, den 9.[1] Juli 1940

Betrifft: Aufbau der deutschen Wirtschaft

1.) *Vermerk:*
Mit dem anliegenden Erlaß hat der Beauftragte für den Vierjahresplan den Reichswirtschaftsminister mit der zusammenfassenden Vorbereitung des Aufbaues des deutsch-europäischen Wirtschaftsraumes beauftragt.[2] Zu dieser Aufgabe ist folgendes zu bemerken: Die großen Erfolge der deutschen Wehrmacht haben die Grundlage für die wirtschaftliche Neuordnung Europas unter deutscher Führung geschaffen. Deutschland wird, nachdem es in den letzten Jahren seine Anstrengungen hauptsächlich auf die militärische Aufrüstung konzentrierte, in Zukunft auch den Weg des wirtschaftlichen Aufstiegs und der Entfaltung aller seiner Produktivkräfte auf breitester Grundlage verfolgen können. Eine starke Steigerung der Lebenshaltung wird die Folge sein. Die wichtigste Voraussetzung hierfür ist, daß die wirtschaftliche »Balkanisierung Europas« verschwindet. Ein neuer großer Wirtschaftsraum wird entstehen, in dem sich die Wirtschaft, unter staatlicher Führung nur[3] in den Grundzügen, entwickeln kann. Die von Deutschland beeinflußten Teile Europas werden zu einer wirtschaftlichen Einheit zusammengefaßt werden müssen, wie sie bereits in anderen Großräumen, z. B. den Vereinigten Staaten von Amerika und Rußland, vorhanden ist.
Diese Entwicklung zu einem großen europäischen Wirtschaftsraum wurde nach dem Weltkriege willkürlich durch das Diktat von Versailles und die übrigen Pariser Vorortverträge gehemmt. 35 selbständige europäische Staaten, darunter 16 Staaten unter 10 Millionen Einwohnern, und 7000 km neue Zollgrenzen waren das Ergebnis dieser Verträge. Einigungsbestrebungen wie der Plan des Anschlusses des früheren Österreichs an Deutschland wurden verhindert; wirtschaftliche Kleinstaaterei wurde künstlich großgezogen. Der Völkerbund hat auch auf dem wirtschaftlichen Sektor versagt.[4]

Der weitgehende wirtschaftliche Zusammenschluß Europas kann auf verschiedene Weise erfolgen. Staaten, die Deutschland wirtschaftlich ergänzen oder ihrer wirtschaftlichen Struktur nach ihm nahestehen, werden mit Deutschland weitgehend wirtschaftlich vereinigt werden können. Dies gilt vor allem für die nordischen Staaten sowie für die Niederlande, Belgien und Luxemburg. Zu anderen Staaten wird die Verbindung lockerer sein.
Bei einer solchen mitteleuropäischen Wirtschaftsgemeinschaft unter der Führung Deutschlands wird es sich u. a. um die Klärung folgender Probleme handeln:
1.) Die Währungen[5] Mitteleuropas sind auf eine einheitliche Grundlage zu stellen, die Währungen der anderen mitteleuropäischen Länder müssen zur Reichsmark in ein festes Verhältnis gebracht werden.
2.) Die Zollgrenzen[5] in Mitteleuropa werden beseitigt. Die Schädigung der einzelnen Industrien kann dadurch vermieden werden, daß durch die Wirtschaftsgruppen in den einzelnen Staaten Kontingent-, Preis- und Absatzvereinbarungen getroffen werden. Ebenso könnte der Schutz der Landwirtschaft durch Maßnahmen der Reichsstellen und der entsprechenden Stellen der anderen beteiligten Länder gewährleistet werden.
Von den allgemeinen Vorteilen[5] einer Wirtschaftsgemeinschaft sind folgende besonders hervorzuheben:
1.) Die Möglichkeit rationeller Produktion und der Konzentrierung leistungsfähigster Betriebe an günstigsten Standorten[5], Beseitigung leistungsunfähiger Betriebe, Wegfall der unwirtschaftlichen Warenbewegungen;
2.) Beseitigung der Schwierigkeiten im Zahlungsverkehr;
3.) Erweiterung des zollfreien Absatzgebietes[5];
4.) größere Durchsetzungskraft bei handelspolitischen Verhandlungen und Auseinandersetzungen mit dem Ausland.
Eine solche wirtschaftliche Vereinigung Mitteleuropas würde einen starken wirtschaftlichen Aufschwung Europas zur Folge haben. Eine wirtschaftliche Autarkie würde in diesem Gebiet freilich auch dann nicht eintreten.[5] Es werden ihm auch in Zukunft verschiedene Rohstoffe (z. B. Kautschuk, wichtige Nichteisenmetalle, Häute und Felle, Baustoffe für die Spinnerei, Futtermittel) fehlen. Die Ergänzung würde, soweit sie nicht durch Kolonien erfolgt, durch

einen Warenaustausch mit den anderen großen Wirtschaftsgebieten vorzunehmen sein.
Rein zahlenmäßig würde ein mitteleuropäischer Wirtschaftsblock unter Beteiligung der hierfür in Betracht kommenden Nachbarstaaten Großdeutschlands eine Einwohnerzahl umfassen, die die Vereinigten Staaten von Amerika mit 130 Millionen Einwohnern bei weitem übertreffen wird.

2.) Herrn *Reichsminister*
gehorsamst vorgelegt mit der Bitte um Kenntnisnahme.

3.) Herrn RKabR. von Stutterheim[6]
zur Kenntnisnahme ergebenst.

4.) Z. d. A.[7]

Anmerkungen:

[1] Die Zahl 9. ist von Hand in den Text eingefügt.
[2] Eine Abschrift des Erlasses vom 22.6.1940, mit dem Göring Reichswirtschaftsminister Walther Funk mit dem »Aufbau unserer Wirtschaft nach Beendigung der kriegerischen Auseinandersetzungen« beauftragte, findet sich in BA R 43 II/311, E 518696.
[3] Das Wort »nur« ist in den Text von Hand eingefügt.
[4] Dieser Satz wurde im Text von Hand eingefügt.
[5] Die entsprechenden Textpassagen wurden jeweils von Hand unterstrichen.
[6] Hermann von Stutterheim, Reichskabinettsrat in der Reichskanzlei.
[7] Der Text weist hier vier unleserliche Paraphen mit der Datumsangabe 14.7. und 15.7. auf.

Quelle:

BA R 43 II/311, E 518697–518699

Dokument Nr. 4

Albrecht Haushofer: Gedanken zur Friedensordnung, November 1941

Gedanken zur Friedensordnung

Denkschrift

dem Herrn Staatssekretär des Auswärtigen Amtes vorgelegt mit der Bitte,
zu gegebener Zeit prüfen zu wollen,
ob sie zum Vortrag für den Führer geeignet ist.

Nov. 1941

I. Voraussetzungen

Die Ereignisse der letzten Jahre haben erwiesen, daß die durch ein schwaches Völkerrecht nicht gezügelte Anarchie vollsouveräner Staaten mindestens in räumlich kleinen Erdteilen aufgehört hat, erträgliche Lebensformen zu bieten. Nicht minder hat sich gezeigt, daß die technischen Mittel der Gegenwart allein nicht ausreichen, einseitigen Machtlösungen zentralistischer Art zu geschichtlichem Dauerwert zu verhelfen.

Die vorliegende Denkschrift geht daher von einer Grundvoraussetzung aus – mit allem, was in ihr wiederum an politisch-psychologischen Bedingungen enthalten ist –: daß um einen künftigen Weltfrieden verhandelt werden muß.

Damit wird angenommen, daß der gegenwärtige Weltkrieg von keiner der kämpfenden Weltmächte total gewonnen, d. h. mit einem dauerhaften Diktat überkontinentalen Ausmaßes gewonnen werden kann. Es wird also für alles folgende vorausgesetzt:

1. Daß die britisch-amerikanische Machtgemeinschaft in ihrem entscheidenden Kern (atlantische und indopazifische Seeherrschaft; Unangreifbarkeit des gesamtamerikanischen Kontinentalraums) nicht erschüttert werden kann. (Maßgebend hierfür ist die Tatsache, daß auch die schwersten Schläge gegen die britische Insel und

die britische Orientstellung die gesamtangelsächsische Seeherrschaft nicht sprengen; sie beschleunigen lediglich deren Schwerpunktsverlagerung nach Amerika).

2. Daß eine erfolgreiche monopolistische Gestaltung Groß-Ostasiens durch Japan ebenso unwahrscheinlich ist wie eine völlige Beseitigung der japanischen Macht in wichtigen Teilgebieten Ostasiens.

3. Daß dem Großrussentum – in stalinistischer oder anderer Gestalt – sein asiatischer Machtkern von der Wolga oder vom Ural bis zum Baikalsee erhalten bleibt; d. h. daß eine totale gewaltsame Unterwerfung Russisch-Eurasiens von außen her so wenig erreicht werden kann wie eine solche Chinas.

4. Daß die deutschen Kräfte ausreichen, nicht nur eine militärische Niederlage auf europäischem, vielleicht auch auf vorderasiatischem und nordafrikanischem Boden zu vermeiden, sondern auch große Teile Europas (gegen den passiven Widerstand der meisten europäischen Völker) so weit produktiv organisieren zu können, daß die Rechnung der Seemächte auf ein inneres Zerbröckeln der deutschen Machtgrundlage von ihnen als eine Fehlrechnung erkannt werden müßte.

Jede künftige Friedensverhandlung wird sich ideell um die Grundfrage der internationalen Vertragstreue (einschließlich ihrer Anwendung auf das Rüstungs- und Wirtschaftsgebiet), regional um folgende große Problemkreise drehen:

A. Eine föderative Friedensordnung Kontinentaleuropas; das Ausmaß einer deutschen Führerstellung darin; ihre Grenze gegen Asien.

B. Das Verhältnis Kontinentaleuropas zur britisch-amerikanischen Seemacht (Schicksal der westeuropäischen Glacis-Länder und ihres Kolonialbesitzes; Afrika als europäische Gesamtaufgabe; Abgrenzung orientalischer Interessensphären; Anteil Europas an überseeischen – südamerikanischen, südasiatischen – Wirtschaftsquellen).

C. Den inneren Machtausgleich zwischen London und Washington (innerhalb dessen in weitem Umfang über die Zukunft der südamerikanischen Länder entschieden wird)

D. Die Befriedigung gewisser Lebensnotwendigkeiten Japans (Frage: auf wessen Kosten?) gegen Wieder-Einfügung Japans in die indopazifische Hegemonie der Seemächte.

Vertreter von 14 nationalen Jugendorganisationen gründeten in Wien im September 1942 den Europäischen Jugendverband (CGWOII)

Das Präsidium des Europäischen Jugendverbandes. V.r.n.l.: von Schirach, Axmann, Vidussoni, Ricci (Ullstein Bilderdienst)

Benito Mussolini auf dem Höhepunkt seiner Macht bei einer Ansprache vom Balkon des römischen Palazzo Venezia (Archiv Autor)

Wenige Jahre später: Der isolierte Duce als Staatschef der norditalienischen Repubblica Sociale Italiana (Archiv Autor)

E. Die Möglichkeit oder Unmöglichkeit einer weltpolitischen Isolierung Stalins (und des Großrussentums) in Sibirien.

Diese fünf Problemkreise – neben denen alles andere sekundär ist – bilden den großen hintergründigen Zusammenhang jeder möglichen Verhandlung. Die jeweiligen Machtverhältnisse zu Beginn und im Verlauf der Verhandlungen werden darin zum Ausdruck kommen, welche Teile dieser Problemkreise überhaupt zum Gegenstand einer Diskussion gemacht werden können.

Die Seemächte mit ihrem weltumspannenden Machtnetz sind daran interessiert, einen möglichst großen Teil ihrer besonderen Interessen- (und Krisen-)Gebiete jeder Diskussion zu entziehen bzw. deren Behandlung zu isolieren. Sie werden bestrebt sein, den ganzen transozeanischen und südamerikanischen Fragenkreis C aus jeder Verhandlung auszuschalten. Sie werden sich bemühen, den ostasiatischen Fragenkreis D isoliert zu regeln und ihr asiatisch-koloniales Interesse an dem Fragenkreis E (Isolierung des Bolschewismus; Verminderung russischer Einwirkungen auf Indien und China) zu verschleiern.

Stalin (oder seine Nachfolger, wer immer sie in Vertretung kommunistisch-weltrevolutionärer oder großrussisch-nationalistischer Ideen und Interessen auch sein mögen), die Japaner und vielleicht auch Chiang Kai Shek – eine der menschlich stärksten Gestalten auf der weltpolitischen Bühne – werden umgekehrt taktisch bestrebt sein, sich in möglichst weiten Verhandlungsbereichen einzuschalten.

In dieser Lage wird auch Deutschland versuchen müssen – unbeschadet der inneren und äußeren Notwendigkeit regionaler Beschränkung in den letzten Zielen –, die Verhandlungen über den Gesamtkreis der Weltpolitik offenzuhalten. Beschränkung ist nur als Ziel, nicht als Verhandlungsmethode möglich. Die Voraussetzungen zu einer umfassenden weltpolitischen Einschaltung Deutschlands bestehen so lange, wie mit Paris, Brüssel und Den Haag die staatsrechtlichen Zentren für weite Teile Mittelafrikas und Südostasiens unter deutschem Druck stehen. Eine verfrühte Bereitschaft des Reiches, das westeuropäische Glacis freizugeben (so notwendig eine solche Bereitschaft für den Abschluß vermutlich sein wird!), beseitigt diese Möglichkeit ebenso, wie eine – nach Lage der Dinge höchst unwahrscheinliche, nur eben denkbare – angelsächsi-

sche Resignation gegenüber Westeuropa. (Diese würde radikale Lösungen in Afrika und Südostasien ohne Rücksicht auf das Schicksal Frankreichs, Belgiens und der Niederlande möglich machen, und damit den weltpolitischen Spielraum wesentlich einengen.)
Das Ziel Deutschlands muß sein: durch einen grundsätzlichen Verzicht auf gewisse Methoden der Außenpolitik und einen Verzicht auf künftige Störungen der asiatischen und südamerikanischen Interessenkreise der Seemächte einen Verzicht des Angelsachsentums auf Einmischung in ein (ganz oder teilweise) deutsch geführtes Kontinentaleuropa sowie einen deutschen (oder kontinentaleuropäischen) Anteil an der Entwicklung Afrikas zu erreichen.
Daß darüber hinaus eine Wiederherstellung des wirtschaftlichen Weltverkehrs und damit der deutschen und gesamteuropäischen Versorgungsmöglichkeiten über See erstrebt werden muß, versteht sich von selbst.
Die politischen Ziele des Reiches können sowohl im europäischen wie im afrikanischen Feld enger oder weiter gefaßt werden. Zwischen der Maximallösung, jenseits deren – ohne Rücksicht auf äußere Hemmungen oder deren Wegfall – eine Überspannung der deutschen Volkskraft und damit ihr vorzeitiges Erlahmen droht, und der Minimallösung, deren Unterschreiten, als Ohnmachtsbekenntnis verstanden, den Weg zu feindlichen Diktaten öffnen würde, liegt ein weiter Verhandlungsspielraum. Im folgenden seien zunächst seine äußeren Grenzen nach der Seite des eben noch Erträglichen und des vernünftigerweise Wünschbaren in großen Zügen abgesteckt.

II. Ziele

1. Das Existenzminimum eines noch als Großmacht zu bezeichnenden Reiches umschließt:
a) Die volle Reichseinheit für den geschlossenen deutschen Volksboden in seinem Bestand von 1914, ohne diejenigen Volksteile, deren Absonderung 1648 bestätigt, nicht erst begonnen wurde
b) Die Einrichtung Reichsgeschützter Länder (ohne eigene Wehr-, Wirtschafts- und Außenpolitik, mit dem Reich durch Personalunion im Staatsoberhaupt verbunden) für solche Völker, deren Lebensraum mit dem deutschen, geographisch, geschichtlich und wirtschaftlich so eng verknüpft ist, daß die Regelung der Be-

ziehungen zwischen ihnen und dem Reich jeder Einwirkung von außen entzogen bleiben muß. Zu diesen Völkern gehören unter allen Umständen Polen, Tschechen und Slowenen.

c) Die zur Sicherung der deutschen Friedensversorgung mit wichtigen Tropenprodukten nötige Rückgabe der westafrikanischen Kolonien Kamerun und Togo (mit Abrundungen auf Kosten Frankreichs).

2. Zum Optimum eines kontinental führenden Reiches würde darüber hinaus gehören:

a) Eine Gruppe Reichszugewandter Länder, die dem Reich zwar in dauerhaften, aber weniger straffen Formen zugeordnet sind als die Reichsgeschützten Länder (Personalunion möglich, aber nicht nötig; langfristige Wirtschafts- und Wehrabkommen; Stützpunkte; Schiedsgerichtsbarkeit durch das Reich, vom Reich gesicherte Volkstums-Ordnung). Der Kreis dieser Länder müßte Estland, Lettland, Litauen, die Slowakei, Kroatien, wohl auch Serbien umfassen.

b) Eine Gruppe Reichsverbündeter Länder, zu denen Ungarn, Rumänien und Bulgarien; gegebenenfalls Finnland, Griechenland; Weißrußland und die Ukraine, im äußersten Fall noch kaukasische Länder zu rechnen wären (Einfluß des Reiches nur mehr durch langfristige Wehr- und Wirtschaftsabkommen sowie Stützpunkte wirksam; im Fall Weißrußlands, der Ukraine und Kaukasiens nach längerer Übergangsperiode direkter Herrschaft).

c) Aufbau eines Europäischen Bundes (aus dem Kern einer unter allen Umständen notwendigen, aus der Demobilmachung der europäischen Wirtschaft sich ergebenden, mit weiten Vollmachten auszustattenden Planungskonferenz). Dieser sollte außer den schon genannten Ländern umfassen; Schweden, Norwegen und Dänemark, die Schweiz und Italien.

d) Gewinnung eines größeren west- und zentralafrikanischen Kolonialreichs.

3. In den Bereich einer – auch bei günstigster augenblicklicher Machtlage nicht vertretbaren – expansiven Hybris gehören:

a) Jeder Versuch, die Wiederherstellung bzw. weitere Gültigkeit der westeuropäischen Souveränitäten zu verhindern. (Die Einfügung Spaniens und Portugals, Frankreichs, Belgiens und der

Niederlande samt ihren Kolonien auch in die lockerste Form eines Europäischen Bundes ist im Rahmen eines verhandelten Friedens zunächst undenkbar. Besondere Wirtschafts- und Verkehrsabkommen [Rheinmündungen] sollten erreichbar, koloniale Konzessionen unter belgischer oder niederländischer Flagge möglich sein [namentlich dann, wenn der Friedensvertrag in Gestalt gemeinsamer Garantien durch die Seemächte und das Reich besondere Sicherungen etwa für den niederländischen Gesamtbesitz enthielte].)

b) Jeder Versuch, italienische Großmachtträume im Mittelmeer oder in Afrika zu stützen bzw. selbst zu übernehmen.
c) Jeder Versuch, die britische Orientstellung politisch durchbrechen zu wollen. (Selbst im Fall eines gelungenen militärischen Einbruchs! Ihre Wiederherstellung ist für England lebenswichtig, solange es Indien beherrscht.) Daß die – auch in Ankara gewünschte – selbständige Mittelstellung der Türkei für einen deutsch-englischen Ausgleich von hohem Wert ist, versteht sich von selbst.
d) Jeder Versuch politischen Eindringens in Südamerika
e) Jeder Versuch einer ständigen Beherrschung des großrussischen Raumes jenseits der Linie Weißes Meer – Onegasee – Wolchow – Mittelrussischer Landrücken – Donbogen – Wolgamündung.

Daß der jeweilige Verzicht vor allem auf die unter 3 a–c genannten Möglichkeiten verhandlungstaktisch von größter Bedeutung für das Durchsetzen der unter 1 und 2 genannten sein wird, sei nochmals betont. Ein dauerhafter Friede ist nur möglich, wenn von beiden Seiten verstanden wird, daß im Verhältnis Berlin-Prag von London aus so wenig gestört werden darf wie im Verhältnis London-Dublin von Berlin aus, daß die Anerkennung der britischen Vorhand in Kairo, Bagdad oder Kabul abhängt von der Anerkennung der deutschen Vorhand in Reval, Kiew oder Sofia – und umgekehrt. Gegenstand besonders intensiven britischen Einsatzes wird sicherlich Griechenland sein. Wie weit über Kaukasien gesprochen werden muß, hängt von der weiteren Entwicklung der militärischen Lage ab. Turkestan – das nur im Fall eines schweren sowjetrussischen Zusammenbruchs ins politische Spiel gerät – sollte in diesem Fall dem anglo-indischen Zugriff überlassen bleiben.

III. Probleme

Aus der vorliegenden, auf knappste Formeln gebrachten Übersicht ergibt sich die Fülle der Einzelprobleme, deren Ordnung nunmehr andeutend versucht werden soll.

1. Grenzumzug des Deutschen Reiches und der reichsgeschützten Länder

A. Grundsätzlich: Es ist von entscheidender Bedeutung, daß nur über die Westgrenze des Reiches international verhandelt wird. Die Grenze gegen Dänemark, Ungarn und Italien muß Gegenstand direkter Auseinandersetzung mit den beteiligten Ländern sein. Die Grenze des Reichs gegen die Reichsgeschützten Länder Polen (z. Z. Generalgouvernement), Böhmen und Mähren (z. Z. Protektorat) und Slowenien ist Sache der inneren Auseinandersetzung. Die bei der Abgrenzung des Reiches gegenüber diesen Gebieten sich ergebenden Probleme (Grenze des einzudeutschenden Gebietes in Oberkrain und Südsteiermark gegen das verbleibende Slowenien; Grenze von 1914 oder Kohlenbahnlinie im Osten); Schicksal von Zichenau und Litzmannstadt; Ausgleich der Protektoratsgrenze an zahlreichen Stellen (Brünn – Lundenburg; Mährisch-Ostrau; Pilsen-Taus) werden im folgenden nicht behandelt. Wäre das Reich gezwungen, über diese Punkte mit England und Amerika im einzelnen zu verhandeln, so hieße das: den Krieg verloren geben. (Daß die Ordnung des deutsch-polnischen, deutsch-tschechischen und deutsch-slowenischen Verhältnisses mit Methoden erfolgen muß, die im Rahmen einer gemeinsamen europäischen Kultur vertretbar sind, gehört zu den allgemeinen Voraussetzungen jedes denkbaren Friedens.

B. Territorial:

a) Gegenüber den souveränen Staaten des europäischen Westens;
   1. Niederlande: Unverändert.
   2. Belgien: Eupen-Malmedy gehört zum Reich.
      Kleine Grenzkorrekturen nach der Sprachgrenze im Gebiet von Arel und westlich Aachen erwünscht.
   3. Luxemburg: Gehört zum Reich.
   4. Frankreich: Elsaß-Lothringen gehört zum Reich. Seine Westgrenze (schon 1871 als unbefriedigend empfunden) bie-

tet eine Reihe von Sonderfragen: Verzicht auf die inzwischen ausgesiedelten französischsprachigen Teile der ehemaligen Reichslande[1] – vor allem Lothringens – ist unerwünscht. Westverschiebung der lothringischen Grenze im Bereich des einheitlichen Minette-Gebietes (Briey-Longwy), der elsässischen Grenze vom (strategisch ungünstigen) Vogesen-Hauptkamm über die (ehemals zum elsässischen Besitz gehörenden) Wald- und Weidegebiete der Hochvogesen bis etwa zur Linie Rombach-St. Didel (Remiremont-St. Dié) dringend erwünscht; Frage Belfort-Mömpelgard wenigstens aufzuwerfen.

5. Schweiz – Liechtenstein: Unverändert. Liechtenstein ist nur im Rahmen von Wirtschaftsverträgen mit der Schweiz politisch zu behandeln. Vielleicht Abschluß mit dem im Reich begüterten Fürsten möglich.

b) Gegenüber den (gegebenenfalls einem Europäischen Bund angehörenden bzw.) Reichszugewandten Staaten:

1. Dänemark: Grenzkorrektur, die Hoyer und Tondern, Apenrade und die Insel Alsen zum Reich bringt. Verzicht auf den Haderslebener Kreis, dessen Rückgabe an Dänemark schon von Bismarck in Aussicht gestellt worden war.
2. Litauen: Unverändert. Bei enger wirtschaftlicher Zusammenarbeit kann auf eine direkte Erweiterung des unmittelbaren Hinterlandes von Memel verzichtet werden.
3. Slowakei: Unverändert.
4. Ungarn: Kleine Grenzkorrektur (Altenburg-Wieselburg, Ödenburg, Güns) aus volkspolitischen Gründen nötig, größere (Steinamanger-Körmend-St. Gotthard a. d. Raab) aus verkehrspolitischen Gründen (Beherrschung der wichtigen Alpen-Ostland-Linie) dringend erwünscht. (Noch umfassendere Möglichkeiten werden angeschnitten unter dem Thema Gesamt-Umsiedlung im Donaugebiet).
5. Kroatien: Unverändert.
6. Italien: Südtirol bis zur Salurner Klause einschließlich der tirolisch empfindenden ladinischen Talschaften von Gröden, Enneberg, Fassa, Buchenstein und Ampezzo, sowie das Kärtner Kanaltal gehören zum Reich.
   Einzelverbesserungen auch der Grenzführung von 1914 er-

forderlich am Stilfserjoch (ev. bis zur Spöl), in den Ostdolomiten und am Plöckenpaß (Timau – Tischlwang). Zugehörigkeit der altladinischen, jetzt stark italianisierten Zone von Sulzberg, Unternonsberg, Zimmer- und Fleimstal, Primör sollte mindestens aufgeworfen werden.

c) Die Außengrenze der Reichsgeschützten Länder:
   1. Mähren gegen Slowakei: Problemlos.
   2. Polen: Die Ostgrenze Polens sollte keinen Teil des geschlossenen weißrussischen oder ukrainischen Volksbodens umfassen. Grodno, Bialystok, Brest-Litowsk, Cholm und Lemberg bleiben außerhalb des polnischen Gebiets. Die grundsätzlichen Erwägungen hierzu s. u.
   3. Slowenien: Grenzausgleich im kleinen (Fiume[2] zu Kroatien) gegenüber Kroatien.
      Gegen Italien radikale Lösung erforderlich: Südkrain, Görz und Istrien (einschließlich Triest[3] und Pola) gehören zu einem Reichsgeschützten Slowenien. Das damit aufgeworfene Gesamtproblem Italiens.

2. Ordnungsziele in einem deutsch geführten Kontinentaleuropa

A. Grundsätzlich: Unabhängig davon, welche Länder im einzelnen in der Form Reichszugewandter und verbündeter Länder erfaßt werden können; ob ein Europäischer Bund zustande kommt; welche Staaten er umfaßt – ergibt sich der politische Tatbestand, daß die einzelnen Völker Europas niemals in gleicher Weise bereit sein werden, eine deutsche Gesamtführung anzuerkennen. Völker, die bisher durch andere, nicht durch Deutsche, gefährdet oder unterdrückt worden sind, die ohne imperiale Vergangenheit und imperialen Ehrgeiz an ihrem Volksboden haften, werden sich am leichtesten als Mitträger einer deutschen Ordnung gewinnen lassen. Umgekehrt wird der Widerstand gegen deutsche Führung – unabhängig von augenblicklicher Verbündung oder Gegnerschaft – sehr nachhaltig dort sein, wo ein eigenes übernationales Sendungsbewußtsein, eine eigene Herrschaftstradition über fremde Völker besteht. Eine dritte Gruppe wird dadurch gebildet, daß terroristische Verfahren, wenn sie nicht zur Ausrottung ganzer Völker führen – ein Ziel, das nicht einmal die Mongolen Dschingis Khans und die Spa-

nier der amerikanischen Conquista in dauerhaftem Ausmaß erreicht haben –, die Betroffenen zur Weißglut reizen und dadurch (oft für Jahrhunderte) völlig unlösbare Probleme schaffen.
So lassen sich die Völker Europas (die westeuropäischen einschließlich der unter ganz besonderen psychologisch-historischen Verhältnissen lebenden Schweizer bleiben hier zunächst außer Betracht) in mehrere Gruppen gliedern:

a) Völker, die aus letztgenannten Gründen gegenüber einer deutschen Führung auf lange Zeit unversöhnbar sein müssen: Hiezu gehören die Großrussen, Polen und Serben, vielleicht auch die Tschechen. (Selbstverständlich auch das europäische Judentum, speziell das Ostjudentum.)
b) Völker, bei denen eigener übernationaler Herrschaftsanspruch der deutschen Führung entgegenwirkt. Hiezu gehören außer den schon genannten Großrussen und Polen die Italiener und die Magyaren.
c) Völker, deren innere Gewinnung für eine deutsche Führung sehr schwer, aber nicht völlig aussichtslos erscheint: Hiezu gehören die Schweden, Norweger und Dänen, vielleicht auch die Tschechen.
d) Völker, die bei kluger Politik verhältnismäßig leicht ausgesöhnt oder gewonnen werden können. Hiezu gehören die Finnen, Esten, Letten, Litauer, Weißrussen, Ukrainer, Slowaken, Kroaten, Bulgaren, Rumänen, Albanier und Griechen, gegebenenfalls auch einige der Kaukasusvölker

Ein mächtiges Reich wird genötigt sein, eine Fülle von Streitfragen zwischen den genannten Völkern, sei es allein, sei es mitbestimmend, zu prüfen und zu entscheiden. Es wird sich dabei empfehlen, den häufig gemachten politischen Fehler zu vermeiden: unversöhnliche Gegner auf Kosten möglicher Freunde versöhnen zu wollen. Unter allen Umständen müssen die skandinavischen Interessen schonend behandelt, die Interessen der unter d) genannten Völker berücksichtigt werden. Für polnische Herrschaftsinteressen gegenüber Ukrainern, Weißrussen, Litauern und Slowaken kann unter diesen Umständen ebensowenig Raum sein wie für magyarische Stephanskronen-Wünsche und italienische Mare-Nostro-Träume.

B. Regional:

a) Mittelmeer. – Italien hat nachgewiesen, daß ihm die Voraussetzungen eines Großmacht-Daseins fehlen. Je gründlicher dem Rechnung getragen wird, desto besser für die europäische Zukunft. Italienische Herrschaft über andere europäische Völker würde zu immer neuen Störungen führen. Sie darf daher nicht eingeführt werden. Wo sie schon versucht ist, darf sie nicht weitergeführt werden. Das ganze Ostufer der Adria von Triest bis zu den griechischen Inseln muß von Italien freigegeben werden. Griechenland wäre für den Verlust Westthraziens (bis zur Struma oder Mesta) – aber nicht Griechisch-Mazedoniens! – an Bulgarien durch den Dodekanes[4] zu entschädigen. In Betracht zu ziehen wäre auch eine Personalunion mit Albanien (wobei freilich für eine Sicherung der albanischen Selbstverwaltung gegen griechische Ausbeutungswünsche zu sorgen wäre). – Kroatien muß in den freien Besitz der gesamten Küste von Fiume bis Cattaro gelangen, einschließlich Zaras[5] und sämtlicher vorgelagerter Inseln. Montenegro[6] kann mit Serbien vereinigt werden. (Gleichfalls unter Sicherung einer gewissen Autonomie.) Istrien gehört als Teil Sloweniens unter den unmittelbaren Schutz des Reiches. – Italienische Forderungen an Frankreich dürfen vom Reich nicht unterstützt werden; in der Frage Italienisch-Ostafrikas[7] ist englischen Interessen der Vorzug zu geben; für Griechenland wird sich aus dem Zusammentreffen deutscher und britischer Wünsche eine günstige Lage ergeben. Lediglich taktisch wäre – für den Fall zu großen englischen Einsatzes für Athen – die Frage eines griechischen Cypern aufzuwerfen. In der Tangerfrage[8] kann spanischen Wünschen gefolgt werden. Syrien[9] muß englisch-französischer Auseinandersetzung überlassen bleiben. Im ganzen Mittelmeerkreis lassen sich deutsche, britische und französische Interessen ohne große Schwierigkeit ausgleichen, wenn auf Italien keine Rücksicht genommen wird. Italien ist innerlich zu morsch, um Rücksichtnahme auf seine Ansprüche nach irgendwelcher Richtung zu erzwingen.

b) Balkan. – Unter den slawischen Völkern müssen Bulgaren und Kroaten gefördert werden. Bulgarien sollte – mit Ausnahme kleiner an Griechenland zurückzugebender Gebiete in Westthrazien und Mazedonien – im Besitz seiner Kriegs- und Vertragsgewinne bleiben (Süddobrudscha, Westthrazien mit ägäischem Meereszugang, Pirot Innermazedonien). Freihafen in Saloniki. – Die Zuteilung westmazedonischer Gebiete mit albanischem Volksanteil an Albanien kann bestehen bleiben. Zur Stärkung der Kroaten s. o. – Altserbien (einschließlich des ehemaligen Sandschak Novibazar und Montenegros) wird auch im besten Fall lange Zeit ein Unruheherd bleiben. Schwierigkeiten wird in Belgrad wie in Athen die dynastische Frage machen. Vollziehen sich die Verhandlungen unter dem Eindruck einer starken deutschen Machtstellung, so müßte man für Athen die Abdankung des Königs[10] zugunsten seines Bruders Paul erwirken, in Belgrad eine Wiedereinsetzung der Karageorgewitsche[11] verhindern. Umsiedlungen größeren Stils kommen auf dem Balkan südlich der Donau-Sau-Linie kaum in Frage.

c) Donaugebiet: Das Kernproblem heißt Ungarn. Wird ein beruhigtes Mitteleuropa gewollt, so muß nicht nur neuen ungarischen Forderungen widerstanden; es müssen bereits geschehene »Revisionen« zum Teil rückgängig gemacht werden. Erforderlich sind dabei – über die schon genannten Regulierungen der Reichsgrenze hinaus –: Grenzverbesserungen zugunsten der Slowaken (vor allem um Kaschau) und der Kroaten (Murgebiet, Südbaranya); Abgabe der Karpatenukraine[12] an die Ukraine (und zwar einschließlich der Städte Ungvar und Munkacs); vor allem – das politisch Wichtigste – die Rückgabe von Nordsiebenbürgen[13] an Rumänien. Damit würden die Nachbarn Ungarns mit einer neuen Ordnung ausgesöhnt. In Ungarn selbst müßte mit explosiven Vorgängen sowohl nationalistischer wie sozialer Natur gerechnet werden. Doch muß man über den zentralen Punkt völlig klar sehen: Mit einer Ordnung, die den anderen Völkern des Donauraums auch nur bescheidene Rechte gibt, werden sich die Magyaren niemals zufriedengeben, solange sie halbwegs stark sind. Sie haben sich immer als die geschicktesten und hartnäckigsten Gegner des deutschen Einflusses in Südosteuropa, als die raffiniertesten Verfolger deutschen Volkstums erwiesen. Sie zu schonen, besteht kein Grund, wenn die Machtverhältnisse ein radikales Verfahren erlauben.

Freilich bringen auch die skizzierten Veränderungen keine radikale Lösung der verwickelten Volkstumsfragen im Donauraum. Zwar läßt sich mit bescheidenen Grenzausgleichen (und kleinen Umsiedelungen) das kroatisch-magyarische und das slowakisch-magyarische Grenzproblem lösen (das letztere freilich in eine wirtschaftsgeographisch recht unbefriedigenden Weise), die großen Fragen bleiben politisch ungelöst. Sie stellen sich dar:

1. Als deutsches Volksgruppenproblem in Ungarn, Rumänien, Ostkroatien und bisher serbisch verwalteten Gebieten von Batschka und Banat.

2. Als Problem der ungarisch-rumänischen Volks- und Staatsgrenze, vor allem der Volksinsel der magyarisierten Szekler in Siebenbürgen.

Die bisherigen Erfahrungen lassen vermuten, daß auch ein starkes Deutsches Reich immer wieder genötigt sein würde, zum Schutz einer die 2 Millionen Südost-Deutschen in ihrem Bestand sichernden Autonomie in die Innenpolitik Ungarns, Rumäniens, Kroatiens und Serbiens – vor allem aber Ungarns – einzugreifen. Ebenso ist zu erwarten, daß im ungarisch-rumänischen Verhältnis keine Ruhe eintritt, solange entweder 1,5 Millionen Rumänen unter magyarischer oder die gleiche Zahl Magyaren und Szekler unter rumänischer Herrschaft stehen. Minderheiten-Autonomien sind immer gefährdet. Andere Lösungen aber sind bei der gegenwärtigen Siedlungslage nicht zu erzielen.

Hier also stellt sich die Frage nach der Zweckmäßigkeit eines großen, langsam und organisch zu vollziehenden Bevölkerungs-Austausches, der mit sehr beträchtlichen Grenzverschiebungen Hand in Hand gehen müßte. Dabei müßte mehr als eine Lösungsmöglichkeit geprüft werden (zumal radikale Zwischen-Entwicklungen im Protektorat und in Slowenien auch diese Gebiete in die große Umsiedlungs-Lawine einzubeziehen drohen). Als wichtigste Gesichtspunkte müßten dabei freilich im Auge behalten werden:

1. Die Wiederherstellung der Siebenbürger Einheit im Rahmen des rumänischen, nicht des ungarischen Staates (unter Aussiedlung des magyarisch-bewußten Teils der Szekler und rumänischen Raumopfern im Banat).

2. Der Ansatz des rückzusiedelnden Donauschwabentums in von Ungarn an das Reich abzutretenden Teilen Westungarns (bis zum Bakonywald und Plattensee). Das magyarische Volk

wäre durch geschlossene Besiedlung von Batschka und Banat zu entschädigen.

Teilprobleme blieben auch bei diesem, nur in Jahren durchzuführenden, Vorschlag ungelöst; so das Endschicksal der Siebenbürger Sachsen.

d) Baltikum und Karelien: Die Einrichtung estnischer, lettischer und litauischer Staatlichkeit in der Form Reichszugewandter Länder mit den bisherigen Grenzen (Litauen einschließlich Wilnas) dürfte keinen Schwierigkeiten begegnen, wenn die Gesamtfrage der europäischen Ostgrenze sich als lösbar erweist. – In diesen Rahmen gehört auch die karelische Frage: Eine Sicherung Finnlands (und ganz Nordskandinaviens) gegen immer wiederkehrende großrussische Gefahr ist nur auf der Basis der Onega-Swir-Grenze zu erreichen, die ganz Karelien und Kola an Finnland gibt, damit Finnland vor ein schweres und großes Kolonisationsproblem stellt, wichtige, z. T. in Europa einmalige Bodenschätze für Europa sichert, Rußland aber vom eisfreien Teil des Nordmeers abschneidet. Offen bleibt auch bei dieser Lösung das Schicksal von Petersburg. Die beste Sicherungslinie des baltischen Nordeuropa würde dem Wolchow bis zum Ilmensee folgen und im Waldaigebiet Anschluß an ein (geschichtlich höchstens an das kurzlebige Fürstentum Polozk anzuknüpfendes) selbständiges (d. h. auf lange Zeit vom Reich zu haltendes und auszustattendes) Weißrußland finden. Die Möglichkeit oder Unmöglichkeit solcher Lösungen dürfte weitgehend davon abhängen, welches Ausmaß an Völkerwanderungen durch den Kriegsverlauf selbst und durch die Politik Stalins in diesen Gebieten schon erzwungen worden ist.

e) Ukraine, Weißrußland und Kaukasus: Noch tiefer als der vorangehende führt dieser letzte große Problemkreis Mittel- und Osteuropas zu der entscheidenden Grundfrage: unter welchen Voraussetzungen überhaupt eine Befriedung in Osteuropa gefunden werden kann. Wahrscheinlich gibt es nur eine – mühsame und mit langfristigen deutschen Opfern zu erkaufende – Chance: die Errichtung eines von Moskau abgetrennten Staatengürtels von Weißrußland über die Ukraine zum Kaukasus und Hindukusch. Um dauerhaft zu sein, müßten solche Staaten von ihren Völkern gewollt und getragen werden. Davon ist – mindestens für die näherliegende Gebiete der Ukraine und Weißrußlands – vorerst keine Rede. Eine solche Bereitschaft müßte erst geschaffen werden. Sie kann nur geschaffen werden unter einer doppelten Voraussetzung: daß man das nationale Bewußtsein der Weißrussen und Ukrainer (gegebenenfalls auch der Georgier und anderer Kaukasusvölker) gegen das Großrussentum teils stütze, teils erwecke; daß man zugleich eine der bolschewistischen völlig entgegengesetzte Landpolitik treibe. Das erste hat zur Voraussetzung, daß eine ukrainische und weißrussische (bzw. kaukasische) Führungs- und Kulturschicht gefördert oder neu geschaffen werde; das zweite bedingt, daß auf jede großflächige Ausbeutungspolitik im Stil der Sowchos- und Kolchos-Wirtschaft verzichtet und der Boden dem Bauern überlassen werde. Auch dann, wenn diese Politik durchführbar sein sollte, wird es auch im günstigsten Fall einer lang dauernden deutschen »Militärgrenze« am Don oder an der Wolga bedürfen, um zu dauerhaften Ordnungen überzuleiten. Letzte Voraussetzung ist auch hier, daß es gelinge, Stalin in Sibirien weltpolitisch zu isolieren, die Seemächte von ihrem Zusammengehen mit ihm zu lösen und durch kluge Bauernpolitik auch in den besetzten Teilen Großrußlands dafür zu sorgen, daß auch das Großrussentum durch innere Vorgänge diesseits und jenseits der Front, mit oder ohne Stalin, friedensreif werde. Lehnt man diese Aussichten ab, dann muß man sich damit abfinden, Osteuropa zu großen Teilen zu räumen, die Militärgrenze weiter westlich aufzubauen und die nächste Generation einem neuen Russen- und Kommunistenkrieg unter völlig unberechenbaren Bedingungen auszusetzen. Man wird also nicht anders können, als den oben skizzierten Weg wenigstens zu versuchen. Voraussetzung hiefür ist nun, daß jede Auslieferung ukrainischen oder weißrussischen Volksbodens an andere Völker vermieden werde (d. h., daß Ostgalizien nicht polnisch, die Karpatenukraine nicht magyarisch, die nördliche Bukowina[14] und vor allem Odessa nicht rumänisch sein dürfen). Darüber hinaus müßte die ukrainische Nord- und Ostgrenze großzügig gestaltet, das ukrainische Staatsgebiet bis zur unteren Wolga und bis zum mittleren Kaukasus (also einschließlich des Kubangebiets) ausgedehnt werden. – Auf die unübersehbare Vielfalt der Völkerprobleme in Gebieten, die noch

– und vielleicht dauernd – außerhalb des deutschen Waffenbereiches liegen: auf die kaukasischen und turkestanischen (mit ihren religiösen Komplikationen: Islam, Panturanismus), sei hier nur abschließend hingewiesen.

f) Nord- und Westeuropa: Tiefer als im Fall der ost- und südosteuropäischen Länder (wo bei günstiger Ausgangslage vieles nach den einseitigen Wünschen des Reiches geregelt werden mag) stellt sich für die nord- und westeuropäischen Länder die Frage: Können sie einem europäischen Föderativsystem gewonnen bzw. eingeordnet werden? Läßt sich eine im Einvernehmen Kontinentaleuropas mit den angelsächsischen Mächten aufzubauende, überkontinentale und übernationale Friedensordnung denken? Innerhalb einer solchen müßten dann auch für die westeuropäischen Länder und ihre Kolonialreiche Formen bedingter Souveränität gefunden werden (freilich dann unter der Voraussetzung, daß auch die kontinental und ozeanisch führenden Mächte sich auf wehr- und wirtschaftspolitischem Gebiet der Einführung übernationaler Planungs- und Kontrollinstanzen fügen). (Mag man die Aussichten in dieser Hinsicht noch so gering schätzen, mag man selbst reine Utopie darin sehen – es ist sicher, daß von angelsächsischer Seite Programme weltorganisatorischen Charakters vorbereitet werden, die mindestens eine große psychologische Bedeutung haben.) Das nördliche und westliche Europa ist – abgesehen von den Fragen, die den unmittelbaren Grenzumzug des Reiches betreffen – frei von territorialen Problemen. Um so stärker wird hier nicht nur um europäische, sondern um weltpolitische Organisationsformen gekämpft werden, die sich in Gestalt vielfach abstufbarer Souveränitäts-Einschränkungen des Einzelstaats auswirken. Deren Reihe jetzt schon in ihrer Anwendbarkeit oder Nicht-Anwendbarkeit auf dieses oder jenes Land prüfen zu wollen (über den Rahmen dessen hinaus, was unter dem Titel: Reichsgeschützte, Reichszugewandte und Reichsverbündete Länder schon gesagt worden ist), wäre verfrüht. Sie grundsätzlich zu durchdenken, ist wichtig. – Die einfachen internationalen Rechts- und Beziehungsformen des Neunzehnten Jahrhunderts werden nicht wiederkehren. An ihre Stelle werden die indirekteren Lenkungsformen vielfältig gegliederter Staatenbünde treten (wie sie sich heute schon in allen großen kontinentalen Machtbe-

reichen – zeitlich und psychologisch voran in dem British Commonwealth of Nations – gebildet oder wenigstens abgezeichnet haben). In Nord- und Westeuropa wird das Kriegsergebnis äußerlich darin zum Ausdruck kommen, welche Staaten sich zu selbständigen Staatenbünden zusammenschließen bzw. welche Staaten vorwiegend angelsächsischer oder vorwiegend deutscher Führung folgen werden. Die politischen Formen für solches Zusammengehen werden juristisch sehr mannigfaltig sein müssen. Vollentwickelte Staatenbünde sind ebenso denkbar wie Teillösungen der verschiedensten Art: Wehr-Unionen, total oder partiell (stärkere Vereinheitlichung von Luft- und Seemacht gegenüber der national-traditionell gebundeneren Landmacht; Stützpunkte!); Wirtschafts-Unionen (auch hier Teillösungen auf dem Währungs- und Münz-, Post- und Verkehrs-, Zoll- und Finanzgebiet möglich); technische und soziale Planungsgemeinschaften (die von größter Bedeutung werden können).
Solche Lösungen drängen sich auf europäischem Boden auf, auch für den Fall, daß noch einmal versucht werden sollte, an der größten weltpolitischen Frage: der nach einer weltwirtschaftlichen Produktions- und Verbrauchs-, Arbeits- und Bevölkerungsplanung, diesmal in kontinentalen statt (wie 1919) in einzelstaatlichen Isolierungen vorbeizukommen. Die Aufgaben solcher Planung liegen auf der Hand. Sie reichen von der Koordination der wissenschaftlichen Forschung bis zur Verteilung von Rohstoff- und Genußmitteln, von der Rüstungskontrolle bis zu den Grundfragen der Arbeitsteilung nach Klimaten und Rassen (auch das Judenproblem als osteuropäisches wie als Weltproblem ist nur in einem solchen Rahmen lösbar). Gerade dann aber, wenn die technisch-wirtschaftliche und damit auch die politisch-organisatorische Zusammenfassung der Völker zu Großgebieten, der Großgebiete zu Weltplanungen für unausweichlich gehalten wird, ergibt sich in um so schärferer Betonung, daß Europa – und nicht nur Europa! – einer Magna Charta Libertatum in allen religiösen und kulturellen Bereichen bedarf.

3. Afrika

Afrika ist nur ein besonderes Anwendungsgebiet für vieles, was im vorigen Abschnitt gesagt worden ist. Anzustreben ist eine gesamteuropäische Verantwortung für die Entwicklung des eigentlichen (nigritischen und hamito-nigritischen) Afrika (zu dem der atlantisch-mediterrane Nordsaum von Marokko bis Ägypten nicht gehört: hier sollten die überkommenen Besitzstände – einschließlich eines italienischen Libyen-Cyrenaika – gewahrt bleiben). Die Form einer modernen Kolonialorganisation für Negerafrika müßte gesamteuropäisch, also übernational sein, damit die territorialen Gliederungen der Erschließungszeit (die geographisch und wirtschaftlich z. T. sehr schlecht sind) beseitigen oder überwachsen. Im Rahmen einer solchen Gesamtplanung müßte dann Raum gefunden werden für die Betätigung von Menschen aus jenen Teilen Europas, die bisher unter zu großem Bevölkerungsdruck gestanden haben (u. a. Italien). Eine Befriedigung spezifisch deutscher Kolonialansprüche in Gestalt einzelner Landfetzen (selbst mit geographisch und wirtschaftlich sinnvollen Abrundungen) wäre zwar für das Reich nützlich, im Sinn eines großmächtlichen Existenzminimums sogar notwendig, aber doch im Rahmen der gesamteuropäischen Aufgaben nur eine Notlösung. Hat man sich mit ihr abzufinden, so kommen regional nur die Gebiete um den Guinea-Golf in Frage: also eine Groß-Kamerun-Lösung – zu der sowohl britische und französische wie belgische und (etwa im Austausch mit der Nordhälfte Deutsch-Südwestafrikas) portugiesische Gebiete beitragen könnten. Die südliche Hälfte Südwestafrikas gehört in den Siedlungszusammenhang eines einheitlichen weißen Südafrika. Deutsch- wie Italienisch-Ostafrika werden von England nie herausgegeben werden, solange Indien und der Indische Ozean von England beherrscht werden.

Wirkliche Zugeständnisse auf kolonialem Gebiet aber werden von den Seemächten nur gemacht werden, wenn eine von zwei Voraussetzungen gegeben ist: ein Durchbruch der deutschen Wehrmacht nach Mittelafrika (nur möglich, wenn entweder die britische Orientstellung zerbrochen wäre oder Französisch-Nordafrika deutscher Verfügung unterstände) – oder eine echte weltpolitische Verständigungsbereitschaft (innerhalb deren auch die verbleibende Abhängigkeit der Verbindungslinien zur See zwischen dem Reich und seinen tropischen Besitzungen von den atlantischen Flotten getragen werden könnte). Verständigungsbereitschaft aber hat Voraussetzungen, die weit jenseits des in dieser Denkschrift Darstellbaren liegen.

Anmerkungen:

1 Bis zum 21.11.1940 waren etwa 100000 Lothringer in das unbesetzte Frankreich »ausgesiedelt« worden.

2 Wenn Haushofer die Stadt Fiume Slowenien zuschlagen will, so beweist er damit sein absolutes Unverständnis dem italienischen Achsenpartner gegenüber. Fiume, das von September 1919 bis Dezember 1920 von Gabriele d'Annunzio und seinen Freischaren besetzt war, konnte man vom faschistischen Selbstverständnis so wenig trennen wie etwa München (»die Hauptstadt der Bewegung«) vom Nationalsozialismus.

3 Im Friedensvertrag von St. Germain (10.9.1919) war Triest neben Südtirol, dem Trentino, Julisch-Venetien, Istrien und Teilen Dalmatiens Italien zugesprochen worden.

4 Die überwiegend von Griechen bewohnten Dodekanes waren im Frieden von Lausanne (23.7.1923) von der Türkei an Italien abgetreten worden.

5 Nach dem Ersten Weltkrieg übernahm Italien die dalmatinische Küstenstadt Zara von Österreich-Ungarn. Von den 21327 Einwohnern, fast ausschließlich Italienern, wurden durch alliierte Bombenangriffe 1943/44 4000 getötet, die Tito-Partisanen massakrierten weitere 2000.

6 Am 12.6.1941 hatte in Cetinje eine Nationalversammlung die Unabhängigkeit Montenegros (435000 Einwohner) proklamiert und dem Haus Savoyen die Krone angeboten.

7 Bis Ende November 1941 hatten die Briten nach italienischen Anfangserfolgen (August 1940 Einnahme von Britisch-Somaliland) ganz Italienisch-Ostafrika (Eritrea, Äthiopien, Somaliland) besetzt.

8 Spanien hatte die internationale Zone von Tanger am 14.6.1940 besetzt.

9 Das bis dahin vichytreue Syrien war im Juli 1941 von britischen und frei-französischen Truppen besetzt worden.

10 König Georg II.; er befand sich von 1941 bis 1946 im Exil.

11 Karageorgewitsch (eigentlich: Karadjordjević), serbisches Herrscherhaus, begründet 1817. Auch der letzte jugoslawische König, Peter II., gehörte diesem Fürstengeschlecht an.

12 Die ehemals ungarische Karpatenukraine, die von 1918–39 zur Tschechoslowakei gehörte, fiel trotz der am 15.3.1939 erfolgten Selbständigkeitserklärung wieder an Ungarn.

13 Rumänien hatte mit dem Wiener Schiedsspruch vom 30.8.1940 Nordsiebenbürgen und den Szekler-Gipfel an Ungarn abgetreten.

14 Mit Ultimatum vom 26.6.1940 hatte die Sowjetunion von Rumänien die Abtretung der Nordbukowina und Bessarabiens erzwungen. Die Kgl.-rumänische Armee hatte das Gebiet 1941 zurückerobert.

Quelle:

BA Nachlaß Haushofer 833

Dokument Nr. 5

Ribbentrop gegen eine »Europastunde« im Reichsrundfunk, April 1942

U.St.S.-D.-Nr. 5902

Aufzeichnung
für Herrn Gesandten *Rühle*[1]

Betr.: »Europastunde« – Aufzeichnung an den Herrn RAM vom 24. März 1942[2] –

In dieser Angelegenheit hat der Herr RAM nach Kenntnisnahme ihrer Notiz und unserer Besprechung vom heutigen Tage den Standpunkt des Auswärtigen Amtes wie folgt festgelegt:
Die Durchführung einer neuen Sendereihe »Europastunde« kann zur Zeit noch nicht erfolgen. Zwangsläufig würden die beabsichtigten Vorträge prominenter Persönlichkeiten aus den verschiedenen Ländern Europas, auch wenn sie nur kulturelle oder wirtschaftliche Fragen berühren, auf das politische Gebiet überleiten und zu erheblichen außenpolitischen Schwierigkeiten führen, wobei nur auf die offenen Hauptprobleme Italien-Frankreich, Ungarn-Rumänien verwiesen wird. Es muß demgemäß der Reichsrundfunkgesellschaft[3] mitgeteilt werden, daß das Auswärtige Amt zur Zeit die Durchführung der Sendereihe »Europastunde« aus außenpolitischen Gründen für unzweckmäßig hält und darum bittet, von der Weiterführung der Vorbereitungen Abstand zu nehmen. Demgemäß muß auch die beabsichtigte Reise des Herrn Brückmann vom Deutschen Kurzwellensender unterbleiben. Ich bitte, bei den Ausführungen an die Reichsrundfunkgesellschaft den Namen des Herrn RAM nicht zu erwähnen, sondern die Entscheidung des Auswärtigen Amtes mitzuteilen. Ich habe dem Herrn RAM vorgeschlagen, unter dem Namen »Europastunde« zunächst eine Gemeinschaftssendung Deutsch-Italien zu arrangieren. Der Herr RAM ist unter der Bedingung, daß in dieser Sendung ausschließlich kulturelle Darbietungen gegeben werden (auch keine wirtschaftlichen) damit einverstanden, daß hierfür entsprechende Vorschläge

ausgearbeitet werden. Diese Vorschläge wünscht er aber, bevor irgend etwas unternommen wird, vorgelegt zu erhalten. Die Bearbeitung muß ausschließlich beim Auswärtigen Amt (Abteilung Ru[4]) liegen. Der Herr RAM wird die Vorschläge sodann dem Europakomitee[5], welches unter seiner persönlichen Leitung steht, zur Bearbeitung übergeben.
Im übrigen bitte ich nochmals darum, derartige Fragen, bevor sie dem Herrn RAM vorgelegt werden, in Zukunft mit mir durchzusprechen.

Berlin, den 2. April 1942
gez. Luther[6]

Anmerkungen:

[1] Gerhard Rühle, geb. 1905. 1933 NSDAP-Reichstagsmitglied, 1939 Eintritt in das AA. Vortragender Legationsrat in der Kulturpolitischen Abteilung, später Gesandter und Leiter der Rundfunkabteilung. SS-Standartenführer, Mitglied der Akademie für Deutsches Recht.
[2] Die Aufzeichnung findet sich im PA AA, Handakten Luther betreffend Schriftverkehr N–Sch von 1942, Bd. 14, 327101–327103
[3] Das Wort »-gesellschaft« ist in den Text von Hand eingetragen.
[4] Rundfunkabteilung
[5] Vgl. Dokument Nr. 6
[6] Unterstaatssekretär Martin Luther (1903–1945). 1938–43 Leiter der Deutschland-Abteilung im AA, SA-Brigadeführer. Im Februar 1943 wegen Intrigen gegen Reichsaußenminister von Ribbentrop in das KZ Sachsenhausen eingeliefert.

Quelle:

PA AA, Handakten Luther betreffend Schriftverkehr N–Sch von 1942, Bd. 14, 327098–327099

Dokument Nr. 6

Notiz des RAM zur Propagierung des Europagedankens, 6.9.1942

Fuschl, den 6. September 1942 21.45 Uhr
Ankunft: den 6. September 1942 22.40 Uhr

Nr. 1078 vom 6.9.
1.) Telko
2.) Fernschreiben für Gesandten Hewel[1], Werwolf[2]
(G. Schreiber)

Notiz.

[...[3]]
6.) Aus diesen Gründen kann der europäische Gedanke zur Zeit von uns nur in ganz allgemeiner Form behandelt werden, wie z. B. mit der Parole der europäischen Solidarität gegen den Bolschewismus und das Judentum. Jede Konkretisierung der Neugestaltung und Neuordnung Europas muß nach Auffassung des Herrn Reichsaußenministers bis auf weiteres vermieden werden, da hierdurch unser Existenzkampf nicht erleichtert, sondern erschwert würde.
Erst wenn die letzten militärischen Entscheidungen gefallen und damit die machtmäßigen Voraussetzungen für Deutschland geschaffen sind und wir auf Freund und Feind keine Rücksicht mehr zu nehmen brauchen, kann offen mit dem großgermanischen Gedanken hervorgetreten werden.
7.) Nach vorstehenden Gesichtspunkten ist der Gesamtkomplex Europa von Herrn Reichsaußenminister, der für die außenpolitische Durchführung der Neuordnung Europas zuständig und dem Führer verantwortlich ist, behandelt worden. So ist vor etwa 2 Jahren nach Beendigung des Frankreichfeldzuges vom Herrn Reichsaußenminister ein besonderes Komitee ins Leben gerufen worden, das sich seitdem mit den verschiedenen Fragen der europäischen Neuordnung vorbereitend befaßt hat. Im Hinblick auf die Komplexität dieser Frage und auf die Tatsache, daß bei ihrer Bearbeitung eine Fülle von Problemen auftaucht, die, solange die machtmäßigen

Voraussetzungen zu einer radikalen Lösung durch das Deutsche Reich in Europa noch nicht gegeben sind, nicht zur Diskussion gestellt werden dürfen, ist die Arbeit dieses sogenannten Europa-Komitees unter Leitung des Herrn Reichsaußenministers bisher nur in aller Stille und im vertrautesten Kreise vor sich gegangen. Hauptgegenstand dieser vorbereitenden Arbeit ist naturgemäß die zukünftige Gestaltung des Deutschen bzw. Großgermanischen Reiches, die Gestaltung der Beziehungen zu unseren Freunden und Bundesgenossen und die Friedensverträge mit unseren jetzigen Feinden.
Darüber hinaus wird eine Anzahl weiterer Fragen behandelt, so z. B. die zukünftige Gestaltung der Zusammenarbeit im Rahmen der Dreierpaktmächte, also vor allem mit Italien und Japan zur Behauptung unserer nach dem Siege etablierten Weltstellung, ferner die politische und wirtschaftliche Neuordnung Europas nach dem Kriege usw.
Bei der Neuordnung Europas ist als Grundsatz immer der fundamentale Gedanke zugrunde gelegt worden, daß das zukünftige Deutsche Reich so schnell wie möglich stark und geschlossen dastehen soll, während die übrigen Staaten unseres Kontinents möglichst gespalten und schwach gehalten werden sollen. [...]

Ohne Unterschrift.

Vermerk: Unter Nr. 37 an Herrn Gesandten Hewel, Werwolf, weitergeleitet. Telko, den 6.9.42.

Anmerkungen:

[1] Walter Hewel, geb. 1904. Als 18jähriger Student Beitritt zur NSDAP. 1938 als Legationsrat I. Klasse Eintritt in das AA, Leiter des persönlichen Stabes des RAM. September 1940 Ernennung zum Gesandten I. Klasse und zum Ministerialdirigenten als ständiger Beauftragter Ribbentrops bei Hitler. SS-Brigadeführer, am 31.3.1943 Beförderung zum Botschafter z. b. V. Selbstmord in Berlin am 2.5.1945.

[2] »Werwolf«, Hitlers Hauptquartier bei Winniza in der Ukraine.

[3] Am Rand des Dokuments handschriftliche Verfügungen.

Quelle:

PA AA, Handakten Luther betreffend Verschiedenes von 1940 bis 1943, Bd. 45, 428415–428422 (hier: 428420–428421)

Dokument Nr. 7

Eröffnungsrede von Reichsleiter von Schirach zur Gründung des Europäischen Jugendverbandes, Wien, 14.9.1942 (Auszüge)

[...]
Die Aufgabe des Europäischen Jugendverbandes ist die Festigung und Stärkung des Bewußtseins der europäischen Zusammengehörigkeit in der jungen Generation unseres Kontinents. Als Ausdruck der neuen Ordnung ist der Europäische Jugendverband eine Arbeitsgemeinschaft von national selbständigen und volksbewußten Jugendorganisationen. Dieser Charakter des Europäischen Jugendverbandes schließt jede Einmischung in die inneren Verhältnisse der Jugendorganisation eines Landes aus. Der Europäische Jugendverband lehnt daher auch alle paneuropäischen Bestrebungen ab. Als die größte Vereinigung von Jugendführern und -erziehern, die bisher in der Welt gegründet wurde, geht er in der Erfüllung dieser Aufgaben von dem Gedanken aus, daß die Nation, das heimatliche Elternhaus und die nationale Jugendgemeinschaft die entscheidenden erzieherischen Erlebnisse der Jugend sind. Wer seiner Nation gegenüber treu, gewissenhaft und tapfer seine Pflicht erfüllt, schafft damit eine Voraussetzung für eine europäische Gemeinschaft, die nur dann einen Wert besitzen kann, wenn ihre einzelnen Mitglieder nationale Repräsentanten ihrer Völker sind. [...]
Der neugegründete Europäische Jugendverband ist ein Sinnbild der neuen und besseren Ordnung. Eine jahrelange Entwicklung, in der der Gedanke eines Zusammenschlusses der europäischen Jugendorganisationen aus unserer kameradschaftlichen Zusammenarbeit gewachsen ist, findet heute ihre Krönung. Die Bedeutung der europäischen Jugendorganisationen beruht gerade darin, daß sie als ausgesprochen nationale Erziehungsgemeinschaft innerhalb der Völker entstanden sind und jeweils nur in diesen arbeiten können. Diese Selbständigkeit und nationale Eigenart der hier vertretenen Organisationen bürgt uns dafür, daß der neu entstandene Europäische Jugendverband seine politische und erzieherische Aufgabe erfüllen wird. Er tritt ins Leben mit einem Programm, in dem er die in zahlreichen Zusammenkünften erworbene Achtung seiner einzelnen

Mitgliederorganisationen voreinander und damit die ehrliche Kameradschaft der Jugend Europas zur Grundlage seiner Arbeit macht. [...]
Der europäische Jugendverband ist keine Schöpfung der Demokratie. Es würde dem Geist der Jugend und unserer ganzen bisherigen Zusammenarbeit widersprechen, wenn wir nach dem parlamentarischen Zahlensystem verfahren würden, das heißt, das Gewicht der einzelnen Jugendorganisationen im Führerring abhängig machen würden von der Zahl der Mitglieder. In diesem Gremium hat jede nationale Jugend, die wir einladen sich anzuschließen, ob sie nun einem kleinen oder großen Volk angehört, Sitz und Stimme. In den Arbeitsausschüssen präsidiert die Organisation, die auf dem Spezialgebiet des Ausschusses besondere Leistungen aufzuweisen hat. Die Mitglieder des Europäischen Jugendverbandes sind grundsätzlich gleichberechtigt. Das deutsch-italienische Präsidium, das auf Grund der Zustimmung aller Mitglieder die Leitung des Europäischen Jugendverbandes übernommen hat, fällt seine Beschlüsse gemeinsam. Der Europäische Jugendverband tritt alljährlich zusammen.[1] [...]

Anmerkungen:

[1] Tatsächlich hat keine weitere Tagung des Europäischen Jugendverbandes mehr stattgefunden.

Quelle:

Das Junge Europa. Der Europäische Jugendverband, in: Das junge Deutschland, 36. Jahrgang 1942, S. 284–285

Dokument Nr. 8

Reichsminister Dr. Goebbels polemisiert gegen das »Neue Europa«, 16.9.1942

U.St.S.-D.-Nr. 6811 Berlin, den 17. September 1942

Vortragsnotiz

Parteigenosse Todenhöfer[1] berichtet aus der Ministerkonferenz bei Reichsminister Dr. Goebbels am 16. September wie folgt: »Reichsminister Dr. Goebbels polemisiert sehr scharf gegen das Gerede vom ›Neuen Europa‹. Er halte es nicht für richtig, wenn heute von unserer Seite aus so ein Lärm um dieses Thema gemacht würde. Es wird uns in der Welt niemand glauben, daß wir nur für ein neues Europa kämpfen werden, ohne dabei materielle Interessen zu haben. Von dem Deutschen allgemein würde man es noch glauben, daß er nur für eine Idee kämpfe, aber von den Nazis wisse man, daß sie einen Kampf um Öl und Getreide und eine materielle Besserstellung unseres Volkes führen würden und nicht einem Phantom nachrennten.«

(Luther)

Zur Vorlage
bei dem
Herrn Reichsaußenminister[2]

Anmerkungen:

[1] Dr. iur. Gerhard Todenhöfer, geb. 1913, Legationsrat, seit Januar 1942 Verbindungsmann des AA zum Propagandaministerium.
[2] Mit Stempelüberdruck: »Hat dem Herrn R.A.M. vorgelegen.«

Quelle:

PA AA, Handakten Luther betreffend Vortragsnotizen von 1942 bis 1943, Bd. 29, 339707

Dokument Nr. 9

Reichsminister Dr. Goebbels zur Europäischen Neuordnung, 13.3.1943

Interview von Reichsminister Dr. Goebbels gegenüber dem Berliner Vertreter der dänischen Zeitung »Berlinske Tidende«:
Im Gegensatz zu der irrigen englischen Auffassung, daß die Achse die europäischen Länder dazu zwingen wollte, sich ihrem Willen unterzuordnen, erklärte Dr. Goebbels, im Kriege sei es notwendig, strenge Gesetze in Westeuropa zu erlassen. In Friedenszeiten werde dies nicht notwendig sein. Die europäische Neuordnung werde im wesentlichen auf freiwilligem Handeln beruhen und nicht auf Diktatur. Deutschland wünsche, das individuelle Gepräge der europäischen Nationen aufrechtzuerhalten. Die künftige staatliche Struktur Europas könne nicht von heute auf morgen geregelt werden. Der Nationalsozialismus sei keine Exportware. Jeder Staat könne seine eigene Verfassung aufrechterhalten. (Ausl. Presse-Meldung)

Quelle:

Seekriegsleitung, 3. Abt. FP. vom 16. März 1943, Politische Übersicht Nr. 63, BA/MA RM 7/681

Dokument Nr. 10

Aufzeichnung von Reichsaußenminister von Ribbentrop über einen Europäischen Staatenbund, 21.3.1943

Berlin, den 21. März 1943

Betrifft: Europäischer Staatenbund.

Ich bin der Meinung, daß man, wie ich dem Führer in meinen vorausgegangenen Notizen bereits vorschlug, möglichst bald, und zwar sobald wir einen bedeutenden militärischen Erfolg zu verzeichnen haben, in ganz konkreter Form den Europäischen Staatenbund proklamieren sollte.
Als Gründungsakt stelle ich mir die Einladung sämtlicher Staatsoberhäupter mit ihren Regierungen der in Frage kommenden europäischen Staaten an einem sicheren Ort, z. B. Salzburg oder Wien, vor, die dann in feierlicher Form die Gründungsakte dieses Bundes unterzeichnen.
Zunächst kämen als Staaten in Betracht: Deutschland, Italien, Frankreich, Dänemark, Norwegen, Finnland, Slowakei, Ungarn, Rumänien, Bulgarien, Kroatien, Serbien, Griechenland und Spanien (?). Dazu würden, falls der Führer beabsichtigen sollte, in den von uns besetzten Teilen Europas selbständige Staaten entstehen zu lassen, auch diese kommen.
Nur ein solcher ganz präziser Akt kann nach meiner Auffassung den Erfolg haben, den wir wünschen.[1]
Die Gründung eines Europäischen Staatenbundes würde folgende politische Vorteile für uns haben:
1.) Es würde unseren Freunden und Bundesgenossen die Sorge nehmen, daß sofort bei Friedensschluß bei allen ein deutscher Gauleiter eingesetzt wird.
2.) Es würde den Neutralen die Sorge nehmen, daß sie bei Kriegsende Deutschland einverleibt werden.
3.) Es würde Italien die Sorge nehmen, daß das mächtige Deutschland Italien an die Wand drücken wolle.
4.) Es würde, wenn der Führer sich dazu verstehen will, aus bestimmten besetzten Gebieten noch eine Anzahl mehr oder weniger

selbständiger Staaten zu machen, die dann trotzdem restlos in unserem Machtbereich sein würden, den Erfolg haben, daß eine starke Beruhigung und Anspannung der Kräfte für unseren Krieg in diesen Ländern eintreten würde.
5.) Es würde bei den Russen das Gefühl aufkommen lassen, daß Rußland ganz Europa entgegensteht, und so würde die russische Kampfkraft geschwächt.
6.) Es würde lähmend auf die Kampfkraft der Engländer und Amerikaner wirken, wenn sie die europäischen Staaten nicht befreien, sondern ein in sich geschlossenes und einiges Europa angreifen sollen.
7.) Es würde innenpolitisch sowohl in England wie in Amerika lähmend wirken. Was Amerika anbetrifft, so würde dies Roosevelt einen schweren Schlag versetzen. Es würden in beiden Ländern, besonders aber in Amerika, der Propaganda gegen Deutschland die besten Argumente aus der Hand geschlagen. Den Oppositionsgruppen würden Parolen an die Hand gegeben, wie:
»Was in Nordamerika geschehen sei, nämlich der Zusammenschluß der Vereinigten Staaten von Amerika, könne man Europa nicht verwehren.«
8.) Es würde sowohl in Frankreich als auch sonst in den besetzten Gebieten in der Richtung wirken, daß diese Länder zweifellos ganz anders zu den Kriegsanstrengungen auf personellem und materiellem Gebiet beitragen würden als bisher. Besonders würde es sich auswirken bei dem französischen Arbeitseinsatz und auch bei dem Rüstungseinsatz.
9.) In Frankreich denke ich besonders daran und habe dies schon mit Himmler besprochen, daß wir hier aus den germanisch-französischen Teilen mit dieser klaren europäischen Parole unter Umständen ein paar erstklassige SS-Divisionen rekrutieren können, die uns dann zusätzlich für unseren Kampf zur Verfügung ständen. Alle Einzelheiten hierzu sind bereits bis ins einzelne durchdacht und werden in diesen Tagen zwischen Himmler und mir noch gründlich besprochen werden. Ohne eine solche Parole werden die Werbungen keinen Erfolg haben.
10.) Wir würden manche Neutrale, wie z. B. Schweden, Türkei, Portugal usw., dadurch davon abhalten, sich zu eng mit England und Amerika einzulassen. Auch die Bestrebungen der Türkei zum

Zusammenschluß eines Balkanbundes, hinter dem natürlich England steht, würden durch die Gründung eines Europäischen Staatenbundes nicht erledigt werden.
11.) Eine erste Skizze über den Inhalt einer Gründungsakte werde ich dem Führer vorlegen.
Ich glaube, daß die Gründung dieses Bundes im geeigneten Augenblick so nachhaltig wirken wird, daß damit tatsächlich praktisch die Gegner für die Zukunft ihren wichtigsten für die Propaganda geeigneten Kriegsgrund verlieren. Ich glaube auch, daß die Feindkoalition bei den großen Divergenzen, die sich heute schon zwischen England, Amerika und Rußland zeigen und die eines Tages sich enorm steigern werden, gegenüber einem solchen einigen Europa schließlich einfach zerbrechen wird.
12.) Von besonderer Bedeutung ist auch die Rückwirkung auf unseren Kampf in Tunis, da nach meiner Überzeugung nach der Gründung dieses Staatenbundes, bei dem auch Marschall Pétain anwesend ist, General Giraud nur sehr schwer noch Franzosen zum Kampf gegen uns mobilisieren kann.
Die Frage der territorialen Abgrenzung der verschiedenen Staaten dürfte bei dem Gründungsakt nicht behandelt werden. Sie müßte selbstverständlich bis zu den definitiven Friedensverträgen offen bleiben.
Alle anderen Einzelfragen, die sich mit der Gründung des Europäischen Staatenbundes ergeben, mögen noch diese oder jene Schwierigkeit mit sich bringen, z. B. die Frage des Präsidiums usw., aber all das ist ohne weiteres zu lösen, wenn der Führer grundsätzlich mit dieser Gründung einverstanden ist.
Ich möchte diese Gründung[2] allerwärmstens empfehlen. Wenn wir überall, d. h. in etwaigen Staatsgebilden, immer die richtigen harten Leute von uns einsetzen, die bei aller äußeren Geschmeidigkeit das reale politische Ziel kompromißlos verfolgen, präjudizieren wir durch einen solchen Staatenbund gar nichts, sondern die Gründung des Großgermanischen Reichs am Ende des Krieges ist dann eine Selbstverständlichkeit.
Es ist meine felsenfeste Überzeugung, daß, wenn wir taktisch vorgehen, viel deutsches Blut gespart werden kann.
Ich möchte im übrigen vorschlagen, diese Frage mit dem Duce[3] in Salzburg zu besprechen.[4] R[ibbentrop]

[Anlage]

Gründung des »europäischen Staatenbundes«

Die Regierungen des Deutschen Reiches, Italiens, Frankreichs, Belgiens, der Niederlande, Dänemarks, Norwegens, Finnlands, Estlands, Lettlands, Litauens, der Slowakei, Ungarns, Rumäniens, Bulgariens, Serbiens, Griechenlands, Kroatiens und Spaniens haben beschlossen, einen »Europäischen Staatenbund« zu gründen. Zu diesem Zweck sind die Staatsoberhäupter von .... sowie die Regierungschefs von .... am .... in .... zusammengetreten. Die Gründungsakte des Europäischen Staatenbundes, die durch die Bevollmächtigten der genannten Regierungen der europäischen Länder unterzeichnet worden ist, enthält folgende Bestimmungen:

1.) Um der Schicksalsverbundenheit der europäischen Völker greifbaren Ausdruck zu geben und um sicherzustellen, daß Kriege der europäischen Völker untereinander niemals wieder stattfinden werden, wird von den unterzeichneten Staaten der »Europäische Staatenbund« für ewige Zeiten gegründet.

2.) Die Glieder des »Europäischen Staatenbundes« sind souveräne Staaten und garantieren sich gegenseitig ihre Freiheit und politische Unabhängigkeit. Die Gestaltung ihrer innerstaatlichen Verhältnisse bleibt ihrer souveränen Entschließung überlassen.

3.) Die im »Europäischen Staatenbund« vereinigten Nationen werden die Interessen Europas nach jeder Richtung gemeinsam wahren und den europäischen Kontinent gegen äußere Feinde verteidigen.

4.) Die Staaten des »Europäischen Staatenbundes« werden zur Verteidigung Europas ein defensives Bündnis schließen und die Pläne hierfür noch festlegen.

5.) Die europäische Wirtschaft wird von den Gliedern des Staatenbundes nach gemeinsamer und einheitlicher Planung gestaltet. Die Zollschranken zwischen ihnen sollen fortschreitend beseitigt werden.

6.) Die im »Europäischen Staatenbund« zusammengeschlossenen Staaten werden unter Wahrung ihrer völkischen Eigenart in einen engen kulturellen Austausch treten.

7.) Die an der Gründung des Staatenbundes nicht beteiligten europäischen Staaten werden feierlich eingeladen, dem »Europäischen Staatenbund« beizutreten.

8.) Alle Einzelheiten der Organisierung des »Europäischen Staatenbundes« werden in einer Bundesakte festgelegt werden, zu deren Beratung Bevollmächtigte aller beteiligten Regierungen nach Beendigung des Krieges[5] zusammentreten werden.

Anmerkungen:

[1] Die folgenden Sätze sind, offenbar von Ribbentrop, wieder gestrichen worden: »Jede Rede über das neue Europa, Presseäußerungen oder sonstige Aktionen haben meiner Meinung nach nicht nur keinen Zweck, sondern sie zerreden das Problem und verwässern uns den ungeheuren propagandistischen Effekt, den wir durch eine solche große Gründungsakte haben würden.
Ich schlage daher vor, daß grundsätzlich über das Thema Europa nichts in Reden, Presse usw. gesagt wird, ehe nicht dieser Gründungsakt vorgenommen werden kann.
Von den verschiedensten Seiten sind in den letzten Wochen und Monaten dauernd Anregungen für die Gründung eines neuen Europas an uns herangetragen worden. So z. B. vor allem von Mussolini während meiner Aussprache mit ihm in Rom, ferner verschiedentlich von finnischer Seite, ferner von Marschall Antonescu (s. anl. Telegramm), ferner drängt Laval dauernd in dieser Richtung. Ebenfalls sind Anfragen in dieser Beziehung gekommen von anderen Balkanstaaten; ferner von Spanien.
Von Finnland besonders wird diese Frage immer als eine der vitalsten angesehen. Großes Interesse besteht auch bei den Neutralen.«

[2] Die folgenden Worte »zum geeigneten Zeitpunkt, der vom Führer zu bestimmen wäre« sind gestrichen.

[3] In Stenographie ergänzt: »bei seinem kommenden Besuch«.

[4] Gestrichen: »der sich für den Gedanken besonders interessiert.«

[5] Hschr. geändert aus: demnächst.

Anmerkung des Verfassers: Die Fußnoten stammen von den Herausgebern der ADAP-Serie

Quelle:

ADAP, Serie E, Bd. V, Dok. Nr. 229, S. 437–441

Dokument Nr. 11

Hans Peter Ipsen: Reichsaußenverwaltung, 3.4.1943

Die deutsche Verwaltung betreut jenseits der inneren Reichsgrenzen 154 Millionen Menschen

Von Professor Dr. Hans Peter Ipsen

Land und Leute, Raum und Menschen bestimmen in erster Linie die Aufgaben der Verwaltung. Der Kampf um die europäische Neuordnung hat dem Reich schon vor seinem Abschluß solche Verwaltungsaufgaben über Räume und Menschen überantwortet. Sie können insgesamt unter der Bezeichnung »Reichsaußenverwaltung« zusammengefaßt werden, die sich auf alle Gebietsverwaltungen des Reiches jenseits der inneren Reichsgrenzen erstreckt, also jenseits des Binnenreiches, wie es aus dem Altreich nach der Wiedereingliederung des Saarlandes, nach dem Anschluß der Alpen- und Donaugaue, des Reichsgaues Sudetenland, der beiden aus den eingegliederten Ostgebieten gebildeten Reichsgaue Danzig-Westpreußen und Wartheland, des Memellandes und von Eupen-Malmedy gebildet wird. Das Binnenreich und die Binnenverwaltung umfaßt, staatsrechtlich formuliert, also das Reichsgebiet im engeren und eigentlichen Sinn, das ausschließlich oder überwiegend reichsdeutsche Bevölkerung besitzt, schlechthin dem Reichsrecht untersteht und die übliche Organisation der Reichsmittelbezirke (in Länder, Reichsgaue, Provinzen Preußens) aufweist.

Die erfaßten Räume

Der Bereich der Reichsaußenverwaltung umfaßt diejenigen Räume außerhalb dieser Binnengrenzen, in denen die Reichshoheit auf verschiedenartigen Rechtsgrundlagen und in verschiedenen Rechtsformen gegenüber Land und Leuten fremder Staatlichkeit und (staatlich oder völkisch) fremden Volkstums wirksam ist. Das sind nach rechtlichen Gesichtspunkten geordnet: Norwegen, Dänemark, die Niederlande, Belgien, Frankreich sowie die deutsch besetzten Teile Serbiens und Griechenlands, die sämtlich kraft Besatzungsrecht deutscher Hoheit unterstehen; von ihnen Belgien, Frankreich, Serbien und Griechenland unter Militär-, Norwegen und die Niederlande unter Zivilverwaltung. Dänemark kraft Besatzung ohne Kriegszustand unter besonderer deutscher Hoheit der auswärtigen Verwaltung; ferner ebenfalls kraft Besatzungshoheit – jedoch nach dem Besatzungszweck und der über diese Räume bereits erkennbar gewordenen Zukunftsentscheidung des Reichs von ihnen zu unterscheiden – die besetzten Ostgebiete der beiden Reichskommissariate Ostland und Ukraine mit Zivilverwaltung; die den fünf Chefs der Zivilverwaltung unterstellten Gebiete des Elsaß, Lothringens, Luxemburgs, der Südsteiermark mit Krain und Kärntens mit Oberkrain, die aus der ursprünglichen militärischen Besatzungsverwaltung bereits in den Charakter einer zivilen Angliederungsverwaltung übergegangen sind und deren endgültige Einfügung in das Binnenreichsgebiet wegen der Deutschstämmigkeit ihrer Bevölkerung nur noch ausdrücklicher Entscheidung bedarf, sachlich aber bereits weitgehend fortgeschritten ist; endlich das Gebiet des Protektorats Böhmen und Mähren, das zwar rechtlich ausdrücklich zum Reichsgebiet gehört, aber in einem autonomen Sonderstatut lebt, und das Generalgouvernement (früher: für die besetzten polnischen Gebiete), das – wenn auch nicht kraft ausdrücklicher Entscheidung, so doch der Sache nach – ebenfalls Reichsgebiet mit Sonderstatut darstellt und zusammen mit dem Protektorat oft als »Nebenländer« des Reiches treffend gekennzeichnet wird, worin die Eigenart dieses »Reichsgebiets« umschrieben ist.

Übersicht in Zahlen

Eine Vorstellung von der Größenordnung und Bedeutung dieser Reichsaußenverwaltung geben einige (auf statistische Stichhaltigkeit keinen Anspruch erhebende) überschlägige Zahlen von Raum und Bevölkerung in ihrer Beziehung zu Gesamteuropa und zum sogenannten Binnenreich: Danach verwaltet das Reich nur mit seiner so umschriebenen Reichsaußenverwaltung auf rund 2 865 000 qkm und mit rund 154 000 000 Einwohnern 30 % des nicht-deutschen europäischen Raumes und der nicht-deutschen europäischen Gesamtbevölkerung.

Einschließlich seiner Binnenverwaltung betreut das Reich verwaltungsmäßig mit 3 546 000 qkm = 33 % des europäischen Gesamtraumes, mit 244 000 000 Einwohnern = 46 % der europäischen Gesamtbevölkerung. Ins rechte Licht gerückt werden diese Zahlen

durch die Überlegung, daß das Binnenreich selbst mit rund 89650000 Einwohnern = 17% und mit 631000 qkm Raum = gut 6% Gesamteuropas ausmacht, so daß es in seiner Reichsaußenverwaltung ein Mehrfaches an Land und Leuten erfaßt als mit dem Bereich seiner Binnenverwaltung.
Ohne damit den so umschriebenen Wirkungskreis der Reichsaußenverwaltung zu erweitern, muß eine Gesamtwürdigung der deutschen Verwaltungsleistung in Europa heute auch die deutsche Führung derjenigen Räume berücksichtigen, die – in der Regel dem Reich völkerrechtlich und ideologisch verbunden – den Kampf des Reichs unterstützen und in das kriegswirtschaftliche und politische Potential des Reichs einzubeziehen sind. Das gilt insbesondere für die Staaten Südosteuropas. Die derzeitige Mobilisierung der gesamteuropäischen Arbeitskraft, die deutsche Initiative und auch deutsche Verwaltungsleistung erfordert, ist ein aktuelles Beispiel dafür.
Daß anderseits die von der Reichsaußenverwaltung geübte Verwaltung in Charakter, Struktur und Technik nicht mit der deutschen Binnenverwaltung einfach identifiziert oder ihr gleichgestellt werden darf, erklärt sich aus dem Fortgang der landeseigenen Verwaltung in fremdvölkischen Gebieten der Reichsaußenverwaltung. Deshalb dürfen aus den genannten Zahlen unter Verwendung der für das Binnenreich bekannten Größen des Personalkörpers, des Volumens an Verwaltungsapparatur und Haushaltsmitteln nicht etwa voreilig Folgerungen auf das Format der Reichsaußenverwaltung gezogen werden, die bei derart falscher Parallelisierung allerdings mammutartig erscheinen würde.
Sie kann in weitesten Räumen, so etwa in allen besetzten Nord- und Westgebieten, als sog. Aufsichtsverwaltung über die intakte Landesverwaltung geführt werden und sich personell, sachlich und finanziell mit sehr bescheidenen Hilfsmitteln begnügen; im Generalgouvernement und in den besetzten Ostgebieten fehlt die Grundlage der landeseigenen Verwaltung weitgehend, so daß hier die bloße Aufsichtsverwaltung nicht ausreicht, sondern deutsche Eigenverwaltung mehr als im Westen stattfindet.

Verwaltungsformen

Mit der Vorstellung einer »Reichsaußenverwaltung« wird bewußt von der Mitte des Reichs her eine zusammenfassende Gesamtschau über alle Verwaltungseinrichtungen gehalten, die das Reich jenseits seiner Binnengrenzen unterhält. Staatsrechtlich und verwaltungsorganisatorisch ist dieser Rundblick gegenwärtig allerdings noch nicht zu gewinnen. Denn die verschiedenen Einrichtungen der Reichsaußenverwaltung sind in der Reichsführung nicht zentral zusammengefaßt, sondern ressortieren von verschiedenen Zentralstellen.

Unmittelbar dem Führer unterstehen die beiden Reichskommissare in Norwegen und den Niederlanden, der Reichsminister für die besetzten Ostgebiete, der Reichsprotektor in Böhmen und Mähren und der Generalgouverneur. Zwar auch führerunmittelbar in ihrer Rechtsstellung, gleichwohl aber mit Rücksicht auf die zunehmende Angliederung ihrer Gebiete ans Binnenreich dem sachlichen Einfluß der Reichsfachminister nicht völlig entzogen sind die fünf Chefs der Zivilverwaltungen.

Die Militärbefehlshaber (nebst ihren Militärverwaltungschefs) in den Gebieten mit Militärverwaltung unterstehen dem Oberkommando des Heeres; daß dieses gegenwärtig in der Hand des Führers liegt, macht sie aber nicht auch verwaltungsmäßig führerunmittelbar etwa wie die Reichskommissare. Die in Dänemark tätige Reichsaußenverwaltung endlich vollzieht sich in den Formen und mit den Mitteln der diplomatischen auswärtigen Verwaltung und ressortiert vom Auswärtigen Amt.

Ob das Interesse daran, die Verwaltung auch derart verschiedener Räume mit völlig differenzierten Endzwecken, wie sie die heutige Reichsaußenverwaltung umfaßt, nach gewissen großen Gesichtspunkten aufeinander abzustimmen und die Fachbelange der Ressortverwaltungen (z. B. für Finanzen, Wirtschaft, Arbeit, Verkehr, Polizei) in ihnen zentral zur Geltung zu bringen, sich einmal zu einer Zentrale der Reichsaußenverwaltung in der Reichsführung verdichten wird, ist vornehmlich von noch ausstehenden politischen Entscheidungen abhängig. Japan hat bekanntlich mit der Errichtung seines Großostasienministeriums diesen Schritt bereits getan. Für die Praxis der derzeitigen Reichsaußenverwaltung nehmen der Reichsminister des Inneren (z. B. mit der bei ihm eingerichteten Zentralkanzlei für Besoldungsfragen des Außenpersonals, anfänglich auch für die Etatisierung) derartige Zentralfunktionen in einzelnen Fragen wahr.

Die Aufgabenstellung

Charakterisiert ist die heutige Reichsaußenverwaltung dadurch, daß sie sich unmittelbar auf Land und Leute erstreckt, was für eine verwaltende Tätigkeit an sich keineswegs – wie das Beispiel der diplomatischen auswärtigen Verwaltung beweist – kennzeichnend zu sein braucht. Das schließt nicht aus, daß sie sich in ihrer Verwaltungsform und -methode oft in der Einwirkung auf die höchsten landeseigenen Behörden erschöpft und sich im Verwaltungsstil der diplomatischen Tätigkeit annähern kann. Der Raum, seine Bewohner, die Probleme ihres Zusammenlebens und die Einfügung ihres Potentials in das deutsche Kriegspotential erfaßt die Reichsaußenverwaltung, die sich damit von den Maßnahmen des Reichs zu seiner militärischen Sicherung und Verteidigung absetzt. In der Regel umgreifen Einrichtungen der Reichsaußenverwaltung und solche militärischer Natur denselben Raum. In den beiden Nebenländern des Reichs – dem Protektorat und dem Generalgouvernement – und den zivilverwalteten besetzten Gebieten ist zwischen beiden organisatorisch und personell deutlich unterschieden. Sie stehen dort gleichrangig nebeneinander.
In den Gebieten mit Militärverwaltung, so vornehmlich in Belgien und Frankreich, ist die organisatorische und personelle Trennung nach den verschiedenen Aufgaben ebenfalls durchgeführt; dem Militär obliegt hier in der Militärverwaltung eben eine an sich militärfremde Aufgabe, die ihm nur aus konkreten militärischen Ursachen überantwortet werden mußte. Aus diesem Grunde ist die Militärverwaltung hierfür in erster Linie auch mit fachkundigem Verwaltungspersonal ausgestattet.
Die gesamte Reichsaußenverwaltung ist endlich durch ihr Rangverhältnis zur landeseigenen Verwaltung gekennzeichnet: Sie genießt den Vorrang gegenüber allen Einrichtungen der Landeshoheit, in ihrer Weisungsgewalt, ihrer Rechtsetzung und ihrer Gerichtshoheit.
Wesentlicher als diese organisatorischen Fragen ist die Erkenntnis, daß die hier so genannte Reichsaußenverwaltung im Kern bereits die Grundlage bildet für die Durchsetzung und Erfüllung der künftigen europäischen Großraumordnung, die das Reich erstrebt.

Quelle:

Brüsseler Zeitung vom 3. April 1943

Dokument Nr. 12

Arthur Seyß-Inquart: Die europäische Ordnung, 1943 (Auszug)

Welche Formen der politischen Ordnung werden sich aber nun für diese europäische Gemeinschaft entwickeln? Die letzte Antwort auf diese Frage wird erst der Ablauf des Krieges geben, schon aus dem Grunde, weil er auch die Antwort auf die Frage nach der Stellung Englands in oder zu diesem neuen Europa geben wird. Aber andererseits dürfen wir den Krieg nicht als einen Ausnahmezustand in dem Sinne ansehen, daß er ganz andere Voraussetzungen, Bedingungen und Notwendigkeiten hervorbringe als eine friedliche Entwicklung. Es ist vielmehr so, daß im Krieg, in dem den Völkern und Staaten einfach die Existenzfrage gestellt ist, die echten und wahren Gesetzlichkeiten deutlicher und unabweislicher hervortreten und daß man daher viel leichter und gewisser erkennt, was natürlich und notwendig ist. Was sich heute schon von einer neuen europäischen Ordnung abzeichnet, ist daher viel weniger, als man vielfach noch glaubt, ein Provisorium. Das gilt nicht für den Bereich der wirtschaftlichen Zusammenarbeit.

Für den politischen Bereich läßt sich vorweg eines sagen: Abzulehnen ist alles, was heute an Gedanken über »Vereinigte Staaten von Europa« nach nordamerikanischem oder auch eidgenössischem Vorbild hervortritt oder was mit dem Plan eines neuen Völkerbundes umgeht. Wir dürfen uns an politischer Gestaltungskraft schlechterdings mehr zutrauen als den Nordamerikanern, und der erste klägliche Versuch eines Völkerbundes hat uns schon für alle Zeiten von dem Vertrauen auf einen papierenen Ausgleich zwischen den Völkern geheilt. Aber davon ganz abgesehen, handelt es sich hierbei um blutleere und lebensfremde Konstruktionen, die noch durchaus der Vorstellungswelt der Französischen Revolution entstammen, woran sich denn auch der Geist ihrer Vertreter verrät.

Das neue Europa, das wir meinen, läßt sich überhaupt nicht vom grünen Tisch aus nach irgendwelchen staats- oder völkerrechtlichen Theorien begründen, sondern es entsteht aus dem Kampf auf den Schlachtfeldern und aus dem Lebens- und Entfaltungswillen des jungen Europa, das sich dort bewährt. Die Theorien werden sich wohl oder übel nach der Wirklichkeit richten müssen, und diese Wirklichkeit läßt sich eben mit den Kategorien des neunzehnten Jahrhunderts nicht mehr fassen. Eine staatsrechtlich und völkerrechtlich verbindliche Festlegung dieser Ordnungsbeziehungen setzt überdies bei den einzelnen Partnern voraus, daß der Wille zu Europa in ihnen zur politisch bestimmenden Idee geworden ist. Grundsätzlich muß nur festgehalten werden, daß die Neuordnung unseres Kontinents das eine Ziel hat, seinen Bestand und seine Lebensmöglichkeit zu sichern und seine innere Fruchtbarkeit in kraftvoller Entfaltung wirksam werden zu lassen. Auch die Völker und Räume des europäischen Ostens müssen in diese Entfaltung europäischer Lebenskraft einbezogen werden. Allerdings finden wir die Grenzen unseres Kulturbodens im Osten dort, wo sich die Steppe nicht mehr in eine Landschaft verwandeln läßt. Auf dem eigentlichen Steppenboden kann arisch bestimmtes Volkstum nicht gedeihen. Afrika bildet das Kolonialgebiet Europas und birgt reiche Möglichkeiten, die Wirtschaftskraft des Erdteils sowohl anzusetzen wie zu steigern.

Die Erfüllung der Aufgabe, das heißt die Ausfüllung der Möglichkeiten, die uns geboten sind, erfordert die gesamte gemeinschaftliche Kraft Europas. Seine politische Ordnung wird daher nicht darauf ausgehen, den einen Teil zugunsten des anderen niederzuhalten. Da diese Kraft in den einzelnen Völkern liegt, bedeutet dies, daß jede Nation im Rahmen der europäischen Gemeinschaft und im gemeinsamen Interesse zu ihrer besten Entfaltung kommen muß. Daraus ergibt sich von selbst eine natürliche Rangordnung, in welcher jede Nation den Platz in der Gemeinschaft einnimmt, der ihr auf Grund ihrer wirtschaftlichen Leistungsfähigkeit, ihrer biologischen Vitalität, ihrer kriegerischen Stärke und ihres kulturellen Vermögens zukommt. All das sind Eigenschaften, die in der rassischen Kraft eines Volkes, in seinem Reichtum an gesunder Substanz begründet sind und auf deren Summe die echte Macht beruht.

Dieser europäischen Gemeinschaft geht das Reich voran, seine Bedeutung übt den bestimmenden Einfluß auf die europäische Ordnung aus. Das bedarf keiner Begründung oder Rechtfertigung mehr. Wem dazu aber die Rechtfertigung nicht genügt, die in der Geschichte Europas als solche liegt, oder wer nicht anerkennen will, daß das heutige Europa aus der Kraft der nordischen Rasse geformt wurde und seine Bedeutung erhielt und daß die Entfaltung dieser Kraft, die das Reich sichert, auch den Reichtum und die Möglichkeiten der europäischen Zukunft bedeutet, wer also noch nach anderen Rechtfertigungen sucht, der muß allerdings auf das sehr handgreifliche und unwiderlegliche Argument dieses Krieges verwiesen werden, in dem sich ja zeigt, wo Europa seine stärkste Kraft besitzt.

Vielleicht wird diese Stellung des Reiches in der europäischen Rangordnung manchenorts heute noch als Hegemonie bezeichnet werden. Wir haben dabei kein schlechtes Gewissen, denn auf das Verhältnis des Reichs zu Europa angewandt, bedeutet dies nichts anderes als die Stellung der Vor-Macht, der Macht also, die durch die Erfüllung höherer Leistung höhere Verantwortung für das Ganze zugeteilt erhält. Das hat mit Imperialismus, der nur das Interesse der Vor-Macht kennt, nichts zu tun. Die Souveränität der einzelnen Nationen wird übrigens nicht vernichtet oder geschmälert. Aus ihrem eigenen souveränen Willen und aus der Erkenntnis der eigenen Lebensnotwendigkeiten und im Bewußtsein europäischer Zusammengehörigkeit finden die Völker Europas den Weg zur Gemeinschaft und anerkennen sie das Reich als jene Vormacht, durch die auch die eigene Macht erst zur besten Wirkung kommt. Europa ist viel zu mannigfach und unterschiedlich in seinem inneren Gefüge von Völkern und Ländern, als daß man es in das System eines Bundes zwängen könnte.

Ein solcher föderativer Zusammenschluß, der im übrigen durchaus dem nationalstaatlich-liberalistischen Denken entspricht, würde zwangsläufig und mit rein demokratischen Mitteln zu einer Hegemonie des stärksten Gliedes im Sinne nicht nur einer Vor-Macht für die anderen, sondern einer Vor-Herrschaft über die anderen führen. Damit würde über kurz oder lang der Keim des Separatismus zur üblen Frucht reifen, ein Keim, den jeder solche Föderalismus schon von vornherein in sich trägt. Denn jeder Föderalismus, er mag sich nun »Vereinigte Staaten von Europa« oder »Staatenbund« oder sonst wie nennen, wird nur zwei Entwicklungen nehmen: Entweder ist das Gewicht und die Verantwortung der vorherrschenden Macht so groß, daß sie die Eigenpersönlichkeit der anderen Glieder aufsaugt – dann ist das Ende ein zentralistischer Einheitsstaat. Oder aber es gibt keine Macht, sondern nur eine Abstimmungs-Majorität, welche die Verantwortung für das Ganze tragen soll – dann geht der Bund daran zugrunde, daß sich das Schicksal von Völkern und Staaten nicht durch Abstimmungen leiten läßt. Denn wo die sichtbare Verantwortung fehlt, da fühlt sich bald keiner mehr verantwortlich, und die Sonderinteressen stehen voran. Zwar glückte dem staatsmännischen Genie Bismarcks im System des Zweiten Reichs eine sehr wirksame Durchdringung von staatenbündischen und bundesstaatlichen Prinzipien; doch wissen wir allzu gut, wie sehr auch damit nur eine Übergangslösung gefunden war.

Die Gestalt des neugeordneten Europa wird also nicht die eines föderativen Zusammenschlusses sein, sondern die einer Gemeinschaft; die rechtliche Gestalt dieser Gemeinschaft, der juristische Ausdruck des Verhältnisses »Reich und Europa«, zeichnet sich heute schon deutlich ab. Neue Prinzipien des Völkerrechts setzen sich durch, die schon als Gesetze aus der neuen Entwicklung unserer Zeit wachsen. Die Vielfalt der einzelnen Rechtsverhältnisse zeigt zwei wesentliche gemeinsame Züge: Zum ersten waltet in ihnen durchaus das Gesetz der europäischen Solidarität, sie verwirklichen also in jedem Einzelfalle ein europäisches Gesamtinteresse. Zweitens aber zeigt sich, daß jede einzelne rechtliche Bindung nach ihrer Besonderheit und Eigenart und nicht nach einem starren Schema erfolgt. Auch dies ist ein Zug der echten Gemeinschaftsordnung, in der eben jedes Glied seinen ganz besonderen und nur ihm zustehenden Platz hat – im Gegensatz etwa zum Genfer Völkerbund, dessen Statuten gleichmäßig auf alle Mitglieder, das heißt also zwangsläufig zum Nachteil der schwächeren und kleineren, angewandt wurden.

Neben vielen wirtschafts- und kulturpolitischen Vereinbarungen sind es vor allem die grundlegenden politischen Verträge der letzten Jahre, in denen die Ordnung Europas in juristischer Form sichtbar wird. Hierher gehört das deutsch-italienische Bündnis, ferner, um nur Beispiele zu nennen, etwa der deutsch-slowakische Schutzvertrag und die deutsch-rumänischen Vereinbarungen. Ein wichtiges Dokument ist der Dreimächtepakt zwischen Deutschland, Italien und Japan, in dem die führende Stellung in der Neuordnung Europas festgelegt und von der Mehrzahl der europäischen Staaten durch den Beitritt zu diesem Abkommen auch juristisch anerkannt worden ist.

Das neue Europa darf aber nicht nur in den Verträgen und juristischen Formen gesucht und gesehen werden. Es gehören der Neuordnung auch Beziehungen und Bindungen an, die nicht in diesem Sinne pragmatisiert sind, wie das deutsch-französische Verhältnis und die Kameradschaft zwischen Deutschland und Finnland. Vor allem aber gilt auch hier: Die Entscheidungen fallen nicht an den Konferenztischen, sondern sie werden dort bereitet, wo um Europa gemeinsam gekämpft und für Europa gemeinsam gearbeitet wird. Und das neue Europa wird nicht erst nach dem Krieg als eine papierene Konstruktion geschaffen, sondern es wächst als Wirklichkeit durch und in diesem Krieg nach den Gesetzen des gemeinsamen europäischen Lebens, die heute unter dem Druck der elementaren Lebensnotwendigkeiten sichtbar werden.

Quelle:

Arthur Seyß-Inquart, Idee und Gestalt des Reiches, o. O., o. J. (1943), S. 32–38

Dokument Nr. 13

Clodius: Aufzeichnung über die wirtschaftliche Neuordnung Europas, 20.8.1943

»Wolfsschanze«, den 20. August 1943

Nr. 87

In den angelsächsischen Ländern werden in steigendem Maße Pläne und Resolutionen veröffentlicht, die sich mit der wirtschaftlichen Organisation der Welt nach dem Kriege befassen. Dabei wird ohne jede Mitwirkung der europäischen Völker stets insbesondere die wirtschaftliche Neuordnung Europas behandelt (Keynes-Plan[1], Morgenthau-White-Plan[2], Landwirtschaftskonferenz in Hot Springs[3]). Die durch die Veröffentlichung solcher Pläne angeregte Diskussion in den neutralen und selbst in den mit uns verbündeten und befreundeten Ländern findet auf einer völlig falschen Grundlage statt. Es wird dabei meistens übersehen, daß die Voraussetzung für die praktische Durchführung solcher Pläne die Besiegung Europas durch die Gegenseite ist und daß diesen Plänen, da ein solcher Sieg nicht eintreten wird, also keinerlei praktische Bedeutung zukommt. Außerdem befindet sich die Öffentlichkeit der europäischen Länder außerhalb Deutschlands erstaunlicherweise meistens widerspruchslos damit ab, daß außereuropäische Staatsmänner ohne jede Beteiligung von Vertretern Europas Pläne für die Neuorganisierung Europas aufstellen. Dem sollte mit allem Nachdruck immer wieder entgegengehalten werden, welchen lächerlichen Eindruck es machen würde, wenn die Staatsmänner oder Wirtschaftler Europas plötzlich einen Plan für die wirtschaftliche Neuordnung Südamerikas veröffentlichen würden.

Das wirkungsvollste Mittel, dieser psychologischen Beeinflussung der europäischen Völker durch unsere Gegner zu begegnen, wäre das stärkere Heraustreten mit positiven deutschen Plänen für die wirtschaftliche Neuordnung Europas nach dem Kriege. Eine Diskussion über dieses Thema in der europäischen Öffentlichkeit würde dann zu unseren Gunsten bei den europäischen Völkern das Gefühl stärken, daß Deutschland es für selbstverständlich hält, daß die europäischen Völker nach errungenem Siege die Freiheit haben

werden, unter deutscher Führung ihr zukünftiges Schicksal zu bestimmen.
Es ist selbstverständlich, daß es vor Erringung des Sieges nicht möglich ist, etwa ein ins einzelne gehendes wirtschaftliches Statut aufzustellen, da auch die wirtschaftliche Neuordnung ja weitgehend von der endgültigen politischen und territorialen Gliederung Europas bestimmt wird. Immerhin lassen sich schon jetzt etwa folgende Leitsätze aufstellen, die in möglichst wirkungsvoller Form der europäischen Öffentlichkeit mitgeteilt werden müssen.
I. Eins der wichtigsten Ziele dieses Krieges ist die Herstellung der wirtschaftlichen Freiheit Europas. Dazu gehört, daß Europa sich aus dem eigenen Gebiet mit allen unentbehrlichen Nahrungsmitteln und Rohstoffen im Kriegsfalle selbst versorgen kann. Kein außereuropäischer Staat darf jemals wieder die Hoffnung haben, in einem kriegerischen Konflikt die militärisch besonders tüchtigen und daher militärisch unbesiegbaren europäischen Völker durch eine wirtschaftliche Blockade auf die Knie zu zwingen. Die auf der Landwirtschaftskonferenz in Hot Springs zum Ausdruck gekommene Absicht der Gegner, Europa zu einem »Obst- und Blumengarten« zu machen, zeigt gerade das gegenteilige Ziel.
II. Die Sicherung der wirtschaftlichen Unabhängigkeit Europas für den Kriegsfall bedeutet keineswegs, daß Europa sich von der übrigen Welt wirtschaftlich abschließen will. Es hat sich in der Geschichte stets gezeigt, daß der Zusammenschluß wirtschaftlicher Großräume die Entwicklung der Wirtschaftsbeziehungen des neuen Großraums zur übrigen Welt nicht beeinträchtigt, sondern im Gegenteil ganz erheblich gefördert hat. (Z. B. deutscher Zollverein und Deutsches Reich, Vereinigte Staaten von Amerika.)
Je wohlhabender und politisch gesicherter ein Gebiet ist, um so bedeutender und damit auch nützlicher für die anderen Partner ist seine Rolle in der Weltwirtschaft.
III. Der enge wirtschaftliche Zusammenschluß der europäischen Völker und die Herstellung einer wirtschaftlichen Solidarität in Europa kann unter Mitarbeit aller beteiligten Völker durch folgende Maßnahmen entscheidend gefördert werden:
1. Keine Ware soll außerhalb Europas gekauft werden, solange noch Angebot an dieser Ware in Europa selbst besteht. Die Durch-

führung dieses Grundsatzes garantiert der gesamten europäischen Agrarwirtschaft einen gesicherten Absatz.
2. Keine Ware soll außerhalb Europas verkauft werden, solange noch in Europa Bedarf besteht.
Die Durchführung dieses Grundsatzes sichert den europäischen Industrieländern die Möglichkeit, den Gegenwert der von ihnen in Europa bezogenen landwirtschaftlichen Erzeugnisse in Waren zu bezahlen und gibt gleichzeitig den europäischen Agrarländern die Sicherheit, daß sie ihren Bedarf an industriellen Erzeugnissen in Europa decken und aus dem Ertrag ihrer Agrarausfuhr bezahlen können.
3. Die europäische Preisgestaltung für landwirtschaftliche Erzeugnisse, und zwar vor allem für Brotgetreide, Futtermittel und Ölsaaten, muß von dem sogenannten »Weltmarktpreis« unabhängig gemacht werden. Es ist nicht angängig, daß die Höhe des Arbeitsertrages des europäischen Bauern von den Preisspekulationen außereuropäischer Börsen abhängt, die die Preise völlig unabhängig von Ernte und Marktlage in Europa manipulieren.
Deutschland als weitaus größtes Agrarimportland Europas hat sich bereits bereit erklärt, auch nach dem Kriege für die europäischen Agrarerzeugnisse die den Produktionsbedingungen angepaßten Preise zu zahlen, und zwar auch dann, wenn diese Preise höher sind als der Preis der überseeischen Erzeugnisse. Durch diese Verpflichtung sichert Deutschland der europäischen Landwirtschaft auch für die Zeit nach dem Kriege eine stetige Weiterentwicklung. Würde die europäische Landwirtschaft nach dem Kriege in freie Konkurrenz mit den überseeischen Staaten treten, so würde das in manchen europäischen Ländern ihren Zusammenbruch bedeuten.
4. Auf absehbare Zeit nach dem Kriege wird die Beibehaltung des gelenkten Außenhandels von allen europäischen Staaten für notwendig gehalten werden. Dies erleichtert einen weitgehenden Abbau oder sogar die vollständige Beseitigung der Zollgrenzen, soweit es sich nicht um die Erhebung reiner Finanzzölle handelt.
5. Auch bei Beibehaltung eines im Sinne der jetzigen Handelsabkommen gelenkten Zahlungsverkehrs wird eine weitgehende Lokkerung der Devisenbewirtschaftung anzustreben sein. Mit der Rückkehr der völligen Devisenfreiheit ist auf absehbare Zeit nicht zu rechnen, es wird daher im Interesse des engeren Zusammenschlusses der europäischen Staaten ein Verrechnungssystem inner-

halb Europas (Zentral-Clearing) anzustreben sein, das die Freizügigkeit auf dem Geldgebiet innerhalb Europas wiederherstellt. Bei der engen Verflechtung der europäischen Wirtschaft nach dem Kriege wird der Ausgleich der in diesem Verrechnungsverkehr sich ergebenden Salden ohne Schwierigkeiten möglich sein.

IV. Die Durchführung der vorstehenden Leitsätze wird die wirtschaftliche Unabhängigkeit Europas endgültig sicherstellen; sie wird darüber hinaus den schon im Kriege begonnenen engen Zusammenschluß der europäischen Wirtschaft auch nach dem Kriege in glücklicher Weise fortsetzen. Sie wird ferner die europäischen Staaten vor den Erschütterungen der Umstellung der Kriegswirtschaft auf die Friedenswirtschaft bewahren und ihnen im Frieden einen lang andauernden Wohlstand garantieren. Die Verwirklichung Wirtschaftssolidarität Europas in diesem Rahmen wird trotzdem die wirtschaftliche Selbständigkeit der einzelnen Staaten bestehen lassen. Sie wird außerdem den Handel Europas mit der übrigen Welt nicht stören, sondern im Gegenteil zu einem neuen Aufschwung führen.

gez. Clodius[4]

Anmerkungen:

[1] John Maynard Baron Keynes (1883–1946), englischer Nationalökonom

[2] Henry Morgenthau jr. (1891–1967), von 1934–45 amerikanischer Schatzminister. Verfechter des berüchtigten Plans, Deutschland radikal zu entindustrialisieren, auf den Status eines Ackerlandes zurückzuwerfen und zu zerstückeln. Deutsche Hauptkriegsverbrecher sollten nur nach Listen, ohne Prozeß liquidiert werden. Eine modifizierte Fassung des Planes wurde von Churchill und Roosevelt auf der zweiten Konferenz von Quebec (11.–16.9.1944) paraphiert.
Harry Dexter White (1892–1948), amerikanischer Nationalökonom und Mitarbeiter Morgenthaus. Er wurde 1948 öffentlich als sowjetischer Spion angeklagt.

[3] Die von den USA einberufene Konferenz von Hot Springs/Virginia fand vom 8.5. bis 3.6.1943 statt. Sie bereitete eine internationale Organisation für Lebensmittel und Landwirtschaft vor, die später als UN-Organisation (FAO) anerkannt wurde.

[4] Karl August Clodius, Gesandter 1. Klasse mit der Amtsbezeichnung Ministerialdirektor. Stellvertretender Leiter der Handelspolitischen Abteilung des AA, Sonderbeauftragter für die Führung von handelspolitischen Verhandlungen.

Quelle:

ADAP, Serie E, Bd. VI, Dok. Nr. 237, S. 419–421

Dokument Nr. 14

Leitsätze des Europa-Ausschusses des Auswärtigen Amtes, 9.9.1943

I.) Die Einigung Europas, die sich in der Geschichte bereits abzeichnet, ist eine zwangsläufige Entwicklung.
Sie ist notwendig geworden durch die ungeahnten Fortschritte der Technik, die Schrumpfung der Entfernungen infolge der modernen Verkehrsmittel, die ungeheure Steigerung der Reichweite und Zerstörungskraft der Waffen (Luftwaffe), die gewaltige Last der Rüstungen und den Zug der Zeit, weite Zusammenhänge zu schaffen und große Räume gemeinsamer Erzeugung und Bewirtschaftung herzustellen (Epoche der Großreiche und kontinentalen Zusammenballungen). Ohne Einigung kann Europa seine bisherige Stellung in der Welt nicht behaupten. Alle europäischen Völker würden davon betroffen werden (Schicksalsgemeinschaft).
II.) Die Einigung Europas ist durch den Deutschland von England, dem alten Feind des Kontinents, aufgezwungenen Krieg zu einem akuten Problem und in ihrem Prozeß beschleunigt worden. Der Kampf Deutschlands gegen England ist der europäische Einigungskrieg.
III.) Deutschland strebt die Einigung Europas auf föderativer Grundlage an: freiwilliger, aus der Einsicht der Notwendigkeit geborener Zusammenschluß aller europäischen Völker, die sich historisch bewährt haben, zu einer Gemeinschaft souveräner Staaten.
IV.) Die Gliedstaaten des europäischen Bundes behalten ihre Selbständigkeit und Freiheit, Einmischung in die inneren Verhältnisse der Staaten ist nicht beabsichtigt.
V.) Die einzige Forderung an die europäischen Staaten ist, loyale, Europa bejahende Glieder der europäischen Gemeinschaft zu sein und an den Gemeinschaftsaufgaben positiv mitzuarbeiten.
VI.) Die Achsenmächte haben durch ihre Lage in der Mitte Europas und ihr machtpolitisches Schwergewicht eine besondere Verantwortung nach innen und nach außen. In diesem Sinne ist die Führung der Achsenmächte zu verstehen. Sie bedeutet nicht Beherrschung, sondern unter Ablehnung der imperialen Methoden der vergangenen Epoche ein gegenseitiges Treue- und Vertrauensverhältnis.

VII.) Die europäische Zusammenarbeit wird sich als Ziel setzen, den Frieden, die Sicherheit und das Wohl aller europäischen Staaten und ihrer Bevölkerung zu fördern.
VIII.) Es wird Aufgabe der neuen europäischen Ordnung sein, weitgehend die Ursachen zu beseitigen, die in der Vergangenheit zu innereuropäischen Kriegen Anlaß gegeben haben: Beendigung des Zeitalters der europäischen Binnenkriege und Überwindung des europäischen Partikularismus.
IX.) Es wird gemeinsames Anliegen der europäischen Völker sein, Europa gegen äußere Angriffe zu sichern und zu verteidigen. Die Hauptlast werden dabei die Achsenmächte tragen.
X.) Die europäische Zusammenarbeit wird die Aufgabe haben, raumfremde Einflüsse abzuwehren, damit es künftig unmöglich wird, die europäischen Völker gegeneinander auszuspielen. Anstelle der Politik des Gleichgewichts tritt die Politik der europäischen Solidarität.
XI.) Die im Staatenbund vereinigten europäischen Völker werden eine gemeinsame Front gegen den Bolschewismus bilden.
XII.) Es werden gemeinsame Vorkehrungen getroffen werden, um Europa seine Lebensnotwendigkeiten zu sichern und es vor Bedrohung mit Wirtschaftskrieg und Hungerblockade zu schützen.
XIII.) Durch planvolle Arbeit auf wirtschaftlichem Gebiet werden alle Arbeitskräfte und Hilfsquellen Europas und seines afrikanischen Ergänzungsraumes zur vollen Leistung gebracht werden, um sowohl den materiellen Wohlstand wie die soziale Gerechtigkeit und soziale Sicherheit in den einzelnen Staaten zu erhöhen.
In gemeinsamem Bemühen werden die zurückgebliebenen Wirtschaften entwickelt und damit die Lebenshaltung der breiten Massen gehoben werden. Insbesondere wird für den Absatz der europäischen Landwirtschaft zu gerechten Preisen gesorgt werden.
XIV.) Zur Belebung des gegenseitigen Güteraustausches sollen die zwischen den einzelnen europäischen Staaten bestehenden Zoll- und andere Schranken fortschreitend beseitigt werden, wobei auf die Schonung und Sicherung der lebensnotwendigen Wirtschaftszweige, insbesondere der kleineren Wirtschaftsgebiete, Rücksicht genommen wird.
XV.) Das innereuropäische Verkehrsnetz der Eisenbahnen, Auto-

straßen, Wasserstraßen und Fluglinien wird nach gemeinsamer Planung ausgebaut werden.
XVI.) Während der Übergangszeit von der Kriegs- zur Friedenswirtschaft werden sich die Glieder des Staatenbundes gegenseitig bei der Lösung der damit zusammenhängenden Probleme Hilfe und Unterstützung gewähren.
XVII.) Der geistige und kulturelle Austausch wird unter Wahrung der völkischen Eigenart vertieft und ausgebaut werden.

Quelle:

Archiv Autor. Eine Ausfertigung der Leitsätze befindet sich im Zentralarchiv der DDR in Potsdam, Filmsammlung 5582, Bl. D 515 547 ff.; die Leitsätze sind auch abgedruckt bei Hans-Adolf Jacobsen, Der Weg zur Teilung der Welt, Koblenz – Bonn 2. Aufl. 1979, Dok. Nr. 152, S. 272 f.

Dokument Nr. 15

Cécil von Renthe-Fink: Notiz für den Herrn Reichsaußenminister betreffend Europäischen Staatenbund, 9.9.1943

Hiermit

über Herrn Staatssekretär[1]
dem Herrn Reichsaußenminister
vorgelegt.

Berlin, den 9. September 1943
R.F.[2]

[Anlage]
Notiz für den Herrn Reichsaußenminister
betreffend Europäischen Staatenbund

1. Die deutsche Politik ist jetzt durch die Ereignisse[3] vor neue Entschlüsse gestellt. Sie muß der Tatsache Rechnung tragen, daß wir, je länger der Krieg dauert und je größer die an uns gestellten Anforderungen werden, desto mehr darauf angewiesen sind, die Kräfte Europas für unseren Sieg weitgehendst zu mobilisieren und einen Zustand herbeizuführen, der uns nach innen entlastet und uns nach außen dem Gegner gegenüber stärkt. Nach unserem scharfen Schwert ist die fortschreitende Konsolidierung Europas unter unserer Führung das wirksamste Kampfmittel, über das wir in dem gegenwärtigen Ringen um die Neuordnung Europas verfügen.
Der Gegner hat zweifellos die wachsende Bedeutung der europäischen Zusammenarbeit für unsere Kriegführung erkannt. Er sucht sie durch eine zielbewußte und skrupellose Propaganda zu stören, die darauf ausgeht, die Stimmung in Europa gegen uns zu beeinflussen und in den besetzten Gebieten die Widerstandsbewegung zu fördern. Daß sich die Stimmung in Europa seit einiger Zeit erheblich verschlechtert hat und daß die Widerstandsbewegung im raschen Wachsen begriffen ist, ist unverkennbar. Dieser Entwicklung, die für die Bereitwilligkeit der europäischen Völker, ihre Kräfte für unseren Sieg anzuspannen, verhängnisvolle Folgen haben kann, muß entgegengewirkt werden. Dazu ist der Einsatz politischer Mittel notwendig.

Wir können sicher viel erreichen, wenn wir mehr als bisher auf die Mentalität und die Wünsche der europäischen Völker Rücksicht nehmen. Ohne Frage sind uns dabei durch die Notwendigkeiten des Krieges enge Grenzen gezogen. Es ist klar, daß wir von den Forderungen, die wir im Interesse unserer Kriegführung, unserer Sicherheit und unserer Selbsterhaltung erheben müssen, unter keinen Umständen abgehen können, wohl aber kann die Vorbereitung und die Art der Durchführung dazu beitragen, sie der Bevölkerung verständlicher und annehmbarer zu machen. Die Klugheit empfiehlt, sich aller Eingriffe in die Lebensgewohnheiten zu enthalten, die der Krieg nicht unbedingt erfordert, und den einzelnen Völkern je nach den Umständen ein mehr oder weniger großes Maß an Selbstverantwortung zu lassen.
Darüber hinaus wird es wichtig sein, bei den Völkern Europas die Hoffnung zu wecken und zu nähren, daß der deutsche Sieg Europa eine Ordnung schenken wird, die ihrer Sehnsucht nach Frieden, nationaler Selbständigkeit, materiellem Wohlstand und sozialer Gerechtigkeit entgegenkommt. Deutschland tritt in dem Ringen Europas als Vorkämpfer einer neuen, besseren Ordnung auf, in der alle europäischen Völker einen gerechten und würdigen Platz finden werden. Wir haben es aber, abgesehen von dem, was gelegentlich auf wirtschaftlichem Gebiet gesagt worden ist, bisher vermieden, uns konkreter über unsere Absichten auszusprechen. Es ist dadurch der Eindruck entstanden, daß wir uns die Hände freihalten wollen, um je nach Ausgang des Krieges unsere machtpolitischen Pläne durchsetzen zu können. Wie immer wieder aus den Berichten unserer Missionen hervorgeht, zeigen die Regierungen und Völker gerade auch der uns freundschaftlich gesinnten und verbündeten Nationen größtes Interesse zu erfahren, welche Rolle sie im neuen Europa spielen werden.
2. Der Zeitpunkt für eine gewisse Konkretisierung unserer allgemeinen Zukunftspläne wäre an sich nicht ungünstig, weil die Programmerklärungen der Engländer und Amerikaner in den letzten Monaten viel von ihrem Zauber verloren haben, da ihre Irrealität weiten Kreisen deutlicher geworden ist und die politischen Interessengegensätze der feindlichen Koalition schon heute gezeigt haben, daß die schönen Phrasen allgemeiner Programme von den harten realpolitischen Tatsachen beiseite geschoben werden. Selbstverständ-

lich werden auch die heute möglichen Konkretisierungen unseres Programms noch immer im Allgemeinen bleiben müssen. Es käme daher nur eine programmatische Erklärung in Frage, daß wir uns zur staatenbundlichen Lösung des europäischen Problems, beruhend auf der freiwilligen Zusammenarbeit souveräner Staaten, bekennen. Wir würden dadurch bestimmt das Vertrauen der europäischen Völker in unsere Politik stärken und ihre Bereitwilligkeit erhöhen, unserer Führung zu folgen und ihre Kräfte in den Dienst unserer Sache zu stellen. Diejenigen Elemente in Europa, die den Bolschewismus fürchten, sich aber auch durch Deutschlands Übermacht bedroht fühlen, würden weniger versucht sein, sich mit den Angelsachsen einzulassen. In den besiegten Ländern würde es mit der klaren europäischen Parole, wie sie der europäische Staatenbund bedeutet, leichter sein, Männer für die Waffen-SS zu rekrutieren. Wir hätten eine gute Grundlage für eine positive und wirkungsvolle Propaganda. Unsere Gegner kämen in Verlegenheit, da sie unserem Plan nichts Gleichwertiges entgegenzusetzen haben. Wir könnten mit Erfolg auf die völlige Unsicherheit und Uneinigkeit der Gegenseite in den Kriegszielen hinweisen, hinsichtlich derer sich die Ansprüche der einzelnen Feindstaaten überschneiden, ja sogar diametral widersprechen. Die Fehler der Gegner in der Behandlung der kleineren Völker könnten in verstärktem Maße ausgenutzt werden.

Die Erklärung könnte in eine Rede des Herrn Reichsaußenministers – zu der vielleicht die Ereignisse Anlaß geben – über unsere und die feindlichen Kriegsziele eingeflochten werden. Ein Vergleich zwischen dem, was Europa im Falle eines deutschen Sieges und dem, was Europa im Falle eines Sieges der Feindmächte zu erwarten hätte, würde sowohl politisch wie wirtschaftlich zu unseren Gunsten ausfallen und außerordentlich wirkungsvoll sein. In der Anlage sind einige Anregungen auf wirtschaftlichem Gebiet vorgelegt[4], die hierbei Verwendung finden könnten.

3. Im einzelnen ist folgendes zu sagen:

a) Frankreich: Entscheidend für die Beurteilung der Konsolidierung unserer europäischen Position im Ausland ist die Haltung Frankreichs. Sie beeinflußt auf das allerstärkste die Meinungsbildung in der Welt. Laval würde sicher einen Vorteil darin sehen, daß Frankreich als gleichberechtigter Gliedstaat in den europäischen

Staatenbund aufgenommen wird und sich der Hoffnung hingeben, dadurch seine innenpolitische Stellung in Frankreich zu festigen und Frankreichs Position den Siegerstaaten gegenüber zu verbessern. Es würde aber darauf ankommen, Laval im großen Zusicherungen auf territorialem Gebiet zu geben, weil nur dann die bereitwillige Mitarbeit größerer Kreise des französischen Volkes zu erwarten ist. Dafür müßten dann an Frankreich im Interesse der gemeinsamen europäischen Aufgaben und Frankreichs eigener Zukunft erhöhte Anforderungen gestellt und von der französischen Regierung feierlich übernommen werden. Nach dem Verrat der Regierung Badoglio sollte eine solche Verständigung auf europäischer Basis erleichtert sein.

b) Belgien, Holland, Norwegen: Bei der politischen Bedeutung, die international dem Problem Belgien, Holland, Norwegen beigemessen wird, würde die Wirkung eines europäischen Planes ganz wesentlich herabgemindert werden, wenn das Ausland den Eindruck gewänne, daß der von uns angestrebte europäische Staatenbund diese Länder nicht als Gliedstaaten einschließt. Sollen diese Länder für eine engere Verbindung mit dem Reich innerlich gewonnen werden, so ist – wie die Dinge jetzt liegen – auch dafür Voraussetzung, daß ihnen eine gewisse Selbständigkeit belassen oder zum mindesten die Illusion der Eigenstaatlichkeit erhalten bleibt.

Belgien und Holland haben seit der Besetzung keine eigenen Regierungen mehr. Wenn wieder Regierungen gebildet würden, sollte man wegen der politischen Wirkung in Belgien zuerst versuchen, den König[5] einzuschalten, weil eine Regierung, die unter seiner Beteiligung gebildet würde, dem Anschluß Belgiens an den europäischen Staatenbund das größte Gewicht verliehe. Ob sich der König allerdings jetzt zur Mitwirkung an einer Regierungsbildung verstehen würde, müßte abgewartet werden.

In Holland würde die Schwierigkeit ebenfalls darin liegen, eine Regierung zustande zu bringen, die uns genehm ist, aber auch Eigengewicht hat. So nützlich und wertvoll in vieler Hinsicht die Zusammenarbeit mit den uns weltanschaulich nahestehenden Gruppen in Belgien und Holland ist, so kann politisch doch nicht empfohlen werden, diesen die Regierung zu übertragen. Mit der Bildung einer derartigen Regierung würde sich nicht der Eindruck eines Fortschritts in der Konsolidierung Europas erwecken lassen. Ebensowenig würde mit einer solchen Lösung eine innenpolitische Befriedigung erzielt werden, die uns die Verwaltung des Landes mit geringeren Kräften und mit größerem Nutzen für unsere Rüstungswirtschaft ermöglichen würde.

Norwegen hat bereits eine Regierung.[6] Wir müssen uns aber darüber im klaren sein, daß sie als Organ des deutschen Machtapparates empfunden und von der Masse der norwegischen Bevölkerung abgelehnt wird. Es würde eine große Erleichterung für unsere Politik sein, wenn eine gewisse innere Befriedigung in Norwegen erzielt werden könnte.

c) Südosteuropa: Was Griechenland und Serbien betrifft, so müßte hier gleichfalls der Versuch gemacht werden, zu einer gewissen Konsolidierung der Verhältnisse zu gelangen. Das ist von besonderer Wichtigkeit, nachdem Italien abgefallen ist, vor allem für den Fall, daß ein feindlicher Angriff auf die Balkanhalbinsel erfolgen würde. Beiden Ländern wäre ihre staatliche Unabhängigkeit zuzusichern. Die Exekutive der Regierungen müßte im Rahmen des Tragbaren erweitert werden.

Auch wäre jetzt unsere Politik in Kroatien und Albanien auf eine neue Grundlage zu stellen.

d) Ostland: Je mehr in Estland, Lettland und Litauen die Erinnerung an die bolschewistische Herrschaft schwindet, um so stärker wirkt sich die feindliche Propaganda aus, daß sich durch die deutsche Besetzung an der Lage der Ostvölker nicht viel geändert habe. Erst wenn diesen Völkern für die Zukunft gewisse Zusicherungen gemacht werden, würden sie uns wirklich als Befreier vom bolschewistischen Joch anerkennen und zu einem freiwilligen aktiven Einsatz auf unserer Seite veranlaßt werden. Da das estnische SS-Kontingent[7] sich im Kampf gegen den Bolschewismus bewährt hat, scheint sich unter Billigung des Führers eine solche Entwicklung in Estland anzubahnen. In den skandinavischen Ländern, insbesondere Finnland, würde solches Vorgehen lebhaft begrüßt werden.[8] Es würde England in eine sehr unbequeme Lage bringen und für die Politik der Sowjetregierung einen schweren Schlag bedeuten.

e) Polen: Wenn die internationale Diskussion das Thema aufgreift, könnte man erwidern, daß die endgültige Lösung des polnischen Problems vorbehalten bleiben müsse, da sie von der Haltung des polnischen Volkes während der Kriegszeit abhinge. Man könnte

aber vielleicht daran denken, Polen eine uns genehme landeseigene Vertretung zu geben, die der polnischen Bevölkerung eine gewisse Befriedigung gewähren, den Einfluß der polnischen Emigration schwächen und der feindlichen Propaganda die Behauptung erschweren würde, daß wir die Polen unterdrücken.
f) Besetzte altsowjetische Gebiete: Es ist bekannt, daß die gegenwärtige Situation in den besetzten russischen Gebieten politisch und militärisch ernste Gefahren in sich schließt. Es wäre wahrscheinlich möglich, mit Zusagen und Maßnahmen auf kulturellem, wirtschaftlichem und administrativem Gebiet der bolschewistischen Propaganda in diesen Gegenden erfolgreich entgegenzutreten und bei der in ihren ursprünglichen Erwartungen enttäuschten Bevölkerung einen Stimmungsumschwung zu unseren Gunsten herbeizuführen. Wenn wir die Gegensätze ausnutzen und den Unabhängigkeitsbestrebungen entgegenkommen, so würden wir zweifellos auf militärischem und wirtschaftlichem Gebiet wertvolle Kräfte gewinnen. Das gilt besonders für die Ukraine. Für die großrussischen Teile wäre die Wlassow-Bewegung zu berücksichtigen.
g) Neutrale: Wenn die Neutralen auch wahrscheinlich während des Krieges gegenüber der Idee eines europäischen Staatenbundes Zurückhaltung üben würden, so ist doch zu erwarten, daß ein konstruktiver, auf föderativer Basis beruhigender Plan für die Lösung der europäischen Frage ihre Haltung günstig beeinflussen würde.
5. Gefährdet das Einschwenken auf die Linie des Staatenbundes unsere politischen Ziele in Europa? Diese Frage ist zu verneinen. Machtmäßig geben wir nichts aus der Hand, da es sich zunächst nur um eine programmatische Erklärung handelt. Unsere Rechte als okkupierende und kriegführende Macht würden in keiner Weise beeinträchtigt werden. Ebenso käme die Wiederherstellung auswärtiger Vertretungen der besiegten Staaten, die in den Staatenbund aufgenommen werden sollen, vor Beendigung des Krieges grundsätzlich nicht in Betracht. Wenn es für zweckmäßig gehalten würde, könnte ihnen die Errichtung diplomatischer Vertretungen in Berlin gestattet werden. Wir würden keineswegs an der kompromißlosen Wahrnehmung unserer Interessen und am energischen und rücksichtslosen Zupacken, wo sich Widerstand zeigt, gehindert werden. Im Gegenteil kann uns der europäische Staatenbund als Instrument unserer Politik nützliche Dienste leisten. So könnte uns zum Bei-

spiel die Durchführung einer Stützpunktpolitik wesentlich erleichtert werden, da diese dann nicht als Ausdruck eigener Machtbestrebungen, sondern als gemeinsames europäisches Interesse erschiene. Was die germanischen Länder betrifft, so könnte ihre Aufnahme in den europäischen Staatenbund die erste Etappe auf dem Wege zu einem engeren Zusammenschluß mit Deutschland bilden. Da der Staatenbund eine bündnisartige Gruppierung der europäischen Länder unter Deutschlands Führung und mit der Spitze gegen die plutokratischen Mächte und gegen den Bolschewismus sein würde, würden die betreffenden Länder damit politisch in unsere Interessensphäre einbezogen und auf unsere Ziele ausgerichtet werden. Durch Abkommen mit ihnen könnten wir uns alle die Rechte sichern, die notwendig sind, um unseren Einfluß auf den entscheidenden Gebieten fest zu verankern und um uns die Möglichkeit zu geben, die Verbindung mit der Zeit immer inniger zu gestalten. Wenn wir den Gegner niedergerungen haben, wird übrigens das Übergewicht Deutschlands in Europa so überragend sein, daß wir auch ohne besondere Abmachungen jederzeit in der Lage sein werden, unsere Absichten auf politischem, wirtschaftlichem und militärischem Gebiet durchzusetzen. Davon abgesehen gibt uns der siegreiche Abschluß des Krieges immer die Möglichkeit, unsere Politik zu überprüfen; Lösungen, die heute von der Bevölkerung der besetzten Gebiete abgelehnt werden, könnten dieser dann in einem anderen Licht erscheinen.

Berlin, den 9. September 1943
gez. v. Renthe-Fink

Anmerkungen:

[1] Seit dem 31.3.1943 war Gustav Adolf Baron Steengracht von Mooyland als Nachfolger von Ernst von Weizsäcker Staatssekretär im AA.
[2] Handschriftliche Paraphe
[3] Am 8. September 1943 war der Abschluß des Waffenstillstandes zwischen Italien und den Alliierten bekanntgegeben worden.
[4] Hier nicht abgedruckt.
[5] König Leopold III.

[6] Die norwegische Regierung unter Vidkun Quisling hatte sich am 1.2.1942 konstituiert.

[7] Hitler hatte die Aufstellung einer Estnischen SS-Legion im August 1942 genehmigt. Die Einheit wurde im Mai 1943 in die Estnische SS-Freiwilligen-Brigade umgegliedert.

[8] Finnland hatte sich wiederholt für eine Selbstregierung des estnischen Bruderstaates ausgesprochen. Ribbentrop wies daraufhin am 22.2.1943 den deutschen Botschafter von Blücher an, den Finnen mitzuteilen: »Wir hätten nicht für die Selbstregierung Estlands, sondern für die Rettung Estlands gekämpft.« Vgl. ADAP, Serie E, Bd. V, Dok. Nr. 149, S. 272

Quelle:

PA AA, Nachlaß Cécil von Renthe-Fink, Bd. 11, D 514455–514465

Dokument Nr. 16

Erklärung Hitlers über Norwegens Stellung in Europa, September 1943

26. September 1943

Terboven[1] gab Willensäußerung des Führers über Norwegens Stellung in Europa bekannt.

»Dabei ist es der unabänderliche Wille des Führers, nach dem siegreichen Ende dieses Schicksalskampfes ein nationales und sozialistisches Norwegen in Freiheit und Selbständigkeit erstehen zu lassen, das nur jene Funktionen in die höhere Ebene einer europäischen Gemeinschaft abgibt, die für die Sicherung Europas auf alle Zeiten unabdingbar sind, weil diese Gemeinschaft allein entscheidender Träger und Garant dieser Sicherheit sein kann und sein wird.«

Anmerkungen:

[1] Josef Terboven, geb. 1898. SA-Obergruppenführer, von 1940–1945 Reichskommissar für Norwegen. Selbstmord im Mai 1945.

Quelle:

ADAP, Serie E, Bd VI, Dok. Nr. 353, S. 595.

Dokument Nr. 17

Brief Melitta Wiedemanns an Oberregierungsrat Dr. Korherr, 5.10.1943

[...]
Sehr geehrter Herr Korherr![1]

[...]
Sie kennen unsere ungeheuren Blutverluste besser als ich. Es ist vorläufig keine Aussicht, daß die Ausfälle an der Front geringer werden. Dagegen werden die Verluste in der Heimat mit zunehmender Radikalisierung des gesamten Krieges rapide anwachsen. Ihr Ausmaß ist schwer zu schätzen, wenn man die Art der in Aussicht stehenden neuen Waffen nicht genau kennt. Hinzu kommt, daß nach einiger Zeit die Ernährungslage, die sich ebenfalls nicht bessern wird, und die ständig wachsenden Lebensbelastungen eine solche Minderung des Kräftezustandes der Bevölkerung mit sich bringen werden, daß auch hier mit höheren Todeszahlen gerechnet werden muß, von Geburtenausfällen gar nicht zu reden.
Aus dieser nüchternen Beurteilung der biologischen Lage unseres Volkes, in die Sie bessere Einsicht haben, die aber im allgemeinen wohl stimmen dürfte, ergibt sich zwangsläufig unser politischer Weg, wenn er zum Erfolge führen soll. Wie in der Wissenschaft die richtige Fragestellung eine der entscheidenden Voraussetzungen erfolgreicher Arbeit ist, so ist es in der Politik die richtige Aufgabenstellung, die richtige Zielsetzung. Angesichts unserer biologischen Lage eine Radikalisierung des Krieges ohne Rücksicht auf Opfer zu betreiben, mit dem Ziel, in entvölkerten Räumen im Osten Siedlungsland für unser nicht vorhandenes Blut zu erkämpfen, ist zweifellos heroisch. Es könnte aber sein, daß dies Heldenlied ein ausgeblutetes Volk mit einer unlösbaren Aufgabe vor Augen nicht einmal zu erheben vermöchte.
Die Zielsetzung ist entscheidend, aber sie darf nicht von Wünschen diktiert sein, sondern sich aus der realpolitischen Lage entwickeln. Wir werden siegen, wir müssen siegen, weil eine Niederlage nicht nur das Ende unseres Volkes, sondern zugleich das größte politische Versagen der ganzen Geschichte wäre. Wir haben die besten

Karten aller Zeiten in den Händen, wir dürfen nur den napoleonischen Fehler nicht wiederholen.
Europa ist eine Einheit, die vom Atlantik zum Pazifik reicht. Das größere Ziel ist politisch leichter zu erreichen als das kleinere. Unser Schweigen über die zukünftige Gestalt des neuen Europa wird überall in den besetzten Gebieten, auch bei jenen, die offiziell unsere Freunde sind, als absoluter Beweis unseres bösen Willens gewertet. Die Leute sagen: Wenn Deutschland die Absicht hat, die Eigenständigkeit der europäischen Völker zu achten, so hat es das brennende Interesse, dies bekanntzugeben, um die feindliche Stimmung gegen das Reich, die wie eine Lawine wächst, einzudämmen. Wenn es trotzdem schweigt, wie bösartig müssen seine Absichten sein! Die alliierte Propaganda hat recht, Deutschland will die europäischen Nationen auslöschen, ein Völkergefängnis unter deutscher Knute errichten. Zuerst waren die Juden Untermenschen und standen außerhalb des Rechts, dann gesellten sich die Polen dazu, dann die Russen, um ein Haar wären es die Norweger auch geworden. Wer sichert irgendein Volk vor dem Schicksal, von Deutschland zum Untermenschenbereich proklamiert und vernichtet zu werden?
Unsere Methoden im Osten erscheinen dem aufmerksam beobachtenden Auslande als Beweis für die Richtigkeit der vorstehend wiedergegebenen Gedankengänge.
Wenn man nun heute angesichts der Gefahr und der ungeheuren Blutverluste im Osten mit *absolut maßgebenden* zuständigen Leuten spricht und vorschlägt, die noch vorhandenen besetzten Gebiete als nationale Nachfolgerepubliken der früher dort vorhandenen Sowjetrepubliken zu proklamieren, die über eine Million Mann unter deutschen Waffen stehenden Ostvölker (im wesentlichen Russen)[2] unter nationaler Parole zu einer Bündnisarmee zusammenzuführen, um damit nicht nur eine Entlastung unserer Front zu erreichen, sondern vor allem im Stalinschen Herrschaftsbereich endlich den Bürgerkrieg hervorzurufen, der, wie alle Sachverständigen wissen, mit Sicherheit zu erwarten wäre, dann erhält man die resignierte Antwort: Ja, das wäre noch vor einem Jahr die Rettung gewesen, aber nun sei es ja zu spät! Das ist Defätismus! Einen Fehler erkennen, ohne den Mut zu haben, ihn sofort zu reparieren und von vorne anzufangen!

Geht man näher auf das Thema ein, dann heißt es: die Chancen seien verpaßt, weder der Osten noch der Westen würde uns die Politik, nennen wir es einmal eines europäischen Staatenbundes, glauben. Ich habe auf Grund genauester Kenntnis der politischen Lage sowohl im Osten wie im Westen die begründete, auf Wunsch beweisbare Überzeugung, daß wir heute noch die vorstehend angedeutete Politik mit größtem Erfolg durchführen könnten. Ganz Westeuropa, und zwar sowohl unsere Freunde wie unsere Gegner, glaubt nämlich, vorbereitet durch die jahrzehntelange Propaganda der II. und der III. Internationale, des Liberalismus, des Völkerbundes, der Pan-Europa-Gesellschaft, der Freimaurer, der protestantischen Ökumene und der Katholischen Kirche, daran, daß ein geeintes Europa, ein unlösbarer europäischer Staatenbund, die erstrebenswerte, natürliche Zukunftsentwicklung darstellt. Wie wir einst zu Beginn der Kampfzeit den marxistischen Parteien die Parole des Sozialismus abnahmen und damit unseren größten Erfolg erzielten, so müßten wir heute die Paneuropa-Idee ergreifen, mit unseren Mitteln realisieren und damit die deutsche Führung für Jahrhunderte in einem außerdem noch beglückten Europa sichern. Allerdings genügen heute keine Versprechungen mehr, es müssen Taten getan werden, wobei als sofortige Gegenleistung der Völker Millionenarmeen auf die Beine gestellt werden könnten.
Was in Westeuropa der Glaube aller Völker an das geeinte Europa (wenn es sein muß, sogar unter deutscher Führung!) und die Furcht vor einer unabsehbaren Wirtschaftskatastrophe bei einer deutschen Niederlage ist, das ist im Osten der Haß gegen den Bolschewismus. Unsere Untermenschen-Parole hat Stalin zum nationalen Krieg verholfen. Der Haß gegen uns ist furchtbar. Die Zivilverwaltung hat inzwischen 15 % ihrer Leute, und zwar die praktischen Verwalter, eingebüßt. Das ist ja sogar für Frontverluste zuviel! Demgegenüber steht absolut fest, daß die ganze russische Bauernschaft, der größte Teil der Intelligenz und das gesamte mittlere, höhere und höchste Führerkorps der Roten Armee Feinde des Bolschewismus und speziell Stalins sind. Aber diese Menschen haben wir durch unsere Politik in die tragische Entscheidung hineingezwungen: entweder für Stalin zu kämpfen oder ihr eigenes Volk und damit sich selbst dem Schicksal eines auszurottenden, auszuplündernden Kolonialbe-

reichs auszuliefern, dessen Einwohner, in Wahrheit eines der begabtesten Völker der weißen Rasse, zu Untermenschen proklamiert und zu generationenlanger Sklavenarbeit mit dreiklassiger Schulbildung deklassiert werden sollen. Daß unter solchen Umständen auch die Todfeinde Stalins mit letzter Entschlossenheit gegen uns kämpfen, versteht sich von selbst.
Und trotzdem ist dieser Haß gegen den Bolschewismus unsere größte Chance. Wenn wir sofort im Osten nationale Republiken errichten, die russische Befreiungsarmee vor der ganzen Welt als neue Bundesarmee herausstellen, so werden diese Tatsachen sogar ohne Propaganda unsererseits, allein durch Flüsternachrichten, in wenigen Monaten in der ganzen Sowjetunion bekannt sein. Man wird wochen- und monatelang sagen: Die Deutschen sind schwach, jetzt versprechen sie uns etwas, sie wollen uns betrügen. Aber der Wunsch ist immer der Vater des Gedankens. Der brennende Wunsch großer Teile des russischen Volkes, vor allem maßgebender Teile, sich zugleich gegen den Bolschewismus und für ein neues nationales Rußland einsetzen zu können, ist so überwältigend, daß er in einigen Monaten zu den ersten Zeichen des Bürgerkrieges führen muß, sowie dieses nationale Rußland, diese nationale russische Armee erst existieren.
Ich kenne natürlich alle Schwierigkeiten, die militärischen und die wirtschaftlichen, aus der Praxis ganz genau. Aber Politik und Krieg sind immer gefährlich, und gerade in der bedrohten Lage, in der wir uns jetzt befinden, ist die kühnste Maßnahme in der Regel die sicherste, die am wenigsten gefährliche. Wirklich gefährlich ist nur stures Weitertreiben ohne klare Einsicht in die Ursachen eines rückläufigen Kriegsglücks und ohne kühnen Entschluß zu neuer politischer Zielsetzung und damit zu neuen Methoden.
Ich weiß natürlich auch, jedenfalls berichten das einsichtige Leute, daß bei uns in maßgebenden Kreisen ein wunderbarer Optimismus herrscht.
Das ist natürlich herrlich. Ohne Glauben an den Sieg gibt es keinen Sieg. Aber wie der Glaube an den Sieg uns nicht gehindert hat, die notwendigen Waffen zu schmieden, so darf er uns auch nicht hindern, die Politik als entscheidende Waffe in die Waagschale zu werfen, zumal, wenn eine solche Politik geeignet ist, neue Reserven zu

erschließen, aus Feinden Freunde zu machen und das mit jedem Tage kostbarer und unersetzlicher werdende Blut unseres Volkes zu schonen.

[...]

Heil Hitler!
gez.: Melitta Widemann[3]
Hauptschriftleiterin

Anmerkungen:

[1] Oberregierungsrat Dr. Richard Korherr, Inspekteur für Statistik der SS

[2] Tatsächlich bestand nur ein Drittel der auf deutscher Seite eingesetzten Freiwilligen aus dem sowjetischen Raum aus Russen, rund 700000 Mann rekrutierten sich aus anderen Nationalitäten (Ukrainer, Turkestaner, Kaukasier, Tataren, Kosaken, Kalmyken etc.).

[3] Korherr, der eine Abschrift dieses Briefes dem Persönlichen Referenten Himmlers zuleitete, hat den Namen der Absenderin falsch wiedergegeben: Wiedemann ist die zutreffende Schreibweise.

Quelle:

IfZ Archiv, MA 292, Bl. 8170–8174

Dokument Nr. 18

Nationale Freiheit in der europäischen Gemeinschaft, Oktober 1943

Wer Gelegenheit hat, mit Ausländern, vor allem auch Freunden des Reiches aus neutralen Ländern, zu sprechen, hört immer wieder die gleiche Frage:

»Wir wenigen Kenner des Nationalsozialismus außerhalb Deutschlands wissen, daß diese Weltanschauung, ihrem tiefsten Wesen entsprechend, fremde Völker gar nicht unterdrücken kann und daß die deutsche Konzeption der europäischen Einigkeit die *völkische Gliederung dieser neuen Gemeinschaft* zur Grundlage haben muß. *Warum proklamiert ihr eure Pläne nicht schon heute?* Denkt an den billigen Erfolg der englisch-amerikanischen ›Atlantik-Charta‹, die nichts bot als ein paar unverbindliche Redensarten. Die Völker wollen wissen, worauf sie nach dem Frieden hoffen und rechnen können. Wieviel Feindschaft gegen das Reich würde durch solche Festlegung der letzten Ziele neutralisiert, wieviel glühende Mitkämpfer gewönne das deutsche Heer für die Erkämpfung und Sicherung einer neuen Zeit, die allen Gliedern der europäischen Völkerfamilie, nicht etwa nur dem deutschen ›Eroberer‹, eine bessere Zukunft verspräche!«

Es ist nicht leicht, auf solche gutgemeinten Anregungen zu antworten, weil es schwierig ist, Menschen, die den deutschen Schicksalsweg seit 1918 nicht selbst erlebt haben, klarzumachen, welche Scheu unser Volk und damit auch unsere führenden Männer haben, anderen Nationen politische Zukunftswechsel auszustellen. Die vierzehn Punkte Wilsons, die Deutschland ins Verderben lockten, waren zwar zum größten Teil bewußter Betrug der Alliierten. Aber dieses Erlebnis hat so unauslöschliche Spuren in der Seele des deutschen Volkes hinterlassen, daß uns der Gedanke, sogar mit ehrlichster Absicht etwas versprochen zu haben, was später auf Grund unvorausschaubarer politischer Entwicklungen nicht voll durchführbar sein könnte, unerträglich ist.

Man muß diese übertriebene Gewissenhaftigkeit unseres Volkes und auch des Führers in diesen Punkten kennen, um den ganzen Wert der Erklärung würdigen zu können, die im Auftrage des Führers der *Reichskommissar von Norwegen, Terboven,* am 27. September 1943 in einer Rede vor dem Führerkorps der *»Nasjonal Samling«* und vor den hohen Beamten des Norwegischen Staates abgab. Der Zentralpunkt dieser Erklärung war die Feststellung, daß es der unabänderliche Wille des Führers ist, »nach dem siegreichen Ende dieses Schicksalskampfes ein nationales und sozialistisches Norwegen in Freiheit und Selbständigkeit erstehen zu lassen, das nur jene Funktionen in die höhere Ebene einer europäischen Gemeinschaft abgibt, die für die Sicherung Europas auf alle Zeiten unabdingbar sind, weil diese Gemeinschaft allein entscheidender Träger und Garant dieser Sicherheit sein kann und sein wird.«[1]

Eine solche Erklärung bei der äußersten Zurückhaltung des Reiches allen diesen Problemen gegenüber, die in Wirklichkeit nie ausschließlich theoretisch und vom grünen Tisch her geklärt und entschieden werden können, bedeutet *eine Garantie, wie sie eindeutiger und verbindlicher nicht gedacht werden kann.* Für Norwegen ist damit *das Zentralproblem eines jeden Volkes, die nationale Freiheit, die völkische Eigenständigkeit,* gelöst. Auf dieses Ziel hin kann, soweit die Kriegslage es gestattet, die Vorarbeit im weitesten Rahmen begonnen werden. Der englischen Propaganda, die ihre Hetze in Norwegen mit der Behauptung betrieb, nach einem deutschen Siege würde es eine norwegische Selbständigkeit nicht mehr geben, ist damit, soweit die Haltung der *ehrlichen* Norweger gemeint ist, der Boden entzogen.

Aber diese Proklamation hat selbstverständlich nicht nur für Norwegen Bedeutung. Sie ist entscheidend für ganz Europa überhaupt. Denn ein politischer Neubau wie das neue Europa, der eine neue historische Epoche einleitet, entsteht, soweit außer dem Gewicht der mitspielenden Kräfte bewußt der planende Wille darüber entscheidet, stets *aus einer Gesamtkonzeption,* aus der sich nach den Gesetzen politischer Logik die Entwicklung im einzelnen ergibt. *Die Erklärung, die Norwegen gilt, ist so nur eine erste Realisierung dieser politischen Grundkonzeption des neuen Europa, deren geistige Grundlage der nationalsozialistische Grundsatz von Wert und Würde rassisch bedingter, geschichtlich gewordener völkischer Gestalten ist.*

Damit ist nicht gesagt, daß das neue Europa nach einem starren Schema gebildet werden müßte; denn es ist eine Grunderkenntnis organischer Politik, daß, was dem einen recht ist, *keineswegs* dem anderen billig zu sein braucht. Die Widerstandskraft des englischen Imperiums beruhte ja nicht zuletzt darauf, daß sein Aufbau vielschichtig genug war, um zahlreichen und sehr vielfältigen rassischen, völkischen und staatlichen Gemeinschaften Lebensmöglichkeiten zu geben. Sein Zusammenbruch wird erfolgen; weil für das lebendige Wachstum und die sozialistischen Wünsche dieser Gemeinschaften im England von heute nicht mehr das ausreichende Verständnis vorhanden ist.

Aber so elastisch die »Verfassung« der europäischen Völkergemeinschaft auch sein möge, die Grundrichtung erwächst mit Selbstverständlichkeit aus dem völkischen Gedanken des Nationalsozialismus, der – zugleich mit der sozialistischen Sehnsucht aller Völker – die Antriebskraft der europäischen Revolution des 20. Jahrhunderts ausmacht. Das National-Völkische und das Sozialistische versteht sich also von selbst, wenn von der Gestalt des neuen Europa, zu dem der Osten ebenso gehört wie der Westen, die Rede ist.

Dazu kommt aber, wie es in der norwegischen Proklamation heißt, jene *»höhere Ebene einer europäischen Gemeinschaft,* in die jene Funktionen abgegeben werden, die für die Sicherung Europas auf alle Zeiten unabdingbar sind, weil nur diese Gemeinschaft entscheidender Träger und Garant dieser Sicherheit sein kann und sein wird«.

In diesem Satz ist vor allem eins entscheidend wichtig: Jene Funktionen des einzelnen völkischen Bereiches, die der Sicherung aller dienen, werden *nicht an Deutschland* gegeben, sondern »einer europäischen Gemeinschaft«, die der umfassende, einigende, tragende Lebensgrund für die gesamte europäische Völkerfamilie sein wird. Damit ist zugleich *die Höhe des Opfers bezeichnet, das Deutschland dem neuen Werden bringt.* Denn als zahlenmäßig stärkstes, militärisch mächtigstes Volk Europas gibt es naturgemäß dieser übergeordneten Gemeinschaft mehr als die kleineren Nationen, die sich dem gleichen Gesetz fügen. Und es bringt dieses Opfer, obwohl es außerdem durch das Blut seiner Söhne in diesem Kriege, durch die Abwehr des Bolschewismus nicht nur den Bau der neuen europäischen Einheit ermöglicht, sondern auch unseren Kontinent vor der größten Gefahr rettet, die ihn je bedrohte.

Es ist selbstverständlich, daß die Gegner Europas diese Tatsache, daß nämlich eine umfassendere Gemeinschaft nur durch den Verzicht aller Glieder auf bestimmte Funktionen, die auf höherer Ebene neu erstehen, geschaffen werden kann, dazu ausnutzen werden, ihre Hetze von der angeblichen Schmälerung irgendwelcher Völkerrechte fortzusetzen. Nach dieser ersten Klarstellung der europäischen Haltung des Reiches in der norwegischen Proklamation dürfte es ihnen allerdings schwerfallen, unter ehrlichen Menschen, gleich welchen europäischen Volkes, Gläubige zu finden. Denn *überall in Europa, auch unter den heutigen Gegnern des Reiches, ist man sich über die Notwendigkeit der endlichen Einigung unseres Kontinents im klaren.*

Offene und ehrliche Gespräche mit Menschen in vom Reiche unter dem Zwange der Kriegsnotwendigkeiten besetzten Gebieten Europas über die Zukunft unseres Kontinents ergeben immer das gleiche Bild: Alte Offiziere, Wissenschaftler, Wirtschaftsführer, hohe Juristen, Künstler, politisch interessierte Frauen, sie alle geben zu, daß der europäische Zwiespalt auf alle Fälle und unter allen Umständen ein Ende haben muß. Die Entwicklung der Wissenschaft, der Technik, vor allem des Verkehrs, die wirtschaftliche Verflechtung, die brennende Notwendigkeit, das Blut der europäischen Völker vor weiterer Dezimierung durch intereuropäische Kriege zu schützen – das alles seien selbstverständliche, unwiderlegbare Gründe, diese Einheit zu wünschen. Nur eines trennt diese Menschen, die vielfach der älteren Generation angehören, von der aktivistischen Jugend Europas. Sie sind groß geworden in der Überzeugung, daß ein solcher europäischer Neubau vom grünen Tisch, von irgendeinem theoretisch angeblich objektiven Völkerbund aus zur Wirklichkeit werden könnte. Darauf hatten sie gehofft; diese Hoffnung wurde enttäuscht. Und so kann man in solchen Gesprächen mit Leuten, die man allgemein für Gegner eines von Deutschland geführten neuen Europa hält, die sich selbst dafür halten, immer öfter eine weitere Meinung hören: Sie hätten sich in diesen letzten Kriegsjahren davon überzeugt, daß weltgeschichtliche Entwicklungen in der rauhen Luft der politischen Wirklichkeit sich vollzögen und nicht in einer politischen Retorte; daß also wohl die Einigung des Kontinents nicht durch endlose Gespräche in irgendeinem Völkerbundspalast praktisch zustande kommen werde, sondern daß sich die *Völker Europas um einen natürlichen Kristallisationspunkt sammeln und zusammenschließen müßten.* Es scheine auch ein weiteres »bedauerliches« Gesetz des politischen Lebens wie der Menschennatur zu sein, daß dieser Kristallisationspunkt, der Primus inter pares der europäischen Völkerfamilie, nicht durch Abstimmung gefunden werden könne, sondern sich in einem ernsthaften Kampf als der Stärkste, der Führungsmächtigste zu beweisen habe. Soweit ist man sich also in *solchen ehrlichen Gesprächen unter sogenannten Gegnern in den besetzten Gebieten einig.* Dann aber kommt das ewige Aber – und damit setzt die Hetze der Gegner ein; die Deutschen schienen sich ja tatsächlich als die größte Kraft Europas zu erweisen. Leider fehle ihnen aber die Fähigkeit, freie europäische Menschen wirklich zu führen. Der Deutsche habe kein Verständnis für psychologische Imponderabilien, die Kunst der leichten Zügelführung sei ihm fremd, er halte Takt und Ehrfurcht vor der Eigenart fremder Völker für Schwäche und schwöre auf die Durchschlagskraft des Kanonenstiefels. – Damit sind wir bei dem letzten *Rettungsanker der Feindpropaganda gegen das Reich* als den Kristallisationspunkt des neuen Europa.

Die norwegische Proklamation wird diese feindliche Agitation in den Augen aller ehrlichen Europäer, gleichgültig, ob sie im Lager der jungen politischen Aktivisten oder der konservativen abwartenden, vorsichtigen älteren Generation stehen, in ihrer Unehrlichkeit endgültig entlarven. Die weitere Entwicklung, deren erste Etappe in Norwegen sichtbar wurde, wird allen Völkern Europas beweisen, daß die größere Gemeinschaft unseres Kontinents der einzelnen völkischen Einheit nur wenige, im Prinzip technische Funktionen nimmt, während sie allen und der Gesamtheit die Voraussetzung schafft für die *höchste Entfaltung aller eigenständigen völkischen Kräfte* in der größten Epoche europäischer Geschichte, an deren Beginn wir stehen.

Hinzu kommt, als Garantie dieser Größe und Entfaltung, die Tatsache, daß das neue Europa nicht nur ein einiges, sondern auch ein größeres Europa sein wird. Bei Beginn des Ostfeldzuges am 1. Juli 1941 hieß es in unserer Zeitschrift in dem Artikel *»Der Krieg im Osten – der sinnvollste Krieg«:* u. a.

»Ein neues, das größte Zeitalter Europas, eine neue Epoche der Weltgeschichte hat damit begonnen ... Europas wirkliche, geographische und ethnologische Grenze liegt jenseits des europäischen

Rußland. Doch dieser gewaltige, kräftespendende Raum im Osten hat praktisch seine europäische Mission nie wirklich erfüllt ... Er blieb, auf sich selbst gestellt, zu sehr an der Peripherie des europäischen Kraftzentrums gelagert, beinahe ausgeschlossen aus dem großen Organismus der europäischen Kultur ... Diese Gefahr für unseren Kontinent – der Abfall des Ostens – ist seit dem 22. Juni 1941 für immer gebannt. Um allen Mißverständnissen vorzubeugen: Herr Churchill und Herr Roosevelt brauchen sich nicht darüber zu ängstigen, daß Adolf Hitler nun auch Rußland ›erobern‹ wolle. Es geht in diesem Krieg, da, wo seine tiefsten Wurzeln, sein innerster Sinn liegt, nicht mehr um das Reich, nicht um Eroberungen, sondern um organische Neugliederung im Dienste des Ganzen um Europa ... Die Völker des Ostens jenseits von Bug und Pruth gehören mit dem Raum, in dem sie leben, zu Europa. Sie haben trotz der unglücklichen geschichtlichen Entwicklung zum Bau der europäischen Kultur reiche und schöne Gaben beigetragen. Der Aufschwung europäischer Kraft, die Gaben der europäischen Völkerfamilie werden eine neue, die höchste und reichste Epoche der Geschichte dieses Kontinents heraufführen, wenn jetzt endlich die Enge überwunden ist und zugleich mit seiner Einheit und Einigkeit Europa Raum und Luft gewinnt zu einem neuen, tiefen und weiten Atemzug.«

So spannt sich der Bogen des politischen Geschehens vom äußersten Nordwesten, von Norwegen, zum äußersten Osten unseres Kontinents. *Auch die kleinsten europäischen Völker, durch die Katastrophe dieses Krieges aus jahrhundertelanger provinzieller Enge befreit, lernen wieder in großen Räumen zu denken, große Aufgaben zu sehen, während sie Kraft zur Mitarbeit an diesen größten Aufgaben aus der Treue zur Eigenart und zu den besonderen Gaben ihres eigenen Volkstums schöpfen müssen, schöpfen sollen und schöpfen werden.*

Anmerkungen:

[1] Vgl. Dokument Nr. 16

Quelle:

Die Aktion. Kampfblatt für das Neue Europa, 6. Jahrgang, Oktober 1943, S. 1–5 (ohne Verfasserangabe)

Dokument Nr. 19

Heinz von Homeyer: Der Gedanke »Europa« – die Kriegsentscheidung, 1.3.1944 (Auszug)

[...] Allen Geheimwaffen und sonstigen militärischen Kampfmitteln, allem Heldentum zum Trotz wird dieser Krieg, zugespitzt auf die tödliche Auseinandersetzung zwischen dem Bolschewismus als dem Scharfrichter des Weltjudentums und uns, nur gewonnen, der Sieg nur festgehalten durch kühne und überlegte Handhabung der den Sowjets abgelauschten Zange von militärischer und politischer Kriegführung. Ja, es ist nicht zuviel behauptet, wenn man sagt, daß der Krieg auch nach dem militärischen Siege noch politisch verloren werden kann. Das Kriterium dafür war und bleibt der Osten, unsere Beziehung zu ihm und seine Einordnung in das Europa unserer Vorstellung.

Wer könnte uns zum Beispiel hindern, selbst in diesem Augenblick bitterster Verteidigung den britischen Garantieversprechen an die kleinen Staaten und der Atlantik-Charta, die sich als reine Papierfetzen erwiesen haben, und endlich dem bolschewistischen Europaplan, der als Ausdruck uferlosen Imperialismus noch gründlicher festzunageln ist, unsererseits eine Europa-Charta entgegenzusetzen? Einen Europa-Ausschuß aller, auch der geschlagenen Mächte einzuberufen, eine europäische Aufbaubewegung zu erwecken und sie nach Herzenslust in Zukunftsbildern des befriedeten und geeinten Kontinents schwelgen zu lassen? Wer sollte uns verbieten, diesen Gremien politische Initiative zu übertragen oder zu entziehen, wie es in unser Konzept paßt, und uns damit politische Nebengleise zu öffnen, wie die Sowjets sie in Komintern[1], Profintern, Roter Hilfe usw. seit langem besitzen?

Sind wir wirklich nur darauf angewiesen, die Zusagen und Verheißungen der anderen zu entkräften, zu bagatellisieren, zu widerlegen, um die Gegner dann mit neuen Plänen kommen zu lassen und das Spiel von vorn zu beginnen?

Mir scheint, solche Polemiken müßten außerhalb der deutschen Grenzen ermüden und das Interesse für sie müsse stetig erlahmen. Ich glaube auch, unsere Feinde wissen das und rechnen damit, daß die ewige Wortdefensive uns bei der Oberflächlichkeit des europäi-

schen Publikums langsam aber sicher ins Unrecht setzt. Gehen wir indessen die hier aufgezeigten Wege, dann wird Derartiges zur Sache einer europäischen Gemeinschaft und damit zu einem Aktivposten in unserer Rechnung.
So, meine ich, könnte der Ansatz gefunden werden, um die Sowjets aus ihrer politischen Vorrangstellung herauszuhebeln und die Chance »Europa« in unsere Hände zurückzuspielen. Ob alles, was in solchem Europa-Ausschuß oder in einer Europa-Bewegung während des Krieges gesprochen, geplant oder beschlossen wird, sich in unsere Konzeption fügt, ist gleichgültig. Auf das Herausreißen aus stumpfer Resignation kommt es an, auf ein Vorwärts, denn dies dient uns, stellt der militärischen Kriegführung die politische Initiative auf der notwendigen breiten Basis zur Seite und bringt uns dem Siege näher. Nur dies ist entscheidend. Nach dem Siege werden ohnehin wir entscheiden.
So mag uns das Schicksal noch einmal gönnen, den Befähigungsnachweis für unsere europäische Mission auf russischem Boden zu erbringen und hiermit das Heldentum der Wehrmacht und das Dulden der Heimat zu besiegeln. [...]

Anmerkungen:

1 Tatsächlich war die Kommunistische Internationale (Komintern) aus taktischen Erwägungen gegenüber den Westalliierten von Stalin im Mai 1943 aufgelöst worden.

Quelle:

Heinz von Homeyer, Der Gedanke »Europa« – die Kriegsentscheidung, 18seitige Denkschrift vom 1.3.1944, Dokumentenkabinett Vlotho. Studien-Sammlung für europäische Geschichte, Gegenwart und Zukunftsplanung

Dokument Nr. 20

Schlußprotokoll der Tagung von Bad Salzbrunn, März 1944

Die auf Einladung des Arbeitswissenschaftlichen Instituts vom 14. bis 19. März 1944 in Bad Salzbrunn durchgeführte Aussprachetagung maßgebender europäischer Sozialwissenschaftler und Sozialpolitiker führte nach eingehender Behandlung aller für die Gestaltung des sozialen Lebens der Völker wichtigen Fragen zu folgendem, in gemeinsamer Arbeit formuliertem Schlußprotokoll:

I.

»Der gegenwärtige Krieg entscheidet über die Grundsätze, nach denen die europäischen Völker ihre soziale Ordnung errichten werden.

Im 19. Jahrhundert hatte der Liberalismus alle Bindungen gelöst, die als Erbe der erstarrten mittelalterlichen Ordnung dem Fortschritt von Wissenschaft, Technik und Wirtschaft entgegenstanden. Damit wurden freilich auch alle Dämme zerstört, die Persönlichkeit und Familie davor bewahrten, im wirtschaftlichen Konkurrenzkampf vernichtet zu werden. Der Liberalismus hatte zwar dem wirtschaftlichen Fortschritt die Bahn geebnet, zugleich aber der sozialen Zerrüttung der Völker Vorschub geleistet.

Der Marxismus gibt vor, die soziale Zerrüttung abwenden zu können, indem er die Besitzverhältnisse an den Produktionsmitteln verändert. An die Stelle der privaten Kapitalisten sollen die Gesellschaft, der Staat oder das Kollektiv die Besitzrechte ausüben und damit die Ausbeutung der Schaffenden verhindern. Diese Verheißung beruht aber auf einem grundlegenden Irrtum. Die soziale Frage ist nämlich nicht allein ein wirtschaftliches Besitz- und Verteilungsproblem, sondern in erster Linie ein geistig-seelisches Problem.

Das Proletariat entstand im kapitalistischen System nicht allein durch Armut, sondern vor allem durch die Mißachtung, die die herrschende Gesellschaftsschicht der breiten Masse entgegenbrachte, und durch den Haß, mit dem das Volk dem Kulturmonopol der oberen Schichten begegnete. Proletariat und Kapitalismus sind nicht nur wirtschaftliche Begriffe; sie beruhen vor allem auf einer ganz bestimmten Geisteshaltung. Der soziale Friede kann daher selbst durch großzügigste materielle Verbesserungen allein nicht erzwungen werden, solange sich nicht alle Schichten des Volkes zu einer geistigen und seelischen Gemeinschaft bekennen.

Weder Liberalismus noch Marxismus und Bolschewismus vermögen einen Ausweg aus der sozialen Krise zu zeigen. Der gesunde Instinkt der europäischen Völker lehnte sich von jeher gegen alle materialistischen Reformen und Revolutionspläne auf. Die Völker hoffen im tiefsten Herzen, daß es ihren verantwortlichen Führern gelingen möge, endlich eine wahrhaft sozialistische Ordnung zu errichten, die nicht allein der rechnenden Vernunft, sondern auch der sittlichen Gerechtigkeit und dem natürlichen Volksempfinden entspricht.

Der Dreiklang von Gemeinschaft, Persönlichkeit und Leistung als Grundakkord der von den europäischen Völkern ersehnten Sozialordnung setzt eine Reihe von Ordnungsprinzipien voraus, deren wichtigste etwa folgende sind:

1. Ausgangspunkt jeder sozialistischen Ordnung ist die Volksgemeinschaft; ihr ordnen sich alle Einzelinteressen unter; sie sichert Leben und Fortbestand der Persönlichkeit. Die Sozialpolitik kann sich daher nicht darauf beschränken, dem gelegentlichen Vorteil einzelner Personen und Gruppen zu dienen. Sie ist der Inbegriff all der Grundsätze und Maßnahmen, die ein gesundes Verhältnis aller Volksgenossen, gleichgültig ob sie in selbständiger oder abhängiger Stellung sind, zur Volksgemeinschaft auf die Dauer sicherstellen.
2. Die Gemeinschaft ist nur lebensfähig, wenn sie sich auf Persönlichkeiten stützen kann, die in der Lage und gewillt sind, bei jeder ihrer Handlungen ein größtmögliches Maß von Verantwortung gegenüber der Gemeinschaft auf sich zu nehmen. Wäre das nicht der Fall, würde die Gemeinschaft zu einem farblosen Kollektiv werden.
3. Die Leistung ist die Gesamtheit der Dienste, die der einzelne der Volksgemeinschaft auf allen Gebieten des völkischen Lebens erbringt.

   Die Leistung für die Gemeinschaft bestimmt den sozialen Rang und die soziale Stellung der Persönlichkeit. Damit wird die Leistung zum Mittelpunkt der sozialen Ordnung.

4. Die erfüllte Pflicht zur Arbeit ist die Voraussetzung für die Zugehörigkeit zur Volksgemeinschaft und zur Teilnahme an ihren Rechten.
   Umgekehrt eröffnet das Recht auf Arbeit jedem Volksgenossen die Möglichkeit, aus der dauernden Unsicherheit der Existenz befreit zu werden, die das soziale Schicksal der letzten Jahrhunderte kennzeichnet.
5. Die zentrale Stellung von Leistung und Arbeit in der sozialen Ordnung führt zur Ablehnung aller Vorrechte, die nicht auf persönlichem Einsatz beruhen.
6. Sie führt aber ebenso zur Forderung, daß jedem Volksgenossen alle Ausbildungs- und Entwicklungsmöglichkeiten offen stehen, die seiner Begabung entsprechen. Das Recht auf Ausbildung öffnet den Weg zum sozialen Aufstieg.
7. Bei aller Notwendigkeit einer planmäßigen Lenkung der Arbeitskraft wird die Volksgemeinschaft dafür sorgen, daß die – dank ihrer Mithilfe – ausgebildeten und geförderten Begabungen aus freiem Entschluß und freier Verantwortung dem ihrem Können und den volksgemeinschaftlichen Bedürfnissen entsprechenden Arbeitsplatz zustreben.
8. Jeder persönliche Aufstieg wäre nutzlos, wenn nicht die Familie als Keimzelle des Volkes eine besondere Förderung erführe. Die Persönlichkeit muß die durch ihre Leistung erworbene Stellung in der Volksgemeinschaft auch durch die Gründung und Entwicklung einer gesunden Familie rechtfertigen. Um dieses Endzieles willen hat die Volksgemeinschaft wiederum dafür Sorge zu tragen, daß jeder Familie ausreichender Wohnraum und ausreichende Existenzmittel zur Verfügung stehen.
9. Jede Persönlichkeit soll ihr Schicksal aus eigener Verantwortung gestalten. Der Volksgemeinschaft aber obliegt die Sorge dafür, daß keines ihrer Glieder unverschuldet in Not gerät. Sie garantiert daher Sicherheit des Lebensabends, Sicherheit bei Krankheit, Invalidität und Mutterschaft sowie das Auskommen der Witwen und Waisen.
   Der Anspruch auf soziale Sicherheit erwächst für den einzelnen aus der Erfüllung seiner Pflicht als Volksgenosse – ohne

Rücksicht auf den Zufall von Selbständigkeit oder Unselbständigkeit der sozialen Stellung, des Einkommens oder eines Beitragssystems.

10. Der Pflicht zur Arbeit entspricht das Recht auf gerechten Lohn für jede Arbeit.
    Ein gerechter Lohn setzt einen über alle Zufälle der Wirtschaftslage und der Konkurrenzverhältnisse hinaus gültigen Maßstab des Arbeitswertes und der persönlichen Leistung voraus.
11. Lohn und Leistung können auf die Dauer nur im Einklang gehalten werden, wenn die Sorge um die soziale Gerechtigkeit zum beherrschenden Grundsatz des völkischen Lebens erhoben wird und alle Handlungen der Volksgemeinschaft wie der Persönlichkeit durchzieht.
    Die Grundsätze der sozialen Gerechtigkeit müssen in der Wirtschafts- und Finanzpolitik ebenso zum Durchbruch kommen wie auf allen anderen Gebieten des völkischen Lebens.
12. Volksgesundheit und körperliche wie geistige Ertüchtigung sind tragende Pfeiler einer dauerhaften sozialen Ordnung und sind daher besonders großzügig zu pflegen.
13. Die Teilnahme am Kulturleben der Volksgemeinschaft macht den Schaffenden erst zu ihrem vollgültigen Mitglied.
    Ausreichende Freizeit und Sorge für ihre dem Kulturstand des Volkes entsprechende Ausgestaltung gehören damit zu den vornehmsten Aufgaben der Sozialpolitik.
    Ein abgerundeter, den völkischen und örtlichen Bedürfnissen entsprechender Lebensstil gehört zu den wichtigsten Voraussetzungen des sozialen Friedens.
14. Der soziale Friede erfordert eine dem Wohl des Volkes angemessene Ordnung des Grundbesitzes, des Bauerntums wie überhaupt der gesamten Landarbeit. Ein gesundes Landvolk muß die Grundlage der sozialistischen Ordnung auch in der Landwirtschaft bilden.
15. Der völkische Sozialismus ist der Inbegriff von Vernunft und Gerechtigkeit bei der Ordnung der sozialen Probleme. Er stellt sich in bewußten Gegensatz sowohl zum Liberalismus und Kapitalismus als auch zum Marxismus jeglicher Prägung. Er kann nicht auf Teilgebiete beschränkt bleiben. Er erfordert daher vor

allem auch die Führung der Wirtschaft nach sozialistischen Grundsätzen.

16. Die Volksgemeinschaft schließt jede Art von Standes- und Gruppenegoismen aus. Sie überwindet damit auch alle Ansätze zur Ausbeutung und zur Proletarisierung der Menschen.
Indem sich die Völker zur Idee der Volksgemeinschaft bekennen, schaffen sie die Voraussetzungen für ein sozialistisches Europa ohne Proletarier.
17. Welche Wege ein Volk zur Verwirklichung dieses Zieles beschreitet, hängt von den verschiedenartigen Voraussetzungen ab, die es bei sich vorfindet. Der Sozialismus ist kein Schema, das dem Leben der Völker aufgezwungen werden könnte, sondern eine Idee, um das Leben der europäischen Völkergemeinschaft voll zu entfalten. Die praktische Sozialpolitik wird die vielfältigsten Wege beschreiten, um von der allgemeinen Idee zur Wirklichkeit eines völkischen Sozialismus zu kommen.

II.

Das Bekenntnis zu einer auf sittlichen Grundsätzen und wissenschaftlicher Forschung beruhenden Sozialpolitik legt den Wunsch nahe, in regelmäßigem Gedankenaustausch der an der Gestaltung der sozialen Sitte und der sozialwissenschaftlichen Forschung innerhalb der einzelnen Völker beteiligten Personen die Fundamente einer der europäischen Gemeinschaft würdigen Sozialwissenschaft zu begründen.

Als erster Schritt zu diesem Ziel soll in kameradschaftlicher Gemeinschaftsarbeit der Versuch unternommen werden,

a) einen regelmäßigen Austausch von Nachrichten, Informationen und Literatur zwischen den interessierten Personen und Organisationen einzuleiten;
b) ein Handlexikon der europäischen Sozialpolitik zu erarbeiten, um das gegenseitige Verständnis zu erleichtern;
c) die wissenschaftlichen Voraussetzungen einer die sozialen Probleme der europäischen Gemeinschaft durchleuchtenden Sozialstatistik zu schaffen.

Die Sozialwissenschaft hofft mit diesen Beiträgen einige Kristallisationspunkte für einen fruchtbaren Erfahrungs- und Gedankenaustausch zwischen den um eine neue soziale Ordnung ringenden europäischen Völkern zu schaffen. In dem Gedanken- und Erfahrungsaustausch ist

1. Klarheit über die bei den Völkern Europas wirksamen Leitgedanken für den Aufbau einer besseren Sozialordnung zu gewinnen;
2. zu prüfen, inwieweit diese Leitgedanken übereinstimmen und in welchen Punkten sie voneinander abweichen.

Es sollen also die Ziele auf dem Gebiete der sozialen Politik im Mittelpunkt der Erörterungen stehen und nicht die Technik ihrer Durchführung oder die hierzu notwendige soziale Organisation.

Dabei wird es notwendig werden, vor allem folgende Probleme unter Beachtung ihres wechselseitigen Zusammenhanges einer Lösung zuzuführen.

1. Wahrung des richtigen Verhältnisses von Gemeinschaft und Persönlichkeit.
2. Grundlagen einer gerechten sozialen Rangordnung
   a) das Leistungsprinzip,
   b) die Verteilung des sozialen Ansehens,
   c) die Arbeitsehre,
   d) die Lohnordnung,
   e) die Differenzierung von Lohn und Lebenshaltung,
   f) der soziale Grundstandard der Lebenshaltung,
   g) Arbeitsbewertung und Lohnbildung.
3. Arbeitspolitik
   a) das Recht auf Arbeit,
   b) die Pflicht zur Arbeit,
   c) die Vollbeschäftigung,
   d) Aufgaben und Grenzen der Arbeitslenkung,
   e) das Problem der freien Arbeitswahl.
4. Sonstige wirtschaftliche Sozialpolitik
   a) Preislenkung,
   b) Steuerpolitik,
   c) Einsatz der Technik,
   d) Verkehrspolitik,
   e) Sozialversicherung und -versorgung,
   f) die agrarsoziale Frage.

5. Soziale Kulturpolitik
   a) Bildungs- und Ausbildungswesen,
   b) Arbeitszeit und Freizeit,
   c) Arbeitsumwelt – Schönheit der Arbeit,
   d) soziale Breitenkultur,
   e) völkisch-politische Erziehung.
6. Bevölkerungs- und Familienpolitik
   a) Pflege der Erbgesundheit,
   b) Förderung der Familiengründung,
   c) Bekämpfung des Geburtenschwundes,
   d) Familienlastenausgleich,
   e) Heimstätte und Siedlung.«

Quelle:

Wirtschafts- und Sozialberichte. Herausgegeben vom Arbeitswissenschaftlichen Institut der Deutschen Arbeitsfront, Nr. 1/2, Mai 1944, S. 4–5

Dokument Nr. 21

Walter Labs: Die Verwaltung der besetzten Ostgebiete, 26.6.1944 (Auszug)

Oberregierungsrat Dr. Labs[1] Berlin, den 26. Juni 1944
II 1 c 803/44 gRs.

Geheime Reichssache *6 Ausfertigungen*
[2]Ausfertigung
3 weitere Ausfertigungen

Die Verwaltung der besetzten Ostgebiete

Ein Vorschlag über ein neues Verwaltungssystem

1. [...]
Wie dieser europäische Großraum einmal zu gestalten sein wird, kann erst endgültig bei Beendigung des Krieges bestimmt werden und hängt im einzelnen von der politischen und militärischen Gesamtlage in diesem Zeitpunkt ab. Als feststehend kann aber schon heute angesehen werden:
1. daß es zu einer auf Überzeugung und Vertrauen beruhenden einheitlichen europäischen Machtkonzentration kommen muß, ohne daß hierdurch ein europäischer Einheitsstaat geschaffen wird;
2. daß das Reich auf Grund seiner überragenden Volks-, Wehr- und Wirtschaftskraft die im europäischen Großraum eindeutige Führungsmacht darstellt;
3. daß jedes Volk in diesem Großraum die Stellung erhält, die ihm auf Grund seiner Reife, seines guten Willens und seiner Leistungen für die Gemeinschaft zukommt, also keine allgemeine Gleichmacherei eintritt.
Wenn das Reich danach streben würde, den europäischen Raum allein mit äußeren Machtmitteln zu beherrschen, so würde es Gefahr laufen, daß der Großraum bei starken von außen her verursachten Erschütterungen ins Wanken geraten, ja wieder zerfallen könnte. Das Reich muß daher als den Sinn dieses Krieges den Völkern Europas den Gedanken nahebringen, daß nur dieser Zusammenschluß den Fortbestand der abendländischen Kultur und des abendländi-

schen Geistes sowie damit zugleich das wirtschaftliche Wohlergehen der europäischen Völker gewährleisten kann, daß aber ohne den Zusammenschluß alle diese Werte notwendig dem Zerfall entgegengehen und Europa zu einem zweitrangigen, der Willkür anderer Großraummächte ausgesetzten Kontinent herabsinkt. Daß das Reich hierbei starke Machtmittel nicht nur zur Abwehr von etwaigen aus anderen Großräumen kommenden Angriffen unterhalten muß, sondern auch um den europäischen Völkern stets zu dokumentieren, daß es im Interesse der durch das Blut seiner Söhne erkämpften europäischen Völkergemeinschaft nicht gewillt ist, den Ausbruch einzelner Völker zu dulden, ist ein natürliches Gebot. Der Einsatz solcher Machtmittel im Inneren des Großraumes kann aber immer nur ein letztes Mittel sein. Es hat sich stets im Zusammenleben der Menschen und Völker erwiesen, daß »Führen« dauerhafter und erfolgreicher ist als »Beherrschen« und daß eine Führung mehr auf geistigen und ethischen Grundlagen als auf äußeren Machtmitteln, deren sich, wie dargelegt, das Reich natürlich nie begeben darf, beruht. In diesem Sinne muß das Reich eine »Führung« des europäischen Großraumes anstreben, das »Beherrschen« wird dann überflüssig.
Bevor ein kurzer Blick auf die möglichen Methoden der Führung der Völker Europas geworfen wird, muß noch gesagt werden, daß das Reich einige von ihm befreite Gebiete in seine eigene völkische und staatliche Organisation aufnehmen wird, nämlich solche, die früher einmal ihm angehört haben oder der Arrondierung seines staatlichen Bereichs dienen, und daß die Bevölkerung solcher Gebiete nicht unmittelbar Subjekt des Großraumes ist. Eine solche Maßnahme kann sich teils sofort nach Kriegsschluß, teils in späterer Zeit vollziehen. Ferner gibt es zweifellos Völker, die ungeeignet sind, einer sich einer Führung unterwerfenden Gemeinschaft anzugehören. Diese müssen als gemeinschaftsfremde Störenfriede »beherrscht« werden, die einzige Möglichkeit, die Gemeinschaft vor ihnen zu bewahren.
Die Mittel der Völkerführung werden verschieden sein und sich nach der Stellung der einzelnen Völker im Großraum richten. Sie individuell zu untersuchen, ist hier nicht der Raum. Es kann im Rahmen dieser Ausführungen nur gesagt werden, daß, abgesehen von der Bereithaltung militärischer und polizeilicher Machtmittel,

die eine Grenze dieser Mittel die diplomatische Einwirkung und die andere die an unterster Stelle im fremden Volkskörper ansetzende verwaltungsmäßige Führung darstellt und daß zwischen beiden Grenzen mannigfaltige Spielarten möglich sind. Der bisher so peinlichst beachtete Grundsatz der Souveränität wird in einem Großraum allerdings nicht mehr seine bisherige Rolle spielen können. Die Kunst der Politik besteht darin, im Einzelfalle das richtige Mittel auszuwählen. Neben diesen Mitteln muß das Bestreben des Reiches einhergehen, die einzelnen Völker unter seiner ständigen Lenkung wirtschaftlich und abwehrmäßig miteinander so zu verflechten, daß sie voneinander abhängig sind und sich daher ohne eigenen Schaden vom Großraum gar nicht ablösen können. Die größte Abhängigkeit aller muß selbstverständlich gegenüber dem Reich bestehen, dieses muß auch selbst den größten Nutzen aus den ineinander verflochtenen Kräften ziehen, aber es darf sich nicht wechselseitig in die Verflechtung hineinbegeben und von ihr abhängig werden, sonst würde es leicht aus dem Führenden ein Geführter werden können. Das bedeutet, daß das Reich trotz aller ihm aus dem Großraum zufließenden Mittel seine Kraft so organisieren muß, daß es stets auch nur mit einem Teil des Großraumes oder sogar ganz allein in jeder Hinsicht verteidigungsfähig und -bereit ist sowie sein Existenzminimum bestreiten kann.
Nur ein so »geführtes«, nicht ein mit Bajonetten beherrschtes Europa wird mit zusammengeballter Kraft in der Lage sein, seine Stellung in der Welt zu bewahren. Man kann die Situation bei Kriegsende naturgemäß nicht voraussehen, aber selbst wenn man annimmt, daß neben dem europäischen Großraum nur der durch das Erbe aus dem britischen Empire verstärkte amerikanische und der japanisch-ostasiatische stehen, so ist nicht zu verkennen, welche Kraft Europa sammeln muß, um neben diesen Großraummächten bestehen zu können. Abwehrwillig nach außen und aufbauwillig nach innen werden die Völker Europas in der Zukunft nur sein, wenn sie von der europäischen Idee innerlich erfüllt sind. Diese Idee läßt sich nicht durch Bajonette und Peitschen entfachen oder gar ersetzen, bei der leisesten Erschütterung von außen her, mit der stets gerechnet werden muß, würden die Völker sich gegen einen Unterdrücker gerade in dem für diesen gefährlichsten Augenblick erheben.

2. *Das Verhältnis der besetzten Ostgebiete zum europäischen Großraum*

Bevor man die Stellung der besetzten Ostgebiete überprüft, muß man sich mit Gedankengängen dieser Art beschäftigen, da die Verwaltungsform und -methode für diese Gebiete, wie man sie auch wählen mag, nur von der Plattform einer europäischen Gestaltung betrachtet werden kann. Genauso wenig wie diese sich heute noch nicht endgültig bestimmen läßt, läßt sich die zukünftige Entwicklung der besetzten Ostgebiete schon jetzt mit Sicherheit voraussagen. Indes, da jede politische Planung, wenn sie Anspruch darauf erheben will, eine solche zu sein, ein Ziel haben muß, so muß jedem an der Gestaltung der Ostgebiete maßgeblich mitwirkenden Mitarbeiter ein zukünftiges Bild aufgezeigt werden, auf das er seine Maßnahmen ausrichten kann. Es geht bei längerer Kriegsdauer nicht an, im Hinblick auf die Unmöglichkeit, schon jetzt ein genaues Zukunftsbild zu erkennen, auch darauf zu verzichten, ein ungefähres zu entwerfen, da sich sonst jeder selbst eine politische Planung zurechtlegt und somit unvermeidbar Willkür bei den einzelnen Instanzen einreißt, von der – und das wäre eine völlige Verdrehung – später die endgültige politische Formung zumindest teilweise ausgehen, d. h. abhängig sein muß. Der Rahmen einer solchen Zielsetzung muß naturgemäß heute so weit gespannt sein, daß sich in ihn die in der späteren Wirklichkeit möglichen Lösungen einfügen können. Wenn heute schon in großen Umrissen eine solche Planung aufzustellen ist, so heißt das nicht, daß sie sofort verwirklicht werden oder daß sie alsbald als Europa-Charta veröffentlicht werden muß. Ohne darüber zu reden, sind nur stillschweigend alle Maßnahmen auf diese Planung auszurichten, soweit dies die Belange der Kriegführung gestatten.

Die Fragen nach einer solchen Zielsetzung der deutschen Politik im Osten können im großen nur lauten:

1. Sind die Ostgebiete und die in ihnen lebenden Völker als lebendige Glieder in den europäischen Großraum aufzunehmen, oder sind sie wie Kolonien und Kolonialvölker nur Ausbeutungsobjekte der Großraummacht?

2. Wie sind die derzeitigen Belange der deutschen Kriegführung mit der nach Frage 1) zu findenden Lösung in Einklang zu bringen?

Die Frage zu 1) kann nur im ersteren Sinne bejaht werden, wobei die Stellung der Ostgebiete als ein solches Glied einer noch folgenden Untersuchung bedarf. Völker, die im Kriege solche Leistungen vollbringen, wie sie von der Roten Armee demonstriert werden, sind in der Entwicklung zu weit fortgeschritten, als daß sie sich auf den Standard eines Kolonialvolkes hinabdrücken ließen. Ein solcher mit Waffengewalt unternommener Versuch würde so mehr das Signum des Mißlingens an der Stirn tragen, daß schon aus diesem Grunde hiervon Abstand genommen werden sollte. Die Geschichte ist nicht arm an Beispielen, in denen unterjochte Völker in schwachen Perioden des Bedrückers eine Fremdherrschaft für immer abgeschüttelt haben; das sollte zu denken geben. Auch hier wird nur eine »Führung« das Ziel erreichen. Maß und Methode der Führung werden im Ostraum allerdings wesentlich anders zu gestalten sein als im sonstigen europäischen Raum. Die Beantwortung der Frage zu 2) ist bei der hier befürworteten Lösung der Frage zu 1) leicht, da gerade bei dieser Zielsetzung ein schonungsloser Einsatz der besetzten Ostgebiete gefordert werden kann, dessen Natur für ihre einzelnen Teile allerdings sehr verschieden geartet sein wird.
Diese Betrachtung ist nicht theoretischer Natur, hängt doch von ihr die Einführung europäischer Lebensgrundlagen ab. Werden diese Gebiete Glieder des europäischen Großraumes, so muß in ihnen auch z. B. das Privateigentum eingeführt werden, muß der Bevölkerung die Möglichkeit einer Schul- und hochschulähnlichen Bildung in dem notwendigen Umfange gewährt werden, muß der von Reichsleiter Rosenberg wiederholt aufgestellte Grundsatz der sozialen Gerechtigkeit gelten, muß den Völkern ein an den östlichen Verhältnissen gemessener Wohlstand zugebilligt werden. Das alles ist nicht vom Standpunkt einer weltbeglückenden Gefühlsweichheit, sondern einer nüchternen Realpolitik aus zu sehen. Daß das Reich bei dem Charakter der Ostvölker nicht zu sehr auf Dank und Treue bauen darf, ist selbstverständlich. Es wird daher in den Ostgebieten stets starke Kräfte der Wehrmacht und Polizei bereithalten müssen, aber bei dieser Methode wird es immer große Teile der Ostvölker, nämlich diejenigen, denen es gut geht, auf seiner Seite haben. Die Sicherungen, die für deutsche Fernziele im Osten, etwa eine großzügige deutsche Siedlungspolitik, notwendig sind, lassen sich heute völlig unbeobachtet einbauen, zumal nach diesem Kriege

die Räume des Ostens so entvölkert sein werden, daß die deutschen Fernziele ohne Schwierigkeiten zu verwirklichen sein werden.
[...]

Anmerkungen:

1 Dr. Walter Labs, Oberregierungsrat und Leiter der Abteilung Innere Verwaltung in der Hauptabteilung II Verwaltung des Reichsministeriums für die besetzten Ostgebiete.
2 Unleserlich

Quelle:

IfZ Archiv, MA 259, Bl. 675–704 (hier: Bl. 677–682)

Dokument Nr. 22

Reichsminister Dr. Lammers gegen die Erarbeitung von Grundsätzen einer europäischen Neuordnung, 10.8.1944

Abschrift

Der Reichsminister und Chef
der Reichskanzlei
Rk. 1126 D g Berlin, den 10.8.1944

Geheim!

An
den Reichsminister für die besetzten Ostgebiete
Herrn Reichsleiter *Rosenberg*
Berlin W 8
Unter den Linden 63

Betrifft: Kampf um Europa

Zum Schreiben vom 1. August 1944[1]
– Nr. 1342/44 g – R/H

Sehr verehrter Herr Rosenberg!

Wann der Zeitpunkt dafür gekommen ist, die Grundsätze einer europäischen Neuordnung herauszuarbeiten und dann auch politisch auszuwerten, ist eine Frage, die allein der Führer zu entscheiden haben wird. Ich werde den Führer gelegentlich um[2] seine Willensmeinung darüber bitten.

Schon jetzt aber glaube ich sagen zu müssen, daß es im gegenwärtigen Augenblicke nicht angebracht sein würde[3], für eine solche Aufgabe eine besondere Organisation der Ihnen vorschwebenden Art ins Leben zu rufen, geschweige denn mit einer solchen Organisation an die Öffentlichkeit zu treten. Ich möchte Sie daher bitten, zur Vorbereitung einer solchen Organisation vorerst keinerlei Schritte zu unternehmen und auch nicht etwa für die interne Bearbeitung des in Frage stehenden Gebietes besondere Bearbeiter in Anspruch zu nehmen und diese damit dem im Augenblick vordringlichsten Einsatz für die totale Kriegführung zu entziehen.

Heil Hitler!
Ihr sehr ergebener
gez. Dr. Lammers[4]

Abschrift:
Herrn Dr. Koeppen z. K.
16.8.1944

Anmerkungen:

1 Das Bezugsschreiben wurde nicht ermittelt.
2 Die Textpassage wurde von Hand unterstrichen, am Rand befindet sich ein Ausrufungszeichen.
3 Die Textpassage ist von Hand unterstrichen, am Rand befinden sich zwei Ausrufungszeichen.
4 Dr. jur. Hans-Heinrich Lammers, 1922 Ministerialrat im Reichsministerium des Inneren, 1933 Staatssekretär und Chef der Reichskanzlei, 1937 Reichsminister ohne Portefeuille, 1940 SS-Obergruppenführer. 1949 in Nürnberg als Kriegsverbrecher zu 20 Jahren Gefängnis verurteilt.

Quelle:

IfZ Archiv MA 253, Bl. 523

Dokument Nr. 23

SS-Hauptamt, Amtsgruppe D, Planungsstelle: Das deutsche Kriegsziel: die Europäische Friedensidee, 1944/45

These 3: Das deutsche Kriegsziel: die europäische Friedensidee

Wie im Weltkrieg so fehlt uns auch in diesem Krieg das festumrissene, werbekräftige, nach außen wirksame Friedensziel. Wie damals so setzen auch heute unsere Gegner uns zugkräftige Parolen entgegen, von der Atlantik-Charta bis Yalta, ohne das [sic] es bisher für notwendig gehalten worden wäre, dem entgegenzuwirken. Auf diese Weise haben die Feindmächte trotz der uns anfangs so überaus günstigen Stimmung Europa geistig zurückerobert – lange vor der militärischen Invasion.

Das deutsche Kriegsziel läßt sich in einige einfache Sätze zusammenfassen: (Die sieben Punkte)

a) Deutschland will den *europäischen Frieden.* Nachdem allein seit 1500 56 europäische Bruder- und Binnenkriege die friedliche Aufbauarbeit immer wieder zunichte gemacht haben, soll diese Epoche der Selbstzerfleischung endlich ein Ende haben.

b) Deutschland will die europäische Quarantäne überwinden durch den *völkischen Sozialismus.* Europäischer Gemeinnutz geht vor europäischem Eigennutz.

c) Deutschland will wirtschaftliche *Zusammenarbeit* statt europäischem Wettrüsten und Wirtschaftsdrosselung. Nicht Gleichgewicht der Staaten sondern Gleichgewicht der Kontinente. Überwindung der staatlichen und wirtschaftlichen Balkanisierung Europas.

d) Deutschland will die *Freiheit des Volkstums* wiederherstellen. Nicht Assimilation, sondern Dissimilation. Bei der Verzahnung und gegenseitigen Überschichtung des Volkstums ist der Völkerfriede niemals durch Grenzziehungen herzustellen, sondern einzig und allein durch eine übervölkische Ordnung Europas.

e) Deutschland will den *Schutz der kleinen Völker* gegen die Vergewaltigung durch die stärkeren Nachbarn. Diesen Schutz vermochte der Völkerbund nicht zu garantieren, weil er eine blutlose juristische Konstruktion gewesen ist.

f) Deutschland will die *innere Freiheit der Völker* wiederherstellen, die Selbstbestimmung über ihre eigenständige Volksordnung, Befreiung von bolschewistischem Zwang und Unterdrükkung.

g) Deutschland will die *Freiheit der Arbeit* gegen Ausbeutung und Unterdrückung durch die Wirtschaftssysteme des 19. Jahrhunderts.

Zusammenfassung: Deutschland führt diesen Krieg nicht nur der negativen Ziele wie der Erhaltung unseres Volkslebens und der Abwehr raumfremder Mächte wegen, sondern um des positiven Zieles wegen:

der *Europäischen Eidgenossenschaft*, der genössischen nationalistischen und sozialistischen Völkergemeinschaft Europas.

(Vgl. hierzu die Beilage 1: Politische Kriegführung 1945[1].)

Dieser zentrale Gedanke unserer politischen Kriegführung wird, nachdem wir jahrelang in einem unverhülltesten Imperialismus das Gegenteil *getan* haben und bis auf den heutigen Tag Herrschaft und Führung mit Gewalt und Bevormundung verwechseln, dann völlig wirkungslos verklingen, wenn nicht

a) eine Wachablösung in der Innenpolitik erfolgt ist (Frontgeneration),

b) ein sichtbarer innerer Umschwung und Aufschwung eingetreten ist,

c) die europäische Friedensidee durch eine aktive Tatwerbung sichtbar wird. Hierzu wurde vorbereitet:

die politische und militärische Querfront durch 38 Nationen in der Waffen-SS[2],

die aus deutschen wie nichtdeutschen Führern besetzte politische Zentrale, die Amtsgruppe D des SS-Hauptamtes,

der Führererlaß über den Zusatzpaß:[3] Ehrenbrief der europäischen Kampfgemeinschaft (Anerkennungs-Nachweis),

ein Netz von fremdvölkischen auf dieses Ziel ausgerichteten Verbänden,

die übervölkische Frauen-, Studenten- und Jugendarbeit,

die Zusammenfassung der nationalsozialistischen nichtdeut-

schen germanischen Arbeiter in der Allgemeinen SS (Germanische SS),
Zahllose Schulungshefte, Zeitschriften und Schulen.

Anmerkungen:

[1] Hier nicht abgedruckt

[2] Folgende Nationalitäten stellten u. a. Freiwillige für die Waffen-SS: Dänen, Schweden, Norweger, Finnen, Esten, Letten, Holländer, Flamen, Wallonen, Franzosen, Engländer, Schweizer, Liechtensteiner, Italiener, Spanier, Kroaten, Bosnier, Slowenen, Albanier, Ungarn, Rumänen, Bulgaren, Ukrainer, Kaukasier, Russen, Turko-Tataren, Inder.

[3] Gemeint ist der von der Amtsgruppe D des SS-Hauptamtes konzipierte Europapaß für europäische Freiwillige der deutschen Streitkräfte und verdiente Fremdarbeiter.

[4] Die Germanische SS als ein Äquivalent zur deutschen Allgemeinen SS war in Holland, Belgien, Norwegen und Dänemark aufgestellt worden.

Quelle:

Dokumentenkabinett Vlotho. Studien-Sammlung für europäische Geschichte, Gegenwart und Zukunftsplanung. Auszug aus dem Generalplan 1944, fortgeschrieben 1945. Das Dokument wurde von SS-Hauptsturmführer Alexander Dolezalek, dem Leiter der Planungsstelle, erarbeitet.

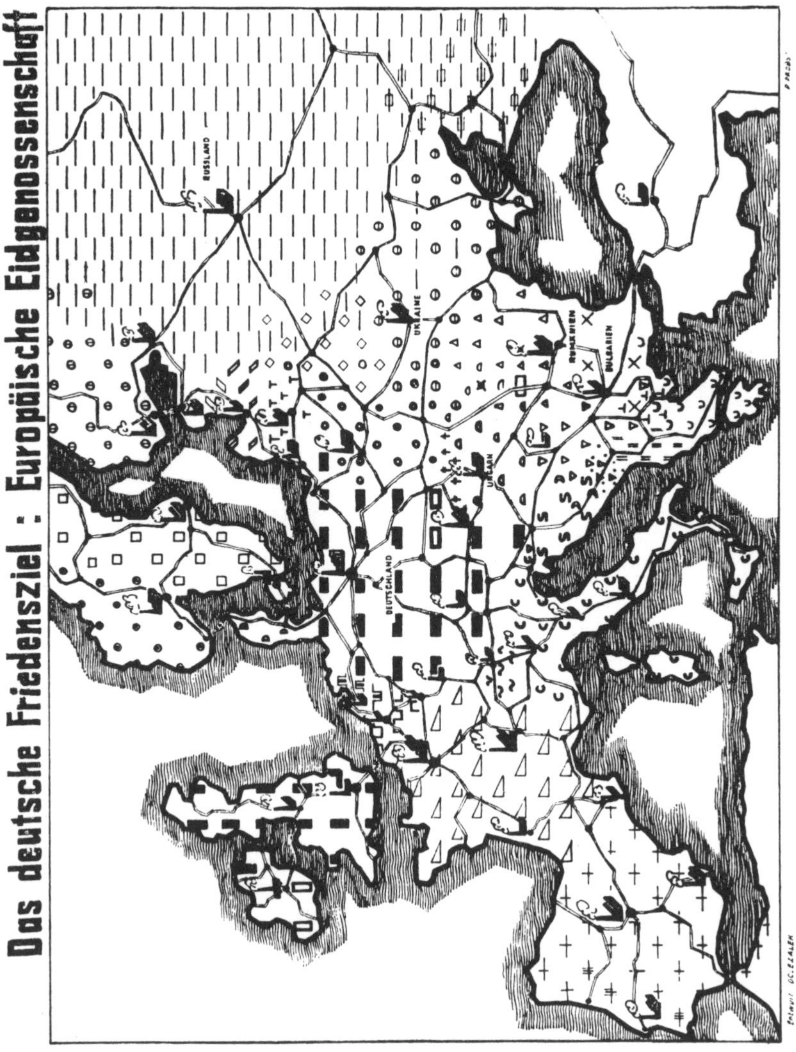

»Das deutsche Friedensziel: Europäische Eidgenossenschaft«. Dies im Frühsommer 1944 entstandene Plakat war eine Anlage zu den Generalplänen 1944 und 1945 des SSHA. Bei Wegfall aller Grenzen sind die Siedlungsgebiete der Völker durch Symbole angedeutet, Rußland ist nicht als Feind dargestellt (Dokumentenkabinett Vlotho)

Dokument Nr. 24

SS-Hauptamt, Amtsgruppe D, Planungsstelle: Europa-Charta, 1944/45

Europa-Charta

Angesichts der nunmehr veröffentlichten destruktiven Nachkriegspläne der Feindmächte geben die Reichsregierung und die mit ihr verbündeten Regierungen von Norwegen, Estland, Lettland, Dänemark (Böhmen-Mähren), Italien, Frankreich, Ungarn, Serbien, Rumänien und Kroatien[1] die Grundsätze bekannt, nach denen Europas Zukunft nach dem Siege ihrer Waffen gestaltet werden soll.
Die konstruktiven europäischen Mächte kämpfen für die fünf Grundordnungen, die sechs Grundfreiheiten und die sieben Grundrechte der Völker:

Die fünf Grundordnungen:

1. Die Ordnung der Welt nach kontinentalen Großräumen.
2. Die Ordnung des Erdteils in der Europäischen Eidgenossenschaft.
3. Die Ordnung der eidgenössischen Wirtschaft in Arbeitsteilung, gegenseitiger Unterstützung und Zusammenarbeit.
4. Die Ordnung des Volkes in der Volksgemeinschaft.
5. Die Ordnung der Familie als Zelle des Volkes.

Die sechs Grundfreiheiten

6. Die Freiheit der Völker gegen die Vergewaltigung durch die Weltgroßmächte.
7. Die Freiheit der Völker in der Gestaltung ihrer eigenen Volksordnung.
8. Die Freiheit der Völker gegen fremdvölkische Unterdrückung und Umvolkung.
9. Die Freiheit der Persönlichkeit gegen die Vergewaltigung der Selbstverantwortlichkeit.
10. Die Freiheit der völkischen Kultur gegen irgendwelchen Zwang und gegen die Vermassung.
11. Die Freiheit des Glaubens gegen Gottlosigkeit und politischen Mißbrauch.

Die sieben Grundrechte

12. Das Recht des Menschen auf Arbeit und die Pflicht zur Arbeit.
13. Das Recht des Menschen auf freie Entfaltung seiner Kräfte und Zugang zu allen Berufen gemäß Begabung und Leistung.
14. Das Recht des Menschen auf eine nur nach der unterschiedlichen Leistung abgestuften Lebenshaltung.
15. Das Recht des Menschen auf Mitentscheidung bei der Gestaltung des Gemeinwesens.
16. Das Recht des Menschen auf Eigentum und auf eigenen Boden.
17. Das Recht des Menschen auf Freizeit, Erholung und Teilnahme an allen Gütern und Einrichtungen des Kulturlebens.
18. Das Recht des Menschen auf Schutz[2] bei unverschuldeter Not.

Do.[3]

Anmerkungen:

[1] In der Aufstellung über die verbündeten Regierungen fehlen die Länder Belgien, Litauen, Polen und Bulgarien. Der Verfasser der Europa-Charta, Herr A. Dolezalek, teilte dem Autor hierzu mit Schreiben vom 14.7.1985 mit, die Europäische Eidgenossenschaft hätte aus dem »Europäischen Heer« erwachsen sollen. Berücksichtigt wurden daher nur Staaten, die tatsächlich Freiwilligenkontingente für die deutschen Streitkräfte stellten. Belgien (mit je einer flämischen und wallonischen Division der Waffen-SS) und Bulgarien scheinen demnach schlicht vergessen worden zu sein, denn die Waffen-SS verfügte über ein bulgarisches Waffen-Grenadier-Regiment (tatsächlich nur Bataillonsstärke), außerdem bestand eine prodeutsche Exilregierung.

[2] Handschriftlich eingefügt: »auf Schutz«

[3] Do. = Hauptsturmführer Alexander Dolezalek

Quelle:

Dokumentenkabinett Vlotho. Studien-Sammlung für europäische Geschichte, Gegenwart und Zukunftsplanung. Die Europa-Charta war eine Anlage zu den fünf Thesen des Generalplans 1944 (vgl. Dokument Nr. 23).

Dokument Nr. 25

Rede von Reichspressechef Dr. Dietrich auf dem dritten Kongreß der Union Nationaler Journalistenverbände, Wien, Dezember 1944 (Auszug)

[...] Nur große Idealisten, anständige Kämpfer und politische Charaktere von wahrhafter Gesinnung können Fundamente menschlicher Ordnung legen und dauerhafte Grundlagen im Zusammenleben der Völker schaffen. Unsere Gegner haben weder aufbauende Gedanken noch gestaltende Kräfte, sondern nur egoistische Interessen und niederreißende Instinkte entwickelt. *Deutschland aber hat die neuen und fruchtbringenden politischen Ideen dieses Jahrhunderts hervorgebracht,* hat sie im eigenen Volke verwirklicht und damit in der Praxis den Beweis geliefert, daß sie das Glück der Menschheit und die Harmonie ihrer Interessen herbeizuführen vermögen. Deutschland hat damit auch den Weg zur Neuordnung Europas und einer glücklichen Zukunft aller europäischen Völker aufgezeigt. Kein osteuropäischer Machtbereich und kein Westeuropapakt, die den Zustand unaufhörlicher Kriege verewigen und die Völker Europas zerfleischen werden, keine Aufteilung in eine bolschewistische und plutokratische Interessensphäre, die die europäischen Nationen einer tödlichen Ausbeutung anheimgibt und sie rettungslos zugrunde richtet, sondern nur die neutrale Lösung, die sich um das Reich als europäischen Kern und daher als die kontinentale Ordnungsmacht gruppiert, ist die einzig mögliche für Europa. *Europa ohne Deutschland ist nicht möglich.* Aber auch ohne ein nationalsozialistisches Deutschland ist Europa nicht mehr möglich. Denn ein neues Europa kann nur aus einer neuen Idee geboren werden. Unsere Gegner haben nicht eine zukunftsgestaltende Idee hervorgebracht. Deutschlands europäisches Programm aber hebt das dunkle Wollen des europäischen Menschen in das helle Licht einer geschichtlichen Konzeption. Unser Programm ist in der Realität und Erreichbarkeit seiner Ziele größer und gewaltiger, als alle unsere Gegner es in allen ihren hohlen Weltbeglückungsphrasen überhaupt auszudenken vermögen. Unser Programm ist die *Rettung Europas vor den vereinigten Barbaren aus Ost und West,* die im Begriff sind, die Schöpfungen der europäischen Kultur zu vernichten, die erhabensten Werke eines Geistes brutal zu zerstören, der die Welt seit Jahrhunderten erleuchtet und ihr den ganzen Reichtum des menschlichen Fortschritts geschenkt hat. Das ist keine leere Phrase, wie unsere Feinde sie im Munde führen, sondern bitterernste Wirklichkeit. Angesichts der sinnlosen Zerstörungen, die wir überall um uns sehen, angesichts der barbarischen Zertrümmerung der edelsten und nicht wieder zu ersetzenden Kulturstätten Europas, die der ganzen Welt als heilig gelten – angesichts der Hinmordung von Millionen europäischer Menschen durch die in ihrem grauenvollen Haß gegen alles Schöne und Gute verkommenen bolschewistischen Horden. In einem geretteten und von seinem Verderben befreiten Europa – und das ist das zweite Ziel unseres Programms – werden wir dann die *sozialistische Befreiung seiner schaffenden Menschen* erkämpfen und damit den Völkern den Weg zu einem wahrhaft sozialen Fortschritt eröffnen, der in eine neue große und glückliche Zukunft führt. Dieser wahre Sozialismus wird nicht aus Streik, Zerstörung, aus Bürgerkrieg und Aufruhr, aus Brand und Vernichtung geboren, sondern aus einer neuen großen und wahrhaft fortschrittlichen Idee, aus dem Sieg der menschlichen Vernunft über den Geist des Hasses und der Zerstörung. Dieser unser Sozialismus ist gegründet auf das Gesetz der Gemeinschaft, deren Interesse allen Einzelinteressen vorangeht. Nur die Verwirklichung unserer sozialistischen Ordnung wird der jahrhundertealten Sehnsucht der arbeitenden Menschen Erfüllung bringen, wird sie aus den Ketten des Kapitalismus lösen, die Privilegien bevorzugter Klassen beseitigen und den schaffenden Menschen aus seiner Mißachtung als Proletarier befreien. Nur unsere sozialistische Ordnung gibt dem arbeitenden Menschen seine Würde zurück. Nur sie bringt Arbeit und Brot, Gerechtigkeit und Wohlstand, Sicherheit und Friede den Menschen. Das sind erhabene Ziele und hohe Ideale, für die es lohnt zu kämpfen, sein Leben einzusetzen und sein Blut zu vergießen. [...]

Quelle:

Keesings Archiv der Gegenwart 1944, Wien 1944, C 6629

Dokument Nr. 26

Franz Alfred Six: Europäische Schicksalsgemeinschaft, Januar 1945

Im Januar 1945 fand der Kursus des Deutschen Auslandswissenschaftlichen Instituts »Europa in der Entscheidung« statt. Mitglieder europäischer Regierungen, führende Gelehrte und Politiker waren anwesend. Der äußere Rahmen des Kursus entsprach den Erfordernissen des totalen Krieges. Die Arbeit gliederte sich in drei große Themen:

1. »Europa klagt an«:
   Minister Zankoff, Bulgarien[1], Oberleutnant Magnoni, Italien, Dr. Vitols, Lettland, Dr. Cepas, Litauen, Baronin Munck, Finnland, Jacques Doriot, Frankreich[2], Dr. Caramanlis, Griechenland, Ward Hermans, Flandern[3], Dipl.-Ing. Petrović, Serbien, Minister Manoilescu, Rumänien.[4]
2. »Die Auseinandersetzung mit der europafeindlichen Koalition«:
   Gesandter Schmidt, »Die Problematik der Roten Allianz«,
   General Malyschkin[5], »Die Sowjetunion und Europa«,
   Reichsminister Funk, »Die Leistungsbilanz der europäischen Wirtschaft«,
   Gesandter Prof. Dr. Six, »Die historische Situation«,
   Prof. Dr. Coppola[6], »Faschismus und Europa«.
3. »Forderungen an Europa«:
   Prof. Dr. Scurla, »Vom Verstehen zwischen Völkern«,
   Prof. Dr. Pfeffer, »Forderungen an den europäischen Nationalismus«,
   Minister Vasbotten, Norwegen, »Europa und das Völkerrecht«[7],
   Minister Déat, Frankreich[8], »Der europäische Sozialismus«,
   Dr. von der Decken, »Forderungen an die europäische Agrarpolitik«,
   Gauleiter Sauckel[9], »Der europäische Arbeiter«,
   SS-Obersturmbannführer van de Wiele[10], »Der europäische Soldat«.

Es wurde noch deutlicher als in den Vorjahren, daß ein lebendiges Verhältnis zwischen politischer Wissenschaft und Politik kein Pro-

blem, sondern die natürliche Grundlage für beide ist. Der Kursus sollte dem Weiterbau an einer geistigen Gemeinschaft in Europa dienen, deren Gemeinschaftsbewußtsein auf ein klares Erkennen der geschichtlichen Lage gegründet ist. Der Antrieb für die Wissenschaft zur sachlichen Erkenntnis der Gegenwart muß aus politischer Leidenschaft kommen. Die Grundlage des politischen Handelns muß die kühle Erkenntnis sein. Es sollen nicht die Könige Philosophen noch die Philosophen Könige werden, sondern beide in wissenschaftlicher Verantwortung und besessener Leidenschaft aus der gleichen Mitte der lebendigen Geschichte heraus handeln und arbeiten.
Während in den früheren Jahren die deutschen Teilnehmer dieser Kurse bei ihren ausländischen Gästen um Verständnis werben mußten, waren in diesem Jahr angesichts der tödlichen Bedrohung Europas die gemeinsamen Grundlagen selbstverständlich. Die Einsicht in die Gefahr und der Wille zum Zusammenkommen lagen schon als Voraussetzungen vor. Von ihnen aus wurden nicht nur die Erfahrungen der verschiedenen Völker ausgetauscht, wobei die Erklärungen der nationalen Russen besondere Aufmerksamkeit fanden, sondern es wurde weitergearbeitet am europäischen Gemeinschaftsbewußtsein. Immer lauter erhob sich der Ruf nach einer radikalen sozialistischen Erneuerung unseres Erdteils. Die Einsicht, daß das bürgerliche Jahrhundert zu Ende geht, hat auch Völker erfaßt, die noch vor einem Jahr die Fortsetzung ihrer bürgerlichen Existenz beabsichtigten.
Es wurde deutlich, daß der Nationalismus der europäischen Völker aus den bitteren Erfahrungen der jüngsten Geschichte gelernt hat und beginnt, der europafeindlichen chauvinistischen Hysterie abzusagen. Am Schluß des Kursus stand die große Rede von Gauleiter Sauckel über den europäischen Arbeiter und die Ansprache von SS-Obersturmbannführer van de Wiele über den europäischen Soldaten. Die Teilnehmer ließen sich nicht nur von diesen Appellen ergreifen, sondern sie gingen von der selbstverständlichen Einsicht aus, daß aktiver Kampf und aktive Arbeit die alleinige Bewährung der europäischen Völker der Gegenwart darstellen. Der tiefste Eindruck, den die aus ihrer Heimat vertriebenen führenden Männer der fremden Völker auf die deutschen Teilnehmer machten, bestand darin, daß weniger als jemals in ähnlichen Lagen die gefährliche Psychose der Emigration Platz gegriffen hatte, sondern daß man

den in der Heimat geführten Kampf nur vorübergehend in die innere Zitadelle der europäischen Festung verlegt hat und unter allen Umständen weiterführen will. In den Tagen dieser Zusammenkunft wurde deutlich, daß die Not unserer Zeit einen wirklichen Umbruch der Weltgeschichte darstellt und daß Europa in der Entscheidung steht, ob es untergehen oder sich kämpfend und arbeitend, blutend und leidend, politisch, biologisch, sozial und geistig in der Vielfalt seiner Völker und der Gemeinsamkeit seines Schicksals aus der Kraft seines Erbes erneuern will.

Anmerkungen:

[1] Alexander Cankov, geb. am 28.6.1879. Von 1923–26 bulgarischer Ministerpräsident. Seit Oktober 1944 Ministerpräsident der Nationalbulgarischen Regierung in Wien. 1959 in Argentinien verstorben.

[2] Jacques Doriot, geb. am 26.9.1898. Bis 1934 Kronprinz der französischen KP, gründet 1936 die PPF, die ab 1940 eine der stärksten Säulen der politischen Kollaboration wird. Im Februar 1945 bei einem Tieffliegerangriff getötet.

[3] Ward Hermans, geb. am 6.2.1897. Schriftsteller, flämischer Nationalist. 1940–45 engagierter Kollaborateur. Erst zum Tode verurteilt, erhält er nach Kriegsende eine lebenslängliche Haftstrafe. 1955 entlassen.

[4] Professor Mihai Manoilescu, 1940 rumänischer Außenminister.

[5] Vasilij Feodorović Malyschkin, General der Wlassow-Armee. 1946 in der Sowjetunion hingerichtet.

[6] Goffredo Coppola, italienischer Journalist. Leitet 1944/45 die Zeitschrift Civiltà Fascista. Im April 1945 von Partisanen erschossen.

[7] Die Rede von Vasbotten ist (gekürzt) unter dem Titel »Europäische Gemeinschaft und europäisches Gemeinschaftsrecht« als Dok. Nr. 55 abgedruckt.

[8] Marcel Déat, geb. 1894. Neosozialist, während der deutschen Besetzung Frankreichs Führer der Kollaborationspartei RNP, 1944 Staatssekretär der Vichy-Regierung. 1955 im Exil verstorben.

[9] Fritz Ernst Christoph Sauckel, geb. am 27.10.1894. 1923 Eintritt in die NSDAP, 1927 Gauleiter von Thüringen, 1933 Reichsstatthalter. Ab März 1942 Generalbevollmächtigter für den Arbeitseinsatz. Am 16.10.1946 als Kriegsverbrecher in Nürnberg hingerichtet.

[10] Jef van de Wiele, Vorsitzender der 1936 gegründeten Deutsch-Flämischen Arbeitsgemeinschaft (Devlag), seit Herbst 1944 SS-Sturmbannführer und Leiter der Landesleitung Flandern in Bad Pyrmont. 1946 vom Antwerpener Militärgericht zum Tode verurteilt, zu lebenslänglicher Haft begnadigt und nach 17 Jahren Gefängnis entlassen.

Quelle:

Zeitschrift für Politik, 35. Band, Heft 1/3, Januar/März 1945, S. 35–36.

Dokument Nr. 27

Auszug aus dem Programm der deutschen Freiheitsbewegung, 3.4.1945

A. Die europäische Friedensordnung

1. *Die Befreiung des deutschen Volkes* vom Joch fremdvölkischer Unterdrückung und Besetzung.
2. Die *Heimholung* der während des Krieges verschleppten Volksgenossen und der Deutschen in Übersee.
3. Das volksgenössische *Deutsche*[1] umfaßt den geschlossenen deutschen Volksboden und duldet keinen Separatismus.
4. Die Beseitigung aller haßverblendeten *Willkür*akte der Feindmächte, die die Gefahr künftiger Kriege in sich bergen könnten.
5. Die Überwindung der jahrhundertelangen Bruderzwiste der europäischen Völker durch eine völkische föderalistische Zusammenarbeit in der *Europäischen Eidgenossenschaft.*
6. Das Recht aller europäischen Völker innerhalb der Europäischen Eidgenossenschaft ihr *Eigendasein,* eigenständie [sic] Volksordnung, Lebensstil und politische Organisation frei zu gestalten.
7. Die Zurückstellung des nationalstaatlichen Eigennutzes, hinter den europäischen Gemeinnutz.
8. Eine europäische *Schiedsgerichtsbarkeit,* an der jedes Volk berechtigt und verpflichtet ist, mitzuarbeiten, um binneneuropäische Streitigkeiten ohne Anwendung von Gewaltmitteln zu schlichten.
9. Eine wahrhaft brüderliche Gemeinschaft mit den stammesgleichen germanischen Völkern unter dem Fernziel eines späteren freien Zusammenschlusses zu einem *germanischen Reich.*
10. Eine in europäischen Interesse notwendige enge Zusammenarbeit Deutschlands mit dem von seinem Gebiet fast ganz umschlossenen geschichtlich mit uns verwachsenen tschechischen Volk in *Böhmen und Mähren* sowie den blutsverwandten Slowenen.
11. Die Vereinigung[2] der verworrenen Volksgrenze in Ost- und

Am 25. Februar 1943 empfängt der Duce in Rom den deutschen Reichsaußenminister (Ullstein Bilderdienst)

Bei dem Treffen von Klessheim im April 1943 konnten die Italiener ihre europäische Charta nicht durchsetzen. V.l.n.r.: Göring, Bastianini, Mussolini, Ribbentrop, Hitler (Ullstein Bilderdienst)

Dino Alfieri, von 1940 bis 1943 italienischer Botschafter in Berlin (Ullstein Bilderdienst)

Unterstaatssekretär Giuseppe Bastianini versuchte Anfang 1943, der Europapolitik der Achse eine entscheidende Wende zu geben (Ullstein Bilderdienst)

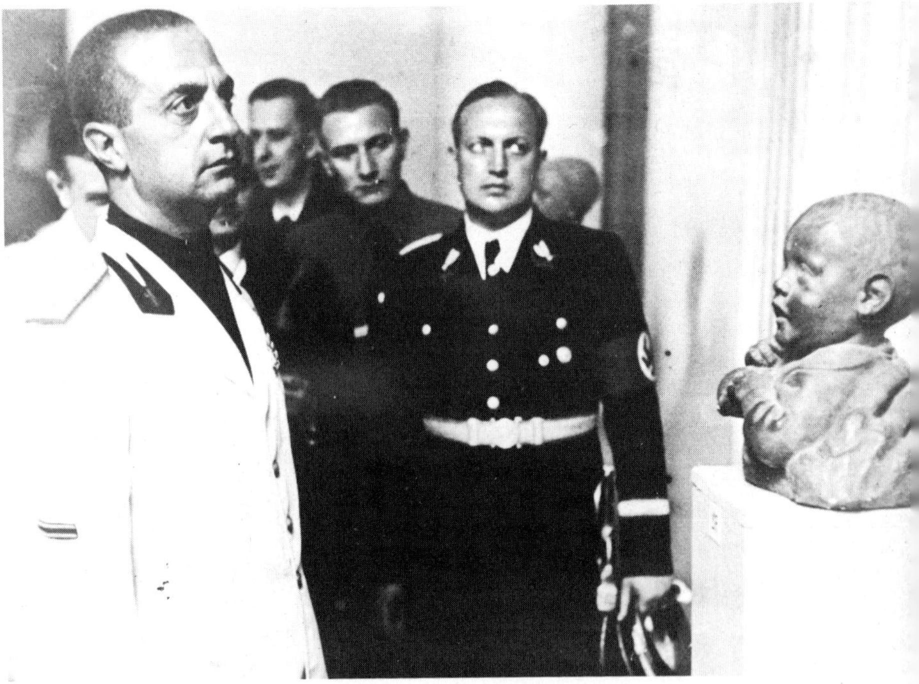

Erziehungsminister Giuseppe Bottai bei einem Besuch der Deutsch-Italienischen Kuns Ausstellung in Wien im August 1939 (Ullstein Bilderdienst)

Südosteuropa durch eine organische und auf gleichartige Räume beschränkte *Tauschsiedlung* sowie durch ein von der Europäischen Eidgenossenschaft garantiertes *Volksgruppenrecht.*

12. Eine *Zusammenarbeit* der *europäischen Volks*wirtschafte [sic] um die Arbeitsteilung und, unter Ausnutzung der jeweils günstigsten Produktionsmöglichkeiten, die alle Völker drückende Not zu überwinden [sic].

Anmerkungen:

[1] In der im Dokumentenkabinett Vlotho vorliegenden Fassung wurde hier handschriftlich das Wort »Land« eingefügt.

[2] Offensichtlicher Schreibfehler. Es muß heißen: »Bereinigung«.

Quelle:

Dokumentenkabinett Vlotho. Studien-Sammlung für europäische Geschichte, Gegenwart und Zukunftsplanung. Das Dokument liegt auch im IfZ Archiv unter der Signatur MA 218, Bl. 2590–2603 vor.

II. Italien

Die Entwicklung bis 1940

Der italienische Faschismus war staatenübergreifender, universeller und internationaler als der deutsche Nationalsozialismus. Obwohl nationalistisch in seinen Ursprüngen und imperialistisch in zahlreichen seiner Aktionen, ermöglichte der Universalismus eine europäische Öffnung des Faschismus, die insbesondere Anfang der 30er und 40er Jahre festzustellen war. Vergleicht man die Außenpolitik Hitlers mit der Mussolinis, »so erscheint die Außenpolitik Mussolinis trotz all ihrer Widersprüche, Schwankungen und Unsicherheiten im europäischen Sinne weitsichtiger, ausgeglichener und schöpferischer als die von Hitler verfolgte Außenpolitik«.[1]
Eine Tendenz, die faschistische Ideologie als Modell nicht nur für das Ursprungsland, sondern für ganz Europa herauszustellen, ist bereits in den 20er Jahren feststellbar. Mussolini schrieb 1927: »Der Faschismus ist in seiner historischen Ausdrucksform ein rein italienisches Phänomen, aber seine Doktrinen haben einen universellen Charakter. Der Faschismus löst Probleme, die zahlreiche Völker gemeinsam haben, speziell die Völker, die der demokratisch-liberalen Regime und der damit verbundenen üblichen Lügen überdrüssig sind.«[2] 1932 taucht der Begriff von den Vereinigten Faschistischen Staaten von Europa, basierend auf Mussolinis Trinom »Ordnung, Glaubensmacht, Gerechtigkeit«, zum erstenmal in der faschistischen Literatur auf.[3] Im November des gleichen Jahres veranstaltete die Accademia d'Italia in Rom einen Kongreß (Convegno Volta), der das Thema Europa zum Inhalt hatte. Wissenschaftler, Politiker und Publizisten aus mehreren europäischen Ländern diskutierten über die Zukunft des Kontinents. Wenn die Begriffe Paneuropa und Vereinigte Staaten von Europa auch nicht gebraucht wurden, so waren sich die meisten Teilnehmer darin einig, daß Europa auf der Suche nach einer neuen Formel der Integration und politischen Synthese war. In einzelnen Diskussionsbeiträgen wurde die Frage einer europäischen Zollunion, einer europäischen Staatsbürgerschaft und eines in den Völkerbund integrierten Europarates angesprochen.[4]
Die Zeit schien reif für einen europäischen Neubeginn jenseits der

herkömmlichen Nationalismen, und für einige faschistische Intellektuelle war es nur folgerichtig, wenn Italien, das auf starke Sympathien im Ausland zählen konnte, sich an die Spitze einer Bewegung stellte, die den Status quo überwinden und Europa unter autoritären Vorzeichen eine bessere Zukunft anbieten sollte. Nach der Machtergreifung Hitlers plädierte der Journalist Asvero Gravelli für ein geeintes faschistisches Europa: »Das Ideal für uns alle muß ein faschistisches Europa sein, ein faschistisch gewordener Bund.«[5] Eine Notwendigkeit für den Zusammenschluß Europas sah er insbesondere in der Weiterentwicklung der Vernichtungswaffen, die alle Länder verwundbarer machte. Am 15. Juli 1933 wurden in der italienischen Hauptstadt die Comitati d'azione per l'universalità di Roma (CAUR) als eine Vorstufe zur faschistischen Internationale aus der Taufe gehoben.[6] Sie hatten die Aufgabe, eine größtmögliche Anzahl ausländischer faschistischer, nationalistischer und korporativer Bewegungen unter der Ägide Roms zu sammeln. Präsident der CAUR wurde der Milizgeneral Eugenio Coselschi. Der mit der Organisationsgründung klar zum Ausdruck gekommene Universalismus war die Folge, nicht die Ursache der internationalen Ausbreitung des Faschismus. Erst nachdem im Ausland nachahmende und verwandte Parteien und Gruppierungen entstanden waren, ließ man in Rom »die Betonung des typisch Italienischen am Faschismus zurücktreten und erklärte schließlich den Faschismus als eine universale Bewegung mit dem natürlichen Zentrum in Rom, seiner Geburtsstätte«.[7]
Die CAUR, die den nationalsozialistischen Rassenstandpunkt ablehnten, wurden vom Dritten Reich mit größtem Mißtrauen betrachtet. Als sie im Dezember 1934 ihren internationalen Kongreß in Montreux abhielten, waren 15 ausländische faschistische Parteien aus 13 europäischen Ländern vertreten, nicht aber die NSDAP.[8] Zur gleichen Zeit hatten sich auch die Beziehungen zwischen dem italienischen Fachismus und der Paneuropa-Bewegung verbessert, während der Nationalsozialismus die Paneuropäer als Staatsfeinde verfolgte. Coudenhove-Kalergi war am 10. Mai 1933 vom Duce empfangen worden. Von diesem Zeitpunkt an hörten die italienischen Angriffe gegen Paneuropa auf, und die von dem Eurofaschisten Gravelli herausgegebene Zeitschrift *Ottobre* wurde nach den Worten von Coudenhove-Kalergi »praktisch zum Organ der Pan-

europa-Bewegung in Italien«.[9] Mit einem Interview, das Mussolini 1934 der französischen Zeitung *Intransigeant* gab, schien er gar »fast das Erbe Briands antreten zu wollen«.[10] Der Duce führte unter anderem aus:

> »Europa hat die Zivilisation der Welt geschaffen. Europa hat sie geleitet und Nutzen aus ihr gezogen. Heute ist Europa im Begriff, zwischen Amerika und Japan zu scheitern. Will Europa wieder Fuß fassen und sich erhalten, so muß es ein Minimum an Einigkeit finden. Was die großen europäischen Völker brauchen, was sie verbinden muß, ist europäischer Geist.«[11]

Coudenhove-Kalergi war nicht der einzige, der an eine paneuropäische Wendung des italienischen Faschismus glaubte. Der Abschluß der Römischen Protokolle zwischen Italien, Österreich und Ungarn am 17. März 1934 etwa wurde in einer zeitgenössischen wirtschaftswissenschaftlichen Publikation als »ein vielversprechender Ansatzpunkt einer paneuropäischen Lösung gewertet ...«[12]
Der Elan der CAUR und der italienischen Universalisten nahm jedoch in dem Maß ab, in dem sich Deutschland und Italien außenpolitisch näherkamen. Schließlich wurden die mittlerweile einflußlosen Comitati d'azione per l'unviersalità di Roma, die mit so großen Erwartungen ins Leben gerufen worden waren und 1937 164385 Mitglieder in 22 Ländern zählten, unmittelbar nach Kriegsausbruch 1939 aufgelöst. In dieser Phase des extremen Nationalismus hatten die auf übernationalen Ausgleich unter den verschiedenen faschistischen Bewegungen hinarbeitenden CAUR keine Existenzberechtigung mehr. Aber selbst in der Periode, in der ein exzessiver kleinbürgerlicher Chauvinismus die faschistische Propaganda prägte, widersetzten sich faschistische Intellektuelle dem Konformismus einer fremdenfeindlichen Agitation. Der später im Afrikafeldzug gefallene Journalist Berto Ricci (1905–1941) schrieb:

> »Es steht den Männern um Mussolini nicht an, Nationalisten zu sein, wie es die degenerierten Gallier sind: Man kann eine Kultur nicht gründen und verbreiten, wenn sie nicht universell ist. Die Polemiken um balkanische und armselige Grenzen betrachten wir als das, was sie in Wirklichkeit sind, nämlich Episoden. Die Gewalttätigkeiten, der Ärger, die blinden

Feindseligkeiten, die patriotischen Ressentiments, sie sind Symptome der Unterlegenheit, nicht der Stärke ... Nichts ist so dumm, so wenig italienisch wie die Intoleranz, die vorgefaßte Verachtung gegenüber dem Fremden und das Sich-Einschließen-Wollen im eigenen Gehäuse.«[12a]

Der Europagedanke in den ersten Kriegsjahren

Mit dem italienischen Kriegseintritt an der Seite des Reiches am 10.6.1940 schien die Interessenkongruenz und Identifikation der Achsenpartner vollständig. Aber dieses Bild trog. Nicht nur die Kriegsziele der beiden Mächte waren unterschiedlich, auch die politische Kriegführung, die Besatzungspolitik und die Praxis der Menschenbehandlung in den Okkupationsgebieten waren in beiden Regimen verschieden. Niemals ordnete Rom die politische Kriegführung der militärischen absolut unter, niemals erreichte die faschistische Besatzungspolitik die Totalität und Inhumanität des Nationalsozialismus. In diesem Zusammenhang sei nur darauf hingewiesen, daß die italienischen Besatzungszonen in Frankreich und auf dem Balkan zur Zufluchtsstätte für Zehntausende von Juden wurden, die sich so deutschen Deportationsmaßnahmen entziehen konnten. Zu Recht konstatiert daher die britische Historikerin Elizabeth Wiskemann, daß die Italiener stets eine gewisse Rücksicht auf andere Nationalitäten (die Südtiroler galten als Italiener) und ihre Kultur nahmen, betont aber auch, daß es von dieser Politik eine Ausnahme gab: Frankreich.[13] Gegenüber dem lateinischen Nachbarn legte Rom hinsichtlich der Kriegsziele einen intransigenten Nationalismus an den Tag, der deutlich imperialistische Züge trug. So sollte bis zu Mussolinis Absetzung im Juli 1943 das Ministero della Cultura popolare (Propagandaministerium) unermüdlich angebliche Ansprüche Italiens auf Korsika, Nizza und Tunesien proklamieren. Dieser Chauvinismus kam allerdings in der praktischen Besatzungspolitik kaum zum Tragen. Nicht ohne Grund spendete der ehemalige Botschafter François-Poncet der italienischen Okkupationsmacht im April 1943 höchstes Lob, als er betonte: »Die italienische Besatzung rehabilitiert die europäische Humanität.«[14] Bei vielen Gelegenheiten sollten Politiker und Militärs unter dem Liktorenbündel beweisen, daß sie die Grundsätze gesamteuropäischer Verantwortung durchaus nicht außer acht ließen.

Divergenzen ergaben sich zwischen den Achsenpartnern besonders hinsichtlich der Konzeption und Praxis der Besatzungsherrschaft sowie im Hinblick auf den Entwurf einer Neuen Ordnung. Bereits Anfang Januar 1940 setzte sich der Duce bei Hitler für die Bildung eines zumindest bescheidenen restpolnischen Staates ein: »Ein Volk, das von der kläglichen führenden militärpolitischen Klasse schmählich verraten wurde, das sich aber, wie Sie selbst in Ihrer Danziger Rede ritterlich anerkannt haben, tapfer geschlagen hat, verdient eine Behandlung, die keinen Anlaß zu Spekulationen der Feinde bietet. Es ist meine Überzeugung, daß die Schaffung eines bescheidenen, entwaffneten und ausschließlich polnischen Polens ... niemals mehr eine Gefahr für das Großdeutsche Reich bedeuten kann.«[15] Der italienische Botschafter Attolico intervenierte am 10. Januar 1940 im Sinne einer polnischen Staatsbildung beim Reichsaußenminister, konnte mit dem Vorschlag aber ebenfalls nicht durchdringen.[16] Mussolini wurde bis Kriegsende nicht müde, die seines Erachtens verfehlte, da zu radikale, exploitative und das Ehrgefühl der Besiegten mißachtende deutsche Politik in den besetzten Ländern zu tadeln. »Es ist nicht möglich, die europäischen Länder wie Kolonien zu behandeln«[17], sagte er am 3. Juni 1941 zu dem Industriellen Pirelli. Zehn Tage später wurde er gegenüber seinem Schwiegersohn, dem Außenminister Graf Ciano, noch deutlicher, als er mit schwarzem Humor beschrieb, wie die europäischen Völker unter der deutschen Besatzung litten: »Wir lassen ihnen wenigstens noch das Hemd, die Deutschen nehmen auch noch Teile der Haut mit.«[18] Seine besondere Sorge galt der Lage in Polen, das unter der Knute der SS ein wahres Martyrium erlitt.[19] Auch als er von der rigiden deutschen Politik in Holland erfuhr, sparte er intern nicht mit Kritik an seinem Bundesgenossen: »Die Deutschen haben keinerlei politisches Gespür. In diesen besetzten Ländern gab es einen Moment, in dem sie eine gute Situation herbeiführen konnten.[20] Sie haben diesen Moment verstreichen lassen. Heute werden sie gehaßt. Ich habe es dem Führer mehrfach gesagt und geschrieben: Wir müssen Westeuropa eine definitive Ordnung geben ... Dann wäre Europa, das seiner Zukunft sicher wäre, heute ruhig: Wir hätten es uns zum Freund machen können und vielleicht zum

Verbündeten ...«[21] Nachdem sich die wirtschaftliche und finanzielle Situation in Griechenland dramatisch verschlechtert hatte, sprach der Duce diesen Zustand in seinem Brief an Hitler vom 22. Juli 1942 an und drängte auf eine Senkung der Besatzungskosten.[22] Aber noch im Oktober 1942 zeichnete sich keine grundlegende Änderung in der deutschen Haltung gegenüber Griechenland und Kontinentaleuropa ab, und Mussolini hatte erneut Grund, die NS-Politik scharf zu rügen: »Aber wenn wir diesen Krieg verlieren, so kommt dies von der bestialischen Politik der Deutschen, die weder gesunden Menschenverstand noch Maß kennen und ganz Europa in den unsicheren Zustand eines feurigen Vulkans versetzt haben.«[23] Die meisten italienischen Politiker, Diplomaten und Industriellen stimmten in der kritischen Einschätzung der deutschen Besatzungspolitik überein.[24] Am 1.2.1941 etwa übte die Zeitschrift *Primato* offen und ungeschminkt Kritik an dem deutschen Achsenpartner und seinem Absolutheitsanspruch: »Solange der Erfolg die grauen Armeen des Reiches begleitet und über den eroberten Städten die rotweiße Fahne weht, wird es in Europa keinen Platz geben für andere Menschen und eine entgegengesetzte Idee.«[25] Zahlreiche Intellektuelle erkannten schon früh die europäische Dimension des Krieges, und es begann eine weitgefächerte und oft tiefschürfende publizistische Auseinandersetzung mit dem Thema Europa. Im Gegensatz zum nationalsozialistischen Deutschland hatten die italienischen Publizisten dabei einen erstaunlichen Freiraum. Berlin achtete jedoch penibel darauf, ob die italienischen Veröffentlichungen von nationalsozialistischen Leitbildern abwichen. Am 25. März 1942 unterrichtete die Gauleitung Tirol – Vorarlberg das AA in Berlin darüber, daß in der in Mailand erscheinenden Zeitschrift *Geopolitica* am 28.2.1942 ein Aufsatz des Studentenführers Dr. Giuseppe Solaro unter der Überschrift *Das faschistische Gemeinschaftsreich des neuen Europa* erschienen sei. Solaro konzipierte eine kontinentale Einheit Europas, die vorerst aus acht Staatengemeinschaften bestehen sollte. Die gemeinsame Wirtschafts-, Außen- und Wehrpolitik sollte dabei den Führungsnationen Deutschland, Italien, Spanien und Finnland zufallen. Als Leitgremium und Bindeglied war die Einrichtung eines übernationalen korporativen Rates vorgesehen (Dok. Nr. 28). Im Auswärtigen Amt sorgte dieser Artikel für erhebliche Aufregung, man legte die von der für die Überwachung des

norditalienischen Schrifttums zuständigen Publikationsstelle Innsbruck vorgenommene Übersetzung dem Reichsaußenminister persönlich vor. Weiter wurde bei der deutschen Botschaft in Rom nachgefragt, was gegen die »hirnverbrannte Veröffentlichung« unternommen worden sei.[26] Die Diplomaten in der italienischen Hauptstadt waren sichtlich bemüht, Öl auf die Wogen zu gießen und berichteten nach Berlin, der Aufsatz von Solaro sei nur das Produkt einer Studentendiskussion und daher gänzlich unverbindlich und bedeutungslos.[27] Aber Ribbentrop hatte bereits seinen Bannfluch über den ahnungslosen italienischen Studentenfunktionär verhängt. Unter »Geheim« wurde die Publikationsstelle Innsbruck am 23.4.1943 angewiesen, dafür zu sorgen, daß die Gedankengänge des inkriminierten Artikels »nicht in die deutsche Öffentlichkeit gelangen«.[28] Dies war die Stellungnahme des Außenministers des Großdeutschen Reiches gegenüber einem unorthodoxen und nicht uninteressanten Europaartikel aus dem Lager des Bündnispartners.
Es sollte nicht das letzte Mal gewesen sein, daß ein Europaartikel aus Italien in Berlin für Zündstoff sorgte. Im September 1942 setzte sich der Präfekt Giovanni Selvi mit seinem Aufsatz *Die Grundlagen der Neuen Ordnung*[29] der Kritik des AA aus. Der Autor forderte, Beziehungen gegenseitigen Vertrauens zwischen den Völkern herzustellen. Ein gemeinsames europäisches Bewußtsein sollte durch gegenseitigen Jugendaustausch und eine Intensivierung der kulturellen Verbindungen gefördert werden. Weiter führte er aus, dem Nationalgefühl dürfe nicht mehr uneingeschränkte Allgemeingültigkeit zukommen, vielmehr müsse Europa über den Nationalismus herauswachsen, der Patriotismus müsse sich in das höherwertige europäische Leben einfügen. Obwohl Selvi mit seinem Bekenntnis zu einem nach Rangstufen gegliederten Europa den Nationalsozialisten entgegenkam, erregte besonders die Verwerfung des biologischen Rassenprinzips in Berlin Unwillen. In einer internen Aufzeichnung der Abteilung Deutschland des Auswärtigen Amtes vom 10.9.1942[30] hieß es, in dem Artikel »zeigen sich noch in starkem Maß Einflüsse der französischen Revolution«. Und – für die Berliner Rassenfanatiker besonders unerfreulich –: »Auf die blutsmäßige Grundlage der europäischen Einheit, ihre Grundlegung durch die indogermanische und germanische Volksbildung wird überhaupt nicht eingegangen.«
An ökonomischen, juristischen, politischen und ideologischen

Vorstellungen und Vorschlägen der Italiener zum Thema des Neuen Europa ohne Hinweis auf die ominöse »blutsmäßige Grundlage« mangelte es tatsächlich nicht. Bereits im Oktober 1941 stellte Alberto De Stefani (1879–1969), der von 1922 bis 1925 Finanzminister gewesen war, fest, daß das Zeitalter des hochgeputschten Nationalismus überholt sei und von einem einheitlichen kontinentalen Prinzip abgelöst werden müsse: »Wir sind alle überzeugt, daß die Fortführung der unversöhnlichen Nationalismen, die den Erfordernissen einer kontinentalen Politik verständnislos gegenüberstehen, sich zuletzt gegen Europa selbst wendet ...«[31] De Stefani wünschte wie Selvi die Überwindung des Nationalismus, der einen Ausgleich mit den Interessen einer einheitlichen Politik des Kontinents eingehen müsse.

Was die Neue Ordnung anbetrifft, so gab es unter den faschistischen Intellektuellen im übrigen verschiedene, sich oft überschneidende Denkrichtungen, wie Europa künftig gestaltet werden sollte. Die antieuropäische Richtung vertrat die Auffassung, Europa in eine deutsche und eine italienische Einflußsphäre aufzuteilen. Besonders die Anhänger des alten, liberal-konservativen Establishments waren gegen eine europäische Öffnung des Faschismus und klammerten sich an die These, Italien müsse im Mittelmeergebiet seinen Traum von einem eigenständigen Lebensraum (spazio mediterraneo autonomo) verwirklichen. Dies erwies sich insbesondere auf der Tagung über die ökonomischen Probleme der Neuen Ordnung, die vom 18. bis 23. Mai 1942 an der Universität Pisa stattfand. Dort wurden Stimmen laut, die das staatsnationalistische Ziel der Führungsrolle Italiens im Mittelmeerraum unter Ablehnung weitergehender europäischer Vorstellungen forderten.[32]

Der europäische Flügel teilte sich in die Anhänger der nuova civiltà und die Eurokraten.[33] Zu letzteren zählte F. M. Pacces, ein Wirtschaftswissenschaftler, der ähnliche Auffassungen wie Speer in Deutschland und Bichelonne in Frankreich vertrat. Das Konzept von Pacces lief in letzter Konsequenz auf einen europäischen Superstaat hinaus, der mittels eines internationalen Korporativismus geschaffen werden sollte: »Das Problem wird darin bestehen, stufenweise von einem rein nationalen zu einem supernationalen oder internationalen Korporativismus überzugehen; das Problem wird weiter darin bestehen, über den nationalen Korporationen interna-

tionale Korporationen einzurichten, wenn die Zeit dafür gekommen ist ...«[34] Auf einer ähnlichen Ebene wie Pacces argumentierte der Präsident der Politischen Wissenschaften an der Universität Pisa, Professor Carlo Emilio Ferri, der die Einrichtung zwischenstaatlicher Organe als Basis für die zukünftige europäische Wirtschaftsgemeinschaft anstrebte (Dok. Nr. 34). Wie für Pacces, so waren auch für Ferri wirtschaftliche Gesichtspunkte nicht das allein bestimmende Element bei dem politischen Neuaufbau Europas, das Primat sollte vielmehr der politischen Planung zukommen.
Interessant ist, wie viele Autoren und Wissenschaftler sich bei ihren Entwürfen hinsichtlich der Einigung Europas von den Idealen des Risorgimento und Giuseppe Mazzinis (1805–1872) leiten ließen. Raffaele Ciasca etwa bezog sich ausdrücklich auf die europäische Solidarität Mazzinis (Dok. Nr. 29). Diese Hinwendung zu dem großen italienischen Denker ist erstaunlich, denn er bestritt – im Gegensatz zum italienischen Faschismus – niemals die Gültigkeit der Französischen Revolution, und sein Bund europäischer Völker, der jedem Mitglied das Recht der inneren Organisation beließ, sollte ein Bund demokratischer Nationen sein.[35]
Der Risorgimento-Nationalismus spielte auch auf der vom Istituto di Cultura Fascista in der Zeit vom 23. bis 26. November 1942 abgehaltenen Tagung zum Thema »Die Idee Europa« eine nicht unbedeutende Rolle. Der Präsident des Instituts, Camillo Pellizzi, hatte bereits in einem Gespräch mit einem Angehörigen des Auswärtigen Amtes im September 1942 beklagt, daß Deutschland keine Ideen zum Aufbau des Neuen Europa einbringe und festgestellt, »offensichtlich bestehe in Deutschland ein Verbot, die europäischen Probleme zu diskutieren, das aber auf die Dauer, ohne Schaden anzurichten für den Zusammenhalt der Achse, nicht aufrechterhalten werden könne«.[36] Daß ein derartiges Verbot bzw. eine Sprachregelung in Italien nicht bestand, machte die lebhafte Diskussion bei der Zusammenkunft des Faschistischen Kulturinstituts deutlich. Pellizzi ließ keinen Zweifel daran, daß er die Union Europas wünschte und vertrat mit Nachdruck die These, daß die Einigung des Kontinents sich nach dem Modell der Einigung Italiens ausrichten solle. So wie Piemont Italien geeinigt habe, wobei es mit einer eindeutig italienischen Fahne auftrat, so sollte die Achse unter einer europäischen Fahne den Kontinent einigen. Pellizzi verwarf dabei die Mög-

lichkeit, daß Europa als Resultat eines rein militärischen Aktes entstehen könnte, er lehnte aber auch die Schaffung Europas als Konsequenz eines parlamentarischen Abstimmungsprozesses ab (Dok. Nr. 30). Die Diskussion auf dem Kongreß wurde mit erstaunlicher Offenheit und auf hohem Niveau geführt. Der Philosoph und Theoretiker des korporativen Staates Ugo Spirito (1896–1979) attackierte Pellizzi und stellte sich auf den Standpunkt, Italien solle sich nicht für Europa, sondern im Mittelmeerraum engagieren.[37] Der Präsident des Kulturinstituts erhielt jedoch Schützenhilfe von Paolo Fortunati, der Italien ebenfalls die Rolle der Avantgarde bei der Integration Europas zuschrieb.[38]

Die fruchtbaren Debatten italienischer Publizisten, Funktionäre und Wissenschaftler über die Konzepte eines geeinten Achseneuropa sind zum einen Ausdruck eines in den Kriegsjahren herrschenden intellektuellen Klimas. Zum anderen fanden sie nicht in einem rein akademischen und theoretischen Rahmen statt, den intellektuellen Thesen korrespondierten vielmehr Entwicklungen in der praktischen Politik. Ende August 1941 hatten Hitler und Mussolini gemeinsam die Ostfront besucht. Bei dieser Gelegenheit hatte der Duce angeregt, schrittweise an die Neukonstruktion Europas heranzugehen, falls der baldige Abschluß des Krieges nicht erreichbar wäre. Insbesondere sollte ein neues, vertrauensvolles Verhältnis zu den kleineren europäischen Staaten gefunden werden.[39] Hitler verhielt sich gegenüber diesen Plänen reserviert, aber Mussolini konnte zumindest ein Kommuniqué mit europäischen Tendenzen durchsetzen, um das es schließlich noch ein Tauziehen zwischen dem Duce und dem Reichsaußenminister gab.[40] Trotzdem war das politische Ergebnis des Treffens mager. Erziehungsminister Bottai schrieb dazu in einer Tagebuchnotiz: »Und ohne Ergebnis, oder vergeblich die Versuche Mussolinis, Hitler dazu zu bringen, über das ›Danach‹ zu reden, über die berühmte neue Ordnung.«[41] Das Unbehagen der Italiener an dem mangelnden Willen des deutschen Verbündeten, die europäische Karte auszuspielen, wuchs. Mussolini machte sich im Juni 1942 wieder einmal Luft, als er gegenüber dem Industriellen Pirelli ausführte: »Man kann den Versuch der europäischen Einigung nicht auf Haß aufbauen. Die Deutschen erweisen sich als schlechte Psychologen und schlechte Politiker. Wir Italiener können und müssen sie wissen lassen, daß sie uns für die neue

Organisation Europas nötig haben.«[42] Dem italienischen Botschaftsrat de la Porta erschien im Oktober 1942 »eine von Taten begleitete deutsche Geste in bezug auf die besetzten Gebiete und ihre Zukunft« als ein letztes Mittel, weitere sinnlose Zerstörungen zu vermeiden.[43] Einen Monat später legte Alberto Pirelli (1882–1971), Mitglied der Faschistischen Partei seit 1932 und Sonderbotschafter in zahlreichen heiklen Missionen, dem Duce ein Memorandum vor, das sich auch mit dem Europaproblem befaßte und einen Ausweg aus der Krise anbot:

> »Wenn wir dazu kämen, die Deutschen davon zu überzeugen, daß sie auf das Konzept der europäischen Herrschaft verzichten und statt dessen den europäischen Ländern, den Neutralen und den Feinden den Eindruck vermitteln, daß man in Europa eine Föderation auf der Basis einer weitgefächerten Autonomie der einzelnen Staaten unter Respektierung der jeweiligen Regierungsform schaffen will, würde man viel Feindschaft abbauen, und es würden sich in den feindlichen Ländern die Strömungen herauskristallisieren, die einem vernünftigen Frieden gewogen sind.«[44]

Wie Bastianini einige Monate später sah Pirelli eine europäische Initiative als Brücke zu den Westalliierten und als mögliches Signal für Friedensverhandlungen an. Der italienische Generalstabschef Cavallero (1880–1943) war von der Idee einer europäischen Föderation unter Respektierung der einzelnen Nationalitäten sehr angetan, doch wies er gleichzeitig darauf hin, daß dies Projekt ein italienisches Umdenken im Hinblick auf Frankreich voraussetze.[45] Mussolinis Rede vom Dezember 1942, in der er auch ausführte, daß territoriale Fragen an Bedeutung verlören, ließ alle die aufhorchen, die auf ein europäisches Revirement der Achse hofften.

1943: Die diplomatische Offensive des Außenministeriums

Frischen Wind in die italienische Europapolitik brachte Unterstaatssekretär Giuseppe Bastianini, der im Februar 1943 faktisch Graf Ciano ablöste. Bastianini hatte von Oktober 1941 an mit fester, aber nicht harter Hand das von Italien annektierte Dalmatien regiert. Er versuchte, die neuen Untertanen in dem ehemals jugoslawischen Gebiet mit Mitteln der Aufbauarbeit für das italienische Königreich zu gewinnen, verbesserte die Lebensmittelversorgung in den Provinzen von Spalato, Cattaro und Zara, baute den Gesundheitsdienst aus und leitete eine Landreform ein. Sein Europakurs des Jahres 1943 sollte ebenso geschmeidig, intelligent und undogmatisch sein wie seine Gouverneurstätigkeit in Dalmatien. Schon wenige Tage nach seinem Amtsantritt startete Bastianini den ersten Versuch, die Deutschen auf ein vernünftiges europäisches Konzept festzulegen, das den Gegner mattsetzen sollte. In seinen Memoiren schreibt er, es sei seine Absicht gewesen, »mit Deutschland zu einer freimütigen Aussprache über unsere Beziehungen und über die politischen Aussichten zu kommen mit dem Ziel, eine übereinstimmende Aktion von großem politischem Effekt durchzuführen, die dem Feind die wirksamsten Waffen seiner Propaganda aus der Hand schlägt und dem Krieg der Achse einen wirklichen europäischen Inhalt verleiht«.[46] Mussolini war mit dem Programm, das die Politik der Dreierpaktmächte in neue Bahnen leiten sollte, einverstanden. Bereits bei seinem Antrittsbesuch bei Botschafter von Mackensen am 10. Februar 1943 sprach der italienische Unterstaatssekretär die Europaproblematik und -propaganda an[47] und plädierte am 23.2. nachdrücklich dafür, die Achse solle einen positiven Beitrag zum Wiederaufbau Europas liefern (Dok. Nr. 31). Als der Reichsaußenminister in der Zeit vom 24.2. bis 28.2. Rom besuchte, trug ihm Bastianini seine Vorstellung von der Neuen Ordnung vor: Gleichheit und Freiheit für alle Nationen, zwischen denen eine fruchtbare Zusammenarbeit angestrebt werden solle. Zwar kam es zu keiner feierlichen Deklaration über die europäische Neuordnung, Ribbentrop mußte aber nach einigem Widerstand ein Kommuniqué hinnehmen, das der Duce durchsetzte und das zum erstenmal, wenn auch noch vage, von seiten der Achse das Selbstbestimmungsrecht und die aktive Zusammenarbeit der Nationen betonte.[48] Die italienische Presseagentur Stefani griff die Europaproblematik auf und brachte sie in Zusammenhang mit den bisherigen friedensstiftenden Schritten des Duce: dem Projekt des Viererpakts von 1933, dem Abkommen von München sowie den italienischen Friedensbemühungen vom August 1939.[49] Dieser Kommentar wurde sogar vom *Völkischen Beobachter* publiziert, und der Großdeutsche Rundfunk meldete am 1. März 1943 triumphierend, die italienisch-deutsche Erklärung vom Vormonat stelle die Magna Charta der großeuropäischen Ära dar.[50] Aber Rom ließ sich von Berlin nicht übertrumpfen, und Mitte März 1943 brachte Stefani eine Erklärung, die von einer Teilung der Aufgaben und der Verantwortung sprach und die gleichmäßige Verteilung der Rechte, Versöhnung und Erhalt der Eigenheiten jeder Nation in Aussicht stellte (Dok. Nr. 32). Die Italiener gingen zur politischen Offensive über, zumal Mussolini Bastianini ermunterte, die im Februar eingeschlagene europäische Linie prononciert weiterzuverfolgen. Am 16.3.1943 berichtete der deutsche Botschafter in Rom an das AA, der Kabinettschef des italienischen Außenministeriums Babuscio Rizzo habe das Problem der politischen Kriegführung angesprochen und auf die Notwendigkeit hingewiesen, den europäischen Völkern verläßliche Zusicherungen für die Zukunft zu geben (Dok. Nr. 33). Publizistisch sollte der neue Europakurs des Faschismus in einer Vortragsreihe des Istituto di Cultura Fascista zum Ausdruck kommen, in der die verschiedenen Probleme des Kontinents behandelt werden sollten. Als Vortragende waren auch Persönlichkeiten aus den besetzten Ländern Belgien, Holland, Dänemark und Norwegen vorgesehen. Aber auch diese Initiative ging Ribbentrop zu weit, und seine negative Haltung torpedierte schließlich das Vorhaben.[51]

Die Italiener, obwohl irritiert von der nationalsozialistischen Unfähigkeit, die politische Brisanz und Tragweite der Europaidee zu erkennen, setzten große Hoffnungen auf die Konferenz von Klessheim (7. bis 10. April 1943) und das dortige deutsch-italienische Gipfeltreffen. Die römischen Diplomaten beabsichtigten, eine gemeinsame Europa-Deklaration durchzusetzen, die folgende Programmpunkte enthalten sollte: Anerkennung der Gleichberechtigung und Souveränität aller, auch der kleinen Völker Europas; Ablehnung jeder Hegemonie; Betonung der Rettung der abendländischen Kultur unter Respektierung aller nationalen Werte und des Nationalitätenprinzips. Noch im Zug auf dem Weg nach Salzburg am 6. und 7. April 1943 arbeiteten die Italiener an ihrem Europaprogramm. Babuscio Rizzo formulierte einen Kommuniquéentwurf, der den Schwerpunkt auf die Souveränität und die Erwartungen der kleinen Nationen legte und vom Duce gebilligt wurde. Das Glanzstück im Gepäck der faschistischen Diplomaten, das Projekt einer europäischen Charta, die ursprünglich sieben Punkte umfaßte[52], zog Mussolini aus Gründen der Klarheit auf vier Punkte zusammen.[53] Aber in Klessheim erwies es sich, daß die von den deutschen Medien verbreiteten Europafanfaren nur Strohfeuer gewesen waren. Sowohl Hitler als auch Ribbentrop wiesen den Gedanken einer Europa-Charta zurück. Mussolinis Versuch, in Klessheim wieder die geistige Führung der Achse in die Hand zu bekommen[54], war mißlungen, obwohl die Italiener hartnäckig um eine Anerkennung ihres europäischen Grundrechtekataloges rangen. Bastianinis verbissenes Bemühen, Ribbentrop von der Notwendigkeit einer Europaerklärung zu überzeugen, scheiterte an der starren Haltung seines deutschen Amtskollegen, der betonte, man könne eine derartige Erklärung nur in einem für die Achse militärisch günstigen Augenblick abgeben. Außerdem widersprächen die in den besetzten Gebieten notwendigen radikalen Maßnahmen weitergehenden europäischen Versprechungen.[55] Bastianini aber ließ nicht locker und präzisierte seine Vorstellungen, den kleineren Staaten die Sicherheit zu geben, daß sie nicht ausgelöscht würden:

> »Es solle lediglich eine klarere Vision der neuen Ordnung geschaffen, nicht aber Europa schon jetzt endgültig umgestaltet werden. Er wolle den kleineren Völkern nur darlegen, daß es falsch sei anzunehmen, kleinere nationale Verbände könnten nicht weiter bestehen, sondern daß es sich lediglich darum handeln würde, die kleineren Länder unter Führung Deutschlands und Italiens zu einer organisierten Zusammenarbeit in Europa heranzuziehen. Dies würde gewissermaßen die Gestaltung des neuen Europa im Anschluß an die deutsche und italienische Revolution bedeuten, genauso wie seinerzeit die Französische Revolution das liberale Europa ins Leben gerufen habe.«[56]

Der italienische Unterstaatssekretär griff noch einmal Mussolinis Formel vom Kampf der Habenichtse, der proletarischen Nationen gegen die plutokratischen Mächte auf und gab dem Krieg der Achse gegen die Vereinigten Staaten und Großbritannien einen betont befreiungsnationalistischen Zug: »Es handele sich gewissermaßen um eine Revolte der Sklaven gegen die Exponenten der kapitalistischen Welt, um einen neuen Spartakusaufstand.«[57] Ribbentrop war für die

'ichy-Ministerpräsident
'ierre Laval versuchte
'iederholt, Hitler von der
'otwendigkeit eines po-
'tiven Europaprogramms
u überzeugen (CGWOII)

'ierre Laval beim Abschreiten einer Ehrenformation (CGWOII)

Vichy-Staatssekretär Jacques Benoist-Méchin (Mitte) war einer der engagiertesten Verfechter einer Integration Frankreichs in ein föderiertes faschistisches Europa (CGWOII)

Parteiführer und Kollaborationspolitiker bei der Verabschiedung eines Kontingents fü die Französische Freiwilligenlegion. V.l.n.r.: Costantini (Ligue Française), Doriot (PPF ?, Montagnon (RNP), Darnand (Miliz), Renault (JFOM) (Archiv Autor)

romanische Eloquenz nicht empfänglich. Mussolini versuchte, Hitler die Notwendigkeit einer weitreichenden Europaerklärung zu verdeutlichen, vielleicht nicht ebenso beredt wie Bastianini, denn der Duce war bei dem Treffen im Klessheimer Schloß gesundheitlich stark angeschlagen und wand sich vor Magenschmerzen. Der deutsche Diktator lehnte die italienischen Vorschläge brüsk ab, ohne den Text der Europa-Charta auch nur zu überfliegen. Er hielt die von Rom angestrebte Erklärung für einen Ausdruck der Schwäche.[58]
Waren diese letztlich gescheiterten italienischen Versuche, den besetzten und neutralen europäischen Staaten als Gliedern einer europäischen Gemeinschaft substantielle Rechte zuzuerkennen, nur ein taktischer Schachzug[59], waren sie nur »ein politisch-propagandistisches Manöver, ein kläglicher Versuch, sich aus taktischen Überlegungen attraktiv zu machen«?[60] Wer die italienischen Bemühungen so einschätzt, verkennt, daß die europäische Öffnung des italienischen Faschismus in der Logik seiner Entwicklung lag. Sie kam nicht überraschend, hatten doch zahlreiche Diplomaten und Politiker einschließlich des Duce seit 1939 die verfehlte Besatzungspolitik des Reiches und das mangelnde europäische Verantwortungsbewußtsein Berlins gegenüber den kleinen Nationen zum Teil heftig verurteilt. Das Europaprogramm Bastianinis faßte alle diese Tendenzen, die sich auch im publizistisch-kulturellen Leben Italiens widerspiegelten, zusammen und bündelte sie zu einer neuen faschistischen Europapolitik. Die Ernsthaftigkeit der italienischen Bestrebungen geht weiter daraus hervor, daß die Italiener auch mit den Japanern über die Selbständigkeit der kleineren europäischen Völker sprachen, wobei sich beide Achsenpartner darin einig waren, daß diesen Staaten gegenüber größere Zugeständnisse gemacht werden müßten.[61] Daß Rom dazu überging, der Politik innerhalb der Kriegführung wieder die führende Rolle einzuräumen, wird auch durch die Tatsache unterstrichen, daß Mussolini bei Hitler darauf drängte, mit der Sowjetunion einen Separatfriedensvertrag abzuschließen.[62] Allerdings ist fraglich, wieweit die europäische Mission, die sich der Faschismus jetzt zuschrieb, sich bereits innerhalb der Staatspartei Partito Nazionale Fascista (PNF) durchgesetzt hatte. Eine von der PNF 1943 herausgegebene Broschüre mit dem Titel *Nach zwanzig Jahren. Der Faschismus und Europa* blieb jedenfalls

vorwiegend im Propagandistischen stecken, das vermittelte Europabild war blaß und unsubstantiiert.[63]
Bastianini selbst sah sein europäisches Programm generell als Möglichkeit an, zu einem Verhandlungs- und Kompromißfrieden zu kommen.[64] Eine betont europäische Kriegszielplanung würde einerseits die Friedensziele der Achse denen der Westmächte angleichen, so daß für diese ein Vorwand für die Fortsetzung des Konflikts, nämlich die Befreiung der Völker Europas vom faschistischen Joch, entfiele. Andererseits würde die Durchsetzung des Prinzips, daß jede Nation intern das vorhandene Regierungssystem aufrechterhalten könne, es den Antikominternstaaten erlauben, den autoritären, faschistischen und nationalsozialistischen Staatsaufbau beizubehalten. Bastianini ging in diesem Zusammenhang gar so weit, die Grundsätze Rousseaus auf die internationale Politik zu übertragen: Die einzelnen Staaten sollten vor dem neuen europäischen Recht gleich sein. Eine für einen faschistischen Politiker derart ungewöhnliche Erklärung, daß es dem Industriellen Pirelli entfuhr: »Also die Achse als Paladin der demokratischen Prinzipien! Das ist ein neuer Völkerbund für Europa.«[65]
Bastianinis Konzept kam nicht zum Tragen. Aber Rom setzte sich im Bereich der Europapolitik deutlich von Berlin ab. Das Thema Neues Europa wurde so akzentuiert von der italienischen Presse aufgegriffen, daß deutsche Diplomaten argwöhnten, die gemeinsame Achsenpolitik auf dem Pressesektor habe aufgehört zu bestehen.[66] Auch nervten die italienischen Diplomaten ihre deutschen Kollegen, indem sie neue Versuche starteten, ihre europäische Kriegs- und Friedenspolitik durchzusetzen. Dino Alfieri, als Botschafter in Berlin Nachfolger von Attolico, sprach in diesem Sinne am 13. Mai[67] und am 19. Mai[68] beim Auswärtigen Amt vor. Am 19. Mai war auch in Rom wieder von Europa die Rede. Senator Salata hielt eine Ansprache, die deutlich ein Dilemma der italienischen Außenpolitik aufzeigte. So betonte Salata einerseits den Europagedanken, griff aber andererseits auch die italienischen Forderungen an Frankreich wieder auf und desavouierte damit seine eigenen europäischen Überlegungen.[69] Einen Tag später äußerte sich Bastianini im Senat zu seiner europäischen Initiative und unterstrich, daß die nationalen Eigenarten, die freie Entwicklung und die freiwillige Mitarbeit aller europäischen Nationen gewährleistet würden.[70] Die

von europäischem Verständnis getragene Rede stieß intern im Führerhauptquartier auf wütende Ablehnung, und selbst eurofaschistisch orientierte Italiener wie Giuseppe Bottai glaubten nicht mehr an eine Realisierungschance von Bastianinis Hoffnungen: »Was bedeutet dieser Rahmen einer europäischen Ordnung, der auf dem Prinzip der Freiheit der Nationalität beruht, mit einem Belgien, einem Holland, einem Dänemark und besonders einem Polen, mit Ländern also, die von den Deutschen mehr oder weniger unterdrückt werden? Die deutschen Zeitungen haben die Rede herzlich aufgenommen. Und nun?«[71] Aber im italienischen Außenministerium war man noch nicht bereit aufzugeben. Wieder war es an Dino Alfieri, der bereits im April 1942 bei Ribbentrop hinsichtlich eines Verhandlungsfriedens vorgefühlt und eine für das nationalsozialistische Selbstverständnis typische Antwort – »Die einzige Lösung für Deutschland ist der Sieg!«[72] – erhalten hatte, beim Reichsaußenminister zu sondieren. In Fuschl, am 10. Juli 1943, drängte Alfieri den deutschen Minister in die Defensive, als er darauf bestand, den Gedanken der europäischen Zusammenarbeit weiterzuentwickeln. Der italienische und der deutsche Standpunkt waren unüberbrückbar, zumal der faschistische Botschafter die deutsche Besatzungspolitik als »Sklaverei« brandmarkte und Ribbentrop auf Methoden der bloßen Herrschaftsausübung und Gewalt bestand.[73] Alfieri war mit seiner Demarche zwar gescheitert, aber er hatte sein Anliegen unerschrocken und überzeugend vorgetragen. Dolmetscher Paul Schmidt gratulierte ihm nach der fünfstündigen Unterredung für seine realistische und mutige Lageeinschätzung.[74] Den wohl letzten Versuch, den Verbündeten umzustimmen, unternahm Kabinettschef Babuscio Rizzo. Er verwies den deutschen Botschafter in Rom am 17.6.1943 auf das japanische Beispiel, allen innerhalb der großostasiatischen Wohlstandssphäre gelegenen Staaten die volle Unabhängigkeit und Selbständigkeit zu gewahren, und sprach eine parallele Initiative der Reichsregierung an (Dok. Nr. 35).

Bastianinis europäisches Testament war sein Beitrag für die Zeitschrift *Italien*, den Mackensen am 26.4.1943 nach Berlin telegraphierte:

> »Wir wollten und wir wollen es heute: das Recht der europäischen Nationen auf ihre freie Entwicklung wiedererlangen, das Recht der europäischen Völker zu leben, zu arbeiten, mit-

> einander zu schaffen ... Nun fordern wir diese Freiheit, wir fordern sie für uns und für die andern, und zwar die Freiheit, unabhängig und sicher in unserer nationalen Struktur leben und arbeiten zu können, indem wir gleichzeitig die Unabhängigkeit und Sicherheit der anderen Nationen achten, wir wollen auf gerechter Basis Anteil haben an jenen Rohstoffquellen der Welt, die nicht ausschließlich Besitz einiger privilegierter Länder sein können und dürfen; wir wollen Glieder einer Kulturgemeinschaft der Nation sein, die nicht auf der Herrschaft fremder Kräfte, sondern auf der freiwilligen und fruchtbringenden Zusammenarbeit der Völker aufgebaut ist«[75]

Zwischen Bastianini und Mussolini gab es im übrigen hinsichtlich der europäischen Programmatik keine Meinungsverschiedenheiten.[76] Der Duce demonstrierte ein Stück Selbständigkeit gegenüber den Nationalsozialisten, als er im Juni 1943 das Centro per gli studi e l'organizzazione dell' Ordine Nuovo (Zentrum zum Studium und zur Organisation der Neuen Ordnung) reorganisierte und die Leitung dem Milizgeneral Coselschi übertrug[77], der den Deutschen stets suspekt gewesen war. Aber konnte die italienische Nation bei einer Neuorganisation Europas überhaupt noch eine Rolle spielen? Das italienische Kolonialreich war verloren, die Handelsflotte hatte sich bei der Versorgung der deutsch-italienischen Afrikaarmee aufgeopfert, so daß bis zum Waffenstillstand 81% der Mittelmeer-Tonnage auf dem Grund des Meeres lagen, die Westalliierten waren bereits im Besitz der ersten Inseln südlich von Sizilien.[78] Das Volk war kriegsmüde, und Defätismus und Verzweiflung gingen selbst in den Führungskadern der PNF um. Bottai, einer der integersten, intelligentesten und brillantesten Funktionäre des Faschismus, veröffentlichte am 1. Juli 1943 in der Zeitschrift *Primato* einen Artikel, der von Resignation getragen war (Dok. Nr. 36). Das Ende einer Ära kündigte sich an. Dabei war es gerade die Revue *Primato* gewesen, die von Anfang an die These verfochten hatte, daß das Thema Neues Europa kein Monopol des Dritten Reiches sein sollte. An der seit dem 1.3.1940 erscheinenden Publikation hatten Intellektuelle aller Lager, selbst Antifaschisten, mitgearbeitet. Sie bot ihren Lesern ein Bild vom Neuen Europa, in dem unter Berufung auf die gemeinsame Kultur die Unterscheidung zwischen Siegern und Besiegten überwunden wurde. Die Autoren verstanden sich dabei häufig als Protagonisten des faschistischen Europäismus oder als Gegenpole zum Nationalsozialismus.[79] Bottais Artikel *Überlegungen zur Neuen Ordnung* schien bereits der Nachruf für die Bestrebungen der italienischen Eurokraten und Eurofaschisten zu sein.

Die Repubblica Sociale Italiana

Im Sommer 1943 zerbrach die faschistische Vision vom »doppelten Adler«, von einem unauflöslichen Bündnis des römischen mit dem germanischen Adler: Mussolini wurde am 25. Juli gestürzt und verhaftet. Von einem deutschen Kommando befreit, proklamierte er am 27.9.1943 die Repubblica Sociale Italiana (RSI), die weiter zur Sache des Reiches hielt. Viele seiner Anhänger, die europäische Ziele verfolgt hatten, waren von ihm abgefallen. So Camillo Pellizzi, Alberto De Stefani, Dino Alfieri, Giuseppe Bottai, Alberto Pirelli. Bastianini hatte in der entscheidenden Sitzung des Großrates gegen Mussolini gestimmt und wurde 1944 in contumaciam zum Tode verurteilt. Anfang 1944 wandte er sich jedoch durch einen Mittelsmann an den deutschen Botschafter in Norditalien und bot ihm an, »mit allen ihm zur Verfügung stehenden Mitteln für unsere Sache zu arbeiten ...«.[80] Treu zu Mussolini standen weiterhin der CAUR-Aktivist Asvero Gravelli und Eugenio Coselschi, nachdem er aus der Haft der Deutschen entlassen wurde. Zur Sache der RSI bekannte sich auch der ungestüme Giuseppe Solaro, der 1942 im Auswärtigen Amt für Aufregung gesorgt hatte. Er wurde Federale von Turin, bis ihn gegen Kriegsende die Partisanen aufhängten.

Mit dem 25. Juli war der faschistische Europagedanke nicht untergegangen, er läßt sich im politischen Programm der RSI, die Mazzini zu einem ihrer Nationalhelden erkor, nachweisen. Im Manifest von Verona vom 14.11.1943, das die politischen Grundlinien für den republikanischen Faschismus enthielt, war dem Gedanken einer europäischen Gemeinschaft in Form eine Konföderation ein eigener Abschnitt gewidmet (Dok. Nr. 37). Der Verfassungsentwurf der RSI, der von Erziehungsminister Carlo Alberto Biggini (1902–1945) ausgearbeitet und von Mussolini gebilligt worden war, sprach in Artikel 3 von einer internationalen Gemeinschaft (consorzio internazionale) als einem der Ziele der faschistisch-republikanischen Außenpolitik.[81] Die RSI nahm somit als einziger Staat der Achse und des Antikominternpaktes das Bekenntnis zu einer europäischen Union in einen Verfassungsentwurf auf. Die Propagierung des Europagedankens hatte im übrigen deutlich antikapitalistische und auch antijüdische Tendenzen. Der Antisemitismus kann dabei auf den starken deutschen Einfluß auf den Staatsapparat der Sozialen Republik zurückgeführt werden, während der Antikapitalismus ein autonomer Bestandteil des republikanischen Faschismus war, der an die sozialistischen Ursprünge der Gründerjahre anknüpfte. Einige Anhänger des sozialrevolutionären faschistischen Flügels hatten hochfliegende außenpolitische Pläne. Sie konzipierten unter dem Motto »URSE contro USSR« eine Union der europäischen sozialistischen Republiken (Unione delle repubbliche socialiste europee).

Das Thema eines neuorganisierten Achseneuropa stand nicht mehr so im Vordergrund der Überlegungen faschistischer Intellektueller wie noch 1942/43, aber zahlreiche RSI-Diplomaten und Funktionäre fühlten sich weiterhin dem Konzept eines einheitlichen europäischen Blockes verpflichtet, der dank seiner ideologischen und moralischen Geschlossenheit dem Ansturm der kapitalistischen Mächte USA und Großbritannien sowie des sowjetischen Kolosses standhalten sollte. G. Capasso Torre di Caprara hielt am 21.2.1944 vor der Associazione italo-germanica eine Rede, in der er darzulegen versuchte, daß das vom Faschismus favorisierte Modell eines Achseneuropa gerade nicht, wie von den Alliierten behauptet und von den Deutschen praktiziert, auf der Unterdrückung der Unabhängigkeit und Individualität der kleineren Völker des Kontinents beruhen sollte, gleichwohl aber bestimmte einheitliche Prinzipien voraussetzte:[82]

> »Eine europäische Solidarität hat gewiß bestimmte einheitliche Verhaltensregeln notwendig, gegenseitige ökonomische Abkommen zwischen den europäischen Staaten, Übereinkünfte für eine gemeinsame Richtschnur im politischen Bereich – dies war ja bereits in Mussolinis Viererpakt einbezogen –, aber sie bedeutet nicht Zerstörung und ebensowenig Unterdrückung des nationalen Genius der verschiedenen Völker, sondern im Gegenteil Aufwertung und Hervorhe-

Nach der Überwindung von Judentum und Kapitalismus steht dem Arbeiter der Weg ins Paradies – das Neue Europa – offen. Noch 1945 entstand dieses Propagandaplakat der Repubblica Sociale Italiana (Archiv Autor)

bung ihrer geistigen und materiellen Fähigkeiten zur Steigerung des gesamten Reichtums des Kontinents, um seine erzieherische und zivilisatorische Mission hochzuhalten, die er in der Welt immer entfaltet hat.«

Capasso Torres Vortrag war voller Illusionen, denn nichts erstrebte das nationalsozialistische Deutschland der Kriegsjahre weniger als das beschworene gesamteuropäische Konzept des Vier-Mächte-Pakts, das der Duce in den 30er Jahren entwickelt hatte.
Mussolini selbst kam speziell gegen Kriegsende wiederholt auf Europa und die politischen Fehler der Deutschen zu sprechen. Seine Bemerkungen zu diesem Thema waren nicht mehr tagespolitisch motiviert, sie hatten auch keinen Bezug mehr zur Realität der in Agonie liegenden Achse. Hier sprach bereits jemand für die Geschichtsbücher. »Ich sehe die Rettung Europas nur in einer sozialistischen Union aller Staaten Europas«, teilte der Duce am 3. März 1945 Maddalena Mollier mit.[83]

»Ein großartiger Block, der unsere Zivilisation und Kultur verteidigen wird, sowohl gegen den roten Materialismus der Bolschewiken als auch gegen für uns schädliche Experimente nach amerikanischem Muster. Binnen kurzem wird die deutsche, französische, spanische, italienische usw. Frage keine Bedeutung mehr haben; es wird nur noch Europa interessieren ... Ich sage und wiederhole es: Ich sehe die Rettung Italiens und Europas allein in einer Union; gewiß nicht einer Union nach dem Vorbild des Völkerbundes, der immer realitätsfern war und es bleiben wird. Statt dessen ein europäischer Block ...«

Am 18. April 1945, wenige Tage vor seinem Tod, gab er dem Präfekten Gioacchino Nicoletti ein Interview, in dem er den Unterschied zwischen der nationalsozialistischen und der faschistischen Europavorstellung noch einmal deutlich machte:[84]

»Die Deutschen verlieren immer eine Stunde, eine Schlacht, eine Idee. Ich habe mir geradezu die Lunge aus dem Leib geredet, um sie gleich nach der Verkündung der Atlantik-Charta davon zu überzeugen, ein Dokument abzufassen, um es dieser Deklaration von ungeheurem propagandistischem Wert gegenüberzustellen. Nichts! Sie sprechen immer von der Neuen Ordnung, aber sie haben sich gehütet, diese auch nur annähernd zu definieren und geben damit Anlaß zu dem Verdacht, daß das Europa der Neuen Ordnung wenig mehr ist als ein germanisches Protektorat.«

Der Begründer des Faschismus, der sein Land an einen Verbündeten gekettet hatte, der ihn und sein System in den Abgrund führte, besaß mehr politische Kultur, mehr Intuition und Einsichtsfähigkeit als Hitler und Ribbentrop. Aber die von ihm angesprochene europäische Versöhnung war jetzt nur noch ein in den Wind gesprochenes Wort in einem Italien, über das im April/Mai 1945 eine Woge des antifaschistischen Hasses und der Vergeltung raste.

Dokument Nr. 28

Giuseppe Solaro: Das faschistische Gemeinschaftsreich des neuen Europa, 28.2.1942

Das faschistische Gemeinschaftsreich des neuen Europa. Soziale und politische Beweggründe der Revolution im Rahmen der Neuordnung Europas und der Welt. (Beiträge wirtschaftlichen Charakters)

Ein Großteil unserer Studenten wünscht lebhaft, ja geradezu gebieterisch die gegenwärtigen und zukünftigen Probleme der Politik und Wirtschaft gründlicher zu erforschen und die erforschten Ergebnisse in Tatsachenberichten festzuhalten. Zum Beweis dafür braucht man nur die Zusammenkünfte der GUF[1] aufmerksam zu betrachten. Sie haben in ganz Italien einen immer größeren Aufschwung erfahren. Solche Zusammenkünfte dienen nicht nur den Zwecken der Wissenschaft, sondern in ihnen kommt vor allem auch die Geisteshaltung der heutigen studentischen Jugend zum Ausdruck, der es künftig obliegen wird, die Geschicke des Vaterlands zu lenken.

Diese Zusammenkünfte sind deshalb Symptome, die der Wissenschaftler zu Rate zieht, wenn er einen klaren Einblick in das heutige Denken gewinnen will, (denn die Diskussion ist in diesen Zusammenkünften frei und voller Leidenschaft).

Die Geopolitik mußte dabei grundlegende Lehrmeisterin sein, denn sie ist mit ihren deterministischen Voraussetzungen, mit ihren wissenschaftlichen Konstruktionen unter Wirksamkeit ihrer zweckgebundenen Gesetze in ganz besonderem Sinne geeignet, die passendsten Wege zu überprüfen und die gerechten Ziele zu weisen.

Wir hörten in Padua über ein Thema von höchster und grundlegendster Bedeutung sprechen und haben noch einmal den großen Wert dieser Besprechungen hervorgehoben. Wir möchten hier noch einmal über die Grundfragen, die die italienische Geopolitik am meisten angehen, berichten. Unsere Darlegungen mögen zwar auch von anderer Seite her noch zusätzlich beleuchtet werden können, unter Umständen sogar einer neuen Prüfung unterzogen werden, der Kern des Programms wird jedoch stets wirksam bleiben. Es ist es wert, daß man sich näher mit ihm befaßt und es in Erwägung zieht. Ich meine vor allem das Thema des Vortrags, den der GUF-Führer von Turin, Dr. *Solaro,* hielt. Dr. Solaro nahm an verschiedenen nationalen Zusammenkünften teil und bewies in der Darlegung seiner Ideen immer Scharfsinn und Mäßigung. »Selbstverständlich handelt es sich nur um ganz persönliche Ansichten des Redners und man kann daher über sie noch diskutieren und sie einer Revision unterziehen.«

Inhaltsangabe

Aufbau der Gesamtwirtschaft in den verschiedenen Staatengruppen. – Einteilung Europas und Politik der gegenseitigen Ergänzung. – Einordnung der Wirtschaftskomplexe in die Einheit unseres Erdteils. – Wirtschaftsführung und internationale korporative Organismen.

I. – Die uns zur Verfügung stehende Urteilsfähigkeit über das wichtige Thema der sozialen und wirtschaftlichen Neuordnung Europas ist wirklich nicht allzu groß oder vollkommen. Insbesondere sind die Voraussetzungen für die Schaffung eines denkbaren Systems, das auf den Grundsätzen der Vernunft und Universalität fußen soll, erst im Flusse. Ihre Entwicklung ist unsicher und kompliziert. Inmitten dieses Gewirrs kann nur der die Führung erringen, der von hoher politischer Warte aus die gesamten Ereignisse übersieht.

Es besteht zwar eine Lehre. Verantwortliche Persönlichkeiten haben dazu Stellung genommen. Doch diese Ansichten geben nur allgemeine Grundsätze wieder, die dann erst in der Wirklichkeit eine konkrete Deutung erfahren sollen. Die allgemeinen Grundsätze sind noch nicht die Wirklichkeit. Sie müssen an die Verhältnisse angepaßt werden, und sie müssen vor allem noch in die einheitliche Organisation der europäischen Wirtschaft eingeordnet werden.

Übrigens sind viele Faktoren, die für die Lösung des Problems in Betracht kommen würden, noch unbekannt. Die Welt ist unberechenbar und die Zukunft nicht leicht vorauszusehen. Ein großer Teil der Lehre dient heute noch den Kriegsaufgaben. Wir wollen und müssen dagegen von einer Wirtschaft unter normalen Bedingungen sprechen. Die Kriegswirtschaft ist ein Teil des Systems, jedoch nicht das System selbst.

Wir dürfen nicht einmal versuchen, die nächste Zukunft vorauszugestalten. Wir dürfen jedoch zeigen, daß wir entschlossen sind, bestimmte Ziele zu erreichen und ein bestimmtes System nach den Grundsätzen unserer Staatslehre und den Weisungen unserer Führer aufzubauen. Wir sind uns dabei bewußt, daß in der Zukunft einige Auffassungen und Organisationsformen geändert werden können und Abänderungen erforderlich sind.

Es ist unsere Pflicht, den von trägen Dilettanten so beliebten bequemen Weg der politisch-wirtschaftlichen erzählenden Darstellung zu meiden und die unwegsame, mühsame Straße zu wählen, die über schwer zu übersehende Strecken zur Erforschung auch der Einzelheiten des Baues der neuen europäischen Wirtschaftsordnung führt. Grundlegend für die voraussichtliche Neuordnung scheint zu sein, daß die europäische Meinung heute von der Achse die Schaffung der kontinentalen Einheit besonders auf wirtschaftlichem und sozialem Gebiete erwartet. Das heißt, es soll hier eine planvolle überstaatliche Wirtschaft erstrebt werden, die nichts mit der kosmopolitischen Wirtschaftslehre Lists zu tun hat. Wir nehmen ohne weiteres die Rationalität und geschichtliche Berechtigung dieser Tendenz als bewiesen an und betrachten nun die grundlegenden Probleme bei der Verwirklichung der faschistischen Gemeinschaft Europas.

1.) Bildung von Staatengruppen oder mehrvölkischen Gemeinschaften.

2.) Ihre Einordnung in die Einheit unseres Erdteils.

II. – Wenn wir von einer neuen Wirtschaft sprechen, so können wir nicht umhin festzustellen, daß die Wirtschaft von der Politik abhängig oder ihr sogar unterstellt ist. Besonders bei der Bildung von Wirtschaftskomplexen, die mehrvölkische Gemeinschaften voraussetzen, verflechten sich die politischen mit den sozialen und wirtschaftlichen Problemen zu einem dichten Netz von gegenseitigen Beziehungen und gegenseitiger Abhängigkeit, so daß es schwer wäre, die Grenzen einer rein wirtschaftlichen oder einer rein politischen Angelegenheit zu ziehen.

Wir lehnen den pazifistischen Presbyterismus Norman *Angells** ab, dem zufolge die Gegner des Britischen Empire mit diesem Krieg die rohe Zerstörung der Nationalitäten bezwecken sollen. Wir sind vielmehr in unserer faschistischen Theorie und Praxis – noch mehr als Friedrich List** – der Ansicht, daß die Nation eine von innen heraus wirkende Idee ist und daß die Achse danach trachtet, eine gewisse Ordnung in den Länderwirrwarr Wilsons zu bringen, neue Gemeinschaften mit einem möglichst geringen Aufwand an Lebenskraft aufzubauen und die Voraussetzungen für eine fruchtbare Zusammenarbeit innerhalb der europäischen Gesamtheit zu schaffen. Wenn Versailles den Nationalitätengedanken vergewaltigte, ist jetzt das italienisch-deutsche Einverständnis voll wirksam geworden, schreibt A. Canonica.*** Das neue Europa wird sicherlich sämtliche lebensfähigen Nationalitäten innerhalb der Grenzen ihrer Wirksamkeit und nach ihrer Einordnungsfähigkeit in die geplante höhere Ordnung unseres eurafrikanischen Kontinents berücksichtigen.

Virginio Gayda**** schreibt:

»Wie auch das System der politischen Grenzen, die auf dem europäischen Festland oder in den überseeischen Gebieten gezogen werden, ausfallen wird, so ist doch sicher, daß es seine ausgleichende Aufgabe nicht wird ausführen können, wenn es nicht über die Belange der Nationalitäten hinaus die geeinten wirtschaftlichen Kräfte und Interessen der Völker berücksichtigt. Es soll zu einer gelenkten Wirtschaft kommen, die sich nicht mehr auf ein einziges Staatsgebiet, sondern auf ein weiteres europäisches Gebiet stützt, das heißt, mehrere Nationen sollen mit ihren Interessen und Fähigkeiten zusammenwirken. Hierin liegt das System der wirtschaftlichen Gemeinschaft der Nationen.«

»Unter wirtschaftlicher Gemeinschaft kann« – so fügt er hinzu – »kurz gesagt eine Gruppe von Nationen verstanden werden, die sich um einen organisatorischen Mittelpunkt scharen und in endgültigen und dauernden Beziehungen zueinander stehen. Die Gruppe soll mittels eines rationellen vorherbestimmten Plans, der die einzelnen Aufgaben und Interessen harmonisch verteilt, eine produktive Wirtschaft und einen Handel aufbauen, die in ihrem eigenen Gebiet gewissermaßen autarkisch sind, ohne sich dadurch von den anderen europäischen Gemeinschaften abschließen zu wollen.«

Nun können wir also die Staatengruppe als eine Gesamtheit von rassischen, strategischen, geschichtlichen und organisatorischen Faktoren betrachten. Sie soll im wesentlichen zwei Zwecken dienen:

1.) Sie soll den in ihren Fähigkeiten und ihrer Bevölkerungszahl hoch entwickelten Nationen die Möglichkeit geben, bei der wirt-

schaftlichen Ausnutzung eines gegebenen Gebiets im Interesse seiner Bewohner ordnend einzugreifen.
2.) Sie soll durch ihre Zusammenarbeit mit anderen Gemeinschaften die wirtschaftliche Einheit Europas sicherstellen. Darin liegt die einzige Möglichkeit, verschiedenen Übelständen auf unserem Erdteil abzuhelfen und auch für einige nicht zu beseitigende Unzulänglichkeiten einzelner Staatengruppen Abhilfe zu schaffen.
Zur noch wirksameren Widerlegung des Herrn Norman Angell sei hier noch hinzugefügt: Die völkische und bevölkerungspolitische Entwicklung, die Kulturhöhe, das geschichtliche Recht, das Zusammentreffen von Überlieferung und wirtschaftlichen Strömen, die Ergänzung der gegenseitigen Wirtschaften untereinander und das Verkehrssystem sind eine nicht nur logische, sondern auch sittliche Rechtfertigung dafür, daß die großen proletarischen Mächte, die bisher durch ihren engen Lebensraum gelähmt waren, die politisch-wirtschaftliche Leitung eines größeren Raumes übernehmen, ohne die national geschlossenen Gruppen des Gebietes absichtlich unterdrücken zu wollen.
III. – Wollen wir das Wesen der vom Organisationsmittelpunkt ausgehenden wirtschaftlichen und sozialen Führung feststellen, so müssen wir vor allem die Bande und politisch-organisatorischen Beziehungen der einzelnen zur Staatengemeinschaft gehörenden Staaten untereinander bestimmen und einordnen. Folgende Fälle werden nach unserem Ermessen in Frage kommen: Nach dem Kriege wird man am besten für einige Jahre eine Art Staatenbund errichten, der sich jedoch von den herkömmlichen Typen sehr unterscheiden wird. Die Wirtschaftspolitik wird wie die Außen- und Wehrpolitik der Führernation vorbehalten sein. Diese wird dank ihrer strafferen Organisation ihre ganze Organisationsfähigkeit voll beweisen können. Wenn sich dann der Geist der Zusammenarbeit zwischen den einzelnen Ländern und das gemeinsame Interesse für eine engere gegenseitige wirtschaftliche Ergänzung im Gebiet der Staatengruppe durchgesetzt haben wird, wird man zu einem weniger straffen System übergehen können. Die zusammenfassende und einigende Funktion wird dem Führerstaat, der die Macht besitzt, infolge seines Prestiges verbleiben. Verträge auf lange Sicht und ein zwischen den einzelnen Staaten vermittelndes Organ werden in derselben Richtung wirken.
Die wirtschaftliche und soziale Leitung innerhalb der Staatenge-

meinschaft bleibt einem eigens dafür geschaffenen Organ, dem sogenannten korporativen Rat der Staatengemeinschaft, vorbehalten. Er hat seinen Sitz in der Hauptstadt des Führungsstaates. In ihm vertreten die Korporationen der einzelnen Länder ihre besonderen Interessen. Im ersten der beiden soeben erwähnten Fälle (System enger politischer Bindungen) gehört das besagte Organ unmittelbar zur Regierung des Führerstaates. Im zweiten Fall wird er eine hervorragende übernationale Institution darstellen, mit deren Leitung jedoch ein Mitglied der leitenden Regierung betraut ist. Der Korporationsrat der Staatengemeinschaft, dessen Mitglieder nach bestimmten Gesichtspunkten gewählt werden (wir werden später anläßlich des europäischen Korporationsrats noch davon sprechen), ist für alle wirtschaftlichen und sozialen Angelegenheiten zuständig. Er wird insbesondere die Richtlinien für die Zusammenarbeit der verschiedenen Volkswirtschaften, die Vorbereitung der Produktionspläne, wie die politische Gestaltung des Handelsaustauschs und der Zahlungen im inneren Bereich und bei den Beziehungen mit dem Ausland, die Geldpolitik, die Festsetzung der sozialen Grenzen des Eigentums und der Verteilung der Güter, das staatliche Fürsorge-, Unterstützungs- und Versicherungswesen regeln, um, mit einem Wort, die Grundsätze der faschistischen Lehre in die Tat umzusetzen. Ein solcher Organismus wird und muß die Zollunion mit sich bringen. Die geschäftlichen Schwierigkeiten im Innern, wie sie von so vielen Gelehrten aufgezeigt wurden, werden von dem Augenblick an aufhören, in dem eine höhere Staatslenkung eine lebendige Gemeinschaft zwischen wirtschaftlichen und politischen Interessen herstellen wird und der Nutzen des einzelnen dem Gemeinnutz untergeordnet wird.

Die Zolleinkünfte werden nach gerechten Grundsätzen aufgeteilt (Bevölkerungszuwachs, Zahl der Häfen und Grenzbahnhöfe, Hafen und Bahnanlagen, Umfang der Ablade-, Auslade- und Transiteinrichtungen oder auch aller dieser Faktoren zusammengenommen). Es wird ein einheitliches Währungsgebiet geschaffen werden, das sich nach der Währung des führenden organisierenden Staates richtet und in bestimmter Weise die Wechselkurse zwischen der Währung des Zentralstaates und der der anderen Länder der Staatengemeinschaft festsetzt. Im Außenhandel wird nur das Geld des Zentralstaates verwandt. Die Organisation des Binnenmarktes wird sich auf die Produkte und Arbeitsleistungen beschränken, die von den Ländern der betreffenden Ländergruppe geliefert werden können. Der Austausch von Produkten und Arbeitsleistungen zwischen den einzelnen Volkswirtschaften einer der Staatengruppen mit den anderen Staatengemeinschaften und dem Weltmarkt wird geregelt werden.

IV. – Von großer, wenn nicht von ausschlaggebender Bedeutung wird für das zukünftige Wirken und die Leistungskraft einer Staatengemeinschaft die glückliche Gestaltung ihres Gebiets sein. In Rom und Berlin wird es sich bei den Friedensverhandlungen als notwendig erweisen, daß die einzelnen Lebensräume nach aufmerksamer Überlegung bestimmt werden; denn es sollen nachträgliche Grenzbereinigungen vermieden werden, die die internationalen Beziehungen immer nur stören.

Durch diese erste und ursprüngliche Aufgabe der Achse, nämlich die Neuordnung unseres Erdteils, werden die Hauptpunkte ihrer Weltanschauung, ihrer Lehre und ihrer gerechten Politik verwirklicht werden. Ihr höchstes Ziel ist die soziale Gerechtigkeit, die Förderung der wirtschaftlichen Leistungsfähigkeit und der Einigkeit Europas. Deshalb muß man bei der Bildung der Staatengemeinschaften Faktoren politischer und geschichtlicher Art (Rassenverwandtschaft, traditionelle freundschaftliche Beziehungen), Wirtschaftsfaktoren (Möglichkeit der Erzeugung bestimmter Güter, die die höchstmögliche Selbstgenügsamkeit in Rohstoffen und lebensnotwendigen Gütern verwirklichen sollen, Hebung der durchschnittlichen Lebenshaltung der Bevölkerung, vollständige Entfaltung des landwirtschaftlichen Sektors, der Industrie, des Handels und der Möglichkeit, vollkommene Produktionszyklen zu bilden), geographische Faktoren (Nachbarschaft der Gebiete, Entwicklung der wirksamsten Verkehrswege, Möglichkeiten des Baues von Seehäfen für ein bestimmtes Hinterland und Schaffung eines vollkommenen Systems von Verbindungsstraßen und Transportwegen von höchster Wirtschaftlichkeit) sowie strategische Faktoren (Möglichkeit einer besseren Verteidigung der Völkergruppe gegen die Angriffe durch die Mächte eines außereuropäischen Erdteils) berücksichtigen.

Diese Grundsätze kann man natürlich nicht nur auf zwei Staatengemeinschaften in Europa, an deren Spitze Rom und Berlin stehen,

anwenden. Die Bildung dieser beiden einzigen besonderen Staatengruppen würde über kurz oder lang zu einer reinen Aufteilung Europas in zwei klar getrennte Blöcke führen. Aus einem Knechtschafts- und Vasallenverhältnisse würden dem organisatorischen Gefüge schwere Folgen erwachsen. Ein solches Verhältnis könnte sich zwischen dem leitenden Staat (Deutschland oder Italien) und den anderen, auch gerade fernliegenden, Ländern heranbilden, mit denen uns keine völkischen, wirtschaftlichen oder geschichtlichen Bindungen verknüpfen, die wir aber für den sicheren Bestand der Staatengemeinschaft für notwendig halten.
Man würde schließlich aus dem Regen eines zersplitterten Nationalismus in die Traufe unförmiger internationaler Organismen fallen. Nur zwei europäische Einheiten könnten mittels eines der beiden besagten Herrschaftssysteme bestehen; d. h. entweder mittels des Systems der geschlossenen Kreise, wobei der eine Block bestrebt wäre, mit dem anderen auf den außereuropäischen Märkten zu konkurrieren, nachdem er sich im Innern vollkommene Autarkie gesichert hat. Das würde zu den üblichen Konkurrenzerscheinungen der »Dumpings« und Wirtschaftskriege führen. Oder mittels der Kostentheorie Ricardos, also strenger Arbeitsteilung, die Deutschland den industriellen Sektor, Italien den landwirtschaftlichen und kommerziellen Sektor zuweisen würde. Das eine wie das andere ist zu verwerfen; denn die Erfahrung hat gelehrt, daß solche Systeme sich schädlich auswirken.
Nur mit Widerstreben blicken wir auf Frankreich und England als auf sich selbst gestellte Gemeinschaften. Wir möchten auf zwei besondere Fälle hinweisen. Die Achse wird zunächst für eine passende Zeit ein besonderes Regierungssystem des Zwanges festsetzen und damit auf gewaltsamem oder auf friedlichem Wege den Geist der europäischen Solidarität bestimmen. Aber es ist andererseits nach der faschistischen Theorie von der Gemeinschaft und nach der nationalsozialistischen Theorie von den Lebensräumen (die Deutschen würden in diesem Falle von Wirtschaftsräumen sprechen) unmöglich, sich Frankreich und England als Teil der Staatengemeinschaften Roms oder Berlins vorzustellen. Die Aufteilung der Kolonien und Rohstoffe ist etwas anderes. Es darf auch nicht vergessen werden, daß trotz der Errichtung verschiedener Volksgruppierungen der Achse allein die Leitung gebührt. Diese Leitung wird durch die

höhere Kultur, Bildung und Organisationsfähigkeit sowie durch die Kraft, die die Achse schon in sich selbst trägt, gerechtfertigt. Ohne die europäische Landkarte zeichnen zu wollen, möchten wir hier einen Entwurf einer möglichen Aufteilung unseres Erdteils auf Grund der erwähnten Grundsätze aufzeigen:

1.) Die Deutsche Staatengemeinschaft, bestehend aus dem Deutschen Reich als leitendem Staat, der Tschechoslowakei, den Niederlanden, Dänemark, Polen, den Baltischen Ländern, Weißrußland, der Ukraine, Kaukasien sowie allen ehemals deutschen Territorien und Kolonien.

2.) Die Römische Staatengemeinschaft, bestehend aus Italien als leitendem Staat, der Schweiz, Kroatien, Albanien, Griechenland, Ägypten, Tunis, Libyen, Palästina, Syrien, dem Irak, überdies Italienisch-Ostafrika und verschiedenen anderen Kolonien, ferner Grenzberichtigungen gegenüber Frankreich, Neutralitätsregime Gibraltars, der Dardanellen und des Bosporus.

3.) Die Iberische Staatengemeinschaft, umfassend Spanien als leitenden Staat, Portugal, überdies afrikanische Besitzungen und ein erweitertes Marokko.

4.) Die Französische Staatengemeinschaft, bestehend aus Frankreich, Algerien und einem verkleinerten Marokko, wobei diese zunächst unter direktem organisatorischen Einfluß der Achse stehen müßte.

5.) Die Britische Staatengemeinschaft, bestehend aus England, Irland und einigen noch näher zu bestimmenden Kolonien, wobei der Achse ein Einflußrecht wie zu 4.) zustehen müßte.

6.) Die Karpaten-Donau-Staatengemeinschaft, umfassend Ungarn, Rumänien, Südslawien ohne Kroatien, Bulgarien mit der ihm angegliederten europäischen Türkei. Hier müßte für die erste Zeit ein Sonderregime zur Lösung der schwierigen Fragen wegen der Empfindlichkeit der einzelnen Staaten in Kraft gesetzt werden. Nach und nach könnte wie bei den anderen Staaten die Bindung an einen übernationalen »korporativen Rat« eintreten, dessen Sitz in einer noch näher zu bestimmenden Hauptstadt einverständlich festzulegen wäre.

7.) Die Skandinavische Staatengemeinschaft mit Finnland als leitendem Staat, dem das russische Karelien angegliedert werden müßte, Schweden, Norwegen und Island.

8.) Die Russische Staatengemeinschaft ohne Ukraine, Kaukasien, Weißrußland und Karelien, die wie zu 4.) dem Achseneinfluß unterliegen müßte.

V. – Auch vom rein wirtschaftlichen Standpunkte aus kann man versichern, daß der Wunsch nach der Autarkie der einzelnen Staatengemeinschaften (unter Autarkie versteht man den höchstmöglichen Ausbau der lokalen Hilfsquellen) sich mit den Bestrebungen nach wirtschaftlicher Einheit Europas vereinbaren läßt. Für die Völker Europas ist vielmehr eine Politik der gegenseitigen Ergänzung, die in der Aufteilung wirtschaftlicher Funktionen unter die verschiedenen Gruppen des Erdteils gesehen wird, zweckmäßig. Aus der gegenseitigen Ergänzung dieser Gruppen soll ein aktiver intereuropäischer Güteraustausch hervorgehen, der die Wirtschaft Europas im höchsten Maße entwickeln und den durchschnittlichen Lebensstandard seiner Völker heben soll.

Wir haben es schon gesagt und auch Beispiele dafür gebracht, daß die Achse gerade angesichts solcher Ergebnisse geeignete Staatengemeinschaften bilden muß. Ich füge nur noch hinzu, daß die faschistische Politik der gegenseitigen Ergänzung keine Wiederholung des Ricardoschen Schemas von der automatischen internationalen Arbeitsteilung ist. Bei der Einteilung Europas in Staatengruppen muß zwar auf gewisse aufbauende Faktoren Rücksicht genommen werden (wirtschaftliche, soziale und völkische Faktoren seiner Struktur). Sie weisen aber einer bestimmten Gruppe ein bestimmtes Betätigungsfeld zu, andernfalls wäre eine gegenseitige Ergänzung und somit auch die Solidarität Europas ausgeschlossen. Die wirtschaftliche Einheit kann zwar durch eine geordnete Zusammensetzung der Autarkien der verschiedenen Länderkomplexe durch Zuteilung bestimmter Aufgaben an große Gebiete oder durch Schaffung geschlossener Wirtschaftskreisläufe (gegenseitige ergänzende Betätigung, vollkommene Autarkie innerhalb des Lebensraums und an den Grenzen zwischen den einzelnen Lebensräumen) hervorgehen. Aber zwischen dieser und der Theorie Ricardos, die die Arbeitsteilung auf die automatische Wirkung der Kostenlage zurückführt, besteht ein beträchtlicher und wesentlicher Unterschied. Es besteht zumindest ein Unterschied – und daraus entstehen alle anderen –, nämlich der zwischen dem (liberalen) Automatismus der wirtschaftlichen Tätigkeit und der (faschistischen) Organisationsfähigkeit derselben.

Jede einzelne Gruppe wird im Innern die größtmögliche Autarkie für die wirtschaftliche Einheit Europas anstreben. Diese Autarkie besteht im Ausbau aller Kräfte als wirkliche Garantie für eine wirksame politische Unabhängigkeit. Jede einzelne Gruppe wird gleichzeitig auch gerade die Tätigkeit besonders entfalten, die ihr am meisten liegt und die für das allgemeine Wohl der europäischen Gemeinschaft am nützlichsten ist.

Zur Klärung sei folgendes gesagt: Italien wird seine Autarkie auf dem Gebiete der Ernährung im mittelmeerischen Sektor aufbauen; es wird der künftigen Generation mittels einer mächtigen Kriegsindustrie die Unabhängigkeit sichern, aber es wird sich andererseits auf Schiffsbauten, auf die Industrien, die die Grundlage des Handels bilden (die Textilindustrie ist besonders wichtig), und auf Seehandelsaufgaben spezialisieren, womit es sämtlichen europäischen Gemeinschaften dienen kann. Deutschland wird die Verstärkung seiner Autarkie auf dem Gebiet der Landwirtschaft und des Handels nicht unbeachtet lassen, und es wird zum Nutzen Europas seine eigene industrielle Tätigkeit weiter entfalten (besonders die Schwerindustrie, die chemische Industrie usw.).

Gayda ist auch meiner Ansicht: Er versichert, daß eine im Bereiche einer Gemeinschaft weit vorgeschrittene Autarkie die Ausbreitung des Handels zwischen den verschiedenen Staatengruppen nicht ausschließt, sondern sogar dafür sorgt. Er sagt im Hinblick auf die Arbeitsteilung, daß die natürlichen Produktionsverhältnisse beschränkt sind – sie lassen sich wegen der Unzulänglichkeit der Märkte nicht in allen Ländern schaffen (wie z. B. die Zeitungsrotationsmaschinen). Auch die Rohstoffe sind an bestimmte Gegenden und klimatische Verhältnisse gebunden und könnten nicht überall gewonnen werden (wie z. B. Südfrüchte, Öl, Kohle, Petroleum und andere Mineralien).

Die Richtlinien zur Verwirklichung der oben genannten Grundsätze sind allen bekannt: Ausgeglichener Güteraustausch zwischen den Staatengemeinschaften durch die Kontrolle der gesamten Ein- und Ausfuhr auf der Grundlage von Handelsverträgen und vernünftigen, angemessenen Zöllen. Handelsverträge von langer Dauer, Zusammenschlüsse oder Kartelle (die von der Regierung beaufsichtigt werden) bei der Herstellung von massen- und standardisierten Produkten; gleicher Anteil an Rohstoffen je nach den wirtschaftlichen Bedürfnissen der einzelnen Staatengemeinschaften; Regelung der Zahlungsgeschäfte durch das vielseitige Clearingsystem und das System der Überweisung der Salden von einem Clearing zum anderen (Clodius hat ein Zentralclearingsystem vorgeschlagen, das seinen Sitz in Berlin und in Rom haben soll, und erinnerte dabei an die »Verrechnungskasse«, die das Clearing zwischen den von Deutschland besetzten Gebieten regelt); wenige Währungen mit festem Kurs, der dem Gebiet der wenigen europäischen Gemeinschaften und der Kraft ihrer produktiven Tätigkeit entsprechen soll; überall gleiche Politik der sozialen Gerechtigkeit, der Grenzen des Eigentums und des Nutzens; geschlossene Front gegenüber den internationalen Beziehungen sowohl um etwaigen wirtschaftlichen Kämpfen standhalten als auch friedlichen Warenaustausch unter günstigen Bedingungen pflegen zu können. Besonders die Beziehungen mit dem japanischen Lebensraum – Japan kämpft heute ebenfalls den höchsten Kampf für die Gerechtigkeit unter den Völkern – müssen herzliche sein. Die gegenseitigen Interessen und das hohe Ziel der neuen Weltordnung müssen geachtet werden.

VI. – Diese und andere Formeln veranlassen mich, etwaige übernationale Organe in Erwägung zu ziehen, die zur Aufsicht der Wirtschaftskomplexe bestimmt wären. Man stellt überall heute die schüchterne Frage, ob der Ordnungsorganismus der europäischen Staatengemeinschaft nicht schließlich zu einer außernationalen Organisation werden kann, die souverän über all das, was das Leben des europäischen Komplexes anlangt, herrscht und die, wenn auch nur weitläufig – denn sie geht von anderen Beweggründen aus –, an den verflossenen Völkerbund erinnert. Oder ob die italienische und deutsche Regierung einen europäischen Überstaat bilden werden, der mit den beiden herrschenden Mächten identisch ist, die einen einzigen granitenen geistigen und faktischen Block bilden würden, ein einziges Ganzes, d. h. ob sie ein Verfassungsorgan mit eigener juristischer Persönlichkeit schaffen werden, das von allen Regierungen Europas anerkannt würde und mit gesetzgebender Gewalt zur Gleichschaltung der politischen Aktion des Kontinents in außereuropäischen Fragen ausgestattet wäre.

Nach meiner bescheidenen Ansicht wird das beste Ergebnis für eine

einheitliche Wirtschaftsführung der europäischen Gemeinschaft nur durch die kooperative Vertretung aller interessierten Kategorien erreicht werden. Das korporative System verbreitet sich über den ganzen Erdteil nicht als Übertragung von Einrichtungen, sondern als Bestätigung eines Grundsatzes. Es will die Interessen und die Gerechtigkeit aller gegen das unvernünftige und ungerechte System der zahlenmäßigen Vertretung schützen. Wenn wir auch für das Wort »korporativ« einen anderen, für die Gesamtheit der europäischen Länder besser passenden Ausdruck wählen würden, würde dabei doch nicht die Substanz der Auffassung verlorengehen.
Der Organismus, der nicht mit einem überstaatlichen Gebilde im strengen Sinn des Wortes oder etwas ähnlichem wie dem Völkerbund zu verwechseln sein darf und der für die wirtschaftliche Einheit Europas wirken muß, wird nach meinen bisherigen Darlegungen nichts anderes sein können als ein europäischer »korporativer Rat«, der juristische Persönlichkeit hat und von allen Völkergemeinschaften anerkannt wird. Er darf deshalb nicht nur aus Elementen der italienischen und deutschen Regierung zusammengesetzt sein, sondern muß auch die Vertreter der korporativen Räte sämtlicher Staaten in sich aufnehmen. Er gewährt den diesbezüglichen Staaten die natürliche Ausbreitung auf dem europäischen Plan. Die Zahl der Mitglieder des obersten Rates muß in einem besonderen Verhältnis stehen zu der Gesamtheit, der sie beitreten. Sie hängt von der völkischen und wirtschaftlichen Leistungsfähigkeit der einzelnen Staatengruppen, von ihrer Organisationsfähigkeit, von der Höhe ihrer Kultur und Bildung und von den Verdiensten ab, die in Krieg und Frieden bei der Bildung der faschistischen Weltanschauung erworben wurden.
In der ersten Zeit der engen politischen Verbundenheit müssen alle leitenden organisatorischen Stellen aus organisatorischen Gründen in den Händen der Achse sein. In der Folge können sie teilweise den Vertretern anderer Völkergemeinschaften anvertraut werden. Der Rat ordnet mittels »gesetzlicher Befehle« die wirtschaftlichen und sozialen inneren und äußeren Beziehungen auf den Gebieten, die notwendigerweise einer strengen einheitlichen Disziplin vorbehalten werden müssen, und mittels »Richtlinien« die Angelegenheiten, die man der freien Entscheidung der Staatsgruppen überlassen kann, denen man jedoch bestimmte Bahnen weisen muß, und

schließlich mittels verbietender »Normen«, die der Tätigkeit aller Staaten bestimmte Grenzen setzen.
Die wirtschaftlichen und sozialen Interessen der verschiedenen Teile Europas werden deshalb doppelt vertreten sein, einmal in den korporativen Räten der Staatengemeinschaften und dann im europäischen Rate, der sich aus Elementen der ersteren zusammensetzt So wird dem höchsten Rat die Aufgabe leichter gemacht, die bereits in Ausführung begriffenen Produktionspläne nach dem bekannten faschistischen Grundsatz, die Pläne für den Verbrauch, die Berufsgliederung und die Zweckmäßigkeit des interkontinentalen Handels festzusetzen und so endgültig den Begriff der Arbeitskultur in ganz Europa in die Tat umzusetzen.
Man sollte nicht vergessen, daß es sehr nützlich wäre, den Räten der Staatengemeinschaften sowie dem Europäischen Rate ein beratendes Organ beizugeben. Dieses müßte sich aus bedeutenden Wissenschaftlern zusammensetzen, die sich mit wirtschaftlichen und sozialen Fragen befassen, aus Universitätsprofessoren und Wirtschaftsfachleuten, die ohne Rücksicht auf Herkunft, Gesellschaftsstufe und Alter allein auf Grund ihres technischen Fachwissens und ihrer vielseitigen Bildung und Erfahrung gewählt würden. Diesem technischen Amt käme die Aufgabe zu, die Auslegung der faschistischen Lehre und die Zusammenarbeit aller Länder weise zu lenken. Diese Länder sollen einträchtig – in den Worten Mussolinis und Hitlers – das alte Europa »wiederfinden«, das die Spenderin der höchsten und unersetzlichen kulturellen, künstlerischen und wissenschaftlichen Werte ist und einen Schatz höchster geistiger Güter in sich birgt.

Anmerkungen:

[1] GUF = Gruppi Universitari Fascisti, Faschistische Studentenorganisation

* Norman Angell, La guerra e la natura umana, S. 234

** Friedrich List, Das nationale System der politischen Ökonomie, in: »Nuova collana di Economisti«, S. 189

*** August Canonica, Nazioni, spazi ed intese nell'economia di domani, in: »Orientamenti dell'economia nell'europa fascista«, S. 147, S. E. T., Turin 1941

**** Virginio Gayda, L'Economia di domani, S. 45

Quelle:

Giuseppe Solaro, La comunità Imperiale Fascista della Nuova Europa, in: Geopolitica, 4. Jahrgang, Nr. 2 vom 28.2.1942, S. 93–98. Die deutsche Übersetzung, besorgt durch Dr. Wolfgang Steinacker, den Leiter der Publikationsstelle Innsbruck, die das norditalienische Schrifttum überwachte, befindet sich in den Akten des Auswärtigen Amtes: PA AA, Inland II g 291. Volkstum und Grenzfragen. Beobachtg. italien. Aktivität an Alpengrenze der Publikationsstelle Innsbruck von 1941–1943, 632 109–632 124

Dokument Nr. 29

Raffaele Ciasca: Die Verteidigung Europas, 1.8.1942 (Auszug)

[...] Nationale Propaganda und nationale Bewegung standen nicht im Gegensatz zu den Idealen einer möglichst weiträumigen europäischen Union. Beweis dafür ist, daß es gerade der überzeugte Verfechter des Nationalitätenprinzips, Gian Domenico Romagnosi[1], war, der als erster das Konzept einer »Familie der europäischen Nationen« bejahte, eine Idee, die dann von Carlo Cattaneo[2] weiterentwickelt wurde, der das Bild der »Vereinigten Staaten von Europa« entwarf, das sich nach dem Modell der Vereinigten Staaten von Amerika richtete; Beweis dafür ist weiter, daß Giuseppe Mazzini, der große rastlose Verkünder der Unabhängigkeit und Freiheit Italiens und der europäischen Völker, zur gleichen Zeit beteuerte, daß sich die europäischen Nationen in einem einheitlichen politischen System harmonisch zusammenfassen müssen, das die politische und ökonomische Solidarität des gesamten Kontinents bestätigt und damit die Unterteilungen innerhalb der großen europäischen Familie, soweit diese notwendig sind, aufwiegt. Beweis dafür ist weiter das Programm Mitteleuropa der Länder Zentraleuropas, das in den Vorkriegsjahren und den Kriegsjahren des kaiserlichen Deutschland entworfen wurde und bis zum Krieg 1914–18 zahlreiche überzeugte Befürworter und Apostel besaß und nicht zuletzt in zahlreichen Entwürfen zur politischen Landkarte Europas Niederschlag fand, die geprägt waren von diesem deutschen Herrschafts- und Machtprogramm, das in unseren Tagen glückliche Verwirklichung fand.

Projekte zur Einigung Europas haben auch in den letzten Jahren nicht gefehlt. Aber wenn sie ehrlich gemeint waren, das heißt nicht von parlamentarischen Interessen oder solchen des nationalen oder persönlichen Prestiges diktiert waren, sondern von der Absicht, das dem Sturm ausgelieferte Europa zu versöhnen, sind sie gescheitert, weil sie vorhatten, die großen europäischen Probleme ohne die notwendige und unabweisbare Solidarität zu lösen, auf der Giuseppe Mazzini immer bestanden hatte, und ohne die elementaren Lebensbedingungen der jungen Völker mit hoher Geburtenrate anzuerkennen, die Europa eine neue Parole anbieten können. Das Aufblühen solcher Programme ist indirekt ein Beweis dafür, daß die Einheit Europas ein lebendiges und drängendes Problem ist. Für uns scheint sich eine Entwicklung abzuzeichnen, die das zivilisierte Europa seiner Einheit zuführt. Die Bedürfnisse des Krieges haben in Wirklichkeit die Solidarität zwischen den europäischen Völkern noch notwendiger und augenscheinlicher werden lassen, sie haben einige politische, militärische, ökonomische und kulturelle Probleme aufgeworfen und deutlich gemacht, deren Lösung man nur unter der Bedingung erreichen kann, daß daran die vom europäischen Geist beseelten Nationen mitarbeiten; die Bedürfnisse des Krieges haben dazu beigetragen, politische Ideen, Regelungen, gesetzgeberische, politische und ökonomische Maßnahmen zu verbreiten, die zuerst nur einzelnen Staaten eigen waren, sie haben die Bewertung von Situationen, Ereignissen und Wünschen vereinheitlicht. Die exzessive Aufteilung Ostmitteleuropas ist korrigiert worden; Österreich ist in dem großen deutschen Staat aufgegangen, dem es wegen der Identität der Rasse, der Sprache, der Kultur, wegen zahlreicher Traditionen und der gemeinsamen Geschichte verbunden war; einige kleinere Staaten, die der sogenannte »Frieden von Versailles« geschaffen hat, sind verschwunden und mit ihnen politische Barrieren, Zollbarrieren und solche verwaltungsmäßiger und kultureller Art. Das Kriterium der Nationalität, bisher als einzigartiges und absolutes Prinzip für die Staaten vorausgesetzt, ist durch andere Überlegungen einer viel weiteren Ordnung korrigiert und gehärtet worden. Es gibt in Zentraleuropa die Tendenz zu einer weitgreifenden germanischen politischen Einheit unter Berücksichtigung der ökonomischen Notwendigkeiten, die alle Zweige der großen Völkerfamilie umfaßt, die in diese Einheit eintreten; es scheint sich ein Mittelmeer-Zusammenschluß unter dem Einfluß Italiens abzuzeichnen, wie ihn geographisch und historisch unsere Vergangenheit und Gegenwart gebieten.

Dies sind sehr interessante Entwicklungen, die, wie wir es vorhersehen, mit dem Kriegsschluß nicht beendet sein können; es sind neue Tendenzen und Bestrebungen, oder, wie es sich heute klarer abzeichnet, Schritte zur Einigung unseres Kontinents.

Aber ich glaube, daß die endgültige Einigung Europas nicht nur durch die Vertiefung und Entwicklung des Prozesses der inneren

Affinität der verschiedenen Teile Europas geschehen kann, die die historische und geistige Einheit unseres Kontinents ausmacht, und nicht nur durch die Stärkung des tausendjährigen Zusammenwirkens zwischen den geistigen Werten und den technischen Werten unseres Lebens. Die europäische Einigung ist ein zutiefst politisches Problem, nicht nur ein solches der Gedanken und Ideen. Es darf daher nicht verwundern, daß sie von einigen wenigen europäischen hegemonistischen Mächten als notwendige Bedingung zwingend durchgesetzt wird, damit unser unruhiger Kontinent nicht fortfährt, ein Miteinander von Staaten zu sein, die untereinander dauernd streiten, und damit nicht die noch verbleibende Möglichkeit verlorengeht, weiterhin als entscheidender Faktor auf die Kultur der Welt Einfluß zu nehmen.
Zu beschreiben, welches die möglichen künftigen Entwicklungen Europas sind, ist nicht unser Ziel. Dennoch sei es erlaubt zu behaupten, daß die neue Ordnung sich herausbilden könnte, wenn nicht nur die allgemeinen und technischen Hindernisse überwunden werden, die heute die ökonomische Ergänzung hemmen, die das ganze zivilisierte Europa nötig hat, sondern auch alle Hindernisse politischer Natur und die Widerstände überwunden werden, die aus der Unbeweglichkeit derer herrühren, die sich auf alte Privilegien berufen.
Die Zerstörung der vielen politischen Barrieren, der Zollgrenzen, der kulturellen und psychologischen Barrieren, die Gelegenheit zu Krisen und fortwährenden Kämpfen in Ostmittel- und Südosteuropa gegeben haben, der Stoß durch die Wand, welche die grenzenlose und primitive russische Welt, die so reich an unausgeglichenen Triebkräften ist, von dem geordneten, hierarchischen und arbeitsamen Europa trennte, der Untergang des imperialistischen russischen Traumes und des eisernen europäischen Programms des Kommunismus, der Bruch mit dem Modell der gleichmacherischen Französischen Revolution und der erbitterte Kampf gegen das Ideal der britischen bürgerlichen Gesellschaft, all das sind weit mehr als nur bloße militärische Erfolge der Achse. Europa sucht den Weg zu einer dauerhaften Befriedung, macht, nach unserem Urteil, die ersten Erfahrungen mit einem einheitlichen Leben; es sucht den Frieden für die Einheit; es sucht die Einheit für den Wohlstand.
Vor der Erreichung dieses Ziels türmen sich gewaltige Probleme

auf: politische, ökonomische, militärische usw. Aber wer die großartige Anstrengung der Organisation, der Disziplin, der Systematik vollendet hat, die das komplexe Gebilde des Krieges mit sich bringt – auf den unterschiedlichsten Feldern, politisch und ökonomisch, militärisch und zivil, sozial und industriell, finanzmäßig und kulturell –, bei dem ist vorauszusehen, daß er auch die großen Probleme meistern wird, die die neue europäische Ordnung mit sich bringt.

Anmerkungen:

[1] Gian Domenico Romagnosi (1761–1835). Italienischer Jurist, der eine naturalistische Rechts- und Staatstheorie entwickelte.

[2] Carlo Cattaneo (1801–1869). Italienischer Publizist und Politiker, Teilnehmer an der Revolution von 1848. Republikaner, propagierte die Idee eines italienischen Staatenbundes.

Quelle:

Raffaele Ciasca, Difesa dell'Europa, in: Primato. Lettere e Arti d'Italia, 1. August 1942 (Übersetzung: Autor)

Dokument Nr. 30

Kongreß des Istituto Fascista di Cultura über »Die Idee Europa«, 23.–26.11.1942. Diskussionsbeitrag von Camillo Pellizzi (Auszug)

[...] Betrachten wir für einen Augenblick die Idee Europas in der aktuellen Krise.

Wir müssen aus den zu allgemeinen Konzepten herauskommen und dürfen keine langen Umstände mehr machen.

Welches sind in dem gegenwärtigen Kampf die Kräfte und Motive, die mit der Idee Europa übereinstimmen, welches sind die Kräfte, die sich statt dessen von der Entwicklung und der Verwirklichung Europas entfernen?

Propagandistisch sagen wir unter anderem: Europa ist in unseren Gedanken, Europa ist bei uns, bei der Achse. Diese Erklärung ist aus vielen Gründen nützlich, denn sie ist ein Kriegsinstrument; aber wir wollen auch untersuchen, in welchem Sinn die Achse die Kraft ist, die der Idee Europas Ansehen verschafft und sie durchsetzt.

Auch hier muß man sich mit einiger Klarheit verständlich machen. Ist es möglich, ein Europa als Institution zu konzipieren, das, sagen wir es offen, durch Gewalt zusammengehalten wird?

Das ist nicht möglich, denn man würde etwas zusammensetzen, das nicht Europa sein würde, besser gesagt, es würde etwas von dem geistigen Gehalt fehlen, der, wenn es ihn gibt, Europa ausmacht; fehlt er, fehlt Europa; das heißt, man würde einen geopolitischen Faktor von großer Bedeutung schaffen, aber nicht die Idee Europas, die die Beteiligung der Europäer voraussetzt.

Sollen wir wünschen, daß Europa allein das Resultat eines rein militärischen Aktes sein könnte, eines rein instrumentalen Aktes, indem sich etwa eine Nation oder eine Gruppe von Nationen in einem bestimmten Augenblick in Bewegung setzt, Grenzen erobert und die geographischen Außenbereiche dessen erreicht, was Europa sein kann, und damit hat es sich?

Europa kann nicht so geschaffen werden. So kann eine großartige Sache geschaffen werden, ein großes historisches Phänomen ins Leben gerufen werden, aber es wird nicht Europa sein.

Und jetzt müssen wir uns der anderen Seite des Dilemmas zuwenden

und sagen: Es ist nötig, daß jeder einzelne Europäer oder jede Gruppe von Europäern, Nationen, Mini-Staaten (S. Marino, Andorra etc.) an einen Tisch zusammengerufen würden, und man fragt: Wollt ihr Europäer sein und an einer Konföderation, an einer europäischen Vereinigung, die so und so aufgebaut ist, teilnehmen, oder wollt ihr nicht? Wenn die Mehrheit ja sagen würde, hätten wir Europa geschaffen!
Auch das ist offensichtlich eine abstrakte Vision von Europa, eine abstrakte Vision einer möglichen europäischen Gestaltung.
Viele Male, wenn ich mit deutschen Freunden und Kameraden diskutierte, erinnerte ich sie daran, was für mich die kleine Vorgeschichte dessen ist, was der europäische Makrokosmos sein könnte: Es ist die italienische Geschichte.
Die italienische Geschichte der letzten sieben Jahrhunderte präsentiert im kleinen genau das Modell dessen, was die Geschichte der Schaffung Europas sein könnte. Und ich sagte ihnen: Seht ihr? Piemont, das mit einzelnen anderen italienischen Mächten verbündet war, hat Italien geschaffen, ja, aber es hat Italien geschaffen, indem es vor allem mit einer eindeutig italienischen Fahne auftrat und nicht mit einer piemontesischen; und weil es in zweiter Linie auf diese Fahne einige universelle Prinzipien geschrieben hatte, in denen sich jeder Italiener in seiner Eigenschaft als Italiener, denkender Mensch und moralisches Wesen wiederentdecken konnte.
Es ist nötig, in der eigenen politischen Aktion ein moralisches Prinzip universellen Charakters wahrzunehmen, so daß der Mensch, der sein eigenes Werk in dieses Unternehmen einbringt, spürt, daß er nicht nur einem augenblicklichen Interesse gehorcht, einer besonderen Überzeugung, sondern auch einer moralischen Norm mit universellem Charakter.
Ich glaube (und das ist vielleicht die überaus wichtigste Schlußfolgerung für uns), daß bei den Aktivitäten der Achse, nicht nur solchen mit propagandistischen und daher instrumentellen Zielen (Ziele, von denen wir uns, wenn wir Europäer sind, nicht total beherrschen lassen wollen, denn wir wollen das Ziel nicht dem Instrument, sondern das Instrument dem Ziel unterordnen), sondern auch bei dem Ziel unserer Bewußtseinsschärfung, bei dem, was wir tun und wofür wir kämpfen, bis heute ein eindeutiges Gefühl, eine klare Formel dessen, was Europa in seiner historischen Realität ist und was Europa in seiner Zukunft sein will, fehlt.

Es wurde gesagt, in Zeiten des Krieges, wo so viele Interessen entbrannt sind, haben wir die Mitarbeit aller nötig, und es ist nicht möglich, in das Stadium der Präzisierungen einzutreten, der kühnen Erklärungen, was wir morgen machen müßten!
Nein, das verlangt man nicht, man verlangt nicht, daß heute Statuten, geographische Karten und Vorschriften für ein künftiges Europa gemacht werden. Das wäre sicherlich lächerlich und verfrüht. Aber, was man tiefer und eindeutiger wahrnehmen müßte und was man nicht fühlt (und das ist vielleicht der schwächste Punkt in all unserer Propaganda und in all unseren Aktionen, die wir durchführen, um in uns und unseren Mitbürgern das Bewußtsein vom absoluten Wert dieses Krieges zu stärken), ist der Wert von Europa. Dieser europäische Wert müßte eindringlicher und klarer empfunden werden.

Quelle:

L'Europa al convegno degli Istituti fascisti di Cultura nel 1942, in: Intervento, Roma Nr. 41, Januar-Februar 1980, S. 119–121 (Übersetzung: Autor)

Dokument Nr. 31

Unterredung des Fürsten Bismarck[1] mit Unterstaatssekretär Bastianini, 23.2.1943 (Auszug)

Geheime Reichssache — Rom, den 23. Februar 1943
Nr. 286/43 g. Rs.

Betrifft: Unterredung des Fürsten Bismarck mit Unterstaatssekretär Bastianini

In der Anlage überreiche ich eine Aufzeichnung des Gesandten Fürst Bismarck über eine Unterredung mit dem Unterstaatssekretär Bastianini. Die darin gemachten Ausführungen Herrn Bastianinis hat er mir gegenüber in seinen Gesprächen in gleicher Weise zum Ausdruck gebracht. Ich bin überzeugt, daß es sich hierbei um Gedankengänge des Duce handelt, die Herr Bastianini sich zu eigen gemacht hat.

gez. v. Mackensen[2]

[Anlage]

Rom, den 23. Februar 1943

Aufzeichnung

Ich habe heute durch Vermittlung des Kabinettschefs Babuscio den Staatssekretär Bastianini besucht, der sich mit mir etwa eine Stunde lang unterhielt.
[...]
Das zweite Thema, über welches Herr Bastianini sich ausführlich ausließ, behandelte die Bekanntgabe der politischen Ziele der Achsenmächte. Er hielte es für einen untragbaren Zustand, daß die Feindmächte sozusagen das Monopol für die Regelung der Nachkriegswelt für sich in Anspruch nähmen. Heute sei es so, daß keines der von uns besetzten oder neutralen Länder Europas sich eine Vorstellung davon machen könnte, wie der europäische Kontinent nach

einem deutsch-italienischen Sieg neugestaltet werden soll. Das Ergebnis hiervon sei, daß keines dieser Länder den Sieg der Achsenmächte wünscht. Er sei sich natürlich darüber klar, daß man heute keine endgültige Regelung beschließen könne. Auf der anderen Seite sei es aber höchste Zeit, durch gewisse klare Richtlinien, die den übrigen Ländern Vertrauen einflößten, nicht nur der Propaganda der Feinde entgegenzutreten, sondern einen positiven Beitrag zum Wiederaufbau Europas zu liefern. Es sei ausgeschlossen, einen Krieg nur durch die Waffen zu gewinnen. Hierzu gehöre auch eine tragende Idee, und daran fehle es bei den Achsenmächten. Diese politische Frage erscheine ihm die wichtigste, welche die beiden Achsenpartner augenblicklich zu besprechen hätten. Gerade der jetzige Augenblick, wo die bolschewistische Gefahr auch den abseits stehenden Ländern Europas so klar vor Augen trete[3], sei der gegebene, um die durch die Propaganda der Gegenseite verwirrten Gemüter in unserem Sinne zu beinflussen. Im übrigen würde man hierdurch auch zweifellos zumindest Konfusion im gegnerischen Lager anrichten, da sich in England und Amerika immer Kreise fänden, die schon aus innenpolitischer Opposition sich unser Gedankengut zu eigen machen bzw. sich damit auseinandersetzen werden. Herr Bastianini schloß die Unterhaltung damit, daß er hoffe, daß die bevorstehenden Unterhaltungen des Herrn Reichsaußenministers mit dem Duce Gelegenheit bieten werden, auch dieses Thema zu besprechen.

gez. von Bismarck

Anmerkungen:

[1] Otto Christian Fürst von Bismarck, seit 1927 im Diplomatischen Dienst. 1940–43 Gesandter I. Klasse an der deutschen Botschaft in Rom.

[2] Hans-Georg von Mackensen (1883–1947). 1933 Gesandter in Budapest, 1937 Staatssekretär im AA. Von 1938–43 Botschafter in Rom.

[3] Die letzten deutschen Verbände in Stalingrad hatten am 2.2.1943 kapituliert.

Quelle:

ADAP, Serie E, Band V, Dok. Nr. 152, S. 277–278

Dokument Nr. 32

Erklärung der Italienischen Presseagentur, März 1943

Italienische Agentur Stefani: Die Achse will den Krieg nicht gewinnen, um die englisch-amerikanische Vorherrschaft durch eine andere Vorherrschaft zu ersetzen. Die Achse will siegen und muß siegen, damit sie leben kann und damit die Welt leben kann. Niemand kann mehr daran zweifeln, daß die anglo-amerikanischen Mächte angesichts der bolschewistischen Gefahr in jeder Weise vollkommen unfähig sind, der Welt irgendeine Garantie für ihren Weiterbestand zu geben. Das wissen diese Mächte selbst, und deshalb versuchen sie, Stalin zu versöhnen und bemühen sich um eine Versöhnungsformel zwischen dem Moskauer Marxismus und der englischen und amerikanischen Plutokratie. Sie sind sich gar nicht bewußt, daß die Synthese dessen, was aus den beiden extremen Ansichten für die Welt und ihre Kultur nützlich sein könnte, bereits in der Lehre des größten Revolutionärs unserer Zeit, Benito Mussolini, enthalten ist, die bereits seit 20 Jahren bekannt ist und angewandt wird.
Der gegenwärtige Konflikt ist wegen des unversöhnlichen Gegensatzes zwischen unserer politischen und sozialen Lebensauffassung und der unserer Gegner ausgebrochen. Die Grundlagen der neuen Ära stützen sich auf unsere Art, die Dinge zu sehen und entsprechend ihrem Wert zu beurteilen, auf unsere Art der Teilung der Aufgaben und der Verantwortung, einer gleichmäßigen Verteilung der Rechte, einer Zusammenarbeit und einer Versöhnung aller gegensätzlichen Interessen und der Erhaltung der Eigenheiten einer jeden Nation. (DNB)[1]

Anmerkungen:

[1] DNB = Deutsches Nachrichten Büro

Quelle:

Seekriegsleitung, 3. Abt. FP. vom 16. März 1943, Politische Übersicht Nr. 63, BA/MA RM 7/681

Dokument Nr. 33

Italienische Gedanken über die Notwendigkeit der Aktivierung der Außenpolitik der Achse, 16.3.1943

Deutsche Botschaft
Rom
Nr. 423/43 gRs

Rom, den 16. März 1943

Betrifft: Italienische Gedanken über die Notwendigkeit der Aktivierung der Außenpolitik der Achse

1 Anlage

Geheime Reichssache!

In der Anlage überreiche ich eine Aufzeichnung des Gesandten Fürst Bismarck über eine Unterhaltung mit dem Kabinettschef im Außenministerium, Herrn Babuscio Rizzo.[1]
Die Ausführungen Herrn Babuscio Rizzos beweisen erneut, daß man italienischerseits eine Aktivierung der Außenpolitik der Achse, insbesondere im Sinne der Bekanntgabe klarer Richtlinien unserer zukünftigen Absichten für die Neugestaltung Europas[1], in letzter Zeit in zunehmendem Maße befürwortet.[1] Ich verweise in diesem Zusammenhang auf die Ausführungen des Unterstaatssekretärs Bastianini mir gegenüber bei seinem Antrittsbesuch bei mir (vgl. Drahtbericht Nr. 655 vom 11.2.)[2] und seine Unterhaltung mit dem Fürsten Bismarck (vgl. Bericht vom 23.2.43 Nr. 286/43 gRs).[3]
Da es sich bei der Aufzeichnung, die Herr Babuscio Rizzo dem Fürsten Bismarck gezeigt hat, um ein nur für den persönlichen Gebrauch Herrn Bastianinis bestimmtes Dokument handelt, darf ich bitten, sowohl den Inhalt der Aufzeichnung wie auch die mündlichen Ausführungen Herrn Babuscio Rizzos streng vertraulich zu behandeln.

v. Mackensen

An
das Auswärtige Amt
in Berlin

[Anlage]

Geheime Reichssache!

Aufzeichnung

Der Kabinettschef im Außenministerium, Herr Babuscio Rizzo, hat mit mir vor einigen Tagen eine Unterhaltung über die Notwendigkeit gehabt, der Welt die zukünftigen Absichten der Politik der Achse in einer Form bekanntzugeben, daß hierdurch eine Gegenwirkung gegen die Atlantik-Charta[1] der Alliierten und deren Propagandawirkung erzielt werde. Er fügte damals hinzu, daß er eine Aufzeichnung über dieses Thema angefertigt habe, welche er mir in den nächsten Tagen zeigen werde.

Bei meinem gestrigen Besuch gab er mir die Aufzeichnung zu lesen, die er, wie er sagte, im Auftrage des Unterstaatssekretärs Bastianini angefertigt habe. Der Inhalt der kurzen, aber präzisen Aufzeichnung lautet etwa wie folgt:

Die gegnerische Propaganda hat es verstanden[1], in einem immer stärker werdenden Maße die Zielsetzung dieses Krieges und die Ordnung der Nachkriegswelt für sich zu monopolisieren.[1] Diese Propaganda birgt für die Achse ernste Gefahren in sich und frißt sich immer weiter in die Gemüter der europäischen Völker, insbesondere der besetzten Gebiete, ein. Es wäre ein Fehler anzunehmen, daß die heutige Generation sich noch der falschen Versprechungen Wilsons bewußt sei[1] und daher den Grundsätzen der angelsächsischen Mächte, wie sie in der Atlantik-Charta niedergelegt wurden, von vornherein mit Mißtrauen begegne.

Dieser Propaganda gegenüber habe die Achsenpolitik nichts Ausreichendes aufzuweisen.[1] Das Schlagwort vom »Neuen Europa« sei eine leere Formel geblieben.[1]

Um Schlachten zu gewinnen, seien ausreichende Mittel erforderlich. Um den Krieg zu gewinnen, bedürfe es[1] jedoch neben den Mitteln auch einer tragenden Idee[1], und diese der Welt seitens

der Achse zu geben, sei die Aufgabe der deutsch-italienischen Politik.
Herr Babuscio fügte erläuternd hinzu, daß seiner Ansicht nach der Krieg an einem Punkte angelangt sei, wo neben der reinen Kriegführung die Politik unbedingt wieder zu ihrem Recht kommen müsse.[1] Es sei allerhöchste Zeit, daß die Achsenmächte dieser Notwendigkeit Rechnung trügen. Jedes weitere Zuwarten berge die Gefahr in sich, daß man zu spät komme. Die Völker Europas verlangten eine klare Zielsetzung der Achsenpolitik und die Zusicherungen für die Zukunft, auf die sie sich verlassen könnten.[1] Es sei sehr bezeichnend, daß die immerhin sehr vagen Ausführungen in dem Abschlußkommuniqué[1] nach dem Besuch des Herrn Reichsaußenministers in Rom[4] bereits genügt hätten, um[1] in der neutralen Presse als ein Schritt in der Richtung auf eine neue Politik gedeutet zu werden.[1] Man ersehe daraus, wie außerordentlich empfindlich die öffentliche Meinung auf jedes kleine Anzeichen dieser Art reagiere. Auf diesem Wege müsse man fortfahren, und zwar rasch, bevor es zu spät sei.
Auf meine Frage, wie er sich denn praktisch die Durchführung dieser theoretisch sicherlich beachtenswerten Gedankengänge vorstelle, erwiderte Herr Babuscio, es sei eben Aufgabe der beiderseitigen Regierungen, hierüber in einen Gedankenaustausch einzutreten.[1] Bis zu einem gewissen Grade werde man sich natürlich mit allgemeinen Richtlinien begnügen müssen. Kein Mensch werde erwarten, daß die Achsenmächte vor Beendigung des Krieges die territorialen Grenzen des neuen Europa, wie sie sich dieselben vorstellten, bekanntgeben würden. Dies habe die Gegenseite ja auch nicht getan und trotzdem durch ihre in der Atlantik-Charta niedergelegten Grundsätze die politische Führung in dieser Frage der Zukunft der Welt an sich gerissen.
Abschließend bat mich Herr Babuscio, unsere Unterhaltung als rein privat[1] anzusehen und seine Ausführungen streng vertraulich zu behandeln.

gez. Bismarck

Anmerkungen:

[1] Die Textpassage ist in dem Dokument jeweils von Hand unterstrichen.
[2] Das entsprechende Telegramm vom 11.2.1943 ist abgedruckt in ADAP, Serie E, Band V, Dok. Nr. 119, S. 203–205
[3] Vgl. Dokument Nr. 31
[4] Die Europa betreffende Passage des Abschlußkommuniqués ist abgedruckt bei Duilio Susmel, I dieci mesi terribili, da El Alamein al 25 luglio 43, Roma o. J., S. 66

Quelle:

PA AA, Nachlaß Cécil von Renthe-Fink, Bd. 13, E 384442–E 384444

Dokument Nr. 34

Carlo Emilio Ferri: Vorschläge zur wirtschaftlichen Zusammenarbeit in Europa, 1943 (Auszug)

Niemand, der die Wirklichkeiten zu erkennen vermag, wagt in Zweifel zu ziehen, daß der gegenwärtige Krieg dem Kontinent Europa, der seit Jahrtausenden der Kulturträger der Welt ist, die Mission der europäischen Einigung verleiht. Das Blutopfer der Achsenmächte und aller an der Ostfront vertretenen Völker bildet die notwendige geschichtliche Bürgschaft dafür, daß die Einheit Europas sich zu einer vollendeten Tatsache entwickeln kann und daß schließlich nach den vergeblichen Versuchen, die Staatsmänner und Führer in der vergangenen Jahrhunderten unternommen haben, unsere Gegenwart als die Entscheidungsstunde erscheint, in der über Sein oder Nichtsein des Lebens des Abendlandes entschieden wird.
Zum ersten Mal stehen die europäischen Völker, die bisher allzu partikularistisch handelten, gemeinsam dem Feind gegenüber. Sie erkennen die Notwendigkeit des gemeinsamen Kampfes gegen die angelsächsische, altersschwache, plutokratische Drohung, die Quintessenz aller Verfallserscheinungen, die in den letzten Jahrhunderten der geistigen Einengung sich zeigten, auf der einen Seite und die bolschewistische Drohung, die Wiederverkörperung der barbarischen Raserei, die in den Tagen Roms an die entlegensten Grenzen des Imperiums schlug, auf der anderen Seite.
Das Bewußtsein der Einheit schafft das Programm der Einheit, und so zeichnen sich jetzt schon die Ideen und Doktrinen ab, die die Forderung einer einheitlichen Aufbauarbeit auf dem Kontinent stellen.
Um Mißverständnisse zu vermeiden, betonen wir jedoch, daß das wirtschaftliche Element nicht das vorherrschende Element des politischen Aufbaus sein kann, daß vielmehr nur dann, wenn es anderen Werten von tieferem ethischem Gehalt gelingt, sich durchzusetzen, auch die Wirtschaft, die die Systematisierung der Mittel ist, einen Sinn und damit die Fähigkeit der Dauer erhält.
Es würde eine Sisyphusarbeit sein, in abstrakter Weise eine europäische Wirtschaft nach gut erdachten und wissenschaftlich vollkommenen Entwürfen aufbauen zu wollen, wenn man nicht den Men-

schen, die der Wirtschaft ihren Inhalt verleihen, das Gefühl für ihre Arbeit gäbe. [...]
Von einer europäischen wirtschaftlichen Gemeinschaft zu sprechen, bedeutet zuerst, sich auf eine gemeinsame Orientierung der Geister zu beziehen, auf eine Welt- und Lebensanschauung, die von allen Völkern des Kontinents anerkannt wird. Es ist deshalb gut, unsere Pläne auf wirtschaftlichem Gebiet mit unseren Eroberungen auf geistigem und ethischem Gebiet zu verbinden und uns zu erinnern, daß, je weiter wir zeitlich fortschreiten werden, wir um so gründlicher die Seelen und Herzen für unser Lebensideal zu erobern verstehen müssen. [...]
Um jedoch schon jetzt klar zu sehen, ist es sicherlich notwendig, einige der Grundprinzipien der kontinentalen Wirtschaft nach ihrer konkreten Seite hin zu studieren, wie etwa die mit der Forderung der Nahrungsfreiheit und der Rohstoffversorgung zusammenhängenden Fragen. Es handelt sich hierbei um wesentliche Punkte, über welche bis jetzt eine grundsätzliche Übereinstimmung von programmatischem Charakter möglich ist. Wenn man davon spricht, die europäische Landwirtschaft in vielen noch rückständigen Ländern zu verbessern und die mögliche Getreideproduktion heraufsetzt, wenn man die kontinentale Organisation einiger Industrien ankündigt als den geeigneten Schlüssel für die Befriedigung der Lebensforderungen der Masse, wie etwa die Industrie der künstlichen Textilien, so deutet man auf programmatische Motive hin, die sicher noch genauer festgestellt und zusammengefaßt werden könnten, die aber doch schon immer ausreichen, um eine Orientierung in vorläufigen Darlegungen zu ermöglichen.
Uns scheint diese Aufgabenstellung für das beschleunigte Erreichen der europäischen wirtschaftlichen Einheit nützlich zu sein; nicht so sehr mit der Absicht, eine abstrakte, in der Theorie endgültige Ordnung aufzubauen, die morgen unbekannte Kräfte umstürzen könnten, als vielmehr um die Methoden einer Zusammenarbeit zwischen den europäischen Völkern zu studieren.
Es ist nötig, sich in dem Bewußtsein einer Einheit zusammenzufinden, um bei dieser Fühlungnahme die Art und die Form der Verbindung zwischen den verschiedenen Wirtschaften festzusetzen und so die Überzeugung zu schaffen, daß alle Probleme von der bis jetzt vorherrschenden lokalen Auffassung auf eine kontinentale Basis ge-

hoben werden müssen, die die Garantie des gemeinsamen Wohlseins und das unerläßliche Werkzeug der Verteidigung gegenüber anderen Kontinenten ist.

Die Grundprinzipien, nach denen diese kontinentalen zwischenstaatlichen Organe aufzubauen sind, sind die folgenden:

1. Es besteht die Notwendigkeit zu einer kontinentalen politisch-militärischen Macht, die fähig ist, im allgemeinen Interesse die Verteidigung Europas nach außen und die einheitliche Ordnung im Innern zu garantieren. Diese politisch-militärische Macht, die in der Achse ihren schöpferischen Kern besitzt, wird morgen aus der Zustimmung der Jugend ganz Europas ihre Nahrung erhalten. Ohne diese zentrale Kraft, die fähig ist, Funktionen regelnder, mäßigender und disziplinarischer Art zu übernehmen, ist ein kontinentales zwischenstaatliches System nicht möglich. Man braucht nur an die Unentschlossenheit eines spätreifen und sterilen Föderalismus von demokratischer und humanitärer Färbung zu erinnern.

2. Die zwischenstaatlichen Organe könnten gleichzeitig für räumliche Zonen wie für produktive Sektoren eingesetzt werden. So würde manchmal das räumliche Merkmal der territorialen Wirtschaftsverbindungen vorherrschend sein und in besonderer Weise auf ein gewisses Gebiet, wie zum Beispiel auf die Mittelmeerschiffahrt oder die Schiffahrt in den nordischen Meeren, bezogen werden. Ein anderes Mal würde das produktive Merkmal in seiner Gesamtheit das Übergewicht haben müssen: So würde es gut sein, da es sich um ein einziges untrennbares kontinentales Problem handelt, für die Getreidewirtschaft eine einzige europäische Organisation zu haben, um die Möglichkeiten des Anbaues in den einzelnen Ländern, die gemeinsame Versorgung, die Transporte, die Getreidespeicher in den großen Produktionszentren (Ukraine usw.) festzusetzen.

In diesen zwischenstaatlichen Organen würden sich die hervorragendsten Vertreter des schaffenden Europa treffen. Sie würden zuerst von den für die Neuordnung verantwortlichen Männern der Achse geleitet werden mit dem Vorbehalt, nach und nach aus allen Ländern Europas die leitenden Kräfte aufzunehmen, entsprechend dem schon von Rom angewandten System und entsprechend dem Maße, in dem sich das Bewußtsein der europäischen Gemeinschaft festigt. In diesen Verbänden, die auf ihrer realistischen Ebene weit entfernt von den Genfer Kommissionen sind, unter der Kontrolle

und Disziplin einer starken zentralen Führung, die die demokratischen Fehler der Abstimmungen und der Mehrheiten vermeidet und die den von den Fachkennern und Verantwortlichen bezeichneten Weg wählt, wird der Grund für die europäische Wirtschaftsgemeinschaft gelegt, ohne den Anspruch zu erheben, alle nicht ganz meßbaren und vorauszusehenden Kräfte, die im Leben wirken, in einen von vornherein festgelegten und unveränderlichen Plan zu zwingen.
Die endgültigen Grundlinien der europäischen Wirtschaftsgemeinschaft werden sich allmählich in dem Maße herausbilden, in dem die gemeinschaftliche Arbeit fortschreitet, die Beziehungen zwischen den einzelnen Gebieten sich enger gestalten, das Kennenlernen der Persönlichkeiten die Kräfte enthüllt, denen leitende Posten von höchster Verantwortung anzuvertrauen sind gemäß der Auffassung, die der Nationalsozialismus in seiner Ordnung so gut durchzuführen gewußt hat. In der Zwischenzeit kann bereits mit der Arbeit begonnen werden, um über die allgemeinen Planungen hinauszukommen. Dieses Werk muß mit zähem Willen begonnen werden, damit die aufgezeigte Methode ihre Früchte tragen kann.
Wir laden die europäischen Menschen, wo sie auch überall schaffen, zur Tat ein. Jeder bringe seine Erfahrungen und sein nationales Temperament mit, durch die die Grundlagen der wirtschaftlichen Gemeinschaft des neuen Europa gebildet werden sollen. Dann wird sich der dänische Bauer in periodischen Zusammenkünften an der Seite des Landwirts aus dem Süden finden; der deutsche Chemiker, der damit beschäftigt ist, neue Textilstoffe zu erfinden, wird den italienischen Weber oder Färber treffen, dem hundertjährige Erfahrungen zur Verfügung stehen; sie alle werden zu verstehen beginnen, daß einer für den anderen arbeiten muß, damit die Anstrengung eines jeden einen Beitrag zu dem großen gemeinsamen Werk leistet, das nicht in den Gewinnen einer angelsächsischen Bank auf dem Kontinent aufgesogen wird, sondern das statt dessen die Vervollkommnung des produktiven Systems in Europa im Hinblick auf quantitativ und qualitativ verbesserte Erzeugnisse bietet. [...]
Es handelt sich also darum, durch die zwischenstaatlichen Organe in den verschiedenen Gebieten Europas das Werkzeug zu schaffen, das die Wirtschaft der einzelnen Länder mit ihren weitverzweigten Interessen auf die Ebene der kontinentalen Gemeinschaft bringt. Es

handelt sich darum, dieser Gemeinschaft das wirkliche und wirksame Mittel zu geben, durch das die günstigsten Ergebnisse erzielt werden. Nicht einem schon vollendeten, in dem kalten Licht einer Laboratoriumslampe ausgearbeiteten Plan soll gefolgt werden, sondern es handelt sich weit mehr darum, allen jungen Energien, die darauf warten, in der neuen Atmosphäre zu wirken, den Weg frei zu machen.

Dann werden selbst die ausgedehntesten und konkretesten Pläne des europäischen Wirtschaftsaufbaus oder, wenn man will, die nützlichsten und notwendigsten Pläne allmählich durch die Arbeit dieser neuen Verbände reifen, indem sie sich nach und nach in den Bildungsprozeß der europäischen Wirtschaftsgemeinschaft einschalten.

Wir erwarten also, die Männer des Neuen Europa an der Arbeit zu sehen.

Quelle:

Junges Europa. Blätter der akademischen Jugend Europas, 2. Jg., Heft 3/1943, S. 41–45

Dokument Nr. 35

Erneuter Vorstoß Roms für eine Europaerklärung der Achse, 17.6.1943

Telegramm
(Sonder-G.-Schreiber)

Rom, den 17. Juni 1943 23.00 Uhr
Ankunft den 18. Juni 1943 0.10 Uhr

Nr. 2879 vom 17.6.

Babuscio[1] verwies Bismarck heute auf den Wortlaut letzter Tojo[2]-Rede und die darin enthaltene Erklärung japanischer Regierung, allen den innerhalb japanischer großasiatischer Interessensphäre liegenden kleinen Ländern wie Philippinen, Thailand, Burma volle Unabhängigkeit und Selbständigkeit gewähren zu wollen. Babuscio fügte hinzu, daß diese Auffassung über die Behandlung der kleinen Länder mit der Politik der italienischen Regierung, wie sie in der letzten Rede Bastianinis[3] zum Ausdruck gekommen sei, identisch wäre. Er könne sich vorstellen, daß auch Reichsregierung zu gegebener Zeit eine gleiche Erklärung abgeben würde. Eine solche einmütige Politik der im Dreimächtepakt zusammengeschlossenen Staaten würde auf die Weltöffentlichkeit einen großen Eindruck machen, besonders im Hinblick auf die schweren psychologischen Fehler, welche von der Feindseite in der Behandlung der kleinen Länder in letzter Zeit begangen worden wären.

Mackensen

Anmerkungen:

1 Francesco Babuscio Rizzo, Kabinettschef im italienischen Außenministerium
2 General Hideki Tojo, von Oktober 1941 bis Juli 1944 japanischer Premierminister. Nach Kriegsende vom International Military Tribunal for the Far East zum Tode verurteilt und am 23.12.1948 gehängt.
3 Rede vom 19.5.1943

Quelle:

PA AA. Büro des Staatssekretärs. Akten betreffend Italien, Bd. 13 vom 1. April 1943 – 30. Juni 1943, 124562

Dokument Nr. 36

Giuseppe Bottai: Überlegungen zur Neuen Ordnung, 1.7.1943 (Auszug)

[...]

Während einer kürzlich von den wissenschaftlichen Gruppen des Istituto di Cultura Fascista speziell zum Thema *Die Idee Europa*[1] abgehaltenen Tagung wurde betont, daß die Achse auf moralischem Gebiet den Krieg nicht mit einem Bewußtsein geführt hat, das ihrer militärischen Kraft und den revolutionären Ansprüchen, die aus ihren Doktrinen abgeleitet und entwickelt werden können, entspricht: Daher – so wurde ausgeführt – das andauernde und verbreitete Mißtrauen der europäischen Völker gegenüber den Plänen zur kontinentalen Einigung und Zusammenarbeit.

Und jüngst erst – besonders nach dem Treffen von Salzburg[2] – hat man ausdrücklich das Problem einer europäischen Zusammenarbeit aufgegriffen, die nicht einfach oder überwiegend auf Methoden der Gewalt basiert (auch Gewalt ist wie der Krieg mitunter nützlich und notwendig, aber ihre Rechtfertigung ergibt sich dann zumindest aus anderen Gründen, wenn sie nicht Selbstzweck sein will oder das Instrument einer einfachen Hegemonie). Unzweifelhaft können die Beziehungen zu den kleinen Staaten und die Notwendigkeit, die individuellen Nationalitäten zu schützen, eine kritische und dynamische Reaktion im Umfeld von Systemen auslösen, die häufig zu starr und empirisch sind, was die internationale Zusammenarbeit anbetrifft: in dem Sinne, daß das Konzept, eine Ordnung durch einseitigen Befehl herzustellen, ersetzt wird durch das Konzept einer entsprechenden Synthese der Interessen, durch rationales Verständnis und eine neue Einstellung unter den verschiedenen unabhängigen Staaten.

Aber unserer Meinung nach kann eine europäische Regelung, eine Neue Ordnung, nicht mehr aus der einfachen, konturenlosen und gelegentlichen Zusammenarbeit zwischen den Nationen erwachsen: Dies würde noch eine Zusammenarbeit nach liberalem Muster sein und zudem rein voluntaristisch. Nunmehr ist es notwendig, zur *organisierten Zusammenarbeit* überzugehen, die sich mit gewissen Verpflichtungen und internationalen Institutionen identifiziert.

Hierin liegt der tiefste europäische und revolutionäre Sinn des Krieges: Auch der Appell an die nationalen Eigenarten, an die Rechte der kleinen Staatsvölker und an die auf Übereinstimmung basierende Zusammenarbeit darf nicht die kontinentale Dimension aus den Augen verlieren: Hierauf ideal und praktisch hingewiesen zu haben, stellt sogar das größte historische Verdienst der Achse in diesem Konflikt dar.

Gerade unsere Gegner haben heute den Weg dieser Einsichten und Lösungen eingeschlagen: Eine radikale Revision der Atlantik-Charta, die sich noch auf die Voraussetzung der einfachen nationalen Individualitäten stützte, bahnt sich an: Nach den Gelehrten und den Journalisten sprechen heute auch die Politiker von jenseits des Meeres über einen Europarat[3] und föderative Bindungen, über Planwirtschaft und Führungsnationen. Auch wenn wir die Verschiedenartigkeit der Interessen und Ideen, die zwischen uns und unseren Gegnern bleiben, nicht ignorieren, so ist es weder wünschenswert noch zulässig, daß gerade auf sie die revolutionäre Fahne dieses Krieges übergeht, was auch immer die Wechselfälle dieses bewaffneten Konflikts sein mögen.

Aber um das Ziel zu erreichen, muß man größeres Vertrauen in ernsthafte Untersuchungen und ehrliche Debatten haben. Es ist Zeit, daß auch das Problem Europa und der Neuen Ordnung aus den gelegentlichen Aufbauphasen und den nur kulturellen und rhetorischen Entschuldigungen derer, die keine anderen Argumente beibringen können, herauskommt: Dies ist ein konkretes historisches Problem, das seine Ursache im Inneren in der Krise der Nationalitäten hat, in neuen sozialen Problemen und den Anforderungen der Wirtschaft und der Technik; nach außen im Aufkommen von neuen Kontinenten, in der Bildung neuer gigantischer Weltmächte, angesichts derer, wie es richtig gespürt und gesagt wurde, Europa entweder ein Minimum an Einheit und Zusammenarbeit wiederfindet oder verloren ist.[4]

Auch wir fragen nun, warum der Faschismus an einem bestimmten Punkt zum Stillstand gekommen ist und nicht alle seine ideellen Triebkräfte mit Vorurteilslosigkeit und in Freiheit entwickelt hat: Warum dieser wirkliche geistige und kulturelle Frühling, der sein Ursprung war – und der auch auf dem Gebiet der Ideen dauerhafte Früchte trug, wie es die Revision von Versailles und der Korporati-

vismus beweisen –, so plötzlich zu Ende gegangen ist. Und wir haben den melancholischen Trost, andere zu sehen, die die Früchte unserer schmerzlichen und blutigen Erfahrungen sammeln.
Sic vos non vobis[5] ...?

Anmerkungen:

[1] Vgl. Dokument Nr. 30
[2] Treffen Hitler/Mussolini in Salzburg (Schloß Klessheim) vom 7.–10.4.1943
[3] Churchill war in seiner Rede vom 21. März 1943 für die Bildung eines Europarates eingetreten.
[4] Bottai bezieht sich hier auf eine Rede Mussolinis vom 15.6.1934, als der Duce in Venedig ausgeführt hatte, daß das Schicksal Europas ohne ein Minimum an politischer Einheit, ökonomischer Zusammenarbeit oder moralischer Einsicht unwiderruflich besiegelt sei.
[5] Beginn einer Verszeile von Vergil: Sic vos non vobis nidificatis aves = So baut ihr Nester, oh Vögel, nicht für euch.

Quelle:

Giuseppe Bottai, Studi sull'Ordine Nuovo, in: Primato. Lettere e Arti d'Italia, 1. Juli 1943; auch abgedruckt in: »Primato« 1940–1943. Antologia a cura di Luisa Mangoni, Bari 1977, S. 462–464 (Übersetzung: Autor)

Dokument Nr. 37

Manifest von Verona, 14.11.1943 (Auszüge)

Manifest

Die erste Nationalversammlung der republikanisch-faschistischen Partei (Verona 14. November 1943 XXII) gedenkt der Gefallenen des republikanischen Faschismus an den Fronten in Städten und Dörfern und in den Schluchten von Istrien und Dalmatien.

Bekennt sich zur Fortsetzung des Krieges an der Seite Deutschlands und Japans bis zum endgültigen Sieg und zum raschen Wiederaufbau der Wehrmacht, die dazu bestimmt ist, an der Seite der tapferen Soldaten des Führers zu kämpfen – Aufgaben, die alles andere an Wichtigkeit und Dringlichkeit überragen.

Erkennt die grundsätzlichen Dekrete der außerordentlichen Tribunale[1] an, in welchen Männer der Partei unnachgiebig exemplarische Gerechtigkeit walten lassen werden.

Und, ausgehend von den Gedankengängen und Taten Mussolinis legt sie die folgenden programmatischen Leitsätze für die Arbeit der Partei fest: [...]

In außenpolitischer Hinsicht

8) Hauptziel der Außenpolitik der Republik muß die Befreiung des Vaterlandes[2] von der fremden Regierung sein durch die Verteidigung der Einheit, Unabhängigkeit und gebietsmäßige [sic] Geschlossenheit und durch Erzwingung der Anerkennung der Notwendigkeit der Lebensräume, die für ein Volk von 45 Millionen Einwohnern auf einem für seiner Ernährung ausreichenden Gebiet unabdingbar ist. Die Außenpolitik wird sich weiter für die Verwirklichung einer europäischen Gemeinschaft in Form einer Konföderation aller Staaten einsetzen, die folgende grundsätzliche Richtlinien annimmt:

a) Ausschaltung der jahrhundertealten britischen Intriguen [sic] auf unserem Kontinent,

b) Abschaffung des kapitalistischen Systems im Innern und Kampf gegen die Weltplutokratien,

c) Verwertung der natürlichen Rohstoffquellen Afrikas zum Nutzen der europäischen Völker sowie der Eingeborenen unter absoluter Achtung jener Völker, insbesondere der Mohammedaner, die wie etwa in Ägypten bereits in zivilisatorischer und nationaler Hinsicht entwickelt sind. [...]

Anmerkungen:

1 Die Sondergerichte zur Bestrafung der faschistischen Verräter (Tribunale Speciale Straordinario und Tribunali Straordinari Provinciali) waren am 11.11.1943 eingerichtet worden.

2 In dem Telegramm Nr. 185 vom 15.11.1943, gerichtet an das AA, hatte Botschafter Rahn mitgeteilt, er habe mit Rücksicht auf Frankreich und Kroatien folgenden Abschnitt aus Ziff. 8 des Manifests gestrichen: »Im Rahmen der von der Natur gesetzten Grenzen, die durch Meer und Alpen sowie durch Blutopfer und Geschichte gegeben sind« (PA AA, Büro StS, Italien Band 18, 71 101–71 102). Demgegenüber ist in der italienischen Fassung des Manifests von Verona dieser Abschnitt erhalten geblieben.

Quelle:

PA AA, Büro StS, Italien Band 18, Telegramm Nr. 186 vom 15.11.1943, 71 105, 71 107

Der europäische Kreuzzug gegen Plutokratie und Bolschewismus, anonymes Propagandaplakat der RSI (fondazione biblioteca luigi micheletti)

Frankreich

Die Vichy-Regierung

»Die europäische Idee ist in Frankreich tief verankert ... Seit Europa sich mit Deutschland identifiziert, wirkt diese Ideologie zu unseren Gunsten ... Heute trägt eine Ausstellung, die in Paris durch Kreise der Botschaft organisiert wurde und zahlreiche Besucher anzieht, den Namen ›La France Européenne‹. Wir haben ebenfalls der Presse, dem Rundfunk und der Literatur Instruktionen gegeben, diese Idee unaufhörlich unter den Massen zu propagieren.«[1] Dieser Bericht des deutschen Botschafters Otto Abetz an den Reichsaußenminister vom 23.6.1941 weist auf die große Rolle des Europagedankens innerhalb der französischen Politik und Kultur hin. Briands Europainitiative fand in den 30er Jahren Eingang in rechte wie in linke Kreise und wurde leidenschaftlich debattiert. Zeitschriften wie *L'Ordre Nouveau, L'Europe Nouvelle, Plans* und *La Lutte des Jeunes* machten schon durch ihren Namen deutlich, daß junge Intellektuelle aller politischen Schattierungen nach neuen Wegen suchten, um dem müde gewordenen Europa mit seinen Grenzzänkereien, wirtschaftlichen Krisen und politischen Skandalen zu einer neuen Sinngebung zu verhelfen. Bot sich nicht die Verschmelzung eines europäischen Patriotismus mit einem vom Begriff der Klasse losgelösten Sozialismus als gemeinsamer Nenner für alle westlichen Nationen des Kontinents an?

Tatsächlich wurde in keinem unter deutscher Herrschaft stehenden Land während des Krieges mehr über Europa gesprochen und geschrieben als in Frankreich. Europa schien das Mittel zu sein, die deutsch-französische Erbfeindschaft zu überwinden und Frankreich seine frühere Größe wiederzugeben. Bereits am 4. April 1941 hatte eine Gruppe junger Vichy-Regierungsmitglieder Abetz einen Plan zur Errichtung einer neuen Ordnung in Frankreich vorgelegt, der die innere Anpassung des Landes an die Struktur der Achsenmächte vorsah, für eine Integration der französischen Wirtschaft in die europäische Wirtschaft eintrat und eine europäische Zollunion forderte (Dok. Nr. 38). Die überschwengliche Diskussion um eine Reorganisation Europas war in den Jahren 1940/41 stark von dem

Gedanken der Anglophobie bestimmt, wobei die Aktivisten des Europe Nouvelle mit Vorliebe auf Jeanne d'Arc, die englische Flucht von Dünkirchen unter Zurücklassung des französischen Verbündeten und den britischen Angriff auf die französische Flotte in Mers-el-Kebir im Juli 1940 verwiesen, um Englands egoistische und frankreichfeindliche Position zu brandmarken.[2] Ab Mitte 1941 wurde das englandfeindliche Leitmotiv zum größten Teil durch die Idee des Antibolschewismus ersetzt. Die europäische Propaganda der französischen Kollaborateure beflügelte dabei die naive Hoffnung, das NS-System werde mit den anderen Völkern und ethnischen Gruppen in Harmonie zusammenwirken.[3]

Einer der entschiedensten Befürworter eines deutsch-französischen Ausgleichs und einer europäischen Union im Lager der Vichy-Regierung war der Historiker und Staatssekretär Jacques Benoist-Méchin. Er schwärmte von einem neustrukturierten Europa, konzipiert als Hierarchie der Imperien und gegründet auf einer gemeinsamen Ideologie und »der großen Bruderschaft der revolutionären Parteien«.[4] Enthusiastisch forderte er die Allianz mit Rom und Berlin, um nach Frankreichs Anerkennung als Bündnispartner völlig ins Lager der Achse einzuschwenken. Wiederholt beschwor er seine deutschen Gesprächspartner: »Europa zu schaffen, ist heute eure beste Kriegswaffe.«[5] Zusammen mit Jacques Guérard erarbeitete er einen umfangreichen Pacte Transitoire (Übergangsabkommen), mit dem Ziel, den Waffenstillstandsvertrag zu ersetzen und Frankreich in einen Kontinentalblock zu integrieren.[6] Dem Abkommen war ein brisantes nichtöffentliches Protokoll beigefügt (Dok. Nr. 39). Das Vertragskonzept baute darauf auf, daß Frankreich seine Innen- und Außenpolitik an die der Achse anglich und seine Ökonomie in Übereinstimmung mit den Notwendigkeiten eines europäischen Zollvereins brachte. Außenpolitisch beteuerte der Vertragsentwurf Frankreichs Bereitschaft, seine Souveränität und territoriale Integrität gegen jeden anglo-gaullistischen Angriff zu verteidigen. Vorgesehen war weiter der Beitritt zum Dreimächtepakt. Vichy übermittelte die Note am 14. Juli 1941 der Reichsregierung. Die Reaktion aus Berlin war entmutigend. Bereits am 15. Juli unterrichtete der deutsche Diplomat Ernst Achenbach Benoist-Méchin dahingehend, Berlin reagiere mit Verärgerung auf die französischen Vorschläge.[7] Ribbentrop wies Abetz am 23.7.1941 an, der französischen Regierung mitzuteilen, die Note vom 14. Juli stelle einen unzulässigen Versuch dar, den Zustand des Waffenstillstandes aufzuheben und provoziere eine völlige Veränderung der politischen Situation zwischen Frankreich und dem Reich.[8] Abetz kam seinem Auftrag am 30. Juli nach und teilte Staatssekretär Benoist-Méchin mit, »daß der Reichsaußenminister seinem Befremden über die französische Verbalnote vom 14. Juli Ausdruck gegeben habe und amtlich von ihr keine Kenntnis nehmen könnte«.[9] Der germanophile französische Politiker war enttäuscht und betroffen, gab aber seine Bemühungen um eine deutsch-französische Verständigung und ein koordiniertes Achseneuropa ohne Besiegte noch nicht auf, zumal er nach dem deutschen Angriff auf die Sowjetunion neue Chancen für einen Zusammenschluß des Kontinents zu sehen glaubte:

> »Ich nahm an, daß Hitler nach dem Vorbild Alexander des Großen, der die hellenischen Städte verbündete, um sie zur Eroberung des Perserreiches zu führen, alle Staaten des Kontinents zusammenschließen würde, um sie zum Sturm auf Stalins Imperium antreten zu lassen. War der Kampf gegen den Bolschewismus nicht das gemeinsame Prinzip, aus dem das Gefühl der Einheit des Kontinents erwachsen konnte? Dies war der Rahmen, in dem man die von allen Antagonismen und traditionellen Rivalitäten befreiten lokalen Patriotismen festigen konnte. Noch mehr: Dies war der Hebel, mit dem sich der Nationalismus unter Brechung seiner inneren Widersprüche in einen europäischen ›Supernationalismus‹ verwandeln und erweitern konnte.«[10]

Der Ostfeldzug als Motor der europäischen Einigung und Überwinder des kleinstaatlichen Nationalismus – eine Vision, die sich in Europa Zehntausende aus allen Ländern zu eigen machten. Berlin beutete diese Träume aus, stellte sie in den Dienst eines hybriden und expansionistischen Imperialismus und mißbrauchte sie. Aber viele Kollaborateure sollten bis zum bitteren Ende nicht erkennen, auf welchen Weg sie sich eingelassen hatten.

Nach dem Scheitern des Pacte Transitoire versuchte der greise Marschall Pétain an das europäische Verantwortungsgefühl des Reiches zu appellieren und den von der deutschen Propagandamaschinerie pausenlos verbreiteten Gedanken eines Neuen Europa mit Sinn und

Leben zu erfüllen. Bei seinem Zusammentreffen mit Reichsmarschall Göring erwartete er – vergeblich – von deutscher Seite eine Präzisierung und Konkretisierung des Europagedankens:

> »Frankreich wüßte nicht, was es lieber täte, als sich in das Neue Europa zu integrieren«, so der Marschall, »aber was gibt es Genaues darüber zu hören? Wir gehen durch die Finsternis mit verbundenen Augen. Wir wollen zuerst einmal wissen, welchen Platz sie uns im Schoß dieses ›Neuen Europa‹ reservieren. Eine Kommission müßte alle diese Probleme, die sich bei dieser ›Integration‹ stellen, welche man immer fordert, aber niemals definiert, untersuchen.«[11]

Deutscherseits blieb es bei unverbindlichen Gesten, ohne daß die von den Franzosen geforderte Definition des Neuen Europa erfolgte. Benoist-Méchin, dessen Integrität auch von seinen zahlreichen innenpolitischen Gegnern nicht bestritten wurde, resignierte desillusioniert im September 1942. Ein Artikel für die Kollaborationszeitschrift *La Gerbe,* veröffentlicht einen Monat nach seinem Ausscheiden aus dem Kabinett, war sein ideologisches Vermächtnis in Sachen Europa, das er als Hierarchie der Imperien verstand und in dem Frankreich nicht zuletzt auf Grund seines Kolonialreichs eine herausragende Rolle spielen sollte (Dok. Nr. 40).
Andere Vichy-Politiker wie Minister Bichelonne oder Ministerpräsident Laval hielten an dem Gedanken einer europäischen Aussöhnung und Neuorganisation fest, aber keiner sollte diese Ideen mit so viel Leidenschaft und persönlichem Engagement vertreten wie Jacques Benoist-Méchin. Pierre Laval hatte wesentlich weniger Illusionen hinsichtlich einer authentischen übergreifenden europäischen Konzeption des Nationalsozialismus als sein Landsmann und Kabinettskollege Benoist-Méchin. Andererseits war auch er von der Notwendigkeit einer europäischen Initiative überzeugt. Wenn es ihm gelingen sollte, die Besatzungsmacht auf ein positives europäisches Programm des Aufbaus und der Föderation festzulegen, so würde damit automatisch eine Statusverbesserung seiner Heimat verbunden sein. Niemals ließ er einen Zweifel daran, daß ein künftiges Europa nicht auf Kosten der Selbständigkeit der einzelnen Nationen errichtet werden dürfe. Am 20.10.1942 wandte er sich in einer Rundfunkansprache an seine Landsleute, um ih-

nen seine deutschfreundliche Außen- und Europapolitik zu erläutern:

> »Europa ist im Begriff zu entstehen; dasjenige Europa, das wir lieben wollen, kann nur leben und sich entfalten, wenn es die Unabhängigkeit und die Vaterlandsliebe der Völker achtet, die aufgerufen werden, sich zu einigen …
> Ich habe die Gewißheit – und zweifelt nicht eine Sekunde, daß ich die Wahrheit sage –, daß, wenn Deutschland geschlagen würde, die Sowjets morgen in Europa bestimmen würden. Das wäre das Ende der Unabhängigkeit und Vaterlandsliebe der Nationen. Das wäre auch das Ende jeder menschlichen, großzügigen Politik, in einem Wort, das Ende des wahren Sozialismus, der sich auf den Ruinen eines Kapitalismus, der seine Macht mißbraucht hat, sich morgen Europa aufzwingen wird, bei voller Achtung des eigenen Genies jeden Volkes.
> Wenn ihr dies verstanden habt, werdet ihr auch verstehen, warum ich die Politik Frankreichs so führen muß, daß Frankreich nicht das Opfer des deutschen Sieges wird und daß es morgen in einem organisierten und versöhnten Kontinent seinen Platz finden kann.«[12]

Laval bemühte sich am 10. November 1942, Hitler, Ribbentrop und Ciano in München von der Notwendigkeit zu überzeugen, Europa auf einer soliden und dauerhaften Grundlage zu organisieren, was nur unter Zurückstellung nationaler Egoismen möglich war. Hitler unterbrach seinen französischen Gast brüsk und gab ihm keine Gelegenheit, das Thema zu vertiefen.[13] Aber der kleine, kettenrauchende Franzose, der sich bei seinen Besuchen im Reich unter den zahlreichen Uniformträgern als einziger Zivilist immer unwohl fühlte, kam bei den späteren Zusammenkünften stets unbeirrt auf das Thema Europa zurück. Nachdrücklich beharrte er darauf, daß die Achse eine positive Europaerklärung und eine Deklaration über die Zukunft Frankreichs abgeben müsse. Im April 1943 lieferte er einem deutschen Diplomaten in Paris sogar den Text für eine Europaerklärung, die eine föderalistische Staatengemeinschaft und gegenseitige Achtung und Unterstützung zum Inhalt hatte (Dok. Nr. 41). Dem ungläubigen Ribbentrop teilte er am 29. April 1943 mit, »er stelle sich als Abschluß dieses Krieges einen europäischen Staatenbund unter Leitung des Führers vor, der gewissermaßen wie ein neuer Karl der Große an der Spitze des Kontinents stehen würde«.[14] Als er am gleichen Tag auf dem Obersalzberg seine Gespräche fortsetzte und Hitler und dem italienischen Unterstaatssekretär Bastianini gegenüberstand, bediente er sich sogar des paneuropäischen Vokabulars Coudenhove-Kalergis: »Seiner Ansicht nach dürfe der Krieg nicht wieder nur mit der Befriedigung kleinlicher nationaler Wünsche enden, sondern es müßte etwas Neues und Großes in Gestalt der Vereinigten Staaten Europas aus dem jetzigen Drama hervorgehen.«[15] Laval erbot sich sogar, als Hitlers Sekretär eine entsprechende Europaerklärung abzufassen.[16] Seine europäischen Thesen verfocht er auch bei dem abendlichen Bankett, das der Reichsaußenminister am 29.4.1943 für die französische und italienische Delegation gab. An Ribbentrops Adresse gerichtet, führte er aus: »Sie sprechen von einer Neuen Ordnung, die nach Ihrem Sieg in Europa errichtet werden soll. Das ist notwendig, aber die Leute fragen, was Sie vorhaben, und Sie sagen es ihnen nicht ... Erklären Sie, worin diese Neue Ordnung besteht. Vielleicht wird sie den Leuten gefallen. Fangen Sie an, sie einzuführen, und zum ersten Mal werden die Franzosen von ihrem guten Willen überzeugt sein.«[17] Der französische Ministerpräsident kehrte mi leeren Händen nach Vichy zurück. Aber die Vorstellung einer gerechten europäischen Nachkriegsordnung ließ ihn nicht los. Am 5. Juni 1943 wandte er sich in einer erneuten Rundfunkansprache an die Franzosen und sprach von dem zukünftigen europäischen Frieden, der die Individualität und Identität der einzelnen Völker respektieren sollte (Dok. Nr. 42).[18] Berlin blieb taub. Der gewiefte Parlamentarier Laval war an dem totalen und letztlich selbstmörderischen Machtanspruch der nationalsozialistischen Reichsführung gescheitert. Den Nekrolog für Pierre Laval hat sein damaliger innenpolitischer Gegner, der Schriftsteller Louis-Ferdinand Céline, zwölf Jahre nach der Exekution des Vichy-Ministerpräsidenten verfaßt: »Laval war der geborene Versöhnliche ... der Versöhner! ... und ein Patriot! und Pazifist! ... wo ich doch überall Schlächter sehe ... er war's nicht! nein! ... nein!«[19]

Sommer und Herbst 1943 in Vichy waren deprimierend. Die bisher unbesetzte Zone war seit dem 11.11.1942 von den Deutschen okkupiert, der Bürgerkrieg eskalierte, nicht zuletzt wegen der Menschenfängeraktionen des deutschen Generalbevollmächtigten für den Arbeitseinsatz, Fritz Sauckel. Aber noch einmal blitzte in einem deutsch-französischen Gespräch der Gedanke einer ausgewogenen europäischen Konzeption auf. Die beiden Technokraten und Minister Speer und Bichelonne trafen sich im September 1943 in Berlin, wo sie die Einrichtung sogenannter Sperrbetriebe vereinbarten, deren Arbeiter vor den gefürchteten Deportationen ins Reich geschützt sein sollten. Der deutsche Rüstungsminister und der französische Produktionsminister, beide nahezu gleich alt und geistesverwandt, verloren sich in schönen, aber unrealistischen Träumen von einem gemeinsam produzierenden Nachkriegseuropa, in dem Frankreich einen bevorzugten Platz einnehmen sollte.[20] Dieser optimistische Blick nach vorn war »nur eine Insel in einem Meer blanker Feindschaft in den deutsch-französischen Beziehungen«.[21]

Die Kollaborationsparteien in Paris

Wesentlich drängender und ungestümer als die Vichy-Regierung forderten die einzelnen Kollaborationsparteien in Paris eine Einbeziehung Frankreichs in Hitlers Neue Ordnung. Daß es gerade die häufig aus dem nationalistischen Lager stammenden Faschisten waren, die sich mit dem bisherigen Erbfeind verbünden wollten, verwundert nicht, wenn man sich das Wesen des französischen Faschismus vor Augen führt. Er vertrat 1940 nicht nur eine revolutionäre Position, sondern – zusammen mit den Kommunisten – die einzige authentisch internationalistische Ideologie. Losgelöst von dem kleinbürgerlichen, staatsbezogenen Nationalismus der alten Rechten war für ihn in einem ideologischen Krieg selbst die Niederlage des eigenen Landes ein nicht zu hoher Preis, wenn aus dieser Niederlage der universelle Sieg des europäischen Faschismus entstehen würde.[22]
Mochten die Kollaborateure untereinander auch noch so zerstritten sein, sie waren sich darin einig, daß Vichy auf dem Weg zu einer Allianz mit Berlin zu zögernd vorging. Falsche Hoffnungen machten sich die Männer des Rassemblement National Populaire (RNP), der Parti Populaire Français (PPF), der Francisten und des Mouvement Social Révolutionnaire aber sowohl auf innen- als auch auf außen-

politischem Gebiet. Nichts war illusionärer als ihre Vorstellung, allein oder unter Bildung einer nationalistisch-europäischen Einheitsfront die Regierung in Frankreich übernehmen zu können. Hatte Abetz doch aus Berlin die Weisung erhalten zu verhindern, daß es in Frankreich zu einer einheitlichen politischen Willensbildung kam. Hitler und Ribbentrop wünschten ein in sich zerstrittenes, uneiniges Frankreich, das dadurch schwach gehalten werden sollte, daß man eine politische Gruppierung gegen die andere ausspielte. So telegraphierte Abetz am 19.11.1942 nach Berlin – Citissime! Nur als Verschlußsache zu behandeln –, daß die Bildung einer Einheitsbewegung unter Führung der stärksten Kollaborationspartei[23], der PPF unter Jacques Doriot, nicht in Frage komme:

> »Wenn der Bildung einer Einheitspartei zugestimmt würde, müßte jedoch meines Erachtens vermieden werden, daß ihre Führung in Händen einer einzigen und sehr aktivistischen Gruppe wie der Doriot-Partei liegt, weil diese sich zu stark durchsetzen und später vielleicht eine nationale Mystik und eine Erneuerung Frankreichs im nationalsozialistischen Sinne hervorrufen könnte.«[24]

Das Zitat belegt mit aller Deutlichkeit, daß die Nationalsozialisten selbst weltanschaulich verwandte Gruppen nur so lange tolerierten, wie sie den absoluten Herrschaftsanspruch Berlins in den unterworfenen europäischen Ländern nicht zu gefährden in der Lage waren. Tatsächlich wären auch die französischen Kollaborationspolitiker nicht bereit gewesen, den Ausverkauf der französischen Souveränität und Selbständigkeit durchzuführen. Jacques Doriot etwa sprach in seiner Rede vom 25.5.1941 dezidiert von der Unversehrtheit Frankreichs in einem von Hitler geführten Europa:

> »Das Europa von 1919 hat keine 20 Jahre Bestand gehabt, weil Deutschland mißhandelt wurde. Das Europa von 1941 würde dasselbe Schicksal erleiden, wenn Frankreich verstümmelt, genötigt und geknechtet würde.«[25]

Wie Benoist-Méchin, so sah auch Doriot mit dem Rußlandfeldzug die Keime für ein supranationales europäisches Bewußtsein wachsen. Die europäischen Freiwilligenverbände im Rahmen der Wehrmacht und Waffen-SS, gebildet aus Franzosen, Wallonen, Flamen,

Holländern, Skandinaviern und Angehörigen vieler anderer Nationen, begrüßte er als die Träger eines neuen Europa, die alte und überholte Grenzen überwanden.[26] Aber Doriot mit seinem proletarisch gefärbten Faschismus kam mit dem Gedanken eines brüderlichen Europa der Schützengrabenaristokratie bei der Besatzungsmacht ebenso wenig zum Zuge wie die Politiker aus Vichy. Kritisch zählte der Generalsekretär der PPF, Victor Barthélemy, im Herbst 1944 in einer Denkschrift auf, welche Fehler die deutschen Nationalsozialisten alle begangen hatten, um schließlich ganz Europa gegen sich aufzubringen. Hätten sie 1940 nicht nach der Devise »Weder Sieger noch Besiegte« vorgehen und eine revolutionäre Politik statt eines militärisch-reaktionären Repressionskurses durchführen können?[27] Die PPF-Aktivisten, die 1944 ins deutsche Exil flüchteten, glaubten noch an den Mythos Europa und befanden sich noch in der irrigen Hoffnung, siegreich nach Frankreich zurückkehren zu können. Zwischen französischen Collabos und deutschen Diplomaten begann ein Pokern um Ministersessel und verbindliche Zusagen über Frankreichs Nachkriegsposition – zu eine Zeit, da die Alliierten bereits in Paris eingerückt waren. Bei seinen Verhandlungen mit Ribbentrop am 29. und 30. August 1944 bestand Doriot darauf, daß die Reichsregierung mit Ausnahme Elsaß-Lothringens die territoriale und imperiale Integrität Frankreichs garantierte.[28] Und während der Anarchofaschist Céline wortgewaltig feststellte »... ganz Europa am Arsch! ... ja, ganz Europa!«[29], publizierten die im Reich gedruckten französischen Zeitungen der Kollaborateure weitere Aufrufe für ein Neues Europa. Der Ton wurde zunehmend verzweifelter, denn mit Georges Suarez und Paul Chack waren in Frankreich die ersten achsenfreundlichen Intellektuellen hingerichtet worden.[30] In dem Manifest des französischen Befreiungskomitees vom Januar 1945 lesen wir:

> »Wir kämpfen in der Absicht, die Unabhängigkeit unseres Landes zurückzuerobern. Wir kämpfen für eine europäische Ordnung, die lebensfähig ist und die dem Dasein unseres Volkes entspricht.
> Wir wollen ein vereinigtes Europa, das in der Lage ist, dem Bolschewismus und dem angloamerikanischen Imperialismus die Stirn zu bieten.«[31]

Im Februar 1945 zog Doriot eine erste Zwischenbilanz hinsichtlich der Arbeit des von ihm geführten Befreiungskomitees. Er betonte, Berlin würde die territoriale Integrität eines mit dem Reich verbündeten Frankreich und seiner Kolonien garantieren. Außenpolitisch sprach er sich für die »Vereinigung unseres Kontinents unter Respektierung der großen historischen Traditionen der westlichen Völker« aus.[32] Der Artikel erschien am 22. Februar in der Kollaborationspresse. Am gleichen Tag wurde Doriot bei einem Tieffliegerangriff getötet.
Wie Doriot, so gehörte auch sein innenpolitischer Gegenspieler Marcel Déat, ehemaliger Linkssozialist und Führer der Kollaborationspartei RNP, zu den eurofaschistischen Propagandisten, die versuchten, ihre Landsleute auf den Weg eines autoritären Europa festzulegen und die gleichzeitig bei den Deutschen ihr supranationales Konzept anmahnten. Im August 1940 schrieb Déat:

> »Deutschland muß vom Krieg zum Frieden übergehen, von der Eroberung zur Zusammenarbeit, von der Hegemonie zum Vertrag. Weil der militärische Sieg, ein unanfechtbarer Sieg, es zum Herrn über den Kontinent gemacht hat, ist es in der Pflicht. Weil es gesiegt hat, muß es führen. Denn die Stärke schafft nicht nur Rechte, sie legt Pflichten auf.«[33]

Déat wollte kein Europa des Zwangs und der rassischen Anmaßung, sondern eine europäische Einigung, die »sich unter Bewahrung der nationalen Eigenarten vollzieht, ohne daß eine Nation in Zukunft gegen die andere ausgespielt wird ...«. Diese europäische Gemeinschaft sollte Frankreich erhalten, fördern »und der Entfaltung seines Wesens ein größeres Betätigungsfeld geben«.[34] Die Europadefinition des aus dem Lager der Sozialisten und Pazifisten stammenden RNP-Chefs ist eher eine Hommage an Paneuropa als an Hitlers Neue Ordnung:

> »Es wird eine Zeit kommen, die die einzelnen Nationen in eine Gemeinschaft verschmelzen wird, wie man schöne, wohl bearbeitete Steine ineinander fügt. Der Aufbau dieses Neuen Europa ist vielleicht auch mit einer schönen mittelalterlichen Kathedrale zu vergleichen.«[35]

Wie sein Chef sah auch Georges Albertini, der 32jährige Generalsekretär des RNP, die europäische Gemeinschaft als eine Verbindung an, die die Integrität der Mitgliedsstaaten respektierte und ihre Eigenarten schützte. Ende 1943 schrieb er in einem Zeitungsartikel:

> »Auf der einen Seite muß man angesichts des Imperialismus der drei Staaten, die auf der Konferenz von Moskau[36] vertreten waren, bestätigen, daß das Neue Europa die Nationalitäten respektieren wird. Gewiß hat das Nationalitätenprinzip im 19. und 20. Jahrhundert einige Konflikte provoziert. Dennoch ist Europa ein zu altes Land mit zu vielen nationalen Eigentümlichkeiten, als daß man es ohne ihren Fortbestand jemals zum Leben bringen könnte. Kein Europa ohne Belgien, ohne Serbien oder ohne Griechenland: Das ist die erste Bedingung ...«[37]

Der junge Albertini war ein Idealist. Von seiner Aufrichtigkeit waren selbst die antifaschistischen Richter im haßgeladenen Paris des Monats Dezember 1944 so beeindruckt, daß der Angeklagte mit der damals ungewöhnlich milden Strafe von fünf Jahren Zwangsarbeit davonkam.[38]

Literaten und Intellektuelle

Ähnlich enthusiastisch und romantisch wie Déat und Albertini reagierten viele französische Intellektuelle auf die sich ab 1940 abzeichnende Möglichkeit, ein gemeinsames Europa aufzubauen, das die überholten Strukturen der Zwischenkriegszeit über Bord werfen sollte. Einigen schien der Beitritt Frankreichs zu einem von Deutschland geführten Kontinentalblock gar als die »europäische Pflicht Frankreichs«, der für die geschlagene Nation die Chance zur Wiedergeburt mit sich bringen würde, wie es Eduard Wintermayer 1943 in seinem Buch *L'Europe en marche* formulierte (Dok. Nr. 44). Zu den Adepten des Achseneuropa zählten erstaunlich viele Pazifisten: »Als ... der Aufbau Europas im Rhythmus der Nazimärsche in Angriff genommen wurde, machten zahlreiche pazifistische Intellektuelle mit, deren Idol Aristide Briand war.«[39] Zu nennen sind hier etwa der Briand-Biograph Georges Suarez und der stets revoltierende Armenarzt und Schriftsteller Louis-Ferdinand Céline, dessen Werke die Nationalsozialisten als nihilistisch, unflätig und obszön einstuften.[40] In seinem 1941 erschienenen Pamphlet *Les beaux draps* schrieb Céline:

> »Wir gehen daran zugrunde, daß wir ohne Legende, ohne Mysterium, ohne Größe sind. Die Himmel erbrechen uns. Wir verderben im Hinterzimmer.
> Europa und seine traurigen, häßlichen Neigungen von Grund auf erneuern ... ihm ein klein wenig wieder zu einer Seele, einem Daseinsgrund, einer Bezauberung, vor allem einer Fröhlichkeit zu verhelfen ... dann zu einer ihm ganz eigenen Melodie, einer Trunkenheit, einer Begeisterung, einem Rassismus der Seele und des Körpers, der der Schmuck der Erde wäre, die Quelle der höchsten Zauberkraft.«[41]

Die Literaten und Journalisten, die für die Sache eines Neuen Europa eintraten, unter ihnen Robert Brasillach und Lucien Rebatet, konnten sich auf einige deutsche Gewährsmänner berufen, die ihnen zumindest verbal Schützenhilfe leisteten. So kündigte der Völkerrechtler Professor Dr. Friedrich Grimm (1888–1959), der für die deutsche Frankreichpolitik warb, eine Union zwischen Frankreich und Deutschland an und propagierte einen europäischen Patriotismus: »Deutschland unser Vaterland, Frankreich euer Vaterland, Europa unser gemeinsames Vaterland.«[42] Solche Parolen fielen bei Männern wie Francis Delaisi, der in der Zwischenkriegszeit dem Syndikalismus und der Paneuropa-Bewegung nahegestanden hatte, auf fruchtbaren Boden. Er sah den Krieg als eine Neuauflage des Revolutionskrieges von 1792 an, der Europa entscheidend verändern würde. In seinem 1942 in Paris verlegten und ein Jahr später auch in Deutsch erschienenen Buch *La Révolution européenne* vertrat er das Konzept einer europäischen Wirtschaftsgemeinschaft mit einheitlicher Währung und angeglichenen Löhnen, Gehältern und Lebenshaltungskosten. Sein Modell näherte sich bundesstaatlichen Vorstellungen; für die europäischen Mitgliedsstaaten empfahl der Verfasser das Vorbild der Schweizer Kantone und der US-Bundesstaaten (Dok. Nr. 43). Über die Zusammensetzung der Regierung dieser Musterkonföderation machte Delaisi leider keine Angaben.
Als Delaisis Buch im Reich erschien, hatte ein anderer französischer Schriftsteller längst erkannt: »Ich habe mich im Hitlerismus völlig getäuscht.«[43] Aber trotz dieser Einsicht blieb Pierre Drieu la Ro-

chelle, der wohl bedeutendste und originellste Eurofaschist Frankreichs, ein Gefangener seiner Kollaborationshaltung von 1940. Drieus europäische Wurzeln reichten bis in die 20er Jahre zurück. Bereits in seinem brillanten Essay *Mesure de la France* aus dem Jahre 1922 liest man:

> »Europa, zwischen zwei Reichen mit kontinentalen Dimensionen gelegen, beginnt zu leiden, daß es in 25 Staaten geteilt ist, von denen keiner so groß ist, alle anderen zu dominieren oder sie in dem ungleichen Wettbewerb, der zwischen den Kolossen von Asien und Amerika beginnt, würdig zu vertreten ... Vielleicht gelingt es uns durch die Praxis die Föderation, die verstorbene Seele des europäischen Vaterlandes wachzurufen und die Abstammung des christlichen Europas des XIII. Jahrhunderts und der aristokratischen und intellektuellen Gesellschaft des XVIII. Jahrhunderts wiederzufinden.
> Es handelt sich nicht um eine kosmopolitische Träumerei oder eine luxuriöse Phantasie, sondern um eine drängende Notwendigkeit, eine elende Frage auf Leben und Tod. Europa wird einen Staatenverband bilden, oder es wird sich selbst verschlingen, oder es wird verschlungen werden.«[44]

Auch 1928, in seinem Buch *Genève ou Moscou,* forderte er eine Überwindung des kleinstaatlichen Nationalismus zugunsten einer supranationalen Lösung. Europa zu schaffen schien ihm unverzichtbar und im Hinblick auf die Übermacht der anderen Weltmächte zwingend geboten. Die Aufrechterhaltung der innereuropäischen Grenzen, die den Kontinent zerschnitten, war seiner Ansicht nach ebenso gefährlich wie lächerlich. Wollte Europa künftige Bruderkriege vermeiden und seine eigenständige Rolle in der Welt weiterspielen, mußte es sich bis zum Ural vereinigen und würde dann 360 Millionen Menschen umfassen.[45]
Drieu, auf der Suche nach dem Absoluten in der Politik und fasziniert von dem Gedanken der Virilität, propagierte ab 1934 die europäische faschistische Revolution. Für seine Hinwendung zum Faschismus waren zwei Gründe entscheidend: seine »Abscheu vor französischer Schwäche und Entschlußlosigkeit« und seine »Sehnsucht nach einem Europa, das die einzelnen unfruchtbaren Natio-

nalismen überstieg«.[46] Der engagierte Essayist und Romancier war jedoch kein blinder Plagiator der in Rom und Berlin verkündeten Ideale. Er versuchte vielmehr stets, Widersprüchliches einander näherzubringen und zu verschmelzen: »Nation und Europa, Sozialismus und Aristokratie, Meinungsfreiheit und Autorität, Mystik und Kirchenfeindlichkeit.«[47] In Deutschland sah Drieu 1940 die treibende Kraft für die überfällige europäische Einigung. Noch machte er sich Illusionen über den Charakter des Nationalsozialismus, von dem er eine gültige Krisenlösung und Verständnis für die europäische Kultur erwartete. Ein Sieg des Reiches schien ihm für die Europäer weniger schmerzhaft als der Triumph der Flügelmächte USA und UdSSR. War Deutschland doch ein europäischer Binnenstaat und als solcher mit den anderen Nationen des Kontinents durch eine gemeinsame Geschichte und Kultur verbunden: »Man verbrennt das Haus eines Mannes, der auf der anderen Seite des Gebirges wohnt, man verbrennt nicht das Haus seines Nachbarn, mit dem man Tür an Tür wohnt.«[48] Unentschlossen blieb Drieu in der Frage, ob dem Reich über die Funktion der Führung hinaus auch eine hegemoniale Stellung innerhalb eines Staatenbundes eingeräumt werden sollte. In jedem Fall wollte er die Idee des Reiches mit der Idee Europa aussöhnen. Dies hielt er durchaus für möglich, sah er im Reichsgedanken doch mehr das Primat der Rasse als das der Nation. Die Gemeinsamkeit der indoeuropäischen Rasse sollte daher eines der verbindenden Elemente einer europäischen Föderation bilden.[49] Zudem mußte Deutschland ein Sieger und Besiegte einigendes Fanal setzen, ein universales »object d'amour« anbieten: den europäischen Sozialismus.[50]

Aber seit 1942 zeichnete es sich für Drieu immer deutlicher ab, daß Hitler kein Europäer war, sondern ein Antieuropäer. Sein melancholischer Roman *L'homme à cheval* (in Deutsch 1981 unter dem Titel *Der bolivianische Traum* erschienen) aus dem Jahr 1943 ist eine Parabel auf die gescheiterte Einigung Europas: Der bolivianische Caudillo Jaime erleidet bei dem Versuch einer großindianischen Reichsgründung Schiffbruch. Der unerfüllte südamerikanische Traum Jaimes ist der nicht eingelöste europäische Traum Drieu la Rochelles. Der enttäuschte Caudillo richtet wie Drieu seine Hoffnung auf die Zukunft: »Vielleicht bin ich auch ein Jahrhundert zu früh gekommen. So wie Lopez und Rosas, so wie Napoleon und

Bismarck. Aber die Zeit der großen Unternehmungen, der imperialen Unternehmungen wird wiederkehren.«[51]

»Wir sind Menschen von heute.
Wir sind allein.
Wir haben keine Götter mehr.
Wir haben keine Ideen mehr.
Wir glauben weder an Jesus Christus
noch an Marx.
...
Es ist nötig, daß wir unverzüglich,
sofort,
in eben diesem Augenblick,
den Turm unserer Verzweiflung und
unseres Hochmuts errichten.
Mit dem Schweiß und dem Blut aller Klassen
müssen wir ein Vaterland errichten, wie
es noch nie gesehen wurde.
Kompakt wie ein Block aus Stahl,
wie ein Magnet.
Alle Feilspäne Europas werden sich
anschließen aus Liebe oder kraft Gewalt.
Und vor diesem Block
unseres Europas
werden Asien, Amerika und
Afrika Staub sein.«

Pierre Drieu la Rochelle: *Le Chef.* Das Theaterstück wurde 1934 uraufgeführt und 1944 in Paris veröffentlicht.

1944 hatte der französische Schriftsteller keine Illusionen mehr. Drieu, der »sich in eine Art verzweifeltes Europäertum engagierte und verrannte«[52], schrieb die *Faschistische Bilanz,* eine Abrechnung mit dem Nationalsozialismus aus eurofaschistischer Sicht (Dok. Nr. 45). Am 15. März 1945 beging er Selbstmord. Er starb an der Geschichte Europas.

Dokument Nr. 38

Plan einer neuen Ordnung in Frankreich, April 1941

Der beiliegende Plan einer neuen Ordnung in Frankreich und der Beziehungen zu Deutschland wurde mir von einigen neuen Mitgliedern der französischen Regierung mit der Bitte übergeben, ihn dem Herrn Reichsaußenminister vorzulegen. Dieser Plan findet die Zustimmung von Darlan.[1]

(gez.) Abetz

Plan einer neuen Ordnung in Frankreich

In diesen ersten Apriltagen des Jahres 1941, in denen der französische Staat sich an den Reichskanzler wendet und ihn um einen Akt des Vertrauens und der Größe gegenüber Frankreich bittet, betrachtet es eine Gruppe von Männern, die vor kurzem in die Regierung eingetreten sind[2], als ihre Pflicht, ihre Vorstellungen über die künftige Form und die Frankreich zu erteilenden Weisungen näher zu erläutern.
Wir haben das Privileg, uns in einem historischen Augenblick zu Wort melden zu können. Die Entscheidungen, die im Laufe der nächsten Monate getroffen werden, werden unbegrenzte Auswirkungen haben. Wir bekommen somit eine Verantwortung, die wir in voller Kenntnis der Sachlage übernehmen, weil wir davon überzeugt sind, daß es unsere Pflicht ist, aus der Niederlage Frankreichs den Sieg Europas hervorgehen zu lassen.
Wir werden aktiv, weil unser Land sich in der größten Not befindet. Wegen der Niederlage, der Arbeitslosigkeit, des Gespenstes der Hungersnot und der Abwesenheit der Kriegsgefangenen hat die öffentliche Meinung jegliche Unterstützung und jegliche Richtlinie verloren. Unter dem schädlichen Einfluß der alten Vorurteile und der Lügenpropaganda, die mit Tatsachen genährt werden, die dem Leben des Volkes fremd sind, verfällt sie wieder in die Fehler der Vergangenheit, anstelle die Zukunft vorzubereiten, und sie gibt sich damit zufrieden, ihre Weisungen aus dem Ausland entgegenzunehmen.
Mit unserer gesamten Energie widersetzen wir uns dieser Haltung.

Wir schlagen unseren Landsleuten eine äußerst nützliche und mitreißende Arbeit vor, die zu gleicher Zeit die wirklichen Belange des Landes, die revolutionären Instinkte und das anspruchsvollste Nationalgefühl befriedigen wird.
Wie wird das Frankreich aussehen, für dessen Errichtung wir unser Leben einsetzen wollen? Welche sind die Ziele, die unsere Anstrengungen leiten sollen?

1. Erlaß einer politischen Verfassung;
2. Umgestaltung und Integration der französischen Wirtschaft in die europäische Wirtschaft;
3. Erarbeitung eines Programms für Bauarbeiten der öffentlichen Hand;
4. Bildung einer sozialistischen Ordnung;
5. Anbindung der kolonialen Niederlassungen an die europäische neue Ordnung;
6. Aufbau einer Außenpolitik.

1. Erlaß einer politischen Verfassung

Die politischen Einrichtungen des alten Regimes, die auf dem Parlamentarismus, dem Liberalismus und dem sozialen Konservatismus basieren, sind durch die Niederlage in Mißkredit geraten und werden nur durch die Aufstellung einer neuen Verfassung völlig beseitigt werden können.
Der französische Staatschef regiert zusammen mit dem von ihm ernannten Ministerrat. Er stützt sich auf zwei Versammlungen:
1. Den Nationalrat, der zu einem Drittel vom Staatschef, zu zwei Dritteln von der korporativen Kammer ernannt wird.
2. Die korporative Kammer.
Frankreich ist in eine gewisse Anzahl von Provinzen gegliedert, die einerseits mit den historischen Traditionen und andererseits mit den neuen wirtschaftlichen Anforderungen übereinstimmen. An der Spitze jeder Provinz steht ein Gouverneur, der vom Staatschef eingesetzt wird und alle politische Macht in Händen hält. Er wird von einer korporativen Kammer der Provinz beraten und gibt ohne jede Einschränkung den Präfekten Anweisungen.
In den Departements sind die Präfekten einzig und alleine ausführende Organe.
In Übereinstimmung mit den momentan geltenden Gesetzen muß

die Verfassung einerseits vom Volk, andererseits von den neuen Versammlungen genehmigt werden. Während der Übergangszeit, in der die alten Versammlungen keine Stimme mehr haben und die neuen noch nicht gebildet sind, übernimmt die Regierung die volle Verantwortung und Macht. Sie bereitet die neuen Einrichtungen vor und unterwirft sie einer Volksabstimmung.

2. Umgestaltung und Integration der französischen Wirtschaft in die europäische Wirtschaft

Es geht nicht nur um die Umgestaltung der französischen Wirtschaft mit dem Ziel der Beseitigung des wirtschaftlichen Liberalismus, der Ursache für die materielle Anarchie und die sozialen Unruhen ist, sondern auch um die Neugliederung, die Umstellung und die Integration in die Gesamtheit der europäischen Wirtschaft zwecks einer wohlausgewogenen Verteilung der Arbeit.

Diese dreifache Aufgabe der Neugliederung, der Umstellung und der Integration muß von der berufsständischen Vereinigung und der Unternehmergemeinschaft gemeinsam vollbracht werden und schließlich zur Bildung einer europäischen Zollunion führen, die einen umfassenden Warenverkehr und -austausch innerhalb des kontinentalen Lebensraumes ermöglichen soll.

3. Programm für Bauarbeiten der öffentlichen Hand

Als Symbol der Integration Frankreichs in die europäische Ordnung muß ein ausführliches Programm für Arbeiten der öffentlichen Hand in Angriff genommen werden.

Das Napoleonische System, wonach Paris der gemeinsame Endpunkt sämtlicher Straßen und Kanäle ist, soll durch ein neues Straßenverkehrsnetz ergänzt werden, das systematisch dem Straßen- und Wasserwegenetz Mitteleuropas angepaßt wird, damit Frankreich sowohl Transitland für den Verkehr vom Innern des Festlandes zum Atlantik als auch Brückenkopf Europas am Atlantik wird. Große Straßen und Wasserwege werden direkte Verbindungen zwischen den französischen Häfen und den großen Verkehrswegen des Reiches herstellen. Die Trockenlegung der Sümpfe und die Bodenverbesserungen in bestimmten Gegenden werden der Landwirtschaft einen kräftigen Auftrieb geben. Ein umfassendes Bauprogramm von Arbeiterwohnsiedlungen und die Umgestaltung der

Bausubstanz in gewissen Städten werden die vom französischen Staat geplante soziale Reform dokumentieren und die Künstler, Ingenieure und Handwerker vor neue Aufgaben stellen.

4. Bildung einer sozialistischen Ordnung

Weil Frankreich in diesem Augenblick in vier Teile geteilt ist, nämlich die besetzte Zone, die nicht besetzte Zone, Afrika und Kriegsgefangenenlager, ist es unmöglich, daß sich die nationale Bewegung auf eine politische Bewegung stützen kann, die aus den unteren Schichten hervorgeht. Anstatt eine Lehre für eine breite Bewegung der nationalen Solidarität zu entwickeln und ihr die Führung des Staates zu übertragen, wollen wir zuerst die Nation vor Aufgaben stellen, damit sie sich ihrer Solidarität bewußt wird. Die Prüfung sowie die Ausführung dieser Aufgaben werden zu gleicher Zeit die künftigen Eliten sowie die Führungskader und die Aktivisten einer Partei erkennen lassen. Diese Aufgaben müssen einen heroischen Charakter aufweisen. Dies wird zu einer Reihe von Schlachten führen, an denen sich sämtliche gesunden Kräfte des Landes beteiligen werden: der Schlacht um Kohle, der Schlacht um Getreide, der Schlacht um Straßen, der Schlacht um Kanäle, der Schlacht um die Sologne, der Schlacht um die Crau[3], der Schlacht um Elektrifizierung usw. Es ist unser Ziel, den Körpern und den Seelen eine Aufgabe zu verschaffen, die aufregender und kreativer sein wird, als es die Rückkehr zum traditionellen Chauvinismus je sein könnte. Durch diese Aufgaben wird die Jugend geformt, die einzig und allein in der Lage ist, das französische Volk von der schwierigen Situation und den Vorurteilen zu befreien, die es ins Unglück gestürzt haben.
Aus all diesen Anstrengungen wird eine Geistesgemeinschaft entstehen, die das Konzept des Klassenkampfes durch das Ideal einer neuen sozialistischen Ordnung ersetzen wird.

5. Anbindung der kolonialen Niederlassungen an die neue europäische Ordnung

Dank seiner langen kolonialen Erfahrung sowie der Größe des Werkes, das es in Afrika und Asien, weit von allen europäischen Auseinandersetzungen entfernt, geschaffen hat, kann Frankreich seine Eliten, sein Wissen und seine Methoden dem neuen Europa mit Stolz und Zuversicht zur Verfügung stellen. Unser Kolonialreich muß für

ganz Europa eine Reserve von Energie und beachtlichen Reichtümern werden. Ihre gemeinsame Ausbeutung soll Anlaß für ein Gefühl der europäischen Solidarität sein, die mit der nationalen Solidarität vergleichbar ist und die wir hervorrufen wollen, indem ausschließlich französische Aufgaben geteilt werden.
Dieses Problem erfordert zuallererst die Aufhebung der Trennung und die Besitzübernahme sämtlicher Gebiete, deren Regierung uns im Namen der europäischen Autarkie anvertraut wurde. Diese Aufgabe ist militärisch und politisch, sie kann zur Gründung von Milizen der künftigen französischen Einheitspartei führen. Die materielle Wiedereroberung sollte dabei den Ausgangspunkt für die moralische Wiedereroberung darstellen.

6. Außenpolitik
Der französische Staat will das ihm entgegengebrachte Vertrauen nicht ausnutzen, um das System der Bündnisse oder des europäischen Gleichgewichts neu aufleben zu lassen. Er will außerdem keine Schwachstelle bilden, die eine Zone für die Infiltration von außereuropäischen politischen Anschauungen darstellen würde. Fest mit den Geschicken des Kontinents verbunden, legt er den Akzent auf die Solidarität, die in der Zukunft alle Völker Europas vereinen soll.
Ausgehend von dieser Überzeugung, sind wir der Ansicht, daß die Verteidigungsaufgaben des französischen Staates in Europa, was das Festland betrifft, von seiner maritimen Lage bestimmt sind und er als europäischer Brückenkopf am Atlantik gewissermaßen das Schild Europas werden soll. Frankreich wird diesen Auftrag nur erfüllen können, wenn auf diesem Gebiet eine ähnlich harmonische Arbeitsteilung angewandt wird wie die, die für den wirtschaftlichen Bereich vorgeschlagen wurde. Der französische Beitrag zur Verteidigung Europas beruht in erster Linie auf der Stärke seiner Flotte und seiner Kolonialtruppen.
Die historische Begegnung von Montoire[4] hat uns gezeigt, daß Deutschland bereit ist, sich in seinem Sieg großmütig zu zeigen, wenn wir uns von unserer Niederlage lösen können. Diese Begegnung blieb ein symbolischer Akt. Es ist unser Bestreben, aus diesem Symbol eine Realität zu machen. Wir haben uns engagiert, um dieses Ziel zu verwirklichen, ohne Abstand zu nehmen von dem, wor-

auf wir als Franzosen stolz sind und ohne gemeinsame Sache zu machen mit dem, was unser Land in den Abgrund geführt hat. Wir wollen diese Aufgabe ohne Zögern beginnen. Wir wollen Frankreich retten. Wir bitten den Führer, uns Vertrauen entgegenzubringen.

Anmerkungen:

1 Admiral François Darlan, geb. am 7.8.1881 in Nérac. Im Juni 1940 Übernahme des Amtes des Marineministers, ab Februar 1941 zusätzlich Stellvertretender Ministerpräsident, Außenminister und Innenminister, schließlich ab August 1941 noch Minister für nationale Verteidigung. Demissioniert am 17.4.1942 und übernimmt das Amt des Oberbefehlshabers der französischen Streitkräfte. Gibt am 10.11.1942 den Befehl zur Feuereinstellung gegen die alliierten Invasionsstreitkräfte in Nordafrika. Wird Heiligabend 1942 in Algier ermordet.

2 Die neue französische Regierung war am 25.2.1941 gebildet worden.

3 Sologne und Crau, unfruchtbare französische Regionen.

4 Treffen Hitler – Pétain in dem Städtchen Montoire-sur-le-Loire am 24.10.1940. Die Begegnung wurde zum Synonym für »collaboration«.

Quelle:

Pétain et les Allemandes. Mémorandum d'Abetz sur les rapports Franco-Allemandes, Paris 1948, S. 79–84 (Übersetzung: Dr. Geert Demarest)

Dokument Nr. 39

Pacte Transitoire (Übergangsabkommen), der deutschen Regierung am 14.7.1941 vorgeschlagen (Auszug)

[...] Übergangsabkommen zwischen Deutschland, Italien und Frankreich (öffentlich)

(Entwurf)

Artikel 1: Die hohen vertragschließenden Parteien kommen überein, unter sich friedliche Beziehungen wiederherzustellen, die auf gegenseitigem Vertrauen und dem gegenseitigen Wunsch, bei der Wiederherstellung des Friedens und der Organisation Europas zusammenzuarbeiten, gegründet sind.
Artikel 2: Das Waffenstillstandsabkommen wird unter Berücksichtigung der neuen Situation, die durch Artikel 1 entstanden ist, durch das Übergangsabkommen ersetzt.
Artikel 3: Die diplomatischen und konsularischen Beziehungen zwischen Deutschland und Italien auf der einen Seite und Frankreich auf der anderen Seite werden wieder aufgenommen.
Artikel 4: Das vorliegende Abkommen wird sofort wirksam und bleibt bis zur Unterzeichnung des Friedensvertrages in Kraft.

Nichtöffentliches Protokoll
(Entwurf)
Einführende Erklärung der französischen Regierung

Vor der Unterzeichnung des anliegenden Protokolls gibt die französische Regierung, die in voller Unabhängigkeit handelt, folgende Erklärung betreffend die Grundlinien ihrer Politik ab:
1. Was die inneren Angelegenheiten anbetrifft, so wird die französische Regierung die nationale Revolution weiter fortsetzen und eine politische Ordnung errichten, die sich von den nationalen Traditionen leiten läßt und auf einer volkstümlichen autoritären und sozialistischen Macht beruht.
2. Was die äußeren Angelegenheiten anbetrifft, so wird sich die

französische Regierung allen Initiativen der deutschen und italienischen Regierung anschließen, die diese unternehmen werden, um den Frieden wiederherzustellen und Europa zu organisieren.

3. Was die militärischen Angelegenheiten anbetrifft, so wird die französische Regierung unverzüglich die Verteidigung der unter die französische Souveränität gestellten Territorien gegen jede Aggression sicherstellen. Im gleichen Maße, wie die französischen materiellen und moralischen Kräfte wiederhergestellt werden, was durch die Ersetzung des Waffenstillstandszustandes durch einen zweckmäßigen Modus vivendi möglich geworden ist, wird die französische Regierung die Eroberung der von den britischen Streitkräften illegal besetzten Territorien, die Verteidigung der imperialen Verbindungswege und alle militärischen Verteidigungsaktionen, die geeignet sind, die Sicherheit Frankreichs und seines Empire zu ermöglichen, in Angriff nehmen.

4. Was die wirtschaftlichen Angelegenheiten anbetrifft, so wird die französische Regierung die notwendigen Maßnahmen ergreifen, um sich der neuen sozialen Ordnung anzupassen; sie wird ihre Produktion in den Rahmen der europäischen Wirtschaft integrieren; und sie wird, unter Verzicht auf den Liberalismus und seine Folgen, die Zollgrenzen, am laufenden Handel der kontinentalen Gemeinschaft teilnehmen.

Unter Beachtung [sous le couvert] dieser Erklärung sind die hohen vertragschließenden Parteien übereingekommen, folgende Verfügungen zu treffen:

Beitritt Frankreichs zum Dreimächtepakt [...]

Quelle:

Jacques Benoist-Méchin, De la défaite au désastre, 1: Les occasions manquées. Juillet 1940 – avril 1942, Paris 1984, S. 442–443 (Übersetzung: Autor). In den Akten zur Deutschen Auswärtigen Politik, ADAP, Serie D, Bd. XIII. 1, Dok. Nr. 113, S. 121–126, ist das nichtöffentliche Protokoll nicht abgedruckt, der Entwurf des Pacte Transitoire nur in der Fußnote (in französischer Sprache) wiedergegeben. Der Abdruck erfolgt mit freundlicher Genehmigung der Editions Albin Michel, Paris.

Dokument Nr. 40

Jacques Benoist-Méchin: Volontés premières, 29.10.1942 (Auszug)

[...] 14. Die Außenpolitik, die abgestimmt ist mit der der anderen autoritären Länder, muß zum Ziel haben, unter ihnen immer engere politische und ökonomische Bindungen zu schaffen, um schließlich in eine gemeinschaftliche militärische Allianz für die Verteidigung der gemeinsamen Güter zu münden. Diese Außenpolitik hat keinen Sinn und keine Berechtigung, wenn sie nicht mit einer Innenpolitik korrespondiert, die auf die Entfaltung des neuen revolutionären Staates abzielt.

15. Seit 25 Jahren hat Frankreich eine Außen- und Innenpolitik betrieben, die gefährlich widersprüchlich war. Die Beispiele sind uns noch allen im Gedächtnis. Diese Spaltung hat die Energien untergraben, die Geister geschieden und das Land letztendlich in die Katastrophe geführt. Eines der vorrangigen Ziele der Revolution, die wir durchführen müssen, wird daher darin bestehen, den Dualismus in der Innen- und Außenpolitik zu überwinden. Es liegt viel daran, daß unsere Außenpolitik der wirkliche Reflex unserer Innenpolitik ist und umgekehrt. Je mehr wir zögern, diesen Gegensatz aufzulösen, desto mehr wird sich das Land schwächen, desto mehr wird seine Einheit preisgegeben, desto mehr wird seine Substanz zerbröckeln.

16. Es ist in der Vergangenheit mit verschiedenen Mitteln versucht worden, den Traum der europäischen Einigung zu verwirklichen, aber alle Versuche haben bis heute Schiffbruch erlitten. Man hat es mit der Hegemonie eines einzelnen versucht, aber diese Hegemonie ist zusammengebrochen. Man hat es mit einer Föderation der Demokratien versucht, aber diese Föderation ist auseinandergefallen. Heute kann man nur darauf zurückkommen, wenn man die Form einer Hierarchie der Imperien wählt. Man kann dabei die Ideen des Nationalismus und Imperialismus nicht beiseite schieben, aber diese müssen einen neuen Sinn und einen neuen Inhalt bekommen.

17. Jeder volkstümliche Staat muß nach der Verwirklichung eines auswärtigen Zieles streben, für das er alle lebendigen Kräfte der Nation einzuspannen hat. Er ist beflügelt von dem Willen, Lebens-

raum zu erobern und sich als Imperium zu entfalten. Bei diesem Vorhaben ist er von dem Wunsch geleitet, den höchsten Gipfel seiner Geschichte zu erreichen.
18. Der volkstümliche französische Staat ist daher sozialistisch und imperialistisch. Der Imperialismus wird für die Jugend zugleich das Mittel darstellen, den Willen zur Macht und zur Vereinheitlichung der Nation zu realisieren, sich Zugang zu den Rohstoffen zu verschaffen, ohne die ein Volk weder Kraft noch Unabhängigkeit besitzt. Aber dieser Imperialismus muß in die Peripherie des euroafrikanischen Raumes geleitet und darf nicht ins Zentrum gelenkt werden, wo er nichts als Zwietracht und neue europäische Bruderkriege hervorrufen würde. Der Imperialismus des 20. Jahrhunderts ist kein Instrument der Hegemonie mehr, sondern auf imperialer Ebene die Beteiligung an der Verteidigung und am gemeinsamen Wohlstand des Kontinents. [...]

Quelle:

La Gerbe. Hebdomadaire de la volonté française, 29.10.1942 (Übersetzung: Autor)

Dokument Nr. 41

Pierre Laval drängt auf eine deutsche Europaerklärung, April 1943

Telegramm

Citissime
Nur als Verschlußsache zu behandeln
Nr. 2128 vom 4.4.[1]

Paris, den 4. April 1943 15 Uhr 45
Ankunft: 4. April 18 Uhr 40

Im Anschluß an Drahtbericht Nr. 1544 vom 11.3.[2]

Für Herrn Reichsaußenminister.

[...]
In diesem Zusammenhang dürfe er[3] erneut zurückkommen auf das, was er in seinem Brief an den Führer[4] ausgeführt habe, nämlich, daß eine großzügige Erklärung des Führers in bezug auf Frankreich und dessen Stellung in der europäischen Neuordnung eine wirkliche Kriegshandlung darstelle, die in das Lager der deutschen Feinde die größte Verwirrung tragen würde.
Er wisse, daß es nicht seine, des Regierungschefs des besiegten Landes, Rolle sei, Vorschläge für die zukünftige Gestaltung Europas zu machen, da er aber die Zukunft seines Landes nur in einem solchen befriedeten, unter Deutschlands Führung stehenden Europa als gesichert ansehe, halte er es doch für seine Pflicht, uns seine Meinung zur Kenntnis zu bringen, wobei es dann unsere Sache sei, Entscheidungen zu treffen. Er denke natürlich in erster Linie an sein Land, er sei jedoch von der Notwendigkeit des deutschen Sieges so überzeugt, daß er die deutsche Sache wie seine eigene ansehe. Er lege gleichsam wie ein Mitarbeiter mit langjährigen Erfahrungen in der Weltpolitik seine Auffassung dar, die die deutsche Regierung dann auf Grund ihrer umfassenderen Kenntnis aller militärischen und politischen Faktoren berücksichtigen oder verwerfen könne. – Auf meine Frage, wie er sich eine deutsche oder Achsenerklärung denke, erwiderte Laval, daß er durchaus Verständnis dafür habe, daß in einer solchen Erklärung z. B. die Frage territorialer Regelung jetzt

nicht angeschnitten werden würde. Er denke vielmehr an eine allgemein gehaltene Erklärung etwa folgenden Inhalts, die, wie er glaube, ein auch im deutschen Interesse liegendes politisches Manöver großen Stils sein würde:

»Der Friede in Europa wird nach den Grundsätzen der Gerechtigkeit verwirklicht werden. Auf der moralischen, kulturellen und politischen Ebene wird die Eigenständigkeit der Völker geachtet werden; auf der materiellen Ebene müssen sich die Nationen gegenseitig unterstützen und ihre wirtschaftlichen Interessen so zusammenlegen, daß die Bedürfnisse jeder Nation anders befriedigt werden können als durch Rivalität und Gewalt, die zu lange in der Vergangenheit die Regel gebildet haben.

Auf der Grundlage dieser Prinzipien wird das neue Europa eine wirkliche Föderation bilden, aus der für immer die Keime der Revanche entfernt sein werden. Die Organisation aller Länder, die unseren Kontinent bilden, muß derart sein, daß weder die siegreichen noch die besiegten Völker jemals wieder versucht sind, sich gegeneinander zu wenden und erneut Krieg zu führen.

Seit einem Jahr hat die französische Regierung trotz der Widerstände eines Teils der durch die interessierte Propaganda des Feindes aufgehetzten öffentlichen Meinung erreicht, daß eine unaufhörlich wachsende Anzahl an der Verteidigung der europäischen Sache mitwirke. Frankreich hat sich auf diese Weise an die Seite derjenigen gestellt, die gegen den Bolschewismus kämpfen.

Die Verständigung zwischen den Achsenmächten und Frankreich ist im Rahmen der Prinzipien, die das neue Europa bestimmen und seinen Frieden sichern sollen, notwendig. In Anerkennung der Rolle, die Frankreich in der Welt gespielt hat und die es auch in der Zukunft für sich selbst und im Interesse der europäischen Gemeinschaft spielen soll, erklärten die Achsenmächte ihre Bereitschaft, ihm in dem neuen Europa eine Zukunft zu sichern, die seiner kontinentalen und imperialen Vergangenheit entspricht.«

Präsident Laval fügte hinzu, daß, wenn eine solche oder ähnliche Erklärung, sei es in einem Brief des Führers, sei es im Rahmen eines Kommuniqués nach einer Zusammenkunft der Außenminister der Achsenmächte, abgegeben werden könne, er keine Zweifel daran hege, seine Stellung in Frankreich so ausbauen zu können, daß das französische Volk zu den höchsten Anstrengungen für die Sache des deutschen Sieges eingesetzt werden könne. Die Dissidenz sei damit moralisch erledigt, da er sagen könne, er sichere die friedliche Zukunft seines Landes, während die anderen zwar behaupten, sie wollten Frankreich befreien, in Wirklichkeit aber erneut den Krieg auf Frankreichs Gebiet tragen wollten und aus Frankreich bereits ein rauchendes Ruinenfeld machten und noch weiter machen wollten.

Wenn wir glaubten, daß eine solche Erklärung seitens der Achsenmächte von der feindlichen Propaganda als Schwäche ausgelegt werden könnte, so teile er diese Befürchtung nicht, denn die französische Regierung, Marschall Pétain und er selbst, könnten gerade im Gegenteil vor der Welt zum Ausdruck bringen, wie sehr eine solche Erklärung die deutsche Stärke dartue, da sie beweise, daß Deutschland nicht nur groß im Kriege, sondern auch groß im Frieden sein wolle. Auf der Grundlage einer solchen Erklärung könne darüber hinaus Frankreich jeden Tag mit großer Überzeugungskraft auf die öffentliche Meinung in Amerika und auch in England einhämmern, um diesen Völkern die Ruchlosigkeit der Haltung ihrer Regierungen vor Augen zu führen.

Abschließend bat der Präsident noch einmal, daß wir seine Ausführungen in dem Geiste aufnehmen möchten, in dem sie gemacht worden seien. Er stehe und falle mit der Politik eines neuen, durch den deutschen Sieg ermöglichten befriedeten Europas.

Ich habe mich den Ausführungen Lavals gegenüber rezeptiv verhalten und lediglich zugesagt, der Reichsregierung über seine Darlegungen zu berichten.[5]

Schleier[6]

Anmerkungen:

1 Randvermerk: »Unter Nr. 818 an Fuschl weitergeleitet. Telko, den 4.4.1943«

2 Der Drahtbericht Nr. 1544 ist abgedruckt in ADAP, Serie E, Bd. V, Dok. Nr. 193, S. 380–385

3 Ministerpräsident Pierre Laval

4 Der Brief Lavals vom 9.3.1943 ist in dem Drahtbericht Nr. 1544 wiedergegeben.

5 Mit Telegramm Nr. 2233 vom 11. April wies Ribbentrop Schleier an, bei nächster Gelegenheit mündlich zu sagen, »wir hätten von den Ausführungen, die er Ihnen gegenüber zur politischen Lage gemacht habe, mit Interesse Kenntnis genommen.

Insbesondere hätten wir von der Versicherung des Herrn Laval, daß er mit der Politik eines durch den Achsensieg gestalteten neuen Europas stehe und falle, mit Befriedigung Kenntnis genommen. Auch seine Anregung einer Achsenerklärung über die Gestaltung des zukünftigen Europas im allgemeinen und einer Erklärung an die französische Adresse im besonderen sei hier vermerkt worden. Die Ausführungen des Herrn Laval seien auch zur Kenntnis des Führers gebracht worden. Herr Laval könne sich ja wohl denken, daß die Angelegenheit der Neugestaltung Europas und der sonstigen damit zusammenhängenden Komplexe eine Frage sei, die sehr sorgfältig studiert werden müsse und dann zu gegebener Zeit in allen Einzelheiten eingehend geklärt werden müsse. Dazu sei jetzt allerdings die Zeit noch nicht gekommen, denn die Dinge befänden sich dafür noch zu sehr im Fluß und der Führer sei zur Zeit ganz durch die militärischen Operationen in Anspruch genommen, so daß er sich mit diesen Fragen jetzt noch nicht befassen könne. Die vordringlichste Aufgabe im Interesse Europas sei jetzt, die Bolschewiken im Osten endgültig auf dem Felde zu schlagen, so daß sie Europa nicht mehr gefährlich werden können, und im übrigen jeden englisch-amerikanischen Versuch einer Landung auf dem Kontinent vernichtend zurückzuschlagen. Sobald diese Ziele erreicht seien, könne man an die weitere Gestaltung der Dinge herangehen.«

[6] Rudolf Schleier (1899–1959), Kaufmann, von 1935–38 Landesgruppenleiter der Auslandsorganisation der NSDAP in Frankreich. 1940 Generalkonsul, später Botschaftsrat mit der Amtsbezeichnung Gesandter, seit 20.4.1943 Gesandter I. Klasse an der deutschen Botschaft in Paris.

Quelle:

ADAP, Serie E, Bd. V, Dok. Nr. 277, S. 529–531

Dokument Nr. 42

Pierre Laval: Das Europa von morgen, 5.6.1943 (Auszug)

Dieser Krieg kann, wenn die bolschewistische Gefahr ein für allemal beseitigt ist, nicht wie alle anderen Kriege der Vergangenheit enden. Es wäre sonst ein für alle verlorener Krieg, denn er würde früher oder später wieder beginnen.

Man muß unseren Kontinent organisieren, und das Europa von morgen wird zerbrechlich sein oder stark: Damit es leben kann, muß es nach bestimmten Prinzipien gestaltet werden.

Wenn ich im Rahmen eines siegreichen Frankreichs sprechen würde, würde sich meine Stimme lauter erheben, aber meine Sprache bliebe dieselbe.

Die Organisation aller Länder, aus denen sich unser Kontinent zusammensetzt, müßte so aussehen, daß weder die siegreichen noch die besiegten Völker in Versuchung geführt werden, sich jemals wieder gegeneinander zu wenden. Auf dem materiellen Sektor müssen sich die Nationen gegenseitig helfen und ihre ökonomischen Interessen aufeinander abstimmen, damit die Bedürfnisse aller ohne ruinösen Wettbewerb und Gewalt – wie es in der Vergangenheit nur zu oft der Fall war – befriedigt werden können.

Das neue Europa wird dauerhaft sein, wenn die Keime der Revanche ein für allemal ausgerottet werden. Der Friede wäre sonst das Resultat eines Kompromisses, einer Gleichgewichtspolitik oder einer Zwangshandlung.

Der europäische Frieden von morgen muß auf verbindenden Vorstellungen und Harmonie fußen. Auf dem moralischen, kulturellen und politischen Sektor muß die Individualität der Völker respektiert werden. Kein Land darf seine Lebensweise, seine Religion, sein Regime anderen Ländern aufzwingen. Aber, zweifelt nicht daran, alle Regime haben einen gemeinsamen Charakterzug: Sie sind im Volk verwurzelt. [...]

Woher stammt die Idee des Vaterlandes? Sie ist geboren aus der Union aller der Dörfer und aller der Provinzen, die, vormals alle entzweit, heute die Nationen formen. Wie wird sich das europäische Bewußtsein entwickeln? Es wird aus der Union aller der Nationen Europas erwachsen, die sich gestern noch zerstritten und feindlich gegenüberstanden. Die Liebe, die ich für mein Land empfinde, läßt mich auf dieses neue Europa hoffen, in dem alle Völker die volle Entfaltung ihres Wesens finden werden: Denn im freien Wettbewerb hat Frankreich nichts zu befürchten.

Dieses Ideal muß sich verwirklichen. Es entspricht den Interessen der anderen Länder, es entspricht auch den Interessen Europas, denn wenn die Völker wissen, daß ihr Vaterland respektiert wird, werden sie brüderlich zusammenarbeiten.

Die Niederlage kann die Stimme Frankreichs nicht erstickt haben, aber damit diese Stimme sich mehr Gehör verschaffen kann, müssen die gefährlichen Illusionen aufgegeben werden, denen zuviele Franzosen anhängen; wir müssen verstehen, uns der notwendigen Disziplin zu unterwerfen.

Ich habe Vertrauen in mein Land.

Quelle:

Tonaufnahme über die Rundfunkrede Pierre Lavals vom 5. Juni 1943 (Übersetzung: Autor)

Dokument Nr 43

Francis Delaisi: Die Revolution der europäischen Wirtschaft, 1943 (Auszüge)

[...]
Da die Industrien der Nachbarländer nicht die gleichen Lasten zu tragen haben, könnten sie auf dem deutschen Markt zu niedrigeren Preisen verkaufen. Dadurch würden sie aber Deutschland zwingen, zum Schutze seiner höheren Löhne zu Zollmaßnahmen zu greifen, die die Lebenshaltungskosten im Innern wieder erhöhten. Und das würde von neuem die Zerstückelung des Kontinents mit all ihren Nöten und Gefahren bedeuten.
Um das zu vermeiden, hat das Reich eine einfache und kühne Lösung gefunden. Es lädt die Nachbarvölker ein, ihren Arbeitern und Angestellten die gleichen Vorteile zukommen zu lassen, es ermutigt sie, zu den gleichen Preisen zu verkaufen wie ihre deutschen Kollegen und legt ihnen nahe, gemeinsam einen inneren Markt, einen einzigen wirtschaftlichen Lebensraum mit einer einzigen Währung zu bilden, wie das die Vereinigten Staaten für ihre 48 Staaten, die Schweiz für ihre Kantone und selbst Rußland für seine »Republiken« getan haben.
Natürlich müssen diese Vorteile den Menschen gleicher Rasse vorbehalten bleiben, die unter demselben Klima mit ähnlichen Bedürfnissen und sich gegenseitig ergänzenden Produktionsmöglichkeiten leben – deren Lebenshaltungsniveaus sich daher bis zur völligen Gleichheit anpassen können.
So wird die Arbeitsmark die gemeinsame Währung im Binnenverkehr des ganzen Kontinents werden. Die Löhne, die Gehälter, die Lebenshaltungskosten werden annähernd gleich werden, der Austausch zwischen landwirtschaftlichen und industriellen Ländern wird sich auf leichte Weise vollziehen, die Rationierung wird dem Wohlstand weichen. [...]
Im Laufe des 19. Jahrhunderts haben sich die 27 europäischen Länder mehr oder weniger spezialisiert, und ihre Bevölkerung ist überall infolge des Aufhörens der Auswanderung sehr dicht geworden. Kein einziges genügt sich heute mehr selbst; weder Frankreich noch Italien, noch Belgien, noch Holland, noch die Schweiz, noch Un-

garn, noch Rumänien, noch Griechenland. Keines von ihnen kann in den engen Grenzen, in die es die Geschichte eingeschlossen hat, anders in Frieden* leben, als daß es seinen Nachbarn den Überschuß seiner industriellen Erzeugnisse gegen den Überschuß ihrer landwirtschaftlichen Produkte (oder umgekehrt) verkauft.
Seit Jahrhunderten haben sich die Europäer an diesen Austausch gewöhnt. Sie gehören derselben Rasse und derselben Zivilisation an; sie leben unter dem gleichen Klima und haben ziemlich die gleichen Bedürfnisse. Nur in bezug auf ihren Boden und dessen ober- und unterirdischen Ertrag sind sie verschieden, und ihre Erzeugnisse ergänzen sich aus diesem Grunde.
Nun schlägt ihnen das neue Reich vor, diesen Lebensraum, der ihnen seit so vielen Jahrhunderten gemeinsam ist, auch gemeinsam auszunutzen.
Jeder wird in ihm seinen Platz, seine Eigenart und seine politischen Einrichtungen behalten, aber alle werden in ihm auf gleicher Stufe und unter dem gleichen Geld- und Zollregime ihre Erzeugnisse verkaufen und ihre Einkäufe vornehmen.
Selbstverständlich werden die Völker der anderen Kontinente von diesem Handel nicht ausgeschlossen sein. Aber sie werden nur zur Auffüllung der Lücken und nach Maßgabe der Konzessionen zugelassen werden, die sie auf ihrem eigenen Gebiet gewähren.
England ist so mit dem Dominions seines Empire verfahren (Vertrag von Ottawa), und man hat nichts davon gehört, daß Kanada oder Australien sich über die »Vorherrschaft« Londons beklagt hätten.
Ebenso sind die Vereinigten Staaten vorgegangen; indem sie jeden ihrer 48 Staaten sich selbst nach seinem Geschmack regieren ließen, haben sie es verstanden, aus der ganzen Union einen einzigen ungeheuren Markt zu machen, auf dem alle Unternehmungen vom Atlantik bis zum Pazifik ihre Erzeugnisse unter dem Schutz eines hohen gemeinsamen Zolltarifs und unter dem Zeichen desselben Dollars austauschen können.
Die Sowjets endlich haben es ebenso gemacht. Auch sie ließen ihren 14 sozialistisch-sowjetischen Republiken eine weitgehende politische Autonomie, sie machten aber aus der ungeheuren Ebene von den Pripjetsümpfen bis zum japanischen Meer einen riesigen gemeinsamen Markt, auf dem Russen, Kosaken, Georgier, Turkme-

nen, Usbeker und Jakuten ihre Waren durch Vermittlung der gleichen sowjetischen »Trusts« und auf Grund des gleichen Rubels austauschen.

Gerade weil diese drei Gruppen ihre Wirtschaftseinheit zuerst hergestellt haben, glaubten sie sich stark genug, um Europa verhindern zu können, ein Gleiches zu tun.

Nun stelle man sich aber vor, daß Europa ebenso wie die drei andern seinen kontinentalen Lebensraum einheitlich gestaltete.

Wie wäre dann das Verhältnis der Kräfte?

Die weiße Rasse teilt sich in vier Gruppen:

a) eine britische Gruppe von 69 Millionen Weißen: 47 auf den Inseln, 22 in den Dominions, die 419 Millionen Eingeborene beherrschen;
b) eine amerikanische Gruppe umfaßt 141 Millionen »Bürger«, die aus allen europäischen Ländern stammen (einschließlich zwölf Millionen Neger). Wenn man sie zu den Briten hinzurechnet, so ergibt sich eine ziemlich zerstreute Masse von 129 + 69 = 198 oder rund 200 Millionen Angelsachsen;
c) eine sowjetische Gruppe von 170 Millionen Menschen, davon 120 Millionen Slawen;
d) unter diese drei wird sich die europäische Gruppe einfügen: ohne die UdSSR und England zählt sie 350 Millionen Menschen.

Der Zahl nach ist die europäische Gruppe die bei weitem stärkste, da sie eineinhalbmal soviel Menschen zählt wie alle Angelsachsen, doppelt soviel wie die UdSSR, und damit allein die andern Weißen zusammengenommen überbietet.

Der Rasse nach ist sie die weitaus einheitlichste, da sie in ihren Grenzen weder Neger noch Tataren aufweist.

Ihre wirtschaftliche Ausrüstung (landwirtschaftlich, industriell, handels- und finanzmäßig) ist in jedem Geschäftszweig gleichwertig, wenn nicht überlegen, da sie trotz der verschiedenen Zölle dem Druck der Blockade ebensogut widersteht wie die drei andern Gruppen.

Was schließlich den Grad der Kultur ihrer Bewohner und deren Arbeitsqualitäten und Spartätigkeit anbelangt, so kann sie sich mindestens gleich, wenn nicht höher als die übrigen Gruppen einschätzen, da das kontinentale Europa ebenso wie England der Erzieher der Amerikaner wie der Russen war.

Und nun stelle man sich vor, daß diese einheitliche Gruppe von 350 Millionen Menschen, endlich im Besitz eines gemeinsamen Lebensraums nach dem Ausmaß ihrer Unternehmungen und befreit von der Konkurrenz der exotischen Länder, künftig in der Lage sei zu sichern:
seinen Arbeitern das höchste Lebenshaltungsniveau,
seinem Handel den reichsten Binnenmarkt,
seiner Industrie das Maximum an großen Arbeiten,
die Gewißheit, in der Arbeit nie durch Kapitalmangel behindert zu werden, da die Arbeit sich selbst finanziert,
die Sicherheit, daß der Bedarf dank der Anordnungen des Vierjahresplans nie überschritten werden kann,
die endliche Befreiung von der Vormundschaft der Trusts und die Entgiftung von jenem rücksichtslosen Individualismus, zu dem eineinhalb Jahrhunderte Darwinschen Kampfes ums Dasein geführt haben.
Dann sage man, ob diese Gruppe nicht eine derartige nicht nur materielle, sondern auch moralische Überlegenheit, ob sie nicht einen derartigen Dynamismus entwickeln wird, daß die andern weder mehr die Macht noch den Wunsch haben werden, sie zu bekämpfen.
Und das wird, in sozialem und äußerem Frieden, den Vorrang Europas durch den Vorrang der Arbeit bedeuten.

Anmerkungen:

* Es handelt sich hier ebenso um den sozialen wie um den äußeren Frieden.

Quelle:

Francis Delaisi, Die Revolution der europäischen Wirtschaft, Stuttgart-Berlin 1943, S. 195-196; 277-281. Mit freundlicher Genehmigung der Deutschen Verlags-Anstalt, Stuttgart

Dokument Nr. 44

Eduard Wintermayer: L'Europe en marche, 1943 (Auszug)

[...]

Die europäische Pflicht Frankreichs

Um wirklich an der europäischen Entwicklung teilhaben zu können, muß Frankreich selbst bis auf den Grund der wahren Vorzüge seines Volkes herabsteigen. Das totale Wiedererwachen seiner Kräfte und ihre aktive und rückhaltlose Mitwirkung werden fähig sein, ein neues Frankreich in einem neuen Europa zu schaffen. Wenn es so handelt, wird Frankreich eine neue Zukunft mit all dem verbinden, was die wahren, dauerhaften und dynamischen Werte seiner Vergangenheit ausmacht. Indem es sich wiederfindet, indem es sich von neuem schafft, wird es die Tugenden und die tiefgreifenden Vorzüge, die den Erbteil seines Volkes und Blutes bilden, neu beleben.

Der Versuch zurückzugehen würde die Zukunft gefährlich belasten. Der Wunsch, sich an eine äußerlich brillante und angenehme, tatsächlich aber in Verfall begriffene Vergangenheit anzuklammern, würde Frankreich und letztlich auch seine Existenz preisgeben. Aber der Glaube an den ewigen Bestand der wahren menschlichen Vorzüge, das Vertrauen in die Zukunft, wären der Gewißheit einer französischen und europäischen Wiedergeburt gleichwertig.

Daß Frankreich es weiß: Wenn das neue Europa sich ohne den Beitrag des nationalen und europäischen Genies Frankreich bilden sollte, läge die Schuld dafür ausschließlich auf seiten Frankreichs.

Es wird diesen Fehler nicht begehen, und es wird sich nicht dem eigenen Verfall fügen.

Die Schwierigkeiten, die es heute bedrängen, die Entbehrungen, die es erleidet, die Ungewißheit, die es noch auf sich lasten fühlt, dürfen nicht verhindern, daß es sich wiederfindet.

Es wird nicht fortfahren dürfen, sich den Trümmern einer abgelaufenen Vergangenheit zuzuwenden, die für seine Zukunft keine Bedeutung mehr wird haben können.

Es wird nicht abdanken dürfen, weder für sich noch für Europa. Indem es sich entschlossen auf einen neuen Weg einläßt, wird das französische Volk mit dem neuen Deutschland zusammentreffen und sich ihm anschließen, zu seinem größten Wohl und dem des neuen Europa. [...]

Quelle:

Eduard Wintermayer, L'Europe en marche, Paris 1943, S. 206-207 (Übersetzung: Autor)

Dokument Nr. 45

Pierre Drieu la Rochelle: Faschistische Bilanz, 15.7.1944

Obwohl in diesen letzten Monaten jeder Gedanke über die Geschichte des Nationalsozialismus in Europa während der vergangenen vier Jahre den Charakter eines überflüssigen Rückblicks anzunehmen schien, kann der politische Aktivist wie ein Historiker die ersten Ansätze einer Lehre aus folgenden Bemerkungen ziehen: Welches sind die Gründe für das völlige Scheitern der nationalsozialistischen Politik?

Der unmittelbare Grund könnte in dem Geburtsfehler gesucht werden, den die nationalsozialistische Revolution von Anfang an hatte. Diese nationalsozialistische Revolution wurde auf keinem einzigen Gebiet weit genug durchgeführt.

Gewiß, es war der grundlegende Wille sowohl der nationalsozialistischen als auch der faschistischen Revolutionäre, nicht wie die Bolschewiken mit allem gründlich aufzuräumen, sondern die nach einer plötzlichen und totalen Umwälzung zwangsläufig eintretenden enormen Zerstörungen von Gütern und Menschenleben zu verhindern und das Überleben von gewissen Elementen des alten Lebens im Rahmen des neuen Lebens sicherzustellen. Aber die konservative Ausprägung hat den Geist der Erneuerung zu sehr in den Schatten gestellt.

Die nationalsozialistische Revolution hat in erster Linie zuviel Rücksicht auf die Mitglieder der alten militärischen und wirtschaftlichen Führung genommen; sie hat das kapitalistische Personal und den alten Kader der Reichswehr zu sehr geschont.

Dieser doppelte Fehler nahm am 30. Juni 1934[1] Gestalt an. An diesem Tag konnte Hitler die Abweichung von links unerbittlich treffen, aber er hätte auch die Abweichung von rechts wirksam treffen sollen.

Da er es aber nicht oder kaum getan hat, zeigte sich schon bald im Laufe des Krieges, daß die Konsequenzen dieser revolutionären Unzulänglichkeit unlösbar waren: Es erwies sich, daß die deutsche Politik in allen besetzten Ländern Europas mit allen Vorurteilen der antiken kriegerischen und diplomatischen Routine besudelt war; es erwies sich, daß sie unfähig war, neues und umfangreiches Kapital aus der ihr gebotenen großartigen Situation zu schlagen. Sie zeigte sich unfähig, einen revolutionären Krieg einzuleiten, weil sie glaubte, die Gewalt auf ein Minimum beschränken zu müssen und somit die europäische öffentliche Meinung beruhigen und verführen zu können. Schon bald aber mußte sie zusehen, wie diese öffentliche Meinung sich gegen sie wandte, weil nichts Neues und Interessantes geboten wurde.

Eine neue deutsche Politik hätte folgendermaßen vorgehen können:

1. Sie hätte jegliche Geste verwerfen können, die an die alte Politik der militärischen Eroberungen, der diplomatischen Vorteile und der wirtschaftlichen Beschlagnahmungen erinnerte. Sie hätte weder die deutsche Fahne auf den öffentlichen Gebäuden gehißt noch die Nationalfahnen und die Nationalhymnen abgeschafft; sie hätte Paraden vermieden. Sie hätte überall die nationale Autonomie in administrativer und politischer Hinsicht respektiert und hätte keine Annexionen alter Art durchgeführt, wie die von Böhmen, vom Elsaß, von Nordfrankreich, von Polen. Sie hätte sich nicht beeilt mit der Beschlagnahme der Privatbetriebe, der Gesellschaften, der Maschinenparks, der Fabriken und der Bankguthaben.

2. Dafür hätte sie die Kriegsgefangenen freigelassen, Volksabstimmungen durchgeführt, um mit den Völkern zumindest provisorische Friedensverträge auszuhandeln; sie hätte die Zollgrenzen abgebaut und einen europäischen Zollverein eingeführt.

3. Auf eine viel tiefergehende Art und Weise wäre sie von einer staatlichen Politik zu einer zwischenstaatlichen Politik übergegangen; ihre nationale Politik hätte sie mit einer internationalen Politik verbunden. So hätte sie den Nationen, die ihre großen Rivalen sind, gebührend die Stirn bieten können: Rußland, das die kommunistische Internationale, die orthodoxe Internationale und womöglich die moslemische zu seiner Verfügung hat sowie Amerika und Großbritannien, die über die demokratischen, freimaurerischen, protestantischen, katholischen und jüdischen Internationalen verfügen.

Das Schlagwort Europa hätte durch spektakuläre und tiefgreifende Maßnahmen auf eine konkrete, positive und eindeutige Art und Weise in die Tat umgesetzt werden sollen.

Die ersten Maßnahmen hätten, wie wir es bereits erwähnten, Volksabstimmungen, Referenden sein können, die vom Herbst 1940 an in Frankreich, Belgien, den Niederlanden, Norwegen und Dänemark durchgeführt worden wären. Hitler hätte die Völker über die Köpfe der Regierungen hinweg fragen sollen: »Wollt ihr Frieden mit dem deutschen Volk schließen? Oder wollt ihr den Krieg fortführen? Wollt ihr uns Vertrauen entgegenbringen? Oder verweigert ihr uns dieses Vertrauen?«

Die zweiten Maßnahmen, die unmittelbar darauf hätten folgen sollen, wären die Ausrufung einer Zollunion mit allen westlichen Ländern sowie die Einberufung eines neuen, wahren europäischen Völkerbundes, zum Beispiel in Straßburg, gewesen.

Dort wäre die Internationalisierung, die Europäisierung von bestimmten strategischen Punkten vorgeschlagen worden: der Meerengen des Baltikums, der Felsentore im Norden Norwegens und Finnlands, des Dreiecks Calais-Boulogne-Saint-Omer, der normannischen Inseln, Cherbourg und Brest und so weiter. Die deutschen Heere hätten ihre Europäisierung ausgerufen – die SS wäre somit zum Sammelpunkt der kriegerischen Jugend Europas geworden – und hätten die verschiedenen Landstriche und Küsten Europas nunmehr aufgrund eines europäischen, von einer europäischen Versammlung erlassenen Mandates besetzt gehalten. Das schwierige und schmerzhafte Problem der allgemeinen Besetzung hätte somit einen völlig anderen Charakter erhalten.

Trotz ihres großen Ausmaßes wären diese Maßnahmen unzureichend geblieben, wenn sie nicht durch die Errichtung einer wahrhaft sozialen Internationale unterstützt worden wären. Diese Gründung sollte in allen Ländern vor sich gehen, wo es nationalsozialistische Parteien gibt, diese sollten sich zu einer sozialistisch-europäischen Internationale zusammenschließen, die ihren Sitz zum Beispiel in Straßburg oder Brüssel haben würde.

Die Versuche der norwegischen und niederländischen »Quislinge« sind gescheitert, weil sie vereinzelt und ohne jeglichen Bezug zu einer großen europäischen Bewegung stattfanden.

Am Anfang versuchte Deutschland, innenpolitische und soziale Gewalttätigkeiten zu vermeiden. Aber nur diese Gewalttätigkeiten konnten den militärischen und diplomatischen Verletzungen, die diese Eroberungen zwangsläufig mit sich brachten, einen Sinn geben. Und nur diese raschen und unmißverständlichen Gewalttätigkeiten am Anfang konnten andere verhindern, die später zwangsläufig in der bedauernswerten Form einer passiven Reaktion, einer

verspäteten und ausschließlich polizeilichen Erwiderung auf die von den Feinden angezettelten Aufstände folgen mußten.
Gewiß hätte man 1940 moralische Gewalt einsetzen müssen, um die Volksabstimmungen, die Referenden, die Verträge des Zollvereins und die großen Einheitsparteien durchzusetzen. Aber Europa erwartete vom Nationalsozialismus Gewalt, zuerst das Schlimmste, anschließend das Beste. 1940 erwartete Frankreich ein Blutbad, danach eine große Erneuerung. Diese ersten, kurzen Gewalttätigkeiten wären ohne weiteres verziehen worden, wenn sie einhergegangen wären mit eindeutigen und unmißverständlichen Gesten, wie zum Beispiel nach der Rückkehr sämtlicher Kriegsgefangenen in ihre Heimatländer eine europäische Versammlung in Straßburg in einem respektierten Elsaß. Wozu sollte das Elsaß annektiert werden, wenn von dem Tage an, an dem Deutschland aufhört, Deutschland zu sein, um in Europa aufzugehen, sowieso ganz Europa deutsch wird?
Der Nationalsozialismus hat törichterweise oberflächlich Rücksicht genommen auf die nationale Selbständigkeit und Unabhängigkeit, auf die Gefahr hin, sie mit den alten diplomatischen, militärischen und finanziellen Methoden zu untergraben. Es wäre eher angebracht gewesen, sie in Bedrängnis zu bringen, sie öffentlich unter Druck zu setzen – besonders um bestimmte wirtschaftliche und soziale Resultate zu erreichen –, unter der Voraussetzung, daß die Völker eine wirkliche Freiheit bekämen und sie an der befreienden Kraft einer allen zur Verfügung stehenden europäischen Einheit teilhätten.
Die deutsche Vorherrschaft[2] – denn auf jeden Fall braucht man eine Vorherrschaft – hätte einen unzerstörbaren Charakter angenommen, indem sie sich auf das Prinzip und die Praxis einer Föderation gründete – und besonders, indem sie diesem Prinzip und dieser Praxis einen tieferen Sinn, eine entschlossene Orientierung gegeben hätte: den allgemeinen Sozialismus, nach den weiterentwickelten, gewiß stark weiterentwickelten Grundsätzen der Arbeitsfront und der Organisation Kraft durch Freude!
Deutschland hat auf bestimmte Verletzungen verzichtet, die die anderen, die es sich bereits erlaubt hatte, vorzüglich ergänzt hätten: Es hätte in die Schweiz und in Schweden einmarschieren und diese letzten Herde des Liberalismus und der Anarchie, diese Herde der

Intrigen, die sich als so gefährlich und so wirkungsvoll erwiesen, beseitigen sollen; es hätte wirkliche nationalsozialistische Revolutionen in Italien, Spanien, Portugal, Ungarn usw. auslösen sollen. Diese Revolutionen wären antiklerikal gewesen. Völlig zu Unrecht hat der Nationalsozialismus die alten monarchistischen und klerikalen Aristokratien sowie die alten freimaurerischen Priestertümer respektiert, die ihm dafür aber überhaupt keinen Dank gezeigt haben! Besonders die Welt der Freimaurer könnte grundlegend verändert, erneuert und europäisiert werden.

Der revolutionäre Elan des Nationalsozialismus war so schwach, daß er noch nicht einmal den Krieg verklärt hat. Zweifellos wegen seiner österreichischen und kleinbürgerlichen Abstammung (als Sohn eines kleinen Beamten, der den Namen änderte, weil sein Name nicht schick genug war) und weil er außerordentlich auf Äußerlichkeiten bedacht war und die alten Hierarchien respektierte, blieb Hitler der Unteroffizier aus seiner Anfangszeit, im Dienst der Wehrmacht für eine bestimmte politische Propaganda. Er hat die Wehrmacht respektiert, als wäre sie ein Tabu; außerdem konnte er den Krieg nur so betrachten, wie ihn die Wehrmacht sah, nämlich als eine überarbeitete und korrigierte Neuauflage des Krieges von 1914, nichts mehr und nichts weniger.
1933 hätte er wie Stalin handeln[3] und seine Generalstäbe und sein Offizierskorps von Grund auf umgestalten sollen. Er hätte auf sämtliche antike Tugenden der preußischen Armee (einer verurteilten Armee: die Heimat der Junker in Ostpreußen steht kurz vor der Vernichtung durch die russischen Armeen) verzichten und eine völlig neue Armee aufbauen sollen, die weniger sachkundig im traditionellen Sinne, sondern in ihren technischen Ansichten von einem völlig neuen politischen Geist beseelt gewesen wäre.
Es ist die Wehrmacht[4] gewesen, die Hitler seine bedauernswerte konservative Besatzungspolitik, die wie eine Eroberungspolitik aussah, die Paraden der Garnisonen in den Städten sowie die diplomatischen Hinterhältigkeiten (man respektiert den Präsidenten Hacha, den König der Belgier, den Marschall Pétain, aber man sperrt sie ein) eingeflüstert hat. Die Wehrmacht wollte nichts von der Gestapo in Frankreich wissen, aber durch ihr schwerfälliges Verhalten hat sie den Boden für den Terrorismus vorbereitet, der anschlie-

ßend nur noch von der Gestapo im Zaum gehalten werden konnte. Die Wehrmacht glaubt, liberal zu sein, aber ihr Verhalten birgt sämtliche reaktionären Scheinheiligkeiten, die dem Liberalismus eigen sind, in sich.

Die Wehrmacht hat möglicherweise einige strategische Fehler Hitlers vorhergesehen, aber durch die Atmosphäre, in der sie seine Genialität erstickt hatte, waren sie unvermeidlich geworden. Gewiß, sie wollte, daß Hitler den Frankreichfeldzug unmittelbar nach dem Polenfeldzug startete; gewiß, sie wollte (vielleicht) den Engländern nach Dünkirchen bis nach England folgen (war das ohne Transportflugzeug und ohne Schiffe möglich?); gewiß, sie hat von Stalingrad und dem Kaukasus abgeraten ... Aber sie hat sich dem Einsatz in Norwegen widersetzt, sie hat die Notwendigkeit nicht eingesehen, sich 1940 auf Gibraltar, Tanger und Casablanca zu stürzen; im August 1942 hat sie die uneingeschränkte Unterstützung Rommels anstatt des Vorstoßes nach Stalingrad nicht durchgesetzt. Und seit der Wende von Ende 1942 scheint sie (gequält von der Erinnerung an die verspätete und vergebliche Frühjahrsoffensive von Ludendorff im Jahre 1918) eine ausschließlich defensive und einfallslose Strategie ohne Genialität zu befürworten, die zwangsläufig langsam, aber sicher zur Katastrophe führen mußte.

Es scheint so, als ob Hitler nach den Anwandlungen von Schwung und Genialität, mit denen er sich bis 1942 vorübergehend und teilweise der Wehrmacht widersetzte, sich erniedrigt zurückgezogen und endgültig dem bösen Geist dieser Wehrmacht unterworfen hat, einer veralteten und verknöcherten Institution, die die letzten Reste des monarchistischen und aristokratischen Konservatismus in Europa in ihren Untergang mitreißen wird. Besonders die englische Aristokratie wird die deutsche Aristokratie nicht überleben können.

Der Mißerfolg im Krieg ist somit auf den Mißerfolg der wirtschaftlichen, sozialen und politischen Revolution zurückzuführen. Jeder Mißerfolg ist mit den anderen Fehlschlüssen verknüpft. Hitler, der durch den Geist der Wehrmacht in überkommenen Maßstäben dachte, verirrte sich in eine Neuauflage des U-Boot-Krieges von 1917 und konnte die neuartigen Bedingungen des Luftkrieges nicht erkennen. Bei diesem letzten Punkt sieht man deutlich den Knoten, wo sich sämtliche Mißerfolge verfangen. Nur eine sozialistische Revolution in Europa, die die politischen Unabhängigkeiten und die wirtschaftlichen Grenzen überschritt und die Völker umwälzte, hätte Deutschland eine Kriegsindustrie in amerikanischen oder russischen Dimensionen erlaubt. Weil ein ausreichender revolutionärer Schwung fehlte, war Deutschland unfähig, richtig europäisch zu werden. Es ließ sich auf dem Gebiet der wirtschaftlichen, industriellen und wissenschaftlichen (seinen ehemals bevorzugten Domänen) Neuerungen herabstufen und konnte den Krieg gegen zwei Weltmächte nicht im Weltmaßstab führen. Es schaffte nur 3000 bis 4000 Flugzeuge[5] gegen 12000 bis 15000. Anstatt Europa aus seiner kleinbürgerlichen und nationalistischen Rückwärtsgewandheit herauszuziehen, ist Deutschland auf diese archaische Ebene zurückgefallen.

Wie stichhaltig wir diese Analyse auch finden, sie bleibt oberflächlich, weil sie nicht zu dem tieferen Grund vorstößt.
Dieser tiefere Grund liegt in der Unkenntnis Hitlers und der Nationalsozialisten über die einzig möglichen Grundlagen für eine revolutionäre Aktion, die Grundlagen, die von Marx und Lenin erfaßt wurden und deren Erbe Stalin ist.
Obwohl wir seit zahlreichen Jahren zum Sozialismus neigen, sind wir nie voll und ganz marxistisch gewesen, und wir wissen nicht, ob wir es je sein werden. Wir bleiben ziemlich skeptisch in bezug auf die Klarheit der Schriften von Marx, in bezug auf die Einfachheit einer redlichen und plötzlich fruchtbaren Interpretation dieses riesigen Durcheinanders, in dem sich metaphysische Anspielungen, eine Ethik des Handelns, Versuche einer wirtschaftlichen Systematisierung sowie die unsinnigsten Eindrücke über die Tagesereignisse von 1850 oder 1860 vermischen. Dennoch müssen wir anerkennen, daß aus dem Werk von Marx mit einer eigenartigen Kraft eine allgemeine, völlig vernünftige und richtige Richtung, eine mystische Orientierung hervorgeht, ohne die es für die Führer der Völker des 20. Jahrhunderts keine Rettung gibt: die radikale Kritik des Kapitalismus und die Diktatur des Proletariats.
Weil er Marx nicht kannte, ist Hitler gescheitert ... Aber ist er gescheitert? Wer hat sich in der Geschichte länger als Mussolini und Hitler gehalten? Es sind nun bereits mehr als zehn Jahre, daß Hitler Deutschland direkt regiert, und während der vorangehenden zehn

Jahre versetzte er das Land in Unruhe; das heißt, daß er sich seit über 20 Jahren auf der Bühne befindet. Gleiches gilt für Mussolini. Sie sind exakt und von Anfang bis Ende Zeitgenossen von Stalin. Selbst wenn Hitler und Mussolini 1944 oder 1945 untergehen, werden sie doch eine Zeitspanne durchlaufen haben, die nur höchst selten sterblichen Wesen noch großzügiger eingeräumt wird. Alexander, Sulla, Caesar, Augustus, Cromwell oder Napoleon haben sich nicht in einem größeren Zeitraum bewegt. Und das ist alles, was man braucht, um eine entscheidende Umwälzung durchzuführen. Und diese Umwälzung hat stattgefunden. Mussolini konnte sich von Marx abwenden, Hitler konnte ihn ignorieren oder leugnen, dennoch haben sie in die demokratisch-kapitalistische Mauer ein solches irreparables Loch geschlagen, wie es kein einziger überzeugter Marxist je hätte schaffen können.

Der »Faschismus« war die wunderbar wirksame Tarnung einer großen, sozialen, kleinbürgerlichen Bewegung (heftig romantisch wie alles, was dem Kleinbürgertum entstammte und noch immer entstammt, solange es nicht ausgestorben ist), die die Vorhut und den ersten wirklichen Auftritt der sozialistischen Bewegung auf der politischen Bühne darstellte.

In dieser Hinsicht werden wir uns nicht geirrt haben. Wir europäischen Faschisten, wir werden richtig revolutionär gewesen sein, wie wir es auch sein wollten.

Wir können beruhigt sterben. Wir haben eine Aufgabe vollbracht, die andere als wir in Europa nicht vollbringen konnten. Später werden die Kommunisten feststellen, daß wir ihnen den Weg freigegeben haben, einen Weg, an dessen Anfang sie recht zaghaft vorankamen.

Wenn Stalin heutzutage in Europa eine Chance hat, verdankt er diese Hitler und Mussolini, trotz (und natürlich auch dank) ihrer ganzen Schwächen, ihrer Rückzüge.

Aber was ist die Chance von Stalin wert? Sie ist gleichzeitig schwer und leicht zu verwirklichen. Er kann alles gewinnen, aber er kann auch alles verlieren.

Erstens kann er nicht viel länger als Hitler und Mussolini leben, und er wird keinen Nachfolger haben, der seiner Person oder der Lenins würdig ist.

Außerdem darf er trotz seines ganzen bisherigen Könnens keinen Fehler begehen.

Und hat er die revolutionäre Kraft, die er in Händen hält, nicht gefährdet?
Wird die Vernichtung Hitlers für ihn den größten Schachzug oder den größten Fehler darstellen?

Drieu la Rochelle

Anmerkungen:

[1] Niederschlagung des sog. Röhm-Putsches und Entmachtung der SA
[2] Zur Frage der deutschen Hegemonie in einer europäischen Föderation hat Drieu Stellung genommen in seinem Artikel: Hégémonie, fédération, hiérarchie, in: Idées, Nr. 14, Dezember 1942, S. 25–29
[3] Möglicherweise verwechselt Drieu hier ein Datum. Die blutige »Säuberung« des sowjetischen Offizierskorps durch Stalin fand erst 1937/38 statt.
[4] Drieu überschätzt die Möglichkeiten der Wehrmacht, bestimmenden Einfluß auf eine eigenständige Besatzungspolitik in Frankreich oder Belgien zu nehmen. Zudem geht er auf den wichtigen Einfluß der SS und der Reichskommissare in den anderen besetzten Gebieten (z. B. Holland, Norwegen) nicht ein.
[5] Die deutsche Flugzeugproduktion erreichte 1944 ihren Höhepunkt. Die Industrie lieferte insgesamt 40593 Maschinen aus. Im gleichen Zeitraum wurden allein in den USA 96400 Flugzeuge gebaut.

Quelle:

Pierre Drieu la Rochelle, Bilan fasciste – 15.7.1944, in: »84«, Paris, Dezember 1950, S. 47–55 (Übersetzung: Dr. Geert Demarest)

Marcel Déat, Führer der Kollaborationspartei RNP bei einer Ansprache im Jahr 1942 (CGWOII)

Der Intellektuelle, Europäer und Faschist Pierre Drieu la Rochelle wählte im März 1945 »angesichts eines zwischen Angelsachsen und Russen zerrissenen Europas« den Freitod (Jean Mabire)

Der wallonische Rexistenchef Léon Degrelle, der gegen Kriegsende die 28. SS-Freiwilligen-Panzer-Grenadier-Division Wallonien befehligte (Archiv J.W. Schneider)

Léon Degrelle zeichnet am 2. April 1944 in Charleroi Freiwillige der Wallonischen Legion aus (Archiv Autor)

Belgien

Belgische Politiker, Gewerkschafter und Publizisten legten nach der deutschen Besetzung ihrer Heimat, die bis Juli 1944 einem Militärbefehlshaber unterstellt war, verschiedentlich Konzepte zu einer föderalistischen Neuordnung Europas vor, ohne damit bei den Deutschen positive Reaktionen erzeugen zu können. Den Anfang machte Henri (Hendrik) de Man, der in der Vorkriegszeit mehreren Kabinetten angehört und seit 1938 die Sozialistische Partei geführt hatte. Der 1885 geborene Intellektuelle, der zu den bedeutendsten sozialistischen Denkern dieses Jahrhunderts zählt, hatte Anfang der 30er Jahre durch seinen Plan der Arbeit von sich reden gemacht. Danach sollten die belgischen Arbeiter, der Mittelstand und die Bauern in einer gemeinsamen Front gegen das Kapital zusammengefaßt werden. De Man, der 1940 glaubte, der Nationalsozialismus habe die Klassenschranken weitgehend abgebaut, war weder ein Belgizist noch ein Flamigant, aber die von ihm vertretenen Gedankengänge zur europäischen Reorganisation verleugneten niemals die nationale Komponente. Sein Manifest vom 28. Juni 1940, das Anfang Juli in der Presse erschien, setzte nicht nur deutliche europäische Akzente, sondern schlug auch patriotische Töne an:[1]

> »Trotz allem, was wir an Niederlagen, Leiden und Enttäuschungen erlitten haben, ist der Weg heute frei für die zwei Dinge, die den Bestrebungen der Völker entsprechen: für den europäischen Frieden und die soziale Gerechtigkeit.
> Der Frieden konnte nicht aus dem freien Bündnis der souveränen Nationen und der rivalisierenden Imperialismen erwachsen; er könnte aus einem durch die Waffen geeinten Europa entstehen, in dem die wirtschaftlichen Grenzen beseitigt worden sind …
> Bereitet euch darauf vor, in die Kader einer Bewegung der nationalen Wiedergeburt einzutreten, die alle lebendigen Kräfte der Nation, der Jugend und der alten Kämpfer in einer Einheitspartei zusammenfassen wird, einer Partei des belgischen Volkes, geeint durch ihre Treue zum König und den Willen, die Souveränität der Arbeit durchzusetzen.«

De Mans Versuch, einen Nationaal Bond-Vlaanderen als Einheitspartei für Flandern zu gründen, scheiterte am deutschen Widerstand. Zwar erkannte der belgische Sozialist den deutschen Sieg als prägend für die weitere europäische Entwicklung an, war der Besatzungsmacht aber unter anderem deshalb suspekt, weil er die Idee eines föderalistischen Europa mit weitgehender Eigenständigkeit der Mitgliedsstaaten verfocht. Im Juli 1941 wurde ein totales Redeverbot über ihn verhängt. Seine Vision, den Patriotismus mit dem Ideal einer humanen Brüderlichkeit auszusöhnen[2], beschwor er in der 1942 in Brüssel erschienenen Broschüre *Réflexions sur la paix*, in der er für eine europäische Union mit einheitlicher Außenpolitik, Wehrpolitik und einer zentral geleiteten kontinentalen Zoll- und Handelspolitik eintrat (Dok. Nr. 48). De Man plädierte für ein brüderliches sozialistisches Europa jenseits des Marxismus, für eine Gemeinschaft der Nationen ohne Unterwerfung und Ausbeutung:[3] »Jeder innere Imperialismus, der versuchen würde, auf dem europäischen Kontinent eine Art kolonialer Unterwerfung der schwachen unter die starken Staaten herbeizuführen ..., würde den Keim eines neuen Konfliktes in sich tragen.« Von einer supranationalen europäischen Autorität forderte er Garantien im Hinblick auf die Wahrung der Eigenbelange der einzelnen Nationen, der Besatzungsmacht gab der integere Belgier den unerwünschten Ratschlag, daß die Sieger ihren Sieg vergessen müßten, »das ist die einzige Art, die anderen ihre Niederlage vergessen zu lassen«.[4] Die deutschen Nationalsozialisten ließen sich nur ungern belehren. Die Broschüre wurde umgehend nach Erscheinen im Juni 1942 beschlagnahmt und verboten.[5] Henri de Man, der Cavalier seul, verlor seinen Lehrstuhl an der Universität Brüssel. Enttäuscht über den immer deutlicher zutage tretenden Imperialismus der Besatzungsmacht ging er nach Frankreich in die Emigration. Besonders die SS vertrat in Flandern einen strikt pangermanistischen und annexionistischen Kurs, der nach ihren Vorstellungen mit einem Gau Flandern enden sollte. Aber dazu reichte nur eine Minderheit der extremen Flamiganten ihre Hand. Der starke, 1933 gegründete Vlaams Nationaal Verbond (VNV) widersetzte sich kompromißlos jeder Eingemeindung. Statt der Annexion befürworteten die VNV-Aktivisten einen germanischen Staatenbund, aber Himmler lehnte diese Pläne ebenso ab wie die vergleichbaren Vorstellungen von Mussert und Quisling. Als

Hendrik Elias, VNV-Chef seit Oktober 1942, dem Reichsführer SS im Februar 1944 vorschlug, das Reich möge Flandern die Autonomie in einer großgermanischen Konföderation garantieren und dabei auf Hitlers Erklärung für ein Nachkriegsnorwegen verwies (vgl. Dok. Nr. 16), holte er sich eine deutliche Abfuhr.[6] Ähnlich erging es vorerst auch dem wallonischen Rexistenführer Léon Degrelle. Bereits vier Monate nach de Mans Manifest hatte er den Deutschen ein Memorandum mit überstaatlichen Lösungsansätzen überreicht. Degrelle empfahl der Besatzung eine »Koordinierung« Europas, bei der einem erweiterten Belgien, einem Großburgund, die Rolle einer »Drehscheibe« zufallen sollte (Dok. Nr. 46). Auch seine Denkschrift fand deutscherseits keine Beachtung. Dabei darf man unterstellen, daß es Degrelle mit seinem Konzept einer europäischen Staatengemeinschaft, in der sein Land einen ehrenvollen Platz einnehmen sollte, durchaus Ernst war, gab sich der Rexistenführer doch der Illusion einer großeuropäischen Sendung des Nationalsozialismus hin: »Degrelle hatte Vertrauen in Hitler persönlich. Er war überzeugt, daß er rasch von einem Geist des deutschen Nationalismus zu einem Geist von Groß-Europa übergehen würde, das heißt zu einem Europa der vereinigten Vaterländer und nicht zu einem Europa, in dem ein Staat die anderen Staaten der Gemeinschaft überrennen und auslöschen würde.«[7] Degrelle, der sich häufig taktisch klug auf die Mentalität seiner deutschen Gesprächspartner einzustellen verstand und diesen 1941 die wallonischen Freiwilligen der Wehrmacht als »Germanen französischer Sprache« vorstellte[8], hat in einer seiner zahlreichen Nachkriegspublikationen des Europaproblem aus rexistischer Sicht wie folgt geschildert:

> »Europa war für uns von Kriegsbeginn an ein Gegenstand äußerster Besorgnis geworden. Es war klar, daß die Zeit der kleinen, egoistischen, abseits stehenden Staaten vorüber war, daß eine neue Formel gefunden werden mußte ... Das wahre Problem bestand darin, zu erreichen, daß Deutschland nicht seinen Sieg ausnutzte, um den Rest Europas zu unterwerfen. Wir hatten, obwohl wir die Deutschen bewunderten, keineswegs den Wunsch, Deutsche zu werden: Wir sind Männer unseres Volkes, und Europa ist eine Gesamtheit von Völkern, eine völkische Gemeinschaft. Es galt durchzusetzen,

daß ein vereinigtes Europa aus der Harmonie dieser Völker geschaffen wurde, nicht durch die Beherrschung eines großen Teils durch einen einzelnen.«[9]

Die sprunghafte, egozentrische Art des Rexistenführers, dem ein deutscher Diplomat Anfang 1943 »Ehrgeiz« und »Eitelkeit« bescheinigte[10], verunsicherte aber zusehends seine Anhänger, insbesondere solche aus dem intellektuellen Lager. Im Januar 1943 hielt der von der Ostfront nach Belgien zurückgekehrte Degrelle zwei Reden, die von vielen so aufgefaßt wurden, als habe sich der Chef der größten wallonischen Kollaborationspartei mit einer Absorption Belgiens in das Großgermanische Reich abgefunden. Hatte Degrelle im Brüsseler Palais des Sports am 18.1.1943 doch verkündet, »daß wir in der großen germanischen Gemeinschaft von morgen bereit sind, unseren Platz einzunehmen« und daß »die Zeit der engherzigen Partikularismen« endgültig vorbei sei.[11] Der zweideutige Ton dieser Ansprache – Musik in den Ohren des Reichsführers SS – bewog zahlreiche intellektuelle Publizisten aus dem Umfeld der Rex-Partei zum Rücktritt von ihren Ämtern. José Streel *(Le Pays Réel)*, Raymond de Becker und Pierre de Ligne (beide Journalisten von *Le Soir*) gaben ihre Posten im Conseil Politique de Rex auf. Auch Robert Poulet, angesehener Schriftsteller und Chefredakteur vom *Nouveau Journal*, zog sich von der Pressearbeit zurück, nachdem sein gegen die von Degrelle vertretenen Tendenzen gerichteter Artikel an der deutschen Zensur scheiterte.[12] Pierre de Ligne begründete seinen Rücktritt am 25.1.1943 in einem Schreiben an Degrelles Stellvertreter, in dem er jede annexionistische, separatistische oder integralistische Lösung für Belgien verwarf und gleichzeitig deutlich machte, für welche europäische Revolution er zu kämpfen bereit war: »Ich wünsche zutiefst, daß im Rahmen dieser Revolution, daß in dem Europa von morgen unser Land einen würdigen Platz und einen Status als autonomer Staat erhält. Für mich ist es weiter selbstverständlich, daß die Rechte des Staatschefs und der Dynastie, die in meinen Augen wichtige Faktoren für die Einheit und das Glück unseres Volkes sind, gewahrt werden.«[13] Ähnlich äußerte sich Raymond de Becker in einem – unbeantwortet gebliebenen – Schreiben an Degrelle vom 18. Januar 1943. Der Chefredakteur von *Le Soir* führte aus, er könne der rexistischen Politik nur dann zustimmen, wenn

»sich unsere Integration in einen weiten germanischen Komplex auf der Basis unserer Existenz als Nation und als Staat vollziehen kann. Ich betrachte jede offene oder verborgene annexionistische Lösung, jede Formel ähnlich der des Generalgouvernements von Polen, der Ostmark oder des Protektorats von Böhmen und Mähren als Verrat gegenüber unserem Volk, gegenüber seiner Kultur und seiner Vergangenheit, die, um sich fortsetzen zu können, einen eigenen staatlichen Rahmen notwendig haben.«[14]

Die Befürchtungen der Intellektuellen schienen sich zu bestätigen, nachdem Degrelle immer stärker die germanische Linie der SS vertrat und der bisher der Wehrmacht unterstehende wallonische Freiwilligenverband (Infanteriebataillon 373) in die Waffen-SS aufgenommen wurde. Aber der Rexistenführer verstand es, die Lösung der gesamten belgischen und wallonisch-flämischen Problematik erst einmal um eine Generation zu vertagen. Bei seinem Gespräch mit Himmler Ende Mai 1943 vertrat er die Ansicht, »daß man sich für die Eingliederung Walloniens einige Zeit lassen und Überstürzungen vermeiden müsse.«[15]
Degrelle sollte aber nicht nur viele seiner ihm anfänglich recht wohlwollend gegenüberstehenden Landsleute vor den Kopf stoßen, auch seinen deutschen Gesprächs- und Verhandlungspartnern gab er manches Rätsel auf, nachdem er 1944 wieder auf seine ursprüngliche Konzeption eines großburgundischen Reiches zurückkam und schließlich sogar ein westgermanisches Reich unter Einschluß Frankreichs[16] im Rahmen eines Großgermanischen Reiches anstrebte. Sosehr sich Himmler auch über die Wandlungsfähigkeit des von ihm militärisch hoch geschätzten wallonischen Kollaborationspolitikers wundern mochte, in einem Punkt machte Degrelle trotz aller, oft taktisch bedingter Schwankungen und Volte faces keine Kompromisse: Belgien sollte in jedem Fall eine starke Position in einem von Hitler bestimmten Nachkriegseuropa einnehmen, und der Chef dieses Empire bourguignon sollte nach Möglichkeit Léon Degrelle heißen.
Die originellsten Europapläne entwickelte jedoch nicht der Rexistenchef, sondern sein alter Mitstreiter Pierre Daye, der von 1936 bis 1939 Fraktionschef der Rexisten in der Kammer gewesen war. Daye gehörte wie de Man zu den »ehrenwerten Männern, die darauf

vorbereitet waren, aus dem Bankrott des Nationalstaates ihre Schlüsse zu ziehen und ... ernsthaft zu untersuchen, was mit deutscher Hilfe getan werden konnte, um ein besseres System an seine Stelle zu setzen«.[17] Der belgische Publizist, der sich innerlich zerrissen fühlte, weil er seinen Patriotismus nicht ohne weiteres mit seinen Sympathien für die nationalsozialistische Ideologie, die alle Merkmale der Regeneration zu haben schien, in Übereinstimmung bringen konnte[18], hatte – ähnlich wie de Man in Flandern – zusammen mit Raymond de Becker den Versuch unternommen, in Wallonien eine Einheitspartei der romanischen Provinzen zu gründen.[19] Nach den vorläufigen Statuten sollte die Partei die Interessen der wallonischen Bevölkerung vertreten und im Rahmen eines föderalistischen belgischen Staates mit den Flamen kooperieren. Wegen der negativen deutschen Haltung kam die Partei über ein Gründungskomitee nicht hinaus. Aber Daye machte sich weiter falsche Hoffnungen hinsichtlich des Nationalsozialismus und seiner europäischen Gestaltungskraft. 1942 publizierte er in der belgischen Hauptstadt ein Buch mit dem aufsehenerregenden Titel *L'Europe aux européens* (Dok. Nr. 47). Man wundert sich, wie diese Schrift die deutsche Zensur passieren konnte, denn Daye hatte Gedanken geäußert, die in den Augen der nationalsozialistischen Orthodoxie glatte Häresie sein mußten.[20] Der wallonische Intellektuelle bezeichnete das dem Völkerbund zugrunde liegende Prinzip als gut, nur die Ausgestaltung sei falsch gewesen. Er stand Briands Europainitiative von 1930 nicht ablehnend gegenüber, entdeckte in der Sowjetunion zum Entsetzen der NS-Ostkolonisatoren eine Elite und rief das Reich auf, »das historische Werk Paneuropa zu realisieren«, wohl nicht wissend, daß Paneuropa zu den beliebtesten nationalsozialistischen Feindbildern gehörte. Hinsichtlich der europäischen Einigung befürwortete Daye eine aufgelockerte föderalistische Lösung, die die Verschiedenheit der einzelnen Staaten berücksichtigen sollte. Er warnte davor, die europäische Union nur auf Gewalt aufzubauen und die geistigen Bindungen zu vernachlässigen.[21] Als Fernziel schien ihm ein um den afrikanischen Raum ergänztes »Eurafrique« als der ideale suprakontinentale Machtblock. Dayes auch heute in einzelnen Passagen noch beeindruckendes Buch schloß mit einem prophetischen Slogan der Gruppe Jeune Europe aus dem Jahr 1933: »Die Zukunft unseres Vaterlandes. Zwischen zwei verfeindeten Großmächten: Schlachtfeld; zwischen zwei befreundeten Großmächten: Teilungsobjekt; in einem ausgedehnten föderativen System: Land des Zusammenschlusses.«[22]

Daye hatte die Realität des Nationalsozialismus, den er gar in die Nähe des Christentums rückte[23] und dessen Wirkung er mit der revolutionären und umgestaltenden Kraft des Islam verglich[24], völlig verkannt. Für seinen Irrtum bezahlte er nach Kriegsende mit 15 Jahren Exil und dem gegen ihn in contumaciam verhängten Todesurteil. Nicht anders erging es Léon Degrelle (Todesurteil und Exil), Henri de Man (Verurteilung zu 20 Jahren Zwangsarbeit und Exil), Robert Poulet (Todesurteil, anschließend in Haft umgewandelt), Hendrik Elias (bis 1959 in Haft) sowie Raymond de Becker, der, obwohl ihn die Deutschen 1943 deportiert hatten, zu 15 Jahren Gefängnis verurteilt wurde.

Dokument Nr. 46

Léon Degrelle: Memorandum vom 20.10.1940 (Auszüge)

Paris, den 20. Oktober 1940

I. Die Verantwortung des nationalsozialistischen Deutschland

1. Das nationalsozialistische Deutschland ist von nun an, ob es will oder nicht, für Europa verantwortlich. Entweder errichtet es einen stabilen Frieden, eine nicht nur materielle, sondern auch moralische Ordnung, oder Europa wird in Anarchie versinken.
2. Das nationalsozialistische Deutschland sieht sich morgen ungeheuren Aufgaben gegenüber. Auch wenn es bei den jetzt besetzten Gebieten bleibt, würde es Hunderttausende von Technikern benötigen, die die Kader [armature] Euroafrikas sein werden.
3. Das nationalsozialistische Deutschland wird sich während ein oder zwei Generationen außerhalb des Reiches einer heimlichen Opposition gegenübersehen:
   a) den seit langem verblendeten Massen;
   b) den alten demokratischen, plutokratischen und freimaurerischen Kräften, deren Kreaturen unzählige Führungspositionen innehaben.
4. Es ist sogar sehr wahrscheinlich, daß Deutschland noch größere Kämpfe außerhalb Europas ins Auge fassen muß, insbesondere mit den Vereinigten Staaten, die sich schnell zur größten Bastion der jüdischen Macht entwickeln und versuchen werden, wie England 1940 unaufhörlich Unruhen auf dem europäischen Kontinent zu schüren.

Schlußfolgerungen:

1. Das nationalsozialistische Deutschland muß von jetzt an einen vollständigen Plan zur Ordnung in Europa vorbereiten.
2. Diese Ordnung ist nicht umsetzbar, wenn die deutsche Armee sie nicht auf dem gesamten europäischen Territorium absichert. Die Truppen des Dritten Reiches können weniger zahlreich sein und nur in einigen Basen stationiert werden. Aber sie sind unentbehrlich, jedenfalls was die ersten Jahre des Friedens anbetrifft. Wenn Deutschland sich militärisch aus den alten parlamentari-

schen Ländern zurückzieht, die noch schrecklich von der demokratischen Propaganda verseucht sind, werden unvermeidlich Revolution und Anarchie folgen.
3. Neben dem militärischen gibt es den politischen Aspekt. Deutschland muß, wobei es die eigene Entfaltung jeder Zivilisation sicherstellt und jedem Volk gestattet, seine geistige Persönlichkeit zu wahren, gewisse Vorkehrungen im Hinblick auf die politische Ordnung schaffen. Sonst wird diese schnell zerfallen.
4. Auch wenn der Nationalsozialismus kein Exportartikel ist, ist es gleichwohl unumgänglich, daß die Einrichtungen der Staaten des neuen Europa koordiniert und in harmonische Übereinstimmung gebracht werden.
5. Die Frage der Menschen wird sich mit besonderer Schärfe stellen. Bei der Größe der Mission riskiert Deutschland, seine Kader zu verlieren. Es muß daher versuchen, überall wo es kann, Mitarbeiter vor Ort zu finden und nur dort seine Leute einzusetzen, wo es keine lokale Mitarbeit findet. [...]

IV. Belgien und das Große Reich

1. Belgien kann eine sehr wichtige Rolle in dem Europa von morgen spielen und seine große Tradition des »Zwischenlandes« wieder aufnehmen, wo die Zivilisationen, die Menschen und die materiellen Güter aus dem Osten und Süden zusammentreffen. Dies war das Belgien unter den Herzögen von Burgund und Karl V.[1], als es Germania Inferior bildete und dem Heiligen Römischen Reich den Treueeid geschworen hatte. Sein geistiger und wirtschaftlicher Einfluß war beträchtlich.
2. Ein starkes Belgien, durch die Rückkehr Nordfrankreichs[2] und die Befreiung der Schelde vergrößert und in engster Kooperation mit dem nationalsozialistischen Deutschland zusammenarbeitend, kann die größten Dienste anbieten:
   a) Die vom Reich militärisch kontrollierte Südgrenze und Nordküste werden den Frieden im Westen garantieren;
   b) ökonomisch kann es die Wirtschaft des Großen Reiches ergänzen, besonders als wichtige Mole im Hinblick auf die amerikanischen Märkte;
   c) geistig wäre es auf Grund seiner geographischen Lage ein

erstklassiges Land für die Verbindung zwischen Deutschland und der lateinischen Kultur, wie Antwerpen es in der Zeit des Humanismus war.

3. Deutschland hat, um ein neues Europa zu errichten, »Drehscheiben« (wie auf den Bahnhöfen) nötig. Belgien ist unter allen Gesichtspunkten eine ideale »Drehscheibe«.

Schlußfolgerungen:

1. Belgien muß gemäß seiner Persönlichkeit weiterleben.
2. Belgien muß gestärkt werden, damit es seine Aufgabe besser erfüllen und die große historische Tradition des Germania Inferior wiederfinden kann. [...]

Anmerkungen

[1] Karl V., 1500 in Gent geboren, Herzog von Burgund, 1519 deutscher Kaiser, kämpfte für die Wiederherstellung des mittelalterlichen Universalreichs.

[2] Die flämischen Gebiete von Hainaut und d'Artois waren erst durch den Frieden von Utrecht 1713 an Frankreich gefallen. Diese französischen Norddepartements wurden 1940 dem Militärbefehlshaber von Belgien und Nordfrankreich, General von Falkenhausen, unterstellt. Die Abtrennung von Frankreich hatte primär militärische Ursachen und stellte zumindest 1940 noch kein Präjudiz für eine künftige Neugliederung Westeuropas dar.

Quelle:

ADAP, Serie D, Bd. IX. 2, Dok. Nr. 204, S. 288–289; 291 (Übersetzung: Autor)

Dokument Nr. 47

Pierre Daye: Europa den Europäern, 1942 (Auszüge)

[...]
Die Initiative, die den Völkerbund inspirierte, war vertretbar. Aus ihr entstand die erste wirkliche Anstrengung, eine organische Ordnung unter den Staaten zu schaffen. Wenn sie ausgereicht hätte, wären wir gerettet gewesen. Das Prinzip bleibt gut.
Man muß die Aktiengesellschaft Europa schaffen. In jeder Aktiengesellschaft ist ein Hauptgeschäftsführer notwendig. Dieser Hauptgeschäftsführer hätte ein Franzose oder Engländer sein können. Aber die Dinge haben sich so umgekehrt, daß der Franzose und der Engländer ihre Chancen verpfuscht haben und ein einziger Kandidat sich aufdrängt: der Deutsche. Er hat gezeigt, daß er allein die Kraft und Fähigkeit besitzt, auf dem Kontinent eine ähnliche Führungsrolle einzunehmen. Diese Tatsache kann nicht in Zweifel gezogen werden. Akzeptiert sie also. [...]
Die großen Träume von der Vereinigung zerbrechen.
Aber die Hoffnung, daß wir trotzdem eine organische Form des Kontinents realisieren können, bleibt in unseren Herzen lebendig. Und vielleicht, wenn wir sie zu nützen wissen, hat sich uns niemals eine so schöne Gelegenheit eröffnet, wie sie uns der Nationalsozialismus bietet. Es ist Deutschland, das der Anziehungspunkt unseres ganzen Kontinents geworden ist, gestehen wir, daß es die Vorsehung so gewollt hat: Wenn ihm die Aufgabe gelingt, an der so viele andere im Lauf der Jahrhunderte gescheitert sind, wer riefe nicht aus vollem Herzen: »Es lebe Deutschland!«?
Vielleicht ist Europa, das in sich geteilt ist, der Wiedergeburt niemals so nahe gewesen wie heute. Es kann, wenn es weise und verständig ist, wenn seine Herren einen klaren Geist und einen entschlossenen Willen haben, das Zentrum der Erde werden, wieder werden. Es hat dafür alles, sowohl die Intelligenz, die das hervorragende Ergebnis einer langen Reife der Kultur über 20 Jahrhunderte ist, als auch den natürlichen Reichtum, der von jetzt an durch die Ressourcen Rußlands ergänzt wird. Dank seiner neuen Organisation braucht es niemanden. Es ist am dichtesten bevölkert, es ist am besten bevölkert. Es nimmt den geographisch prachtvollsten Raum

ein mit Flüssen (37000 km gegenüber nur 30000 km in Afrika), die zahlreiche und bestausgerüstete Häfen im Überfluß haben. Es erfreut sich des gemäßigtesten und gesündesten Klimas. Es ist der Kreuzungspunkt der größten Straßen der Erde. Europa (nach Osten erweitert), vermehrt um die Kornkammer Afrikas, kann den Rest der Welt entbehren. Es hat weder Asien nötig noch Amerika. Es hängt von seinem Willen ab, ob Europa wieder sein wird, was es einmal war: das Herz und die Seele der Zivilisation. Es ist auf allen Gebieten der schönste und der vollständigste (aber auch der zerbrechlichste) unter den Kontinenten.

Von einer Bedingung hängt vor allem sein Leben, seine Freiheit, sein Wohlstand ab: daß Einverständnis unter seinen Kindern herrscht, daß die Einigung der Staaten, die heute absurderweise geteilt sind, vorangeht. [...]

Es sind nicht die materiellen Gegebenheiten, sondern die psychologischen Hindernisse, die bereits seit längerer Zeit am schwierigsten zu überwinden sind, um Europa zu schaffen.

Trotzdem entspricht der Marsch in die föderative Staatsform der natürlichen Strömung, die die entwickelten Völker mitreißt.

Im 18. Jahrhundert ist es Amerika, das der Welt zum ersten Mal dieses Beispiel gibt.[1] Es hat wohl seit Jahrhunderten China gegeben, das ein weites Konglomerat verschiedener Völker bildete, die unter oft starken Vizekönigreichen vereinigt waren und unter der Herrschaft eines Kaisers standen. Aber erst seit 48 Staaten Amerikas, von denen jeder im Inneren seine Autonomie auf dem Gebiet der Politik, des Steuer- und Erziehungswesens behielt, die sich aber für die nationale Verteidigung, die Außenpolitik, das Transport- und Geldwesen vereinigten, seit diese 48 Staaten ihre Föderation eingingen, war die erste Großmacht, die föderativ gegliedert ist, geboren. Die Amerikaner zählen heute in ihrem ausgedehnten und fruchtbaren Reich 120 Millionen Einwohner.

Dann waren es vor rund 25 Jahren die Sowjets, die eine Union[2] bildeten, die rund 20 Staaten und unterschiedliche Territorien bei einer Bevölkerungszahl von 130 Millionen Menschen aufweist.

Später, im Juli 1932, war es die neue Verfassung des britischen Empire[3], die eine Weltföderation formte, die 400 Millionen Menschen verschiedener Rassen umfaßt. [...]

Anmerkungen:

[1] 13 vereinigte Staaten erklärten am 4. Juli 1776 ihre Unabhängigkeit. Die Grundsätze des präsidialen Bundesstaates wurden in der Verfassung von 1787 niedergelegt.

[2] Daye verkennt den wahren staatsrechtlichen Charakter der Sowjetunion. Ursprünglich 1918 als Staatenbund konzipiert (Russische Sozialistische Föderative Sowjetrepublik), schrieben die Verfassungen von 1924 und 1936 eine bundesstaatliche Ordnung fest. In der Praxis aber war die Sowjetunion seit den 20er Jahren ein in föderative Formen gekleideter Einheitsstaat, vgl. Hans Werner Neulen, Die Entwicklung vom Staatenbund zum Bundesstaat in Rußland nach der Revolution von 1917, Manuskript 1969, unveröffentlicht.

[3] Daye dürfte die Ottawa-Verträge von 1932 im Auge gehabt haben, die die Mitgliedsstaaten des Britischen Commonwealth verstärkt zu einer wirtschaftlichen Einheit machen sollten.

Quelle:

Pierre Daye, L'Europe aux européens, Bruxelles 1942, S. 87; 111–113; 119–120 (Übersetzung: Autor)

Dokument Nr. 48

Henri de Man: Gedanken zum Frieden, 1942 (Auszug)

[...]

Damit die Bildung eines geeinten Europas – als erste Voraussetzung für den allgemeinen Frieden – gelingen kann, muß man zuerst das Problem wieder aufgreifen, das sich 1918–1919 deutlich stellte, aber schlecht gelöst wurde: den Nationalismen dadurch ihre Aggressivität zu nehmen, daß man die nicht zurückschraubbaren Bedürfnisse befriedigt, aus denen sie hervorgegangen sind.

Ein dauerhafter Frieden kann nicht wie ein Kartenhaus gebaut werden; er muß mit stärkeren, schwieriger zu bearbeitenden, aber auch solideren und widerstandsfähigeren Materialien errichtet werden. Nun, in der Welt, in der wir leben, ist die Nation die Grundlage jeder kontinentalen, interkontinentalen oder universellen Struktur. Bis zum heutigen Tage ist sie die einzige politische Einheit, die über genügend Zusammenhalt verfügt, um die kriegerischen Leidenschaften bei den Massen entfesseln zu können.

Damit der Nationalismus nicht zu diesem Extrem führt, muß der Frieden auf den Völkern aufgebaut, mit ihnen, mit ihnen allen realisiert werden.

Wenn man will, daß die europäische Gemeinschaft von morgen einen dauerhaften Frieden garantiert, kann sie daher nur eine Gemeinschaft der Völker sein.

Egal, ob man sie Föderation, Konföderation, Liga, Union, Verein, Gesellschaft, Bund, Reich, Vereinigte Staaten, Imperium oder anders nennt.

Vereinfachend werde ich sie hier die Europäische Union nennen. Wesentlich ist es, daß diese Union gewisse Kompetenzen erhalten soll, die einer Föderation von Staaten und einem föderativen Staat gemeinsam sind. Mit anderen Worten, diese Union wird zwar über keine Befugnisse verfügen, die ihr nicht von den Gründerstaaten übertragen wurden, aber der Gründungsakt wird ihr auf eigenem Gebiet eine Souveränität gewähren, die die der Einzelstaaten überlagert.

Um die gebotene Aufteilung der Rechte zwischen den Teilen und der Gesamtheit durchzuführen, reicht es, auf dies doppelte Krite-

rium zurückzugreifen: das gemeinsame Interesse an einem dauerhaften Frieden und die Notwendigkeit der Anpassung der Organe an die Aufgaben. Daraus folgt, daß die Europäische Union sämtliche Prärogativen übertragen bekommen soll, von denen die Vorbereitung, die Erklärung oder die Führung eines Krieges abhängen können. Dies umfaßt die ganze Außenpolitik sowie den Unterhalt der Land- und Seestreitkräfte. Was den letzten Punkt betrifft, können diese Streitkräfte selbstverständlich nur gemeinschaftlich sein, unabhängig von der Art und Weise ihrer Rekrutierung, ihrer Unterstellung, ihrer Organisation und ihrer möglichen Verwendung.
Darüber hinaus haben wir uns bereits im vorangehenden Kapitel für die Notwendigkeit ausgesprochen, den Behörden, die so universell wie möglich und zumindest kontinental sein sollten, die Lenkung der Zoll- und Handelspolitik zu übertragen; und dieses bedeutet soviel wie die Beseitigung der wirtschaftlichen Grenzen zwischen den Staaten.
Was bleibt danach für die Nationalstaaten übrig? Nicht wenige Angelegenheiten, wie man feststellen wird: die Souveränität für alle Gebiete des Rechts, die keinen Bezug zu den Beziehungen mit dem Ausland haben, für die Verwaltung des Inlandes, die Justiz, die Polizei, die Reglementierung der nationalen Wirtschaft und des korporativen Lebens, die nationalen Finanzen und das Steuerwesen, die Erziehung, die Konfessionen, die Arbeitsgesetzgebung, die Hygiene und Volksgesundheit, den Sport, die Verbindungen im Inland, die Sozialfürsorge, die Kulturpolitik. [...]

Quelle:

Henri de Man, Réflexions sur la paix, Bruxelles 1942, S. 73–76 (Übersetzung: Dr. Geert Demarest)

Der belgische Romancier und Journalist Pierre Daye (rechts) rief das Reich 1942 auf, »das historische Werk Paneuropa zu realisieren« (CGWOII)

Der belgische Sozialistenführer Henri De Man wurde 1946 wegen Kollaboration zu 20 Jahren Gefängnis verurteilt (CGWOII)

Reichskommissar Seyss-Inquart und der Führer der holländischen Faschisten, Anton Adriaan Mussert, bei der Begrüßung von niederländischen Arbeitsdienstmännern, die vom Einsatz an der Ostfront zurückkehren (CGWOII)

NSB-Chef Mussert nimmt den Vorbeimarsch von niederländischen Freiwilligen ab (CGWOII)

Holland

»Die Deutschen sind nun gut hier, aber wie kriegen wir sie wieder weg?«[1] Mit derartigen Ausbrüchen reagierte der holländische Faschistenführer Anton Adriaan Mussert ab 1943 wiederholt auf die immer deutlicher werdenden imperialistischen Tendenzen der SS und des Reichskommissars Seyß-Inquart. Der unbotmäßigen Haltung des Führers der im Dezember 1931 gegründeten Nationaal-Socialistischen Beweging (NSB), der seine Heimat nicht in ein großdeutsches Reich eingliedern wollte, entsprachen die Kommentare, die die deutsche Besatzungsmacht über Mussert abgab. Der Höhere SS- und Polizeiführer Rauter hielt den NSB-Chef für einen kleinen Spießer, »der übrigens innerlich deutschfeindlich ist und durch und durch Holländer ...«.[2] Im Juni 1943 wiederholte er dem Reichsführer SS gegenüber seine Vorbehalte, »daß Mussert leider kein Nationalsozialist ist, sondern ein bürgerlicher Faschist, der alles vom Staatlichen her sieht ..«.[3] Besonders erbost war Rauter darüber, daß die Grundeinstellung von Mussert zur Kirchen-, Juden- und »Rassen- und Blutsfrage absolut ungenügend« sei.[4] Damit hatte er die Unterschiede zwischen NSB und NSDAP angesprochen, denn die holländische Nationalsozialistische Bewegung war ursprünglich weder antiklerikal noch rassistisch gewesen, und Führerprinzip und Antisemitismus hatten sich erst ab 1936/37 stärker bemerkbar gemacht.[5] Noch in der Juli-Nummer des Jahres 1935 hatte das antisemitische Hetzblatt *Der Stürmer* die »Judenpartei des Herrn Mussert« angegriffen. Aber jahrelang war Mussert dem folgenschweren Irrtum erlegen, daß die nationalsozialistische Ideologie in Holland und Deutschland ungefähr den gleichen Inhalt habe[6], ein Mißverständnis, das ihn schließlich vor das Exekutionskommando brachte.

Besonders deutlich wird der Unterschied zwischen NSB und NSDAP bei einer Analyse der von Mussert erarbeiteten Entwürfe für eine germanische und europäische Gemeinschaft. Bereits am 27.8.1940 legte Mussert Hitler eine Denkschrift über den Bund der germanischen Völker vor.[7] Danach sollten das deutsche, niederländische, schwedische, norwegische, dänische und Schweizer Volk unter Führung des Reiches in Nord- und Westeuropa einen Staatenbund bilden, der in Südeuropa durch einen unter italienischer Führung stehenden Bund ergänzt werden sollte. Mussert verzichtete weitgehend auf die Fixierung staats- und völkerrechtlicher Einzelheiten, betonte aber die Notwendigkeit einer gemeinsamen Wirtschaft und Wehrmacht. Er ließ auch keinen Zweifel daran, daß sich der Staatenbund nicht auf Fremdherrschaft und gewaltsame Aneignungen stützen dürfe und der originäre Charakter jedes germanischen Bundesmitgliedes respektiert werden müsse. Die Niederlande sollten im übrigen um einige europäische und afrikanische Territorien vergrößert in den nordeuropäischen Staatenbund eintreten: Mussert meldete Ansprüche auf Flandern, Belgisch-Brabant und Belgisch-Limburg sowie auf Südafrika und den Kongo an. Für die europäischen Juden schlug er eine nationale Heimstatt in Guayana vor. Die dietsche, großniederländische Vision eines bis Dünkirchen reichenden holländischen Staates begründete Mussert nicht nur mit historischen Argumenten, sie war für ihn auch ein taktisches Mittel, um sich gegenüber den Deutschen als begehrenswerter Partner zu erweisen. Man kann dem NSB-Führer einen gewissen Idealismus nicht bestreiten, als er in seiner Note vom 27.8.1940 betonte, er spreche »als Sohn meines Volkes, der das Beste für sein Volk wünscht und der in dem in dieser Denkschrift wiedergegebenen Entwicklungsgang die beste Garantie für eine glückliche Zukunft sieht«.[8]

Der Gedanke eines germanischen Staatenbundes wurde zu »Musserts Evangelium«.[9] Wie ein roter Faden zieht sich die Idee durch alle seine Reden und Denkschriften. In der 1940 erschienenen Broschüre *Die Aufgabe der Niederlande im Neuen Europa* träumte er von einem Zusammenschluß von »120 Millionen Menschen germanischen Blutes« in einem Bund, »der militärisch unangreifbar sein wird und ökonomisch zur größten Blüte kommen wird«.[10] Unverkennbar war wieder seine Sorge um die holländische Autonomie, denn er hob hervor, der Bund »bedeutet keine Verschmelzung mit anderen Völkern«.[11] Ähnlich äußerte er sich 1942 in der Zeitschrift *Junges Europa*. In einem europäischen Bund, so Mussert, müsse das holländische Volk »mit unserer niederländischen Kultur, unseren Sitten und Gewohnheiten, unserer Sprache und unseren Kenntnissen ... ein eigenes Leben führen«.[12]

Als sich der holländische Leider im August 1942 in einer Rede an seine Parteigenossen wandte, war es bereits selbstverständlich, daß gegen jeden Unitarismus gerichtete europapolitische Leitsätze die außenpolitischen Erklärungen des NSB-Chefs bestimmten.[13] Als Basis für eine Ordnung der europäischen Völker nannte er »die Zusammenarbeit, den gegenseitigen Respekt und die gegenseitige Achtung«. Der Kontinent müsse als solidarisches Gebäude aufgebaut werden, »in dem jedes Volk von Europa sich geborgen weiß ...«. Heftig kritisierte er die von den deutschen Nationalsozialisten und NSB-Extremisten gebrauchte Parole »Heim ins Reich«, denn das Reich war für ihn der deutsche Einheitsstaat, der das niederländische Volk nicht aufsaugen durfte. Scharf attackierte er auch deutsche imperialistische Tendenzen:

> »Wenn das deutsche Volk, das in diesem Augenblick allein schon stärker ist als die anderen germanischen Völker zusammen, eine Politik der Unterdrückung und Beherrschung verfolgen würde, also eine imperialistische Politik, so würde es nach dem Gewinnen des Krieges den Frieden verlieren, was später, vielleicht erst viel später, in einem kritischen Augenblick verhängnisvolle Folgen haben würde.«

Aber die Würfel in Berlin waren längst zuungunsten eines großniederländischen Staates und einer holländischen Autonomie gefallen. Hatte es 1940 noch Tendenzen gegeben, Holland als selbständigen Staat bestehen zu lassen, der sich mittelfristig aus eigenem Willen eng an das Reich anlehnen würde[14], so ließ zumindest Himmler keinen Zweifel an der volkspolitischen Notwendigkeit einer Annexion der Niederlande. In seinem Neujahrsbrief von 1941 an Reichskommissar Seyß-Inquart sprach er von der historisch-wichtigen Aufgabe, »neun Millionen germanisch-niederdeutscher Menschen, die jahrhundertelang dem Deutschtum entfremdet wurden, mit fester und doch sehr weicher Hand wieder zurückzuholen und der deutsch-germanischen Gemeinschaft wieder einzufügen ...«.[15] Seyß-Inquart war sich zwar in letzter Konsequenz mit dem Reichsführer einig, er bevorzugte aber geschmeidigere Methoden und eine staatsrechtliche Form als Übergangslösung bis zu einer Absorption Hollands. Dabei verfolgte er das Prinzip einer »Abnutzung« Musserts[16], den er zu gegebener Zeit fallenlassen wollte. Bei seinem Besuch bei Hitler am 26.9.1941 erhielt der Reichskommissar die volle

Billigung des Führers für die Politik der angestrebten »organischen Entwicklung in das germanische Reich ...«.[17] Mussert, der nicht zu Unrecht fürchtete, der Reichsführer SS werde das niederländische Volk als Teil des deutschen Volkes ansehen und folgerichtig eine Verschmelzung beider Volksteile anstreben, erkannte den annexionistischen Kurs seiner deutschen (Himmler, Rauter etc.) und niederländischen (Rost van Tonningen, Feldmeijer) Gegenspieler. Aber den wahren Charakter des von ihm zum germanischen Führer erkorenen Adolf Hitler erkannte er nicht. Daran änderten auch seine vier Besuche bei dem deutschen Diktator nichts. Sein naives Vertrauen in den Führer stellte er am 11. Dezember 1941 unter Beweis, als er in der Berliner Reichskanzlei den Eid auf Hitler ablegte: »Ich schwöre Dir, Adolf Hitler, als germanischer Führer Treue bis in den Tod, so wahr mir Gott helfe.«[18] Ein Jahr später, am 10.12.1942, hatte Mussert Gelegenheit, sein Projekt eines germanisch-europäischen Staatenbundes Hitler auch persönlich vorzutragen. Der deutsche Reichskanzler stand der juristisch-politischen Konzeption des Leiders völlig ablehnend gegenüber. Er wies auf die Notwendigkeit hin, Belgien und Holland in ein germanisches Reich einzuordnen, das fester zusammengefügt sein müsse als ein Staatenbund, und verwies in diesem Zusammenhang auf die österreichische Gaulösung.[19] Musserts Enthusiasmus hatte damit einen deutlichen Dämpfer erhalten, aber Hitler blieb in seinen Augen bis Kriegsende der Garant einer deutsch-holländischen »Freundschaftspolitik«.
Der nach seinem Dezemberbesuch 1942 bei Hitler zum »Führer des niederländischen Volkes« ernannte Mussert hatte mittlerweile 95 % der Niederländer gegen sich. Hinzu kamen die Feindschaft der Extremisten aus der eigenen Partei, die für Himmlers Anschluß plädierten, und die ständigen Reibereien mit der SS-Spitze, die für die Einführung von germanischen Reichsgauen eintrat[20] und den dietschen Gedanken der NSB-Mehrheit als separatistisches und partikularistisches Abweichlertum brandmarkte.[21] Einige holländische Fanatiker versuchten, die deutschen Anhänger des Pangermanismus noch an Radikalität zu übertreffen. Pieter Emiel Keuchenius[22] etwa hatte die deutschen Bomber 1940 »als die Boten eines neuen Lenzes« begrüßt. Er bramarbasierte von der »Deutschheit als Bluts- und Seelenerbe« und forderte die Eingemeindung »der beiden deutschen Westmarken, Nordniederland und Flandern, ins Großdeut-

sche Reich ...«. Mussert, im doppelten Würgegriff deutscher und holländischer SS-Ultras, verfaßte ein erneutes Memorandum an Hitler[23], in dem er noch einmal ein Germanisches Reich von Dünkirchen bis zur europäischen Ostgrenze, vom Nordkap bis zum Brenner postulierte und sich scharf gegen »alldeutsche Politik, ob in altem oder in neuem Gewande«, aussprach. Zur großen Abrechnung mit den imperialistischen Tendenzen der SS und dem annexionsfreundlichen Minderheitsflügel innerhalb der NSB wurde Musserts Rede vom 22. Juni 1943, die in dem programmatischen Bekenntnis gipfelte: »Alles für die großgermanische Zusammenarbeit, nichts für die großdeutsche!« (Dok. Nr. 49) Die von Beifallsstürmen unterbrochene Ansprache im Tivoli von Utrecht riß seine Anhänger von den Stühlen.[24] Der NSB-Chef forderte unverhohlen den Kampf gegen die deutschen Beamten und Funktionäre, »die die Gelegenheit dieser Zeit benutzen wollen, um einzuheimsen, was sie nur können«. Er bekannte sich zu den Grundsätzen der Religions- und Gewissensfreiheit und beschwor ein Europa der Völker, basierend auf dem Prinzip der Zusammenarbeit und der Anerkennung der Vielfalt der europäischen Völker. Die Antwort Berlins ließ nicht lange auf sich warten. Am 8. Juli 1943 mußte sich Mussert in der Feld-Kommandostelle von Himmler verantworten.[25] Der Reichsführer SS tadelte die von Mussert vorgenommene Unterscheidung zwischen »deutsch« und »germanisch«, führte Klage über den dietschen Gedanken innerhalb der NSB – »dagegen ist aber der germanische Reichsgedanke in den Ortsgruppen der NSB, man könnte fast sagen, mit Feuer und Schwert verfolgt worden« – und wies Musserts Angriffe auf einen deutschen Imperialismus zurück. Außerdem gab er ganz unverblümt zu erkennen, wie ein zukünftiges überstaatliches nationalsozialistisches Herrschaftsgebilde auf dem Kontinent aussehen werde: Es sei klar, daß hier ein Germanisches Reich deutscher Nation entstehen würde. Mussert war nicht zu überzeugen: Er könne zwar ein Germanisches Reich akzeptieren, nicht aber ein solches »deutscher Nation«.

Die Interessengegensätze zwischen den ungleichen deutschen und holländischen Partnern waren nicht auszuräumen. Im Herbst 1943 verfaßte Mussert eine erneute Denkschrift an Hitler[26], in der er wiederum kein Blatt vor den Mund nahm:

»Man glaubt allgemein, daß ein siegreiches Deutschland in Europa nicht nur die Führung innehaben wird, was ihm auch zukommt, sondern daß es seine Führung gebraucht, um alle anderen Völker stark zu entrechten und zu knechten und zu seinem eigenen Nutzen zu mißbrauchen.«

Der dickköpfige Kollaborateur, der nachhaltig auf einer Autonomie seiner Heimat in dem von ihm favorisierten Germanischen Staatenbund bestand, blieb somit mit seiner Partei der »Garant einer niederländischen Staatlichkeit«[27], er »blieb der Unabhängigkeit Hollands verhaftet«.[28] Wie tief mittlerweile sein Zerwürfnis mit der SS-Führung war, beweist die Tatsache, daß er sich im Juni 1944 nicht etwa zur Waffen-SS, sondern freiwillig zur Wehrmacht meldete.

Mit Begleitschreiben vom 1. Dezember 1944 legte Mussert Hitler seine letzte Denkschrift vor, die sich ausführlich mit dem Problem der europäischen Einigung auseinandersetzte und den Titel trug: *Kern-Europa. Wehr- und Wirtschaftsunion Europäischer Nationen* (Dok. Nr. 50). Der NSB-Führer war über die rein germanische Lösung hinausgegangen und konzipierte eine aus zwölf Völkern bestehende europäische Union, der über 200 Millionen Menschen angehören sollten. Berücksichtigt man die politische und militärische Situation gegen Jahresende 1944, so war die Realisierungschance dieses Projektes gleich Null, der Entwurf weltfremd. Aber Mussert wollte wohl noch einmal sein politisches Glaubensbekenntnis ablegen, bevor Europa aufhörte, Subjekt der Weltpolitik zu sein.

Mussert, von dem sein Biograph Jan Meyers sagt: »Er war kein Zyniker oder Profiteur, sondern auf seine Art von guten Absichten erfüllt«[29], wurde im Dezember 1945 als Landesverräter zum Tode verurteilt und am 7.5.1946 erschossen. Nach allem, was wir von seinen Bemühungen wissen, die Eigen- und Selbständigkeit der Niederlande in einer kontinentaleuropäischen Gemeinschaft zu erhalten, erscheint es seltsam, daß der von ihm vorgeschlagene Bund der germanischen Völker in dem Strafprozeß als Anklagepunkt für die Beschuldigung diente, Mussert habe seine Heimat unter fremde Herrschaft bringen wollen.[30]

Dokument Nr. 49

Anton Adriaan Mussert: Rede vom 22.6.1943 (Auszug)

[...]
Dieser Kampf um die Schicksalsverbundenheit und die Zusammenarbeit, darum geht es. Damit steht und fällt alles, und das ist die Basis all unserer Arbeit seit zwölf Jahren. Diese Frage braucht nicht beantwortet zu werden. Nötig ist wohl dieses, nämlich daß ein jeder weiß, daß, wenn es zwei Möglichkeiten gibt, nämlich eine großgermanische oder eine großdeutsche Möglichkeit, wir als Nationalsozialisten sagen: Alles für die großgermanische Zusammenarbeit, nichts für die großdeutsche! (Applaus)
Was verstehe ich unter der großgermanischen Zusammenarbeit? Es gibt ein deutsches Volk und ein deutsches Reich, das ist eine feststehende Tatsache, und es gibt ein niederländisches Volk und ein niederländisches Reich, ebenso wie es ein schwedisches Volk und ein schwedisches Reich und ein norwegisches Volk und ein norwegisches Reich gibt. Diese Reiche, als ganz Nordeuropa, bestehen aus germanischen Völkern. Was wollen wir zusammen gemeinsam? Die Sicherstellung und die gemeinsamen Aufbau [sic] in unserem gemeinsamen Lebensraum. Dieser gemeinsame Lebensraum, der die Nord- und Ostsee als Binnenmeer hat, dieser gemeinsame Lebensraum von Hammerfest im hohen Norden bis zum Brenner und von Dünkirchen bis weit in den Osten. In diesem gemeinsamen Lebensraum müssen die germanischen Völker zusammenhalten, den müssen sie zusammen verteidigen, darin müssen sie zusammen bereitstehen, den müssen sie zusammen in Gleichberechtigung aufbauen, soweit das möglich ist. Gleichberechtigung für Menschen, die dasselbe leisten. Ich verlange keine Gleichberechtigung zwischen einem Idioten und einem Genie und keine Gleichberechtigung zwischen einem fähigen Mann und einem törichten, aber Gleichberechtigung zwischen zwei Männern – ob sie Deutscher oder Niederländer sind. Wenn sie dasselbe können, sind sie gleichberechtigt auf Grund ihrer Leistung. (Applaus)
Innerhalb dieses gemeinsamen Lebensraumes für alle und von allen wird nationale Sicherheit sein und Entwicklung innerhalb des großen Ganzen und gegenseitige Achtung. Die Hand steht

offen, habe ich gesagt, vom guten Niederländer zum guten Deutschen. Und wie es staatspolitisch gemacht werden soll, das wird durch den Führer geschehen, in den wir Vertrauen haben können.

Unbeweglich dagegenüber, gänzlich schnurgerade demgegenüber steht das Großdeutsche, der deutsche Imperialismus, die ökonomische Beherrschung, die Denationalisierung anderer Völker. Wir haben nicht darum gefragt und werden auch nicht darum fragen, Deutsche zu werden, ebensowenig, wie ich je einen Deutschen fragen werde, Niederländer zu werden. (Dröhnender Beifall)

Wir sollen uns gegenseitig schätzen. Wir leben in unserer Kultur wie der Deutsche in der seinigen. Wir lieben unsere Fahne wie sie die ihrige. So gibt es Leute – gottlob größtenteils außerhalb unserer Reihen, denn Nationalsozialisten können sie nicht sein –, die diesem System huldigen. Wir wollen uns nicht allzusehr darüber aufregen, denn wenn wir uns über jeden Deutschen aufregen, der dem großdeutschen Gedanken nachstrebt, dann hat auch jeder Deutsche das Recht, sich über jeden Niederländer aufzuregen, der separatistisch ist, und von denen gibt es weit mehr als Nationalsozialisten! Darum sollen wir Nationalsozialisten unlöslich nebeneinander stehen, weil aus uns die Schicksalsgemeinschaft wachsen soll, und wenn wir uns scharf gegen den deutschen Imperialismus auflehnen müssen, ebensogut wie gegen den Separatismus in den Niederlanden, so tun wir das nicht nur, weil wir dies sehen als antiniederländisch, sondern weil wir wissen, daß dies im Wesen antideutsch und antigermanisch ist, denn, meine Kameraden, das deutsche Volk von 90 Millionen, das die Sorgen und Opfer dieses Krieges zu 90% auf seine Schultern nehmen muß, hat meiner Meinung ein Anrecht auf etwas, das Europa diesem Volk bis jetzt vorenthalten hat. Das ist die Dankbarkeit dafür und die Liebe für das Volk, weil es diese Opfer bringt. Und wenn der deutsche Imperialismus siegen würde, kommen diese Gefühle nicht auf. Siegt dasjenige, wofür wir miteinander kämpfen, nämlich der großgermanische Gedanke, dann wird diese gegenseitige Anerkennung, diese Liebe zueinander, dieser Respekt voreinander wachsen und so groß werden, daß etwas gebaut werden wird, das den Jahrhunderten trotzen wird. 20 Jahre, 100 Jahre, nachdem dieser Krieg beendet sein wird, wird diese Schicksalsverbundenheit wachsen, die einmal ein Pfeiler zum Aufbau des neuen Europa sein wird. [...]

Quelle:

IfZ Archiv MA 328. Der gesamte Redetext umfaßt 14 Seiten. Abgedruckt sind hier die Seiten 8 + 9.

Dokument Nr. 50

Anton Adriaan Mussert: Denkschrift vom 17. November 1944[1]

Kern-Europa
Wehr- und Wirtschaftsunion Europäischer Nationen

*1. Die Weltsituation.**

Im 19. Jahrhundert wurde die Welt vom britischen Imperium und den Nebenmächten Frankreich, den Niederlanden und Portugal**, die große Kolonialgebiete regierten, beherrscht.
Im letzten Viertel des 18. Jahrhunderts haben die Nordamerikaner sich von Europa getrennt und sich zur großen kontinental-amerikanischen Macht entwickelt. Der erste europäische Krieg von 1914–1918 gab ihnen die Möglichkeit, sich von den Schulden an Europa zu befreien und Gläubiger Europas zu werden. Diese verstärkte wirtschaftliche Position wurde zur Vergrößerung ihres politischen Einflusses in Europa eingesetzt. Der verstärkte politische Einfluß in Europa, besonders in England und Frankreich, wurde dazu benutzt, einen neuen Krieg in Europa zu entfesseln, dadurch endgültig die Macht Europas zu brechen und die Führung der Welt in die Hände der Vereinigten Staaten als Nachfolger Europas übergehen zu lassen.
Der gegenseitige Wettbewerb der europäischen Völker*** führte zum gegenseitigen Abbau in Ostasien und Afrika. Der russisch-japanische Krieg hat den farbigen Völkern gezeigt, daß die Weißen nicht unbesiegbar sind. Japan hat sich in kurzer Zeit zu einer großen militärischen und wirtschaftlichen Macht entwickelt. Der Krieg von 1914–1918 gab Japan die Möglichkeit, seine Position in Ostasien zu verstärken und dem Ansehen der weißen Rasse Schaden zuzufügen. Als noch hinzukam, daß viele tausend russische Frauen sich von 1917 bis 1920 in Ostasien unter meist erniedrigenden Um-

* Im Original: Der Grundgedanke
** Im Original zusätzlich: als großen Kolonialmächten
*** Im Original: Die Uneinigkeit Europas

ständen wiederfanden, wurde dem europäischen Prestige* ein neuer, nicht wiedergutzumachender Schlag zugefügt. Seitdem hat Japan weiterhin systematisch seine Machtposition in Ostasien aufgebaut und mit Riesenschritten während des Weltkrieges ausgedehnt. Der Wille zur Beherrschung von Ostasien mußte Japan notwendigerweise in Konflikt mit den Vereinigten Staaten und England bringen. Dieser Krieg kann in Amerika nur sehr populär sein.
Als dritte Großmacht außerhalb Europas ist die Sowjetunion entstanden. Die Grundlage dazu wurde durch die russischen Mißstände gelegt; die Möglichkeit wurde durch den deutschen Generalstab eröffnet, der 1917 Lenin von der Schweiz nach Rußland transportierte. Nach einigem Widerstand in den Jahren 1917 bis 1920 hat sich Europa damit abgefunden, daß es eine russische Sowjetunion gab, und hat sie anerkannt. Ausnahmen waren die Niederlande und die Schweiz, die sich weigerten, offizielle Beziehungen aufzunehmen. Der industrielle Aufbau dieses Riesenreiches ist am stärksten von Deutschland und den Vereinigten Staaten gefördert worden, die Vereinigten Staaten ernten davon nun die Früchte, und Deutschland hat seinen Kummer damit.
So sind innerhalb eines Jahrhunderts drei große Weltmächte entstanden: die Vereinigten Staaten, Japan und die russische Sowjetunion. Jede von ihnen verfügt über eine eigene Kernbevölkerung, die zahlenmäßig viel stärker als die größte europäische Nation (das deutsche Volk** ist, und über ein Territorium, das wesentlich größer als Europa ist.
Alle drei sind antieuropäisch und wollen einen größtmöglichen Teil der ehemaligen europäischen Macht an sich reißen.
Das britische Imperium verfügt über eine zu kleine Kernbevölkerung (das englische Volk), um sich mit Erfolg gegen die neuen Weltmächte halten zu können, obwohl es über eine jahrhundertealte Erfahrung und die psychologische Erkenntnis verfügt, so wenig Völker wie möglich gegen sich aufzubringen und so viel Völker wie möglich als Verbündete einzusetzen.
Deshalb ist es unausweichlich, daß Europa zugrunde geht, wenn nicht in Europa eine Macht entsteht, die stärker ist als eine der drei

* Im Original: Europa
** Im Original: Deutschland

neuen Weltmächte und wenn möglich so stark wie zwei der drei Weltmächte zusammen.*

2. Die notwendige europäische Zusammenarbeit.

Weder unter rassischen noch unter völkischen Gesichtspunkten, weder wirtschaftlich noch kulturell ist Europa eine Einheit. Es gibt viele Völker. Nach den gesunden nationalsozialistischen Auffassungen, die ohne dynastischen und imperialistischen Makel sind, braucht Europa an erster Stelle eine Volksordnung. Alle, die zu einem Volk gehören, müssen in ein und demselben Staat unter Ausschluß derjenigen, die nicht zu der Volksgemeinschaft gehören, zusammengeschlossen werden. Die europäische Ordnung des Wiener Kongresses gründete sich auf das dynastische Prinzip. Dieses Prinzip hat sich so lange wie möglich gehalten und erst allmählich nachgelassen. Es gehörte zu Bismarcks großem Kampf, dieses dynastische Prinzip zu durchbrechen, um 1870 das Deutsche Reich** zu verwirklichen. Er gründete einen deutschen Staat und vereinte viele deutsche Stämme in ihm.

Es gehörte zu Hitlers großem Kampf, dieses Staatsprinzip zu durchbrechen und durch das völkische Prinzip als Teil der nationalsozialistischen Grundsätze zu ersetzen. Er vereinte alle deutschen Stämme zu einem großen Volk in einem großen Reich, dem Großdeutschen Reich. Dieser Prozeß wurde 1938 durch den Anschluß Österreichs an das Deutsche Reich*** beendet.

Das völkische Prinzip überwiegt gegenüber dem Staatsprinzip. Mit Ausnahme des jüdischen Volkes konnte kein Volk fortbestehen, jedenfalls die völlige Entfaltung erreichen, ohne in einem kräftigen Staat zusammengefaßt zu werden. Deshalb geschah der Zusam-

---

* Im Original folgte noch ein weiterer Absatz, der nicht zu Ende geführt und in der endgültigen Fassung gestrichen wurde:
Kein einziges der europäischen Völker, auch nicht das militärisch und wirtschaftlich stärkste, nämlich das deutsche Volk, mit einer Kernbevölkerung von maximal 80 Millionen, das durch den Verlust von zwei Millionen seiner stärksten jungen Söhne von 1914 bis 1918 sehr schwer gelitten hat und nun in diesem neuen Krieg erneut einen sehr schweren Blutzoll entrichtet ...

** Im Original: den großen deutschen Staat

*** Im Original: das Großdeutsche Reich

menschluß des deutschen Volkes im Großdeutschen Staat. Dieser alle Deutschen umfassende Großdeutsche Staat war auf dem Wege zu einer großen militärischen, wirtschaftlichen und kulturellen Entfaltung, als der Weltkrieg leider zu früh ausbrach.
Der Führer muß von Anfang an deutlich erkannt haben, daß die neuen Weltmächte nur dann vor einem Versuch der Vernichtung zurückschrecken würden, wenn das deutsche Volk nicht länger alleine stehen würde. Sein Blick richtete sich auf England. Ein Zusammengehen von England und Deutschland, damals die größten See- und Landmächte, würde den Krieg verhindert haben. Dies ist nicht gelungen, da der amerikanische Einfluß zu stark war. Der Glaube an die neue Weltmacht war größer als der an die armen »Vettern« des Festlandes.
Ein germanisches Reich, das das deutsche, das englische, das niederländische, das schwedische, das dänische und das norwegische Volk umfaßt, ist ein großes Ideal, das nicht in Erfüllung gegangen ist und aller Wahrscheinlichkeit nach in den ersten Jahrzehnten unerreichbar ist.
Da England nicht geneigt war, an dieser Zusammenarbeit teilzunehmen, trat die Zusammenarbeit der europäischen Nationen* in den Vordergrund. Ausgehend von der Achse wurde systematisch versucht, das Prinzip der Solidarität innerhalb des Kontinents zu verstärken. Dies ist mißlungen. An erster Stelle weil praktisch der gesamte Kontinent von Deutschland zum besetzten Gebiet gemacht wurde und dies ein sehr ungünstiger Zustand ist, um ein gegenseitiges Verständnis zu erreichen. An zweiter Stelle weil das Ziel dieser Solidarität wohl negativ angegeben wurde, nämlich als Verteidigung gegen die Sowjets, aber nicht positiv, nämlich so, daß man fest an die freie Entfaltung und das Wohl der Völker glauben konnte. Und drittens weil zu weit gegriffen wurde, weil einer geschichtlichen Entwicklung zu weit vorgegriffen wurde.
Durch die Besatzung fühlen die Völker sich in ihrer Ehre gekränkt und geknechtet, durch das Auftreten und besonders durch die wirtschaftlichen Maßnahmen fühlen sie sich ausgebeutet, und darüber hinaus haben zuviele Deutsche in den besetzten Gebieten den Glau-

* Im Original zusätzlich: mehr

ben, daß ein siegreiches Deutschland ein imperialistisches Deutschland sein würde, das systematisch alle Völker Europas knechten und ausbeuten würde, mehr und mehr genährt. Demgegenüber sind die besten diplomatischen Absichten nicht vorangekommen.
Darüber hinaus war zu weit gegriffen worden. Von Preußen nach Bismarck-Deutschland ist ein Schritt; von Bismarck-Deutschland nach Großdeutschland ist ein neuer Schritt. Von Großdeutschland zu den Vereinigten Staaten von Europa oder zum Bund der Europäischen Nationen von Kreta bis Hammerfest und von Cadiz bis Riga ist kein Schritt, sondern ein Sprung, der viel zu groß ist. Dieser Sprung endete mitten im Graben.*
Dennoch harrt die Frage, um was es sich handelt, einer Lösung. Mehr denn je ist es dringend geboten, gegenüber der Diplomatie von England, Amerika und den Sowjets eine zielbewußte europäische Politik zu führen, die uns einen Schritt weiter bringt.
Es geht darum, zumindest 150 Millionen und wenn möglich 200 Millionen der meist wertvollen Europäer zur militärischen und wirtschaftlichen Zusammenarbeit zu bringen und dadurch militärisch und wirtschaftlich so stark zu werden, daß den neuen Weltmächten nicht nur heute, sondern auch in Zukunft die Stirn geboten werden kann.
Die Zahl von 150 Millionen muß als ein Minimum betrachtet werden, 200 Millionen schaffen eine größere Sicherheit für die Zukunft.

*3. Kern-Europa.***

Ganz Europa zählt vielleicht 350 Millionen Einwohner, in viele Völker geteilt, vom größten bis zum kleinsten.

---

* Dieser Satz fehlt in der endgültigen, Hitler überreichten Fassung.

** Im Original befanden sich zwei zusätzliche Absätze, die in der endgültigen Fassung gestrichen wurden:
Die Erfahrung dieser Kriegsjahre hat zum wiederholten Mal die Richtigkeit der alten Politikerweisheit bewiesen, daß man mit dem Seitengewehr viel unternehmen kann, nur nicht darauf sitzen. Daß man in normalen Friedenszeiten unmöglich auf den Seitengewehren sitzen kann, darf als allgemein bekannt vorausgesetzt werden; daß man sogar in Kriegszeiten nicht ungestraft jahrelang darauf sitzen kann, ist nun wohl deutlich geworden.
Ich glaube nicht, daß der Hexenkessel des Balkans ein Gebiet ist, wo die Völker je zu einer zuverlässigen militärischen und wirtschaftlichen Zusammenarbeit bereit sein könnten.

Für das Ziel, einen Staatenkern in Europa aufzubauen, ist England in diesen Zeiten unbrauchbar. Erst wenn das britische Imperium seine Kraft verloren hat und England von seinem ersten Platz als europäische Macht verdrängt sein wird, entsteht die Möglichkeit, daß es für den Gedanken einer Zusammenarbeit mit dem Kontinent empfänglich wird. Vorher bestimmt nicht. Dies ist psychologisch auch ganz verständlich, obwohl der Verstand sagt, daß es auch für England selbst viel besser gewesen wäre, wenn es sich frühzeitig zu einer Zusammenarbeit mit Deutschland entschlossen hätte.

Der Balkan ist ein Gebiet, das nicht zu Europa gerechnet werden kann, wenn man an die europäischen Sitten und die europäische Kultur denkt. Der Balkan gehört zum europäischen Interessengebiet.*

Mittelitalien mit dem Zentrum Rom ist nach einer zwanzigjährigen faschistischen Regierung noch mehr das Gebiet des Papstes als im Mittelalter. Süditalien kann nicht aus seiner Lethargie aufgeweckt werden. Spanien und Portugal bilden Gebiete für sich, durch die Pyrenäen vom Kern Europas abgeschnitten und geistig fast unzertrennlich mit Rom verbunden. Die unsichtbaren Fäden von Rom nach Spanien befinden sich fest in den Händen der spanischen Frau.

Was Frankreich betrifft, so gehört es zu Europa. Es ist sehr bedauernswert, daß Frankreich nicht zu einer Zusammenarbeit im europäischen Sinn zu bewegen war. Psychologisch kann dies mit der Position der Großmacht, die es jahrhundertelang in Europa eingenommen hat, und mit der damit einhergehenden geistigen Führung Europas, die es unangefochten fast im gesamten 18. und 19. Jahrhundert innehatte, erklärt werden. Ein rechtschaffener Franzose kann es psychologisch nicht ertragen, daß diese Position und diese Führung dem Rivalen Deutschland übertragen werden. Bevor die Rede von einer Aufnahme Frankreichs sein kann, wird eine Zeit der Isolierung dieses Landes vorangehen müssen. Der Brennpunkt dieser abweisenden Haltung ist Paris. Wer in unserer Zeit Paris in ein Gebiet aufnimmt, in dem es auf Zusammenarbeit ankommt, holt sich das Zentrum des Widerstandes ins Haus.** Frankreich sollte

* Als dieser Absatz geschrieben wurde, hatte die deutsche Wehrmacht den Balkan bereits geräumt.

** Paris war bereits im August 1944 befreit worden.

daher völlig draußen bleiben, wäre nicht Nordostfrankreich das Vorfeld der Niederlande und Deutschlands. In der Konzeption von Kern-Europa kann auf dieses Vorfeld nicht verzichtet werden. Zumal Frankreich 70 Einwohner pro Quadratkilometer zählt, Deutschland 170 und die Niederlande 300. Das natürliche Auswanderungsgebiet für die Niederlande ist Nordfrankreich westlich der Maas; das natürliche Auswanderungsgebiet für Deutschland im Westen ist Ostfrankreich.* Deshalb wird es erforderlich sein, Nordostfrankreich in die Neugestaltung Europas mitaufzunehmen.

Im Norden liegt die skandinavische Halbinsel, deren nördliche Hälfte den Kern Europas geographisch weit überschreitet. Glücklicherweise wohnt dort praktisch niemand. Wie weit die Bedeutung in wirtschaftlicher Hinsicht wegen Holz, Eisenerz usw. auch sein mag; wie sehr Europa dieses menschenleere, große Gebiet auch als seine Interessensphäre betrachten könnte, man kann nicht darüber hinwegsehen, daß von den 6,5 Millionen Schweden vielleicht nur eine halbe Million im nördlichen Teil wohnen und von den 3,5 Millionen Norwegern vielleicht noch nicht einmal 100 000 in den kahlen Felsen und Schluchten, den Fransen Europas, die sich ins nördliche Eismeer erstrecken. Wenn man dieses alles berücksichtigt, wird der Kern Europas deutlich. Auf der beiliegenden Karte[2] wurde dieser Kern mit einer gezackten Linie angegeben.

Dieser Kern wird von folgenden Völkern bewohnt:

1. Deutsche**	85 Millionen (annäherende Zahlen)
2. Schweden***	6 Millionen
3. Norweger****	4***** Millionen
4. Dänen******	4 Millionen
5. Niederländer*******	14 Millionen

* Im Original: Nordostfrankreich
** Im Original: Das deutsche Volk
*** Im Original: Das schwedische Volk
**** Im Original: Das norwegische Volk
***** Im Original: 4,5
****** Im Original: Das dänische Volk
******* Im Original: Das niederländische Volk
******** Im Original: Die Ungarn

6.	Burgunder (Wallonen, die Bewohner von Nordostfrankreich und dem westlichen Deutschland)	14 Millionen
7.	Die Norditaliener	25 Millionen
8.	Die Bewohner von Kroatien	4 Millionen
9.	Ungarn*	10 Millionen
10.	Slowaken	4 Millionen
11.	Polen	20 Millionen
12.	Tschechen	7 Millionen
	Zusammen	207 Millionen

Dieses Kerngebiet umfaßt somit etwa 200 Millionen Menschen. Die Polen und die Tschechen können nicht als zuverlässig angesehen werden, um an einer militärischen Zusammenarbeit teilzunehmen. Läßt man sie militärisch außer acht, dann wird dieses Kerngebiet von 180 Millionen Menschen bewohnt. Das Herz dieses Kerngebietes ist das Gebiet, das von den Deutschsprachigen bewohnt wird. Die anderen Völker sind in einem Kranz darum herum beheimatet, mit Ausnahme der Tschechen, die im Herzen Deutschlands wohnen. Vom deutschen Standpunkt aus wohnen die Tschechen an falscher Stelle. Vom tschechischen Standpunkt aus kann dieses Volk sich nur dann entfalten, also »frei« sein, nachdem es umgezogen ist, am liebsten in ein Gebiet außerhalb des Kernes von Europa.[3]

4. Das Ziel der Kernbildung in Europa.

Das Ziel der Kernbildung ist die Realisierung einer Zusammenarbeit von europäischen Nationen auf militärischem und wirtschaftlichem Gebiet. Eine wirkliche Zusammenarbeit kann nur dann stattfinden, wenn die beteiligten Nationen davon durchdrungen sind oder davon durchdrungen werden können, daß diese Zusammenarbeit eine Lebensnotwendigkeit für jedes dieser Völker ist. Sie müssen alle ein Interesse daran haben; sie brauchen die Sicherheit, daß

* Im Original: Die Ungarn

das, was sie an Freiheit aufgeben müssen, reichlich ausgeglichen wird durch die Vorteile, die eine Zusammenarbeit (sowohl ideell als auch materiell) mit sich bringt.
Die Respektierung des Volkseigenen: des Nationalstolzes, der Sprache, der Sitten, der Religion und des eigenen kulturellen Lebens ist das Mindeste, was garantiert sein soll. Auf diesem Gebiet brachte die Besatzung den Völkern um Deutschland herum traurige Erfahrungen, die viele abgeschreckt haben, die sie nicht als Kriegserscheinung verzeihen konnten.*
Wenn dieses eigene Volksleben im eigenen Staat garantiert ist, besteht die Möglichkeit zum Aufbau der Zusammenarbeit, falls sich das gemeinschaftliche Ziel auf das Notwendige beschränkt, nämlich auf das Militärische und auf das Wirtschaftliche.
Die beste Bezeichnung, die man dieser Zusammenarbeit geben könnte, scheint mir diese zu sein:
»Wehr- und Wirtschaftsunion Europäischer Völker.«
Die Wehrunion hat das feierliche Bündnis der zehn in der obenstehenden Aufzählung genannten Nationen zum Ziel, um gemeinsam unter deutscher Führung eine große, starke Wehrmacht zu Land, zu Wasser und in der Luft zu bilden. Sie verpflichten sich, jeden Angriff auf das Kerngebiet als einen Angriff auf das eigene nationale Territorium zu betrachten. Sie erreichen dadurch, daß niemand sie angreifen kann, ohne sich der Macht von 180 Millionen gegenüberzusehen.
Die Wirtschaftsunion hat die Wahrung der gemeinsamen wirtschaftlichen Interessen gegenüber den Gebieten außerhalb des Kernes und gegenüber den Weltmächten zum Ziel. Eine Zollunion, ein gemeinsamer Zoll an den Grenzen der Union, Freiheit innerhalb der Union sind notwendig. Die Grenzen der Union müssen derart ausgewählt werden, daß sie vom Standpunkt des Zolls aus einfach überwacht werden können. Bereits aus diesem Grunde ist die Aufnahme von ausgedehnten Gebieten außerhalb des eingezeichneten Kerngebietes beschwerlich.
Eine optimale Sicherheit der Unionsgrenze sowie eine einfache und wenig Personal erfordernde Überwachung sind nur dann möglich,

* Dieser Satz fehlt im deutschen Text.

wenn die Grenze unter der größtmöglichen Einbeziehung von natürlichen Hindernissen wie den Karpaten und dem Apennin vernünftig festgelegt wird.
Die Union umfaßt nicht nur das wertvollste europäische Menschenmaterial, sondern gleichzeitig auch fast das gesamte industrielle Europa. Sie wird deshalb das Machtzentrum Europas sein und dem Ziel, für das sie gegründet wurde, gerecht werden.
Es soll keineswegs für unmöglich erachtet werden, daß Ziel und Hoheitsgebiet der Union in einer späteren Zeit von einer künftigen Generation ausgedehnt werden. Vielleicht tritt einmal England hinzu, oder das jetzt ausgeschlossene Frankreich wird reif, um auf seinen Wunsch zugelassen zu werden.
Nun aber kommt es darauf an, das dargelegte Ziel zu erreichen. Dies wird sehr schwierig sein; es ist ein sehr großer Schritt, der getan werden muß; viele Widerstände müssen überwunden werden.

5. Die beteiligten Nationen

1. Das deutsche Volk
Als erste und am meisten beteiligte Nation muß das deutsche Volk genannt werden. Es hat den einen hohen Blutzoll erfordernden Krieg von 1914–1918 noch nicht vergessen, während der heutige Krieg erneut riesige Opfer verlangt. Wenn dieser Krieg gewonnen sein wird und Deutschland dann allein in einer völlig feindlichen Welt stehen würde, in Europa von Feinden umgeben, dann hat es dennoch den Krieg verloren, denn der Untergang wäre dann nur verschoben. Würde es eingehen auf die Einflüsterungen von, gelinde gesagt, unklugen Imperialisten* und sich andere Völker einverleiben, dann hat es nicht nur außerhalb, sondern auch innerhalb Feinde. Dies könnte den Untergang nur beschleunigen und wahrscheinlicher machen.
Nach allem, was das deutsche Volk erlitten hat, hat es ein Recht darauf, nicht länger allein zu stehen, wenn es auf die Verteidigung Europas ankommt. Dies kann nur erreicht werden, wenn es von Freunden umgeben ist. Diese Freunde müssen die umliegenden Nationen sein, die in die Union aufgenommen wurden mit der Sicher-

---

* Im Original: Hetzern

heit, weder geknechtet noch ausgebeutet zu werden, sondern vom deutschen Volk als Nationen respektiert zu werden. Dies ist eine psychologische Frage, mit der das Ganze steht oder fällt.

2. Das schwedische Volk
Das schwedische Volk befindet sich in der gleichen Lage wie das niederländische Volk vor 1940. Wenn es die Bedrohung durch die Sowjetunion nicht geben würde, gäbe es keinen Grund für das schwedische Volk, der europäischen Union beizutreten. Selbstverständlich wäre der Beitritt für Schweden noch verlockender, wenn die Unverletzbarkeit des ganzen schwedischen Territoriums von der Union garantiert werden würde, aber das ist zuviel verlangt.* Die Union kann Schweden garantieren, daß eine Verletzung des schwedischen Hoheitsgebietes innerhalb des Gebietes der Union mit der Kraft von 180 Millionen Menschen anstelle von sechs Millionen geahndet werden wird.**

3. Das norwegische Volk
Was für das schwedische Volk gilt, gilt für das norwegische noch mehr. Außerhalb des Gebietes der Union liegen vor Norwegen nur kahle Felsen und Salzwasser.*** Es ist vollkommen verständlich, daß die Norweger gerne ihr ganzes Hoheitsgebiet innerhalb der Union sehen möchten, aber der nördliche Teil liegt zu weit außerhalb des Kernes von Europa.

4. Das dänische Volk
Das dänische Volk befindet sich heutzutage in der Lage, mehr oder weniger gesichert zu sein, ohne sich dafür anstrengen zu müssen. Die Beendigung dieses Zustandes wird schließlich der Selbstachtung und dem Aufbau des dänischen Volkes zugute kommen.

---

* Im Original zusätzlich: von der Union

** Im Original zusätzlich: Und innerhalb der Grenze der Union wohnen sechs von den 6,5 Millionen Schweden.

*** Dazu gehört aber auch der 1940 von der deutschen Wehrmacht hartnäckig verteidigte Hafen Narvik.

5. Das niederländische Volk

Das niederländische Volk stand vier Jahrhunderte lang auf eigenen Beinen. Es hat sich gegen Spanien, England und Frankreich gewehrt und in diesem Kampf nie eine bedeutsame Unterstützung aus deutschen Ländern erhalten. Zur Zeit seiner größten Blüte und Macht hat es seine imperialistische Begierde nie auf deutsches Land gerichtet. 1918–1919 weigerte es sich, auf das Angebot der siegreichen Alliierten einzugehen und das Gebiet von Kleve zu annektieren. Dies entspricht der niederländischen Art. 1940 war es das reichste Land Europas, das am besten organisierte, die dritte Kolonialmacht der Welt[4], stolz auf seine großen kulturellen und wissenschaftlichen Werte. Im Mai 1940 wurde es von der deutschen Wehrmacht überrannt, und in vier Jahren ist es vom reichsten zum ärmsten Land Europas gemacht sowie auch in anderer Hinsicht angegriffen und unterminiert worden. Sein riesiger Kolonialbesitz, das Ergebnis von drei Jahrhunderten harter Arbeit, ist von Japan überwältigt worden.

Die 100000 niederländischen Nationalsozialisten[5] haben dennoch geglaubt, daß der Nationalsozialismus für Deutschland kein Aushängeschild darstellte, um dahinter seinen Imperialismus zu verbergen.* Auf meine Gewähr hin haben sie den guten Absichten und den mir gegebenen Zusagen des Führers geglaubt. Ihre Söhne und Männer haben sich zu Zehntausenden eingesetzt und sich zu Tausenden geopfert.[6] Vier Jahre lang haben sämtliche Säle in den Niederlanden von den Worten der »germanischen Zusammengehörigkeit« gedröhnt; nun ist es an der Zeit, daß von deutscher Seite die Worte in Taten umgesetzt werden, nachdem von 1935 an, also seit nunmehr neun Jahren, die niederländischen Nationalsozialisten für die Solidarität gekämpft und gelitten haben.

Bis jetzt können wir als Niederländer nicht behaupten, vom nationalsozialistischen Deutschland besser behandelt worden zu sein als von England und Frankreich.**

Wenn das nationalsozialistische Deutschland sich gegenüber dem

* Diese Stelle ist später gestrichen worden.

** Im Original zusätzlich: Eher noch das Gegenteil.

niederländischen Volk wie der größere und stärkere Bruder benehmen wird, der seine Macht gegenüber dem kleineren und schwächeren nicht mißbraucht, sondern im Gegenteil die nationale Selbstachtung des niederländischen Volkes respektiert und seine kulturelle und materielle Blüte mit Freuden betrachtet, dann kann das niederländische Volk in seiner Gesamtheit für einen Beitritt zur Union gewonnen werden, und es wird eines der wertvollsten Mitglieder werden.

Wird dagegen Deutschland uns weiterhin knechten, entrechten und ausbeuten, dann kann es uns Niederländer nach einem gewonnenen Krieg einverleiben, aber dann kann ich vorhersagen, daß der Krieg von Generation auf Generation im Untergrund sowie in aller Öffentlichkeit bis auf den Tod weitergehen wird.*

6. Das burgundische Volk

Zur Zeit gibt es kein burgundisches Volk. Einmal gab es ein burgundisches Reich, aber dessen Spuren sind seit langem verschwunden. Es gibt Wallonen in Südostbelgien; es gibt die Bewohner von Nordostfrankreich; es gibt die Französischsprachigen in der Schweiz. Sie alle haben eines gemeinsam: Französisch ist ihre gemeinsame Sprache. Die Bindung, die von der Sprache ausgeht, ist wesentlich größer als die, die von der Länge der Schädel oder der Farbe der Augen ausgeht. Die Möglichkeit zur Zusammenfassung dieser Menschen in einem Staat: dem burgundischen Staat, gründet sich auf die gemeinsame Sprache.

Der zu gründende burgundische Staat ist übrigens ein Gebilde zugunsten der Union. Innerhalb der Union ist der burgundische Staat notwendig als natürliches Vorfeld der Niederlande und Deutschlands.

Es darf nicht vergessen werden, daß der Niederländer für den Burgunder »le sale Flamand« und der Deutsche »le sale Boche« ist und bleibt. Deshalb müssen die niederländischen und die deutschen Minderheiten im burgundischen Staat geschützt werden.

Durch die Abtrennung des burgundischen Staates wird die Macht Frankreichs, die gegen die Union gerichtet sein könnte, gebrochen.

---

* Im endgültigen Text fehlt dieser Absatz völlig.

Praktisch bleibt nur noch ein agrarisches Frankreich mit einer viel zu großen Hauptstadt nahe an der Grenze zur Union übrig.

7. Das italienische Volk

Das italienische Volk hat alle Chancen, sich zu einer Großmacht zu entfalten, bekommen. Diese sind alle vertan worden.
Erneut ist deutlich geworden, daß das italienische Volk nördlich des Apennin doch anders als in Mittel- und Süditalien ist. Der Norden ist am ausgeprägtesten europäisch; die Mitte ist Rom, das Land der Monsignori; der Süden das alte Königreich Neapel.
Nur der Norden kann zu Kern-Europa gerechnet werden. Wer den Norden angreift, greift das Leben der Union an. Keiner kann in diesem Jahrhundert von den Schweden verlangen, daß sie Sizilien oder Apulien verteidigen. Das italienische Volk im Süden wird es wahrscheinlich ganz und gar nicht bedauern, nicht von der Dienstpflicht der Union berührt zu werden, sondern von ihr befreit zu sein.
Mittelitalien, soweit nicht zum Kirchenstaat gehörend, und Süditalien erhalten somit mehr oder weniger den Status eines Protektorates von Norditalien. Die Hauptstadt Italiens wird dann praktisch von Rom nach Mailand verlegt.

8. Das kroatische Volk

Ob es ein kroatisches Volk gibt, kann ich nicht beurteilen. Auf jeden Fall ist man der Ansicht, daß es existent ist oder wachsen kann, sonst wäre kein kroatischer Staat gegründet worden.*
Ob der kroatische Staat zu Kern-Europa gerechnet werden muß oder nicht, kann ich nicht beurteilen. Wegen der Bindung, die nun mit Deutschland besteht, war ich der Meinung, dieses Gebiet in die Union einbeziehen zu müssen.

9. Das ungarische Volk

Die Wiederherstellung des ungarischen Volkes im größtmöglichen Umfang und dessen Garantie durch die Union müssen für die Ungarn dermaßen anziehend sein, daß sie mit Begeisterung an der Union teilnehmen werden. Auf dem Kamm der Karpaten befindet sich die Grenze zwischen Kern-Europa und dem Balkan.

* Am 10. April nach der Besetzung Jugoslawiens durch deutsche und italienische Truppen.

10. Das slowakische Volk
Das slowakische Volk wohnt innerhalb der Union. Die Slowakei ist nun ein Protektorat Deutschlands. Wenn es Mitglied der Union werden will, muß Deutschland den Begriff des Protektorats aufgeben.* Dies wird dem Selbstbewußtsein der Slowaken und der Sympathie der Slowaken für Deutschland zweifellos zugute kommen.
Ob es erwünscht ist, den Begriff Protektorat aufzugeben, ist eine Angelegenheit, die sich meiner Beurteilung entzieht.

6. Der Beginn des Aufbaus der Union.

Die Union darf nicht von Berlin vorgeschrieben und anderen Völkern auferlegt werden, sondern muß im Gegenteil von den anderen Völkern gegründet werden. Die Führung muß dem Führer angeboten werden, der bei der Annahme der Führung den Kern der Union, das deutsche Volk, in die Union einbringt. Da die Niederlande zweifellos das größte Opfer auf dem Altar der Union bringen, da es sich hier um das Bekenntnis eines Volkes zum Kontinent handelt, das seine Interessen überwiegend in Übersee hatte, ist es logisch, daß die Gründung von den Niederlanden ausgeht. Die Gründung kann im Friedenspalast im Haag geschehen, womit er zum ersten Mal wirklich seinem Zweck gerecht werden wird. Dieser Friespalast wird der Union angeboten werden.
Es ist deutlich, daß die Zeit noch nicht reif ist, den ganzen Plan der Union bekanntzumachen. Die Veröffentlichung ist wegen Schweden und der Schweiz unmöglich und wegen Italien und Frankreich jetzt noch unerwünscht.
Aber dennoch kann bereits jetzt ein guter Anfang gemacht werden.
Die geistigen Grundlagen der Union sind der Nationalsozialismus und der Faschismus, dazu gehört das Führerprinzip.
Eine ausreichende Grundlage hierfür gibt es in Norwegen, den Niederlanden, Italien** und Ungarn.
Das Gebiet des künftigen Burgund ist einschließlich Walloniens

---

* Im endgültigen Text wurden die Bemerkungen zum Protektorat gestrichen.
** Im Original zusätzlich: Kroatien

völlig von den Alliierten besetzt. Dennoch kann man Wallonien zum Ausgangspunkt für das künftige Burgund* machen.
Auf diese Art und Weise könnten die Führer von fünf Völkern zur Gründung der Union übergehen, nämlich von Norwegen, den Niederlanden, Wallonien, Italien und Ungarn. Offiziell soll dies ohne Mitwirkung von Deutschland geschehen; in Wirklichkeit aber in enger Zusammenarbeit mit Deutschland oder, konkreter gesagt, unter dem wachsamen Auge des Führers.

Almelo, den 17. November 1944 Mussert

Anmerkungen:

1 Es handelt sich hier um die vom Rijksinstituut voor Oorlogsdocumentatie herausgegebene und kommentierte Fassung.
2 Die Karte ist hier nicht abgedruckt.
3 Musserts Einschätzung des »tschechischen Standpunktes« zu einer Umsiedlung ist völlig abwegig. Selbst die Reichsregierung plante keine radikale Aussiedlung, sondern die Assimilierung des Tschechentums (Entscheidung Hitlers vom 23.9.1940).
4 Nach England und Frankreich. 1939 erstreckte sich das holländische Kolonialreich auf ein Gebiet von 2146600 qkm bei einer Bevölkerungszahl von 67672000 Menschen.
5 Die von Mussert angegebene Zahl von 100000 Mitgliedern der NSB im Jahr 1944 ist korrekt.
6 In den Jahren 1940–45 dienten mindestens 50000 Niederländer freiwillig in deutschen militärischen oder paramilitärischen Verbänden. Rund 10000 fielen.

Quelle:

Vijf Nota's van Mussert aan Hitler over de Samenwerking van Duitschland en Nederland in een Bond van Germaansche Volkeren 1940–1944, herausgegeben vom Rijksinstituut voor Oorlogsdocumentatie, Serie Bronnenpublicaties Nr. 3, 'S-Gravenhage 1947, S. 98–110 (Übersetzung: Dr. Geert Demarest). Die Wiedergabe erfolgt mit freundlicher Genehmigung des Rijksinstituuts voor Oorlogsdocumentatie, Amsterdam.

* Im Original zusätzlich: und dies vorläufig

Norwegen

»Wir müssen gute Norweger, gute Germanen und gute Europäer sein. Das schließt sich gegenseitig nicht aus, im Gegenteil, eines ist ohne das andere nicht möglich.«[1] Diese programmatische Erklärung von Vidkun Quisling, dem Führer der 1933 gegründeten Nasjonal Samling (NS), beinhaltet die Kernthese seiner Europapolitik, die er 15 Jahre lang verfocht, ohne sie verwirklichen zu können: Europa sollte über den Weg einer »germanischen Harmonisierung«[2] geeinigt werden, wobei die Eigenstaatlichkeit und die Selbständigkeit Norwegens nur im Hinblick auf unverzichtbare Kompetenzen der föderativen Europaunion geschmälert werden durften. Bereits in seinem 1930 verfaßten und 1942 auch in Deutsch erschienenen Buch *Rußland und wir* findet sich die Konzeption eines nordischen Bundes, dem die Skandinavier, Briten, Holländer und Deutschen, ja sogar die britischen Dominions und die USA angehören sollten.[3] Die großnordische Zusammenarbeit sah Quisling dabei als das wirksamste Mittel zur Eindämmung des Bolschewismus an. Im Mai 1933, kurz vor der Gründung der NS, wiederholte Quisling die Forderung nach einem Bund der nordischen Völker, diesmal in einer norwegischen Zeitung, wobei er die Schaffung einer Zollunion zwischen Skandinavien, Großbritannien und dem Reich vorschlug.[4] Mochte die Nationale Sammlung auch Wahlschlappen hinnehmen und Mitglieder einbüßen, Vidkun Quisling hielt unbeirrt an seiner germanisch-europäischen Vision einer supranationalen Konföderation fest. 1937 erschien in der englischen Zeitschrift *British Union Quarterly* ein Artikel aus seiner Feder, der den Titel *A Nordic World Federation* trug. Quisling legte hier die Gedanken nieder, die er auch während der deutschen Besetzung seiner Heimat vertreten sollte.[5] Er postulierte eine internationale, auf dem System nationaler Staaten gegründete Gemeinschaft und verwarf ausdrücklich den Gedanken der Vorherrschaft einer einzelnen Macht: »Die Hegemonie einer einzelnen Nation ist katastrophal für andere und für sie selbst.« Die skandinavischen Staaten, Briten, Flamen und Niederländer sollten sich zu einer antikommunistischen Union zusammenschließen und die Handels- und Finanzpolitik vereinheitlichen:

»Ein Block dieser Völker, eine Union der nordischen Völker, wird unbesiegbar sein. Eine derartige Union wird viel besser als die bankrotte Genfer liberal-marxistische Liga in der Lage sein, als ein Bollwerk gegen den Bolschewismus zu fungieren und Garantien für die friedliche Entwicklung der Welt abzugeben. Der Weg zur organisierten Humanität wird über die Blockbildung der Union der großen nordischen Völkerfamilie führen, mit einer gemeinsamen Währung, einem Binnenfreihandel und einer gemeinsamen Zollpolitik; es wird ihr Ziel sein, andere Länder und Mächtegruppen in ihr System einzubeziehen.«

Den Krieg zwischen England und Deutschland bezeichnete der norwegische Parteiführer ausdrücklich als eine Katastrophe für Norwegen.[6] Nach der britischen Kriegserklärung an das Reich versuchte er daher am 11. Oktober 1939 durch einen dramatischen Friedensaufruf den Bruderkrieg zwischen den gegnerischen Nationen aufzuhalten und bot Ministerpräsident Chamberlain sein Programm einer europäischen Föderation als Mittel der Friedenssicherung und des Interessenausgleichs an (Dok. Nr. 51). Der gut gemeinte Appell verhallte ungehört. Zwei Jahre später, als der Name Quisling in der achsenfeindlichen Weltöffentlichkeit zum Synonym des gekauften Verräters geworden war, erinnerte der amerikanische Dichter Ezra Pound in einer Rundfunkansprache über Radio Rom an den vergessenen Friedensappell:[7]

»Für Quisling waren ›Frieden und Versöhnung zwischen Deutschland und England‹ ein Weg, auf dem Norwegen Krieg und Chaos vermeiden konnte.

Ohne Rücksicht auf die Romanen ging Quisling über den Gedanken der Versöhnung zwischen Deutschland und England hinaus und wünschte eine nordische Föderation, der die beiden großen Mächte und die skandinavischen Länder, Holland und Flandern angehören sollten.

Offensichtlich wäre eine solche Union für Italien weniger vorteilhaft gewesen als die Achse. Trotzdem ist es nicht das römische Ende der Achse, das Quislings Kopf fordert. Es sind unsere Gegner, die das Äußerste getan haben, um seinen Namen in ein gemeines Wort umzuwandeln und aus ihm ein

Synonym für antinationale Aktivitäten, wann auch immer und wo auch immer, zu machen.«

Während der Besetzung durch das »germanische Brudervolk« unternahm Quisling verschiedene Anläufe, seinem Plan einer europäischen Blockbildung und Staatengemeinschaft mit deutscher Hilfe zum Erfolg zu verhelfen.

Denkschriften Quislings, die europäische Fragen oder die Unabhängigkeit Norwegens zum Inhalt haben

Datum	Titel	Fundstelle
25.10.1940	Denkschrift über die Regelung des Verhältnisses zwischen Norwegen und Deutschland	Dok. Nr. 52
17.9.1941	9-seitiges Memorandum für Reichskommissar Terboven	IfZ Archiv MA 110
10.2.1942	Memorandum über die Neuordnung in Norwegen mit Entwurf eines Vorfriedensvertrages	ADAP, Serie E, Bd. I, Dok. Nr. 248, S. 466 ff.
9.6.1942	Memorandum über die heutige innen- und außenpolitische Lage Norwegens	IfZ Archiv MA 110; Boehm S. 187–194
2.2.1943	Denkschrift über die russische Frage	Archiv Autor (vgl. Dok.Nr.53)
29.10.1943	Entwurf des Großgermanischen Vertrages	nicht ermittelt
30.3.1944	Die schwedische und nordische Frage	Archiv Autor
2.11.1944	Entwurf Europa-Pakt	Dok. Nr. 54

Seine erste Denkschrift vom 25.10.1940 (Dok. Nr. 52) sprach die Notwendigkeit eines großgermanischen Bundes an, mit einem gemeinsamen Bundeskanzler, einheitlicher Außenpolitik und einer gemeinsamen Luftwaffe und Kriegsmarine. Dem Bundesmitglied Norwegen sollte in diesem föderativ aufgelockerten Staatenverband die territoriale Integrität und nationale Freiheit garantiert werden. Eine zutreffende Einschätzung dieser Denkschrift stammt von dem deutschen Historiker Bernd Martin, der ihr bescheinigt, sie müsse

»als symptomatisch für die damals in abendländisch-national ausgerichteten Europäerkreisen anzutreffenden Friedensvorstellungen gewertet werden«.[8] Martin sieht eine Parallele zwischen der Binnenstruktur von Quislings Staatenbund und dem staatsrechtlichen Verhältnis von Großbritannien zu den Dominions und kommt zu der Schlußfolgerung: »Wie eine staatliche Neuordnung Europas hätte aussehen müssen, um – von Hitler propagiert – weitgehende Unterstützung in Deutschland selbst, den besiegten Ländern und auch bei den Neutralen zu finden, legte der Führer der norwegischen nationalen Sammlungsbewegung Quisling am konkretesten dar.«[9]

Quislings Projekt hatte nie eine Realisierungschance. Reichskommissar Terboven war nicht der einzige Anhänger einer Gaulösung für das norwegische Königreich, auch Göring erklärte bereits im Juni 1940: »Norwegen kommt zum Reich«[10], und der Reichsführer SS brachte seine Auffassung über die Lösung der norwegischen Frage sieben Monate später in Oslo auf die knappe Formel: »Hier sitzen wir, und hier gehen wir nicht wieder hinaus!«[11] Quislings Mißtrauen gegenüber seinen deutschen »Partnern« sollte zwar im Lauf des Krieges wachsen, aber die Radikalität der annexionistischen Absichten von Göring und Himmler kannte Quisling nicht, als er am 10. März 1941 ein Schreiben an Reichsminister Lammers richtete, in dem er ausführte, daß der freiwillige Anschluß der norwegischen Bevölkerung an einen großgermanischen Bund von zwei Faktoren abhängig sei: von einem engen deutsch-norwegischen Vertrauensverhältnis und der Anbahnung von Vorfriedensverhandlungen. Wichtig sei dabei auf deutscher Seite die Bereitschaft, »die Eigenart und geschichtliche Entwicklung des norwegischen Volkes zu respektieren und zu fördern sowie dessen nationale Freiheit zu garantieren ...«.[12] Die von deutscher Seite dilatorisch behandelte Frage eines Vorfriedens wurde wiederholt von Quisling aufgegriffen und angesprochen, der hoffte, nach Abschluß eines Friedensvertrages würde die Souveränität Norwegens wiederhergestellt, wobei er bereit war, gewisse Souveränitätsrechte zugunsten eines germanisch-europäischen Bundes aufzugeben. Am 2. August 1941 verfaßte er eine erneute Eingabe an Lammers und drängte auf die baldige Einleitung von Friedensverhandlungen.[13] Eine positive Reaktion aus Berlin blieb aus. Aber der dogmatische Quisling, der einmal bezogene politisch-ideologische Positionen nie aufgab, ließ in seinen Reden keinen Zweifel daran, was er von dem Großdeutschen Reich erwartete. Bei einer Ansprache in Oslo am 5.9.1941 setzte er deutliche europäische Akzente:[14]

> »Was Frankreich und Napoleon für Europa nicht erreicht haben, an dessen Verwirklichung ist Deutschland nun endlich voll an der Arbeit: eine Zusammenfassung der europäischen Festlandsstaaten in einer europäischen Neuordnung, die die wirtschaftliche und politische Zusammenarbeit sichert und Krieg unter denselben ausschließt, während sie gleichzeitig den einzelnen Staaten Freiheit und Selbständigkeit gibt.«

Auf die europäische Frage ging der Führer der Nasjonal Samling auch in seiner Rede anläßlich der Regierungsübernahme am 1.2.1942 ein:[15]

> »Die Zukunft gehört den großen Staatenbünden. Die moderne Entwicklung hat die kleinen und mittelgroßen Staaten aus dem Spiel gebracht und das Schicksal der Völker in die Hand der großen Staaten gelegt. Aber nur die wirklich großen Staaten oder Staatenbünde, die Weltmächte genannt werden, haben die Möglichkeit, sich in Zukunft zu behaupten ...
> Trotz seiner Kultur wird sich Europa nach dem siegreichen Frieden bald in einer gefährlichen und bedrohten Situation zwischen den beiden Kolossen sehen, die an seiner Seite herangewachsen sind, wenn es nicht in einem festen Zusammenschluß freier, nationaler Staaten vereint wird. Wenn eine solche Neuordnung nicht auf irgendeine effektive Weise verwirklicht wird, kann sich Europa nicht behaupten. Ihm droht sogar die Gefahr, in Trümmer zu zerfallen.«

Unermüdlich predigte Quisling die germanische Partnerschaft. Bei seinen Kontakten mit den Reichsbehörden setzte er sich beharrlich für einen Friedensvertrag ein und kämpfte für ein Bündnis zwischen Deutschland und Norwegen, dem die inneren und äußeren Hoheitsrechte unter Aufhebung des Reichskommissariats zurückgegeben werden sollten. Nach einer nationalen Erneuerung im Inneren sollte Norwegen dann einen angesehenen Platz in der zu schaffenden europäischen Gemeinschaft einnehmen. Sein neues Memorandum vom 10.2.1942 sprach daher wieder von der Notwendigkeit eines sofortigen Vorfriedens, verlangte eine Selbständigkeitserklärung für Norwegen und knüpfte an die Lieblingsidee Quislings – den germanischen Bund – an, für den als Quasi-Leitungsorgan ein germanischer Bundesrat empfohlen wurde:[16]

> »Sobald der germanische Bund unter Deutschlands Führung etabliert wird, würde ein germanischer Bundesrat in Berlin unter Deutschlands Vorsitz periodisch zusammentreten, in welchen die germanischen Länder ihre Ministerpräsidenten bzw. Außenminister als Bundesbevollmächtigte entsenden. Der Bundesrat legt die Richtlinien der gemeinsamen germanischen Außenpolitik fest.«

Der norwegische Kollaborationspolitiker hatte am 13.2.1942 in Berlin Gelegenheit, seine Pläne Hitler persönlich vorzutragen. Konkrete Vorstellungen über das weitere Vorgehen schien man in der Reichskanzlei jedoch nicht zu haben, Reichsminister Lammers interpretierte seinen Führer aber so, daß die Behandlung der norwegischen Frage »nicht eilig« sei, Bedingungen eines eventuellen Friedensvertrages nicht ausgehandelt, sondern den Norwegern auferlegt werden sollten und Norwegen auch künftig keine eigene Außenpolitik machen dürfe.[17] Der unermüdliche Quisling präsentierte Hitler am 9.6.1942 eine weitere Denkschrift.[18] Thema war wieder die Regelung eines Vorfriedens und die norwegische Unabhängigkeit. Der optimistische NS-Führer faßte sogar den »Beitritt des freien Norwegen« zum Antikomintern- und Dreimächtepakt und die Wiederherstellung der Wehrhoheit ins Auge. Aber Berlin hatte an einem verbündeten Norwegen kein Interesse. Bereits mit Schreiben vom 22.6.1942 teilte Lammers dem norwegischen Innenminister mit, »der Führer hält die Zeit für eine vertragliche Festlegung der Beziehungen zwischen dem Großdeutschen Reich und Norwegen noch nicht für gekommen ...«.[19] Aber dies war nicht die letzte Enttäuschung für die norwegischen Faschisten. Hitler entschied im August, daß über einen Friedensschluß mit Norwegen während der Dauer des Krieges nicht verhandelt werden könne, vielmehr solle alles unterbleiben, was die Stellung Norwegens gegenüber dem Reich in irgendeiner Form präjudiziere. Erst nach Kriegsende wür-

de das skandinavische Land »durch eine einseitige Erklärung der Reichsregierung erfahren«, wie sein künftiges Verhältnis zum Deutschen Reich aussehen werde.[20] Der Reichskommissar wurde autorisiert, dies Quisling »mit aller Deutlichkeit und Schärfe mitzuteilen«. Zusätzlich sollte Lammers noch ein entsprechendes Schreiben an die rechtlose norwegische Regierung richten.
Hitler war offensichtlich erbost über die zahlreichen Eingaben des hartnäckig auf nationale Interessen pochenden norwegischen Ministerpräsidenten, der zudem im Sommer 1942 noch einen verzweifelten, aber hoffnungslosen Kampf zur Erhaltung der norwegischen Leichtmetallindustrie führte und um die eigenständige industrielle Entwicklung seines Landes fürchtete, da die Deutschen sich die norwegischen Industrieressourcen um jeden Preis dienstbar machen wollten.[21] Der Berliner Diktator entschied auch insoweit dezidiert gegen Quisling: »Die Frage der Ausnutzung der norwegischen Energiequellen wird einseitig durch Entscheidung von deutscher Seite geregelt.«[22]
Reichsminister Lammers übermittelte Quisling mit Schreiben vom 17. September 1942 die Anweisung Hitlers, daß eine endgültige Regelung der deutsch-norwegischen Beziehungen erst nach Kriegsende erfolgen könne.[23] Staats- und völkerrechtliche Diskussionen, die auf eine Änderung der gegenwärtigen Lage Norwegens abzielten, sollten unterbleiben. Weiter wurde der NS-Parteichef ersucht, alle Norwegen betreffenden politischen Fragen nicht mehr unmittelbar dem Führer zuzuleiten, sondern dem Reichskommissar. Tatsächlich hat Quisling nach dieser Abfuhr aus Berlin keine Denkschrift mehr konzipiert, die sich ausschließlich mit dem Schicksal seiner Heimat beschäftigte. Er verzichtete jedoch keineswegs auf seine Grundmaximen, sondern legte, taktisch nicht unklug, in seinen künftigen Memoranden das Schwergewicht auf ausländische und supranationale Themen, wobei er den Grundsatz der Unabhängigkeit Norwegens stets geschickt einflocht. Seine *Denkschrift über die russische Frage vom 2.2.1943*, die auch in die Hände des Reichsführers SS gelangte, war eine deutliche Absage an die nationalsozialistische Untermenschenpolitik (Dok. Nr. 53). Bereits im Dezember 1939 hatte Quisling sich für eine wirkliche Befreiung der von Moskau unterworfenen Völker und für die Errichtung einer Reihe von nationalen sozialistischen Bauernrepubliken eingesetzt.[24] In seiner

neuen Denkschrift plädierte der norwegische Ministerpräsident für einen ukrainischen Nationalstaat bis zum Dnjepr und für die Selbständigkeit von Georgien, Armenien und Aserbeidschan. Das verbleibende russische Reich mit etwa 140 Millionen Einwohnern sollte als föderative Bundesrepublik organisiert werden, antikommunistisch ausgerichtet sein und mit Berlin ein Bündnis eingehen. Als Endziel seiner Politik sah Quisling eine germanisch-slawische Weltmacht entstehen. Aber derartige Positionen ließen sich mit Hitler und Himmler nicht diskutieren, schon gar nicht verhandeln. Die Deutschen hatten zwar einen russischen Partner für derartig weitreichende Pläne, den 1942 in Gefangenschaft geratenen General Wlassow, aber sie werteten ihn erst in letzter Stunde und zudem noch halbherzig zum Verbündeten auf.[25]

Als Quisling am 19.4.1943 Hitler besuchte, konnte er seine unorthodoxen Ideen eventuell noch einmal vortragen.[26] Vorausgegangen war ein schroffer Angriff des norwegischen Politikers gegen die unehrliche und betrügerische deutsche Politik und ihren imperialistischen Charakter.[27] Einen Monat nach dem Besuch, in seiner Rede zum zehnjährigen Bestehen der Nasjonal Samling am 17.5.1943, ließ Quisling nichts von seiner Wut und Enttäuschung über die Politik der Reichskanzlei verlauten, vielmehr vermittelte er seinen Zuhörern das Bild eines glücklichen und geeinten Europa und eines freien Norwegen:[28]

> »Wir müssen getrost darauf vertrauen, daß Europas Völker ihre Freiheit und Unabhängigkeit als eine selbständige Weltmacht unter den Weltmächten werden behaupten können. Damit dies aber geschieht, muß Kontinentaleuropa durch eine feste Gemeinschaft der germanischen Völker in freien, föderativen Formen organisiert werden …
>
> Mit all seiner alten Kultur werden Europa und damit auch die nordischen Staaten zugrunde gehen, wenn die germanischen Völker in Europa nicht zueinander finden und unser Weltteil nicht vereinigt und organisiert wird, über engstirnige nationale Sonderinteressen hinweg, die absurd und unhaltbar werden, wenn sie die Sicherung der eigentlichen Lebensinteressen der Nation verhindern …
>
> Es ist meine Überzeugung, daß wir auf diesem Weg auch die

Zukunft Norwegens suchen müssen und daß wir auf diesem Weg unser großes nationales Ziel auch erreichen werden: Ein freies, großes und glückliches Norwegen, dessen nationale Existenz wirklich gesichert ist.«

Der NS-Führer konnte zumindest einen Teilerfolg verbuchen, als Hitler am 16.9.1943 eine Selbständigkeitserklärung für Norwegen abgab, die sich allerdings nur auf die Nachkriegszeit bezog (vgl. Dok. Nr. 16). Ein derartiges Zugeständnis hat sich der deutsche Diktator von keinem anderen Kollaborationspolitiker abringen lassen. In Oslo machten sich bei den Funktionären und Mitgliedern der Nasjonal Samling neuer Optimismus und Enthusiasmus breit.[29] Der norwegische Ministerpräsident versuchte die Gunst der Stunde zu nutzen und unterbreitete dem Reichskommissar am 29.10.1943 den Entwurf eines Großgermanischen Vertrages. Dessen Originaltext konnte bis heute nicht aufgefunden werden, doch läßt sich aus anderen Unterlagen ein Teil des Inhalts rekonstruieren.[30] Quisling schlug die Bildung eines »Germanischen Commonwealth« vor, dem seine Präferenzstaaten – Norwegen, Deutschland, Dänemark und Holland – angehören sollten und der auch Schweden und Belgien offenstand. Zum Zweck dieses Staatenverbandes schrieb Quisling:[31]

> »So wie die Preußen der Kern für ein vereinigtes Deutschland waren, so sollten die germanischen Völker den Kern eines unter der Neuen Ordnung vereinigten Europa bilden.«

Zugeständnisse an die Hegemonialansprüche des Reiches machte Quisling nicht, wie man unschwer einem Schreiben des Reichsführers SS vom 28.2.1944 entnehmen kann:[32]

> »Ich habe mir den Entwurf des Großgermanischen Vertrages ... durchgesehen. Er ist doch von den ollen norwegischen Seemännern klug abgefaßt, nämlich so, daß diese in nett demokratischer Form mit ihren Einzelstimmen das große zentrale Deutschland immer überstimmen könnten.«

Nachdem auch dieser erneute Vorstoß Oslos nichts einbrachte, versuchte der norwegische Kollaborationspolitiker, durch eine Interpretation der skandinavischen Verhältnisse seinen Ideen mehr Gehör zu verschaffen. Seine entsprechende Denkschrift vom

30.3.1944 trug den Titel *Die schwedische und nordische Frage.*[33] Quisling betonte darin den positiven Einfluß, den ein selbständiges Norwegen im skandinavischen Raum ausüben könne. Er forderte daher für seine Heimat und für Dänemark eine unabhängige Regierung. Norwegen, Dänemark und Finnland sollten eng zusammenarbeiten, um das neutrale, in Wirklichkeit aber proalliierte Schweden politisch einzukreisen und seinen Einfluß einzudämmen. Himmler erkannte sofort, daß der »olle norwegische Seemann« wieder einmal für die von der SS als Separatismus gebrandmarkte Selbständigkeit Norwegens eintrat und vermerkte nach Lektüre des Dokuments: »Nachtigall, ich hör dich ...«[34]

An der Intransigenz der deutschen Führung scheiterte auch der letzte norwegische Versuch, die Unabhängigkeit und Selbständigkeit des skandinavischen Landes noch während des Krieges durchzusetzen. Quislings emphatischer Ausspruch: »Die Achse Rom-Berlin ist nach Oslo verlängert worden«[35], sollte sich endgültig als Chimäre erweisen. Aber noch einmal, am 2.11.1944[36], übergab er seinem deutschen Aufpasser Terboven ein Memorandum, das praktisch die Quintessenz seiner europäischen Konstruktion darstellt: den *Entwurf Europa-Pakt* (Dok. Nr. 54). 16 Staaten sollten einen Bund bilden, eine Europäische Völkergemeinschaft mit einem Europäischen Kongreß als zentraler oberster Verbindungsinstanz. Verteidigung, Außenpolitik und Wirtschaft sollten koordiniert werden, in seinen inneren Angelegenheiten wurde jedem Mitgliedsstaat vollkommene Selbständigkeit zugesichert. Es ist sicher nicht falsch, wenn man unterstellt, daß die von Quisling in seinem Entwurf des Großgermanischen Vertrages erwähnten germanischen Nationen den Kern des Europäischen Kongresses bilden sollten. Möglicherweise hatte der norwegische Ministerpräsident Gelegenheit, bei seinem letzten Gespräch mit Hitler am 28.1.1945 auch den Entwurf Europa-Pakt anzusprechen.[37] Es ist allerdings wenig wahrscheinlich, daß er »angesichts der ungeheuren Belastung des Führers durch die unglückliche Lage«[38] Konzepte mit dem deutschen Diktator diskutieren konnte, die bei der außenpolitischen Isolation des Reiches und dem Frontverlauf des Januars 1945 eo ipso keine Realisierungschance mehr besaßen. Das Treffen endete mit einer erneuten Demütigung für den Norweger. Werner Best, der deutsche Reichsbevollmächtigte in Dänemark, berichtet von einem tief deprimierten Quisling, der von Hitler bei seinem letzten Besuch »schlecht behandelt und mit seinen Wünschen schroff zurückgewiesen worden war«.[39] Bei dieser Sachlage kann man es nur als Hohn bezeichnen, wenn in einem Pressebulletin vom 29.1.1945 die Selbständigkeitserklärung für Norwegen nach einem deutschen Sieg[40] wiederholt wurde.

Auf den *Entwurf Europa-Pakt* sollte Quisling im übrigen während des Prozesses, den ihm die norwegische Nachkriegsregierung machte, zurückkommen. Aber der Gefangene berief sich vergeblich auf seinen Entwurf, denn die Anklagebehörde beteuerte, ihr sei das Dokument nicht bekannt. So mußte Quisling seine Verteidigung ohne das für ihn wichtige Schlüsseldokument führen. In seiner Abschlußrede bezeichnete er den *Entwurf Europa-Pakt,* »den herbeizuschaffen wohl keine Schwierigkeit hätte bereiten sollen, da er in mehreren Exemplaren vorlag«, als »die wirkliche Diskussionsgrundlage für die künftige Ordnung in Europa«.[41]

Quislings germanisch-europäischer Traum, der sich im Januar 1945 endgültig in Nichts aufgelöst hatte, wurde von der Mehrzahl seiner Anhänger geteilt. Der norwegische Dichter Knut Hamsun etwa ging wie selbstverständlich davon aus, daß Hitler einen europäischen Staatenbund aufbauen werde, ein System freier Völker in friedlicher Gemeinschaft, dem selbst England, Rußland und die USA beitreten könnten und das den »Weltsozialismus« verwirklichen werde.[42] Und Einar J. Rustad, der Leiter der Auslandsabteilung der NS-Jugendorganisation, schrieb 1944 optimistisch, jeder vernünftige Politiker sei sich darüber im klaren, »daß eine germanische und europäische Sendung ausschließlich dann durchführbar ist, wenn man die nationalen Eigenarten aufrecht hält und wenn man den Nationen ein so großes Selbstbestimmungsrecht gibt wie möglich, ohne den gemeinsamen Interessen zu schaden«.[43] Die allerletzte öffentliche Beschwörung des autoritären Europagedankens fand schließlich im Januar 1945 statt, als der norwegische Innenminister Vasbotten auf der Tagung des Deutschen Auslandswissenschaftlichen Instituts in Weimar (vgl. Dok. Nr. 26) ein längeres Referat zum Thema *Europäische Gemeinschaft und europäisches Gemeinschaftsrecht* hielt (Dok. Nr. 55). Vasbottens Bekenntnis zu einem Bund gleichgestellter europäischer Völker konnte die trübe

Kriegsrealität des in Agonie liegenden Reiches und seiner Verbündeten nicht mehr aufhellen.
Zieht man ein Fazit der germanisch-europäischen Pläne Vidkun Quislings und seiner Nasjonal Samling, so wird man zu dem Schluß kommen, daß das von der alliierten Propaganda verbreitete und bis heute gültige Bild vom hörigen und schäbigen Verräter Quisling nicht zutrifft. Die Gestalt Quislings ist vielmehr wesentlich komplexer als diese Propagandaschablone, denn er war weder ein fanatischer Rassist noch ein Ausverkäufer nationaler Interessen, und »von Hitlers Zielen verstand er überhaupt nichts«.[44] Bereits 1930, noch vor Hitlers Machtergreifung, hatte er sich auf seine nordischen Föderationspläne festgelegt, betrachtete er Deutschland als den natürlichen Schutzwall gegen den Bolschewismus. »Nachdem er ideologisch und außenpolitisch seinen Weg gewählt hatte, folgte er ihm mit der starren Folgerichtigkeit seines unbeweglichen, schwerfälligen Wesens.«[45]

Dokument Nr. 51

Vidkun Quisling: Ein Friedensappell, 11.10.1939

Am 11. Oktober 1939 sandte Vidkun Quisling folgendes Telegramm an den britischen Ministerpräsidenten Mr. Chamberlain:
Da ich von 1927 bis 1929 den Auftrag hatte, die britischen Interessen in Rußland zu vertreten[1], erlaube ich mir, mich an Ew. Exzellenz zu wenden, und ich bin gewiß, daß ich die Gedanken fast aller Menschen in den nordischen Ländern ausspreche, wenn ich sage, daß man den Bruderkrieg zwischen Großbritannien und Deutschland mit dem Bolschewismus als tertius gaudens gerade in unserem Lande als besonders tragisch empfindet, das sowohl mit Großbritannien wie mit Deutschland so nahe verwandt ist.
Ihre Erklärung vom 30. September 1938[2], betreffend das Verhältnis zwischen England und Deutschland und dessen entscheidende Bedeutung für Europas friedliche Entwicklung, machte hier einen starken Eindruck, und wir sind überzeugt, daß es heute um die Frage geht, Europa und die Zivilisation durch einen Frieden im Geiste Ihrer Erklärung zu retten.
Der einzig mögliche Weg, dies zu verwirklichen, ist die Verschmelzung britischer, französischer und deutscher Interessen in einem europäischen Bund, um eine Interessengemeinschaft und Zusammenarbeit zu schaffen, die allen Teilen möglich ist. Die Initiative hierzu sollte von Großbritannien ausgehen.
Unter diesen Umständen und im Hinblick auf die Leiden, die der Krieg auch über die neutralen nordischen Länder bringt, appelliere ich ehrerbietigst an Ihre außergewöhnliche Autorität und Ihr Verantwortungsgefühl und erlaube mir folgenden Vorschlag: Die britische Regierung lädt in Anlehnung an die bewährte Methode der Föderationen von Amerika, Südafrika und Australien jeden europäischen Staat ein, zehn Vertreter für einen Kongreß zu ernennen, welcher den Auftrag erhält, eine Verfassung für einen *Bund* der europäischen Nationen vorzubereiten, um sie jedem Lande zur Anerkennung oder Ablehnung durch Volksabstimmung vorzulegen.
Sie sind der einzige Staatsmann, der im gegenwärtigen Zeitpunkt Europa zu Frieden und Vernunft zurückführen kann.

Quisling CBE[3]

Anmerkungen:

[1] Quisling war von Mai 1927 bis Dezember 1929 Gesandtschaftsrat an der norwegischen Botschaft in Moskau und vertrat während dieser Zeit die britischen Interessen in der Sowjetunion.

[2] Erklärung im Anschluß an die Münchener Konferenz.

[3] CBE = Commander of the British Empire. Quisling hatte diese hohe britische Auszeichnung für seine Verdienste während der Moskauer Zeit erhalten. In der deutschen NS-Ausgabe von 1942 wurde der Zusatz CBE bezeichnenderweise weggelassen.

Quelle:

Quisling ruft Norwegen! Reden und Aufsätze, München 1942, S. 82–83

Dokument Nr. 52

Vidkun Quisling: Denkschrift über die Regelung des Verhältnisses zwischen Norwegen und Deutschland, 25.10.1940

[Begleitschreiben Quislings an Stabsleiter Schickedanz hier nicht abgedruckt]

Denkschrift über die Regelung des Verhältnisses zwischen Norwegen und Deutschland

Als Ziel für die Neuordnung zwischen Norwegen und Deutschland steht die Verwirklichung des großnordischen Bundes fest. Die Schlüsselstellung Norwegens macht sogar die Regelung des Verhältnisses zwischen Norwegen und Deutschland als Grundlage der Bildung eines solchen Bundes. Es ist daher, wie mehrmals früher betont, von der größten Wichtigkeit, sobald als irgend möglich zum Frieden und zu normalen Verhältnissen zwischen Deutschland und Norwegen zu kommen, um somit die Grundlage für den großgermanischen Bund überhaupt zu schaffen.
In Anbetracht der ungeheuren Umstellung in der bisher gewohnten Denkweise, sowohl in Norwegen als auch in den übrigen Ländern Skandinaviens und in der Welt, die eine solche Neuordnung voraussetzt, ist es unbedingt notwendig, eine Übergangsordnung zu schaffen, die die volle Zustimmung sowohl des norwegischen Volkes als der übrigen skandinavischen Länder findet.
Eine solche Übergangsordnung müßte durch die folgenden Maßnahmen geschaffen werden:
1.) Eine selbständige norwegische NS-Regierung muß gebildet werden, mit dem Führer der NS[1] als Riksforstander (Reichsverweser).
2.) Die Stellung des Reichskommissars[2] muß, wie schon früher mit dem Führer für einen solchen Fall besprochen wurde, durch die Bestellung eines außerordentlichen Bevollmächtigten oder eines Sonderbeauftragten des Deutschen Reiches ersetzt werden.
3.) Die Neutralität Norwegens muß wiederhergestellt und von Deutschland anerkannt werden.
4.) Deutschland behält während der Dauer des Krieges mit England

das Recht, die nötigen militärischen Verfügungen und Maßnahmen in Norwegen zu treffen auf Grundlage des Neutralitätsbruches Englands und Frankreichs Norwegen gegenüber.
5.) Die Friedensverhandlungen und die Verhandlungen über die Verwirklichung des großgermanischen Bundes werden sofort unter der Hand aufgenommen, damit eine Einigung erzielt wird, bevor offizielle Verhandlungen einsetzen.
Wir sind berechtigt zu glauben, daß ein solches Vorgehen die Erreichung des Endzieles zweifellos sehr beschleunigen würde. Die Wirkung in Norwegen und in den skandinavischen Ländern würde eine überaus günstige sein.
Es wird auch sehr dazu beitragen, den jetzigen Einfluß des abgesetzten Königs[3] und der abgesetzten Regierung[4] endgültig zu liquidieren, und es ermöglichen, einen Einfluß auf die norwegische Handelsflotte im Auslande zu bekommen, die jetzt jedem Einfluß aus Norwegen entzogen ist. Am 7.10.40 waren es mehr als 3600000 Tonnen, welche sich außerhalb der von den Achsenmächten beherrschten Gebiete befanden.
Auch die Rückwirkung auf die sehr einflußreiche, mehrere Millionen starke norwegische und skandinavische Bevölkerung in Amerika würde groß und vorteilhaft sein.
Die beschleunigte Errichtung einer NS-Regierung und einer Reichsverweserschaft ist um so mehr notwendig, als NS doch bereits als der maßgebende Machtfaktor in Norwegen betrachtet wird und das norwegische Volk mit großer Sehnsucht die Zurückziehung der deutschen Zivilverwaltung herbeiwünscht, welche die volle Schlagkraft der nationalen Bewegung einschränkt.
In der Meinung des Volkes trägt jetzt NS die ganze Verantwortung, ohne die entsprechende Bewegungsfreiheit zu haben.
Unsere Meinung geht also dahin, daß die obengenannte Zwischenordnung baldmöglichst geschaffen werden muß und daß im Zusammenhang damit die Überlegungen betreffs der Friedensbedingungen und der Gestaltung des großgermanischen Bundes gleichzeitig beginnen müssen.
Nachstehend wollen wir die Hauptpunkte des Bundes kurz skizzieren:
1.) Norwegen bleibt ein freies, unteilbares und unabhängiges Reich, verbunden mit dem Großdeutschen Reiche in einem großnor-

dischen Bunde. Die territoriale Integrität und nationale Freiheit Norwegens wird vom Großdeutschen Reich garantiert.
2.) Gemeinsame Ausrichtung der Außenpolitik.
3.) Das deutsche Oberkommando der Wehrmacht fungiert als Bundesoberkommando.
Die Kriegsmarine und die Luftwaffe sollen gemeinsam sein. Ein nationales norwegisches Heer wird errichtet als Heimatverteidigung im Rahmen der Bundeswehrmacht.
4.) Der Bund wird eine gemeinsame Bundesflagge führen, die norwegische Handelsflagge und Nationalflagge bleiben bestehen.
5.) Der deutsche Führer und Reichskanzler ist Bundespräsident.
6.) Die Bundesregierung wird gebildet durch das engere deutsche Kabinett, verstärkt durch einen oder zwei Minister für Norwegen (Norweger).
7.) Ein deutscher Gesandter kommt als Bundeskommissar nach Oslo.
8.) Norwegen wird regiert durch einen norwegischen Reichsverweser und eine selbständige nationale Regierung (alle norwegische Staatsangehörige).
9.) Norwegen errichtet eine eigene norwegische Nationalversammlung, aufgebaut auf die nationale Wirtschaft und das Kulturleben.
10.) Enge Zusammenarbeit der deutschen und der norwegischen nationalen Bewegung (NSDAP und NS).
11.) Stabilisierung der norwegischen Währung auf Grundlage der Reichsmark und Berlin als multilaterales Verrechnungszentrum (Clearingzentrale).
12.) Allmählicher Abbau der Zollgrenzen und wirtschaftliche Solidarität.
13.) Gemeinsame Regelung und Ausbau des zwischenstaatlichen Verkehrs.
14.) Gegenseitiges Verkehrs-, Wohnsitz- und Arbeitsrecht für Staatsangehörige der beiden Staaten; jedoch können deutsche Staatsangehörige nicht ohne Konzession der norwegischen Regierung Grund und Boden in Norwegen erwerben.
15.) Zusammenarbeit mit den übrigen nordischen Ländern steht Norwegen frei, soweit es dem Bundesabkommen nicht widerspricht.

Anmerkungen:

[1] NS = Nasjonal Samling
[2] Reichskommissar Josef Terboven, eingesetzt im April 1940
[3] König Haakon VII (1872–1957), von 1940–45 im englischen Exil
[4] Kabinett Nygaardsvold

Quelle:

ADAP, Serie D, Bd. IX. 2, Dok. Nr. 233, S. 337–339

Dokument Nr. 53

Vidkun Quisling: Denkschrift über die russische Frage, 2.2.1943 (Auszüge)

Abschrift

Geheim

Denkschrift über die russische Frage

1. *Europa neuzuordnen und zu vereinen,* tritt in dieser Auseinandersetzung der Welt sowohl als das wichtigste *Kriegsmittel* wie das wichtigste *Kriegsziel* hervor. Wir führen den Krieg nicht nur um England und Amerika zu schlagen, sondern um die Grundlage eines neuen und geeinigten Europa unter germanischer Führung zu legen. Zugleich ist aber ein solches Kontinentalsystem, mit dem ostasiatischen Großraum Japans verbunden, das Mittel, um zusammen mit den Leistungen der U-Boot-Waffe die Seemacht Englands und Amerikas zu brechen und den Krieg zu gewinnen.
   Für die Achsenmächte, in erster Linie Deutschland, geht es darum, Europa gegen England und Amerika zu vereinen. Schon hat sich Deutschland stufenweise die westliche Hälfte des Kontinents gesichert, um jetzt mit dieser Basis die östliche Hälfte, Rußland, zu erobern. Das ist die Grundlage eines siegreichen Krieges gegen England und Amerika.
   Die Bolschewisten in Moskau hegen auf ihre Weise analoge und noch weitergehende Pläne. Schon lange Herren über Rußland, suchen sie jetzt Westeuropa zu unterjochen und zu bolschewisieren, um dann im Zeichen der Weltrevolution das gesamte bolschewistische Europa gegen ihre jetzigen Alliierten, England und Amerika, zu verwenden.
   In Rußland wird das Schicksal der Welt entschieden. Die russische Frage ist die Hauptfrage der heutigen Weltpolitik. Man muß alles von diesem Gesichtspunkt aus beurteilen, und alle Kräfte müssen so weit wie möglich gegen diesen Schwerpunkt konzentriert werden. Es geht darum, den Krieg in Rußland zu gewinnen und das Land für unsere Ziele in Besitz zu nehmen.
2. Rußland aber ist ein Land, das man nicht mit den Kräften der jet-

zigen europäischen Staaten förmlich erobern und besetzt halten kann, *ohne dabei die Unterstützung der Bevölkerung* heranzuziehen. Auch die gewaltige Kraft Deutschlands könnte hierzu nicht ausreichen, da gemäß der Erfahrungen über das Stärkeverhältnis für eine dichte Okkupation, wie es in Rußland unter den gegebenen Umständen notwendig wäre, die Besetzung von ganz Rußland rund 100 Mann für 10000 Einwohner fordern würde, d. h. beinahe zwei Millionen Mann für eine dauernde Okkupation und für die Eroberung natürlich viel mehr. Ein solches Land mit seiner Größe und seinem Klima kann nur durch die Wirkung inneren Zwiespaltes bezwungen und durch die Schaffung einer nationalen verbündeten Regierung gehalten werden.

Nach Trafalgar, als die Invasionspläne gegen England und Ägypten aufgegeben werden mußten, hat *Napoleon* zum Kontinentalsystem gegriffen, um England zu bezwingen. Er wollte das Festland für die Engländer schließen, um ihren Handel zu zerstören und Europa gegen sie zu vereinigen. Das Bündnis mit Rußland war die Grundlage dieser Politik. Als dieses von Rußland gebrochen wurde, mußte es mit Gewalt durch Krieg wiederhergestellt werden. Rußland aber war, wie General *Clausewitz* in seinem Buch »Vom Kriege« hervorhebt, schon damals ein Reich, das man nur durch Ausnutzung seiner inneren Gegensätze und Schwächen und nicht allein rein militärisch bezwingen konnte, auch nicht mit den 500000 Mann, die Napoleon dazu herangeführt hatte. Man hat ihm u. a. vorgeschlagen, durch Ausnutzung des Freiheitswillens der Landbevölkerung den größten Teil des russischen Volkes zur Erhebung gegen die eigene Regierung zu bringen, und die Bauern einer großen Anzahl von Dörfern haben ihn darum gebeten. Er hat es abgelehnt, angeblich angesichts der Greuel und Wirren, die das Loslassen dieser rohen und unkultivierten Massen über das Land bringen würde. Er kannte aus eigener Erfahrung die französische Revolution. Nach dem Rußlandfeldzug sagte er aber zu seinem früheren Botschafter in Petersburg: »Ich habe mich geirrt, nicht über das Ziel und die politische Zweckmäßigkeit dieses Krieges, aber über die Weise, ihn zu führen.«

Im ersten Weltkrieg wurde ja die Macht Rußlands zuletzt auch durch politische Mittel gebrochen und nicht nur durch die mili-

tärische Waffe. Leider wurde aber nur von den Bolschewisten und nicht von Deutschland ganze Arbeit getan.
Um den Sieg im Osten zu erkämpfen, muß man den Krieg in Rußland gleichzeitig mit politischen und militärischen Waffen führen. Man muß auf die schwachen politischen Stellen der Bolschewistenherrschaft stoßen, den Krieg zu einem Befreiungskrieg vom bolschewistischen Joch gestalten und *Moskau jede Möglichkeit nehmen, den Krieg als einen nationalen Verzweiflungskampf für Boden, Freiheit und Vaterland herauszustellen.*[1]
Mit anderen Worten: es besteht die dringende Notwendigkeit, auch in Rußland eine ähnliche Kriegspolitik einzuleiten wie die National-China-Politik, die Japan augenscheinlich nicht ohne Erfolg in Ost-Asien praktiziert. *Man muß eine nationale Gegenregierung gegen die Sowjetunion gründen, so wie in China eine nationale Gegenregierung gegen das Tschungking Regime gebildet wurde.*[2]

3. Eine solche Politik muß sich in Rußland mit ihrem Schwergewicht auf das eigentliche Rußland, d. h. auf das russische Staatsvolk, das Groß-Russentum, stützen.
Wollte man sich dabei ausschließlich auf die nationalen Minoritäten stützen, so ist dies das gleiche, als würde man ein Gewehr an der Spitze seines Bajonettes aufheben wollen. Selbstverständlich müssen auch die Minoritäten zum Kampf gegen den Bolschewismus mobilisiert werden, nicht nur die Randvölker im Westen an den Grenzen Europas, sondern auch die kaukasischen Völker, die finnischen und türkisch-tatarischen nationalen Minderheiten. Das Hauptgewicht muß aber auf das eigentliche Rußland gelegt werden, denn dort liegt der Schwerpunkt des Bolschewismus, ja sein Herd und seine Basis. Sich darauf zu beschränken, allein die nationalen Minoritäten gegen den Bolschewismus zu mobilisieren, würde zu keinem dauerhaften politischen Ergebnis führen, *sondern ganz im Gegenteil gerade den Bolschewisten noch größere Gelegenheit geben, den russischen (groß-russischen) Nationalismus in ihrem Dienste auszunutzen.*
[...]
Deutschland, Rußland und Japan sind natürliche Alliierte gegen die anglo-sächsischen jüdischen Weltmächte. Wenn Rußlands große asiatische Interessen, und dies sind die wirklich großen In-

teressen Russlands, betont werden, dann tritt sofort England als der gegebene Feind hervor. Graf *Witte*[3], Rußlands bekannter Ministerpräsident, sagte: »England ist unser Hauptfeind, wie es immer ein Gegner jeder freiatmenden Großmacht gewesen ist.« Die Aufgabe ist deshalb, die nationalen Kräfte Rußlands zum Kampf gegen den Bolschewismus zu mobilisieren und den Krieg im Osten möglichst viel mit den eigenen Kräften des Landes zu führen. Anstatt gegen Deutschland im naturwidrigen und zerstörenden Kriege für England und das Judentum zu kämpfen, muß sich Rußland gegen England und das Judentum wenden, die beide sein Unglück gewesen sind. Mit anderen Worten: Man muß im Osten einen Kräftezuschuß für die Kriegführung schaffen und nicht einen immer zunehmenden und zum Schluß vielleicht verhängnisvollen Kräfteverbrauch.
Selbstverständlich muß gleichzeitig die notwendige wirtschaftliche Zusammenarbeit gesichert werden und eine Ordnung geschaffen, die die russische Gefahr beseitigt oder begrenzt und die Grundlage einer zukünftigen friedlichen Zusammenarbeit zwischen den zwei Hälften Europas bilden kann.
Die Rekonstruktion der geschichtlichen Politik Bismarcks in moderner und entwickelter Form ist: *einen großen europäischen Festlandsblock* zu schaffen, bestehend aus einer westeuropäischen und einer osteuropäischen russischen Hälfte, im Bunde mit Japan und gegen die judenbestimmten westlichen Plutokratien. 500 Millionen Menschen unter germanischer Führung in einem selbstversorgten Weltraum mit starken natürlichen Grenzen und einer zentralen geopolitischen Lage.
Die glückliche Durchführung dieses europäischen und groß-germanischen Gedankens wird sowohl den Sieg *bringen* als auch den Sieg *sichern*. Napoleon stand vor einer ähnlichen Aufgabe, aber er irrte sich und fiel. Man kann die Nationen Europas nicht gleichzeitig sammeln und bezwingen, und man kann – wie schon hervorgehoben – Rußland nicht durch einen Angriffskrieg gegen das russische Volk Herr werden. Europa muß gesammelt und zufriedengestellt werden durch rechtzeitige Zugeständnisse an die nationale Freiheit und Selbständigkeit der einzelnen Staaten und Völker, und auch das russische Volk, in erster Linie das eigentliche nationale Rußland, muß als aktiver Teilnehmer herangezogen werden.

Deutschland mit 80 Millionen Deutschen würde auf die Dauer einen sehr schwierigen Stand haben in einem blockierten Europa, in dem man den Engländern und den Bolschewisten die Möglichkeit ließe, mit den erwachten nationalen Gefühlen von 300–400 Millionen Europäern und Russen *gegen Deutschland zu spielen.* [...]

1. Nach der hier vorgeschlagenen Ordnung werden also von Rußland geschieden Ost-Karelien, Estland, Lettland, Litauen, Weiß-Ruthenien, die West-Ukraine, Bessarabien, die Krim, Georgien, Armenien, und Aserbeidschan mit insgesamt rund 50 Millionen Einwohnern. Es bleibt ein Rußland von rund 20 Millionen qkm und mit rund 140 Millionen Einwohnern gegen rund 360 Millionen in West-Europa (ohne die britischen Inseln).
   Mit diesem Rußland, das so immer noch alle Voraussetzungen dafür hat, eine Weltmacht zu sein, müssen wir operieren. Es geht darum, es vom Bolschewismus zu befreien und als aktiven Bundesgenossen in das große europäische Kontinentalsystem einzuschalten, wo sein Platz naturgemäß ist.
   Es ist keine Übertreibung, zu behaupten, daß der Ausgang des Krieges von einer glücklichen Lösung dieser Aufgaben abhängen kann.
2. Um dies zu erreichen, muß für *diese Ostgebiete eine nationale russische Bundesregierung* gebildet werden, die das russische Land unter einheitlicher Führung gegen den Bolschewismus zusammenfassen kann. Dieser Regierung muß die Propaganda gegen den Bolschewismus in Rußland überlassen werden, und sie muß national wirtschaftlich so weit freie Hände bekommen, daß sich die nationalen Schichten der Bevölkerung an die Regierung anschließen. Der Sitz dieser nationalen russischen Bundesregierung müßte *Kiew* oder eine der größeren Städte auf russischem Boden sein, solange Moskau oder Petersburg nicht genommen ist. [...]

Hat sich die nationale russische Bundesregierung mit deutscher Hilfe etablieren können und ihre Stellung befestigt, muß zwischen ihr, den Achsenmächten und ihren Verbündeten Frieden geschlossen werden. Ein deutscher Botschafter wird bei der russischen Regierung akkreditiert und ein enges *Bündnis zwischen Deutschland und Rußland* eingegangen. In der weiteren Entwicklung wird sich die

nationale russische Bundesregierung den Dreimächtspakt [sic] angliedern und dazu übergehen, ein nationales Heer unter deutscher Führung zu organisieren. [...]
Wir leben in einer Periode, in welcher sich Weltmächte bilden und miteinander auseinandersetzen. Rußland mit seinem 100 Millionen Russenvolk, das sich so schnell vermehrt und dem ein so weiter und reicher Raum zur Verfügung steht, ist seine Stellung als Weltmacht vorausbestimmt und für immer gesichert. Dieser Tatsache gegenüber hat West-Europas zersplittertes Festland nur eines zu tun. West-Europa muß sich unter germanischer Führung einheitlich in irgendeiner Form als eine Weltmacht konstituieren und mit Rußland ausgleichen. Deutschland und Germanien müssen mit Rußland in einer germanisch-slawischen Weltmacht zusammengehen, das groß-germanische Weltreich, das mit Italien, Frankreich und Iberien die groß-europäische Kontinentalmacht und mit Japan und Ostasien die Grundlage für die neue Weltordnung bilden soll.
Dieses groß-germanische, europäische Weltreich ist nur die Wiederaufnahme eines politischen Entwicklungsprozesses, welcher Jahrhunderte hindurch angedauert hat und u. a. im historischen Drei-Kaiser-Bund[4] und im Bismarckschen System Ausdruck gefunden hat. Im tiefsten Grunde ist es auch die Wiederaufnahme des Erbes des römischen Imperiums auf europäischem Boden, wobei die Germanen die Rolle der alten Römer übernommen haben und Berlin Rom, Moskau Byzanz vertritt. [...]
Oslo, den 2. Februar 1943

gez. Quisling

F. d. R. d. A.
SS-Untersturmführer

Anmerkungen:

[1] Stalins Proklamierung des »Großen Vaterländischen Krieges« in Verbindung mit der hybriden nationalsozialistischen Kolonialpolitik gab dem Ostfeldzug eben jenen russisch national-patriotischen Charakter, den Quisling vermeiden wollte.
[2] Errichtung einer japanfreundlichen chinesischen Gegenregierung unter Wang Tsching-Wei in Nanking 1940.
[3] Graf Sergei Juljewitsch Witte (1849–1915), 1892–1903 Finanzminister,

1903–1905 Vorsitzender des Ministerrates, 1905/06 konstitutioneller Ministerpräsident.

[4] Von Bismarck herbeigeführte Verständigung zwischen Rußland, Österreich-Ungarn und dem Deutschen Reich, die 1881 erneuert wurde.

Quelle:

Archiv Autor. Die gesamte Denkschrift (ohne das Anschreiben des Chefs des SS-Hauptamtes an Himmler vom 1. März 1943) umfaßt 29 Seiten. Hier abgedruckt sind Teile der Seiten 1–4, 6–7, 14–15, 16 und 21.

Dokument Nr. 54

Vidkun Quisling: Entwurf Europa-pakt, 1944

Europa-pakt.[1]

Zum Schutze Europas, sowie zur Pflege der Wohlfahrt der europäischen Völker und zur Förderung einer gerechten Ordnung und des dauernden Friedens in Europa schliessen die folgenden europäischen Staaten, welche jeder für sich freie und selbständige Staaten verbleiben:

Das Grossdeutsche Reich mit Böhmen-Mähren und Polen, Norwegen, Dänemark und Schweden, Frankreich, Belgien und Niederland, Italien, Ungarn, Slovakei und Rumänien, Kroatien, Serbien, Bulgarien, Griechenland und Albanien nachstehenden

Pakt.

Artikel I.

Es wird zwischen den europäischen Staaten ein Bündnis errichtet mit dem Führer des Grossdeutschen Reiches als *Bundespräsident* und mit einem *Europäischen Kongress* als zentrale oberste Verbindungsinstanz.

Dieses Bündnis wird den Namen: *Europäische Völkergemeinschaft* führen.

Der Europäische Kongress soll bestehen aus den Regierungschefs (bzw. Stellvertretern der Regierungschefs) der in Betracht kommenden europäischen Staaten mit je einem oder mehreren Ministern ihrer Regierungen oder anderen hierzu nach der Gesetzgebung des betreffenden Staates ernannten Delegierten.

Jeder Staat soll nicht weniger als zwei und nicht mehr als sieben Vertreter im Kongress haben.

Artikel II.

Der Europäische Kongress wählt einen Präsidenten und einen Vizepräsidenten für jedes Kalenderjahr sowie einen ständigen Generalsekretär für die verwaltungsmässigen und ausübenden Geschäfte.

Der Präsident, der Vizepräsident und der Generalsekretär machen zusammen das Präsidium des Kongresses aus.

Artikel III.
Die betreffenden Delegationen nehmen ihre Sitze im Europäischen Kongress ein als Repräsentanten vollkommen gleichberechtigter und selbständiger Staaten.
Bei Entscheidungen, welche eine Abstimmung notwendig machen, führen die Mitgliedstaaten je eine Stimme. Die für alle Vertragsmitglieder bindende Entscheidung erfolgt durch Stimmenmehrheit, wo bei Stimmengleichheit der Vorsitzende den Ausschlag gibt.

Artikel IV.
Als Mitglied des Europäischen Kongresses verkehrt jeder der betreffenden Regierungschefs unmittelbar mit einander und mit dem Bundespräsidenten, dem Kongresspräsidenten und dem Generalsekretär. Die betreffenden Regierungschefs, beziehungsweise der Bundespräsident, der Kongresspräsident oder der Generalsekretär entscheiden selbst welche Fragen die betreffenden in dieser direkten Weise aufnehmen wollen.

Artikel V.
Der Sitz des Europäischen Kongresses soll Wien sein, sofern der Kongress selbst nicht anders bestimmt.

Artikel VI.
Der Europäische Kongress bestimmt ein Reglement für die Leitung der Geschäfte, bildet einen Zentralausschuss für die allgemeine Leitung der politischen Arbeit, einen Organisationsausschuss für die allgemeine Leitung der organisatorischen Arbeit, sowie die notwendigen anderen Ausschüsse, und organisiert ein Generalsekretariat für die laufenden und ausübenden Geschäfte. In jedem Ausschuss werden in der Regel ausser Deutschland mindestens vier Staaten vertreten sein. Innerhalb aller Ausschüsse führt jedes Mitglied des Ausschusses eine Stimme.

Artikel VII.
Der Europäische Kongress hält seine Plenarsitzungen in der Regel

in September jedes Jahres, ausserordentliche Sitzungen wenn der Bundespräsident es für zweckmässig erachtet, oder wenn es von wenigstens ein drittel der Vertragsmitglieder gewünscht wird. Dem Bundespräsident steht es zu den Kongress zu berufen, zu eröffnen und nach Beendigung seiner Verhandlungen zu schliessen.

Artikel VIII.

Zur Sicherung der Kontinuität der Arbeit des Europäischen Kongresses und der notwendigen ständigen Fühlungnahme in wichtigen Fragen von gemeinsamen Interesse ernennen die Regierungschefs der betreffenden ausserhalb Deutschlands belegenen Staaten je einen ständigen oder zeitweiligen Vertreter beim Kongresse. Diese vertreten die betreffenden Regierungschefs in deren Abwesenheit in der Zeit zwischen den Sitzungen des Europäischen Kongresses.

Artikel IX.

Als grundzätliches Prinzip für die europäische Neuordnung soll gelten, dass jeder europäische Staat vollkommene Selbständigkeit in seinen inneren Angelegenheiten behält. In Bezug auf Verteidigung, Aussenpolitik und Wirtschaftsfragen soll eine zentrale Gemeinschaftsorganisation gebildet werden, welche die Aufgabe haben soll die Tätigkeit der betreffenden Staaten auf diesen Gebieten zu koordinieren.

Jeder Staat ist verpflichtet diejenigen Gesetze und Verordnungen die nicht mit diesem Pakt in Übereinstimmung sind, aufzuheben oder abzuändern. Die Gültigkeit von regionalen Verträgen innerhalb der europäischen Neuordnung z. B. zwischen den nordischen und germanischen Reichen wird von diesem Pakt nicht berührt, müssen jedoch nicht gegen die Prinzipien dieses Paktes verstossen. In allen anderen als den gemeinsamen Angelegenheiten welche in diesem Pakte festgesetzt sind oder nach den Bestimmungen dieses Paktes beschlossen werden, gelten in jedem Staat dessen selbständige und besondere Staatsverfassung und Verwaltung, die eigene Gesetzgebung und Gerichtsbarkeit und die eigenen Institutionen.

Artikel X.

Die Ausgaben, welche die Tätigkeit des Europäischen Kongresses bedingen, werden auf die Vertragspartner verteilt im Verhältnis zu

der Bevölkerung der betreffenden Staaten in vollen Millionen gerechnet, überseeische Besitzungen nicht mitgerechnet.
Der Kongress kann diese Quoten durch direkte Besteuerung der Staatsbürger der betreffenden Staaten ausheben und wenn nötig die Schulden durch Pfändung eintreiben.

Artikel XI.
Zu Veränderungen dieses Vertrages ist die Zustimmung zwei drittel der Vertragsmitglieder erforderlich.

Artikel XII.
Dieser Pakt tritt sofort in Kraft sobald er von dem Grossdeutschen Reich und vier anderen europäischen Staaten ratifiziert worden ist. Die weiteren europäischen Staaten werden als Vertragspartner mit der Ratifizierung durch die betreffenden Regierungen automatisch aufgenommen.

Anmerkungen:

[1] Um die Authentizität des Dokuments zu erhalten, wurden die im Originaltext enthaltenen orthographischen und grammatikalischen Fehler nicht korrigiert.

Quelle:

Archiv Autor. Die norwegische Fassung dieses Dokuments findet sich in: Vidkun Quislings forsvarstale i lagmansretten 1945. Utgitt i anledning hans hundrearsdag 18. Juli 1987, Oslo 1987, S. 107–113.

Dokument Nr. 55

Arnvid L. B. Vasbotten: Europäische Gemeinschaft und europäisches Gemeinschaftsrecht, Januar 1945 (Auszüge)

I.

Wir leben in einer Zeit der Umwälzung und Neuschaffung. Alte Gesellschaftsordnungen und Auffassungen haben sich überlebt und gehen zugrunde. Neue treten an ihre Stelle und bahnen sich ihren Weg. Eine neue weltgeschichtliche Epoche hat ihren Anfang genommen, ihre Auswirkungen sind in den europäischen Ländern und auch weiterhin in den anderen Weltteilen zu spüren. Es ist nicht nur ein Kampf der Völker gegeneinander, die verschiedenen Lebensanschauungen stehen sich gegenüber und stoßen zusammen. In den meisten europäischen Ländern – und ganz besonders in den sogenannten befreiten Ländern, wie wir es hier bei dieser Tagung[1] so eindringlich erfahren haben – herrscht Verwirrung und Hoffnungslosigkeit, ein Durcheinander und Gegeneinander – ein Chaos wie noch nie. Zersplitterungen, Krisen, europäische Bürgerkriege drohen die Völker Europas auseinanderzureißen.

Diese Entwicklung kann nur zum Untergang und zu einer Versklavung Europas in äußerstes Elend führen, wenn sich die europäischen Völker nicht aufraffen, um unter Deutschlands Führung die raumfremden Mächte fernzuhalten und eine solidarische europäische Völkergemeinschaft zu schaffen, die Europa in einem festen Bund zusammenfaßt und Sicherheit nach außen und Recht und Ordnung nach innen verleiht.

Noch sprechen die Waffen. Noch stehen wir inmitten des gigantischen Kampfes gegen die internationalen Kräfte. Das Ergebnis muß und kann aber nur ein einiges und vereintes Europa sein. Englands imperiale Weltordnung ist schon in ihren Grundfesten erschüttert. Die englische Zersplittere-und-Herrsche!-Politik und der Mißbrauch des Prinzips vom Gleichgewicht der europäischen Mächte ist zum Scheitern verurteilt und muß ein für allemal beseitigt werden. Statt dessen erkennt man immer stärker die Notwendigkeit der Lösung: Europa den Europäern.

Die Zukunft gehört den grösseren politischen Raumordnungen.

Auch Europa muß sich deshalb zu einer organisierten Weltmacht sammeln, um sich den gewaltigen Weltmächten gegenüber, die außerhalb des zersplitterten Europas hervorgewachsen sind, behaupten zu können. Ohne eine Neuordnung durch eine Vereinigung von Europas nationalen Staaten in der einen oder anderen Form kann Europa den Gefahren des Bolschewismus und Kapitalismus gegenüber nicht standhalten.
Die Geschichte hat immer wieder bewiesen und beweist auch heute mehr denn je die unglücklichen Folgen, die daraus entstehen, wenn die europäischen Völker nicht zusammenhalten, sondern in einem gegenseitigen Kampf sich zersplittern. Heute ist es für die europäischen Völker notwendiger denn je, gegenseitige Streitigkeiten zu begraben und die zersplitternden Kräfte, die diese Völker zum Spielball raumfremder Mächte und Intrigen gemacht haben, zu überwinden und zu binden. Ohne eine europäische Gemeinschaft werden die einzelnen Völker auf die Dauer nicht standhalten können. Innerhalb eines Bundes gleichgestellter Völker dagegen wird dem einzelnen Volk nicht nur sein weiteres Leben gesichert, sondern es wird auch an einem größeren Kulturreichtum teilnehmen und zu einer reicheren Lebensentfaltung gelangen können. Die Durchführung einer solchen Gemeinschaft wird Frieden und Ordnung, erweiterte soziale Wohlfahrt und soziale Gerechtigkeit bedeuten. Vereinigt bilden wir gleichzeitig einen unbesiegbaren Machtblock und einen Kulturfaktor von größtem Rang.
Vidkun *Quisling*, der Ministerpräsident Norwegens und gleichzeitig der Führer der nationalen Sammlungsbewegung Nasjonal Samling, die eine Parallelbewegung des deutschen Nationalsozialismus ist, hat gesagt: Sowohl gegenüber England und Amerika als auch gegenüber dem Bolschewismus sind Norwegens nationale Lebensinteressen vollkommen solidarisch mit denen Deutschlands. Deutschlands Sieg ist Norwegens Sieg, Deutschlands Niederlage ist auch Norwegens Niederlage. Ja, soweit menschliche Augen sehen können, Norwegens Untergang. Deutschland mit seiner Weltanschauung und mit seinen Waffen ist die einzige Macht, die den Bolschewismus bezwingen kann. Trotz seiner Kultur wird sich Europa auch nach dem siegreichen Frieden bald klein fühlen und sich in einer gefährlichen und bedrohten Lage zwischen den beiden Kolossen befinden, die zu seinen Seiten emporwachsen, wenn es nicht zu

einer festen Zusammenschließung freier nationaler Staaten vereinigt wird. Wenn eine solche Neuordnung nicht auf die eine oder andere effektive Weise verwirklicht wird, kann Europa sich nicht halten. Wir müssen auf ein Europa abzielen, das nicht sein Blut vergießt und seine Kräfte verbraucht in inneren Streitigkeiten, sondern das eine organisierte Einheit bildet. Dann werden wir alle reicher, kräftiger und kultivierter werden, und Europa wird seine herrschende Stellung wiedergewinnen. Europa zu organisieren heißt aber einen einheitlichen Willen in Europa schaffen. Diese einigende Kraft muß erstens ausgehen von einer gemeinsamen politischen Weltanschauung, gleichermaßen wie es in den meisten Perioden der Weltgeschichte eine gemeinsame Weltanschauung war, welche die Völker zusammenhielt. Diese gemeinsame Weltanschauung haben wir im Nationalsozialismus und den ihm verwandten Bewegungen. Zweitens muß ein führender Staat da sein, unter dessen Schutz sich Europa sammeln kann. Dieser Staat kann nur das Großdeutsche Reich sein, das in der Mitte Europas liegt. Aus diesen Erwägungen kommt man nach meiner Auffassung zu nachstehenden Folgerungen:
Es ist die unumgängliche Notwendigkeit der Zeit, daß sich die europäischen Völker unter Deutschlands Führung sammeln und eine europäische Gemeinschaft organisieren, innerhalb der die verschiedenen Völker zu einer politischen, wirtschaftlichen und verteidigungsstarken Einheit zusammenwachsen können.
Es muß deshalb zu diesem Zweck in irgendeiner zweckmäßigen und festen Form eine europäische Gemeinschaftsordnung organisiert werden. Das ist die große und wichtige Aufgabe, die uns allen gestellt ist und deren Lösung vor allem vom nationalsozialistischen Deutschland abhängig ist.
Diese Gemeinschaftsordnung soll nur die europäischen Völker umfassen und muß die antieuropäischen innerstaatlichen Kräfte und Interessen – Judentum, Freimaurerei, Plutokratie und Marxismus – ausschließen und bekämpfen.
Die Gemeinschaftsorgane müssen bindende Regelungen und Entscheidungen in allen Angelegenheiten treffen können, wo es zur Förderung der europäischen Sicherheit unbedingt notwendig ist. Der Führer hat selbst in einer Erklärung über Norwegens Zukunft die Formulierung aufgestellt, daß es sein Wille sei, »nach dem siegreichen Ende dieses Schicksalskampfes ein nationales und sozialisti-

sches Norwegen in Freiheit und Selbständigkeit erstehen zu lassen, das nur jene Funktionen abgibt, die für die Sicherheit Europas auf alle Zeiten unabdingbar sind, weil diese Gemeinschaft allein entscheidender Träger und Garant dieser Sicherheit sein will und sein wird.«[2]

Als solche Funktionen kommen wohl in erster Linie Fragen der Außenpolitik, Wehrmachtwesen und gewisse Angelegenheiten der Wirtschaft in Frage. In diesen Angelegenheiten, die näher festzulegen sind, müssen die einzelnen Völker im eigenen und im Interesse der Völkergemeinschaft sich darein finden, sich in die große übergeordnete Völkergemeinschaft einzuordnen, in ähnlicher Weise wie der einzelne Staatsbürger sich in die Volksgemeinschaft eines jeden Landes einordnen muß. Das Motto muß hier – wie schon gesagt – heißen:

Europäischer Gemeinnutz geht vor völkischem Eigennutz!

Darüber hinaus müssen aber die einzelnen Länder durch Zusammenarbeit auf freiwilliger Grundlage in möglichst großem Umfange gemeinsame Regelungen erstreben in allen Angelegenheiten, wo es zweckmäßig und natürlich erscheint. Um diese Zusammenarbeit zu fördern und zu leiten, müssen hierfür geeignete Organe, Institutionen und Einrichtungen auf den verschiedenen Gebieten organisiert werden, soweit das noch nicht geschehen ist – wie es auf vielen Gebieten schon der Fall ist, z. B. auf dem Gebiet des Rechtslebens, wo auf deutsche Initiative hin zu diesem Zweck die Internationale Rechtskammer gebildet worden ist.

Es ist zwar ein weiter Weg, den wir zu gehen haben, bevor eine wirkliche Gemeinschaft erreicht werden kann. Zunächst kommt es darauf an, den äußeren Rahmen zu schaffen, innerhalb dessen sich das Zusammenleben organisch nach und nach entwickeln kann.

Eine solche europäische Gemeinschaft bedeutet keinesfalls, daß die einzelnen Völker auf ihre nationale Eigenart und ihr völkisches Leben verzichten. In allen anderen als den gemeinsamen Angelegenheiten, welche, wie gesagt, näher festzusetzen sind, müssen die einzelnen Völker als freie und selbstständige Staaten ihr nationales Leben fortsetzen und ihr Eigenwesen behalten.

Der Nationalsozialismus, der die führende Kraft und das führende Prinzip in der sich vollziehenden Neuordnung ist und sein muß, legt das Hauptgewicht auf die nationale Seite im Leben der einzelnen Völker. Der Nationalsozialismus ist gerade vor allen anderen Anschauungen in besonderem Grade darauf aufmerksam und versucht, der naturbedingten Eigenart der einzelnen Völker und Rassengruppen und den aus dieser Eigenart sich ergebenden besonderen Ansprüchen gerecht zu werden. Es liegt daher kein Grund vor, daran zu zweifeln, daß das nationalsozialistische Deutschland, als das führende Volk in der europäischen Neuordnung, nicht jede schuldige Rücksicht in dieser Hinsicht nehmen wird. Quisling hat zu dieser Frage erklärt:[3]

»Wir haben Adolf Hitlers Wort[4], daß Deutschland in der kommenden europäischen Neuordnung nicht daran denkt, mehr von Norwegen zu fordern als absolut notwendig ist für die gemeinsamen Interessen unserer beiden Völker und für Europas Sicherheit und daß die Neuordnung Europas auf der nationalen Eigenart und der freien Entwicklung der einzelnen Völker aufgebaut werden soll.«

Die Rücksicht auf nationale Eigenart und eine weitere europäische Völkergemeinschaft kann, muß und wird sich in einem gegenseitig befruchtenden Zusammenwirken vereinen lassen.

Eine solche europäische Gemeinschaft braucht auch nicht auszuschließen, daß Völker, die vom selben Stamme sind und geographisch zusammengehören oder sonst einander besonders nahe stehen – wie z. B. die nordischen und germanischen Völker –, innerhalb der größeren europäischen Gemeinschaft in engere Beziehungen treten können, die der besonderen Verwandtschaft und den besonderen Voraussetzungen und Interessen entsprechen. Die notwendige Voraussetzung dabei muß allerdings sein, daß diese engeren Beziehungen nur der Absicht dienen, die größere europäische Gemeinschaft zu ergänzen und daß sie nicht gegen andere Mitglieder der gemeinsamen Völkerfamilie gerichtet sind.

II.

Es kommt nun darauf an, die Konsequenzen aus dem, was erkannt und gesagt ist, zu ziehen und die Voraussetzugen für eine solche europäische Gemeinschaft so gut wie möglich auf den verschiedenen Gebieten zu schaffen.

Eines der wichtigsten Gebiete ist das des Rechtslebens.

Das Recht ist ein Grundpfeiler für alle Kultur und für jede Volksgemeinschaft. Das gilt auch für eine europäische Völkergemeinschaft.

Wenn eine solche Wirklichkeit werden und ihr Ziel erreichen soll, muß sie auf einer gewissen gemein-europäischen Rechtsgrundlage aufgebaut werden. Das gilt in erster Linie für diejenigen für das Zusammenleben wichtigsten Angelegenheiten, die, was schon gesagt worden ist, gemeinsam bindend geregelt werden müssen. Darüber hinaus muß auch für andere lebenswichtige Gebiete erstrebt werden, gemeinsame oder gleichartige Gesetzesregelungen zu erreichen, so weit dieses möglich, natürlich und zweckmäßig ist. Es müßte, wie einst gesagt, ein harmonischer Zusammenklang zwischen den verschiedenen nationalen Gesetzgebungen erzielt werden. Man würde dadurch nicht nur unnötige Verschiedenheiten zwischen den Rechtsordnungen der einzelnen Völker aufheben, sondern auch positiv den zwischeneuropäischen Verkehr und überhaupt eine friedliche und gewinnbringende Kulturentwicklung auf rechtlichem Boden erleichtern und fördern.

Es würde zu weit führen, hier in Einzelheiten auf alle Gesetzesaufgaben einzugehen, die sich für eine gemeinschaftliche Lösung ergeben.

Die Frage einer solchen mehr umfassenden Zusammenarbeit in der Gesetzgebung erhebt sich zunächst auf wirtschaftlichem Gebiet. Es scheint mir als Juristen, der auch an der Gesetzgebungsarbeit seines Landes teilgenommen hat, einleuchtend, daß die einzelnen Völker innerhalb des europäischen Großraumes in der Zukunft darauf achten werden müssen, planmäßig und solidarisch die vorhandenen Möglichkeiten zur Sicherung und Förderung ihrer lebenswichtigen Bedürfnisse auszunutzen und daß dieses allein durch einen umfassenden Warenaustausch und eine intime wirtschaftliche Zusammenarbeit geschehen kann. Fragen, die sich in dieser Verbindung ergeben, sind schon in sachkundiger Art auf den Tagungen der Internationalen Rechtskammer des öfteren in den verflossenen Kriegsjahren behandelt worden. Von welcher Bedeutung gleichartige Gesetze zur Förderung der Produktions- und Umsatzwirtschaft und für die Sicherung und Erleichterung des Warenaustausches, des Verkehrs und anderer Verbindungen zwischen den Völkern innerhalb des europäischen Großraumes sein werden, ist wohl kaum notwendig, näher zu begründen. Durch den verstärkten wirtschaftlichen Verkehr der Zukunft werden die Bürger der verschiedenen Völker, die dem einen Wirtschaftsraum angehören, in so na-

he und häufige Berührung miteinander kommen, daß sich unweigerlich der Bedarf nach einer möglichst großen Übereinstimmung der Regeln, die das Rechtsverhältnis der Staatsbürger bestimmen, melden wird. [...]
Auf der anderen Seite ist es selbstverständlich nicht die Absicht, Ähnlichkeit oder gar Gleichartigkeit in allen Einzelheiten oder auf allen Gebieten zu erstreben oder zu erwarten, daß einige Länder sich einer sklavischen Nachahmung oder einem kritiklosen Import fremder Rechtsbildungen unterwerfen sollen. Die Rechtsordnung und Rechtsauffassung ist in den verschiedenen Ländern mit verschiedenen historischen, kulturellen und naturbedingten Voraussetzungen verknüpft, und alle diese müssen bei einer Zusammenarbeit natürlich in genügendem Maße berücksichtigt werden. Hier muß jedes einzelne Land selbst bestimmend sein. Sonst würde das Ganze fehlschlagen.
Ich möchte bei dieser Gelegenheit nicht unterlassen, auf die intime und interessante Zusammenarbeit auf dem Gebiet der Gesetzgebung, die schon seit dem vorigen Jahrhundert zwischen den skandinavischen Ländern – Dänemark, Norwegen und Schweden, später auch Finnland – stattgefunden hat, kurz hinzuweisen. Die Zusammenarbeit ging in der Form vor sich, daß jedes der teilnehmenden Länder sachkundige Vertreter für ein kleineres nordisches Komitee ernannte, das die Gesetzesvorschläge ausarbeitete. Und diese Vorschläge wurden dann der Regierung eines jeden Landes zur weiteren Behandlung übergeben. Obwohl die gesetzgebenden Behörden eines jeden Landes den vorliegenden Entwürfen ganz ungebunden gegenüberstanden, zeigte sich die natürliche Kraft der Zusammenarbeit darin, daß es bis auf wenige Ausnahmen glückte, die Entwürfe in allen beteiligten Staaten durchzuführen, und in der Regel wurden sie nicht größeren Veränderungen unterworfen. Die Gesetzesarbeiten wurden vorgenommen, je nach dem der praktische Bedarf dafür sich meldete, und es kamen nur Themen zur Behandlung, bei denen die Verhältnisse so lagen, daß wenigstens im wesentlichen eine Übereinstimmung erzielt werden konnte.
Als Ergebnis dieser Zusammenarbeit ist im Laufe der Jahre eine lange Reihe bedeutender Gesetzesarbeiten zustande gekommen – im ganzen über 30 Gesetze auf fundamentalen, praktisch wichtigen

Rechtsgebieten. Ohne diese Zusammenarbeit wären wohl viele der Gesetze oder Teile von ihnen in dem einen oder anderen der teilnehmenden Länder ungeschrieben geblieben. Durch die Teilnahme einer kleinen, aber aktiven Auswahl von Sachkundigen und Interessierten von mehreren Ländern haben die Gesetzesfragen eine vielseitigere Beleuchtung und die Gesetzgebung eine bessere und reichere Erfahrungsgrundlage erhalten, als wenn die Gesetze isoliert in jedem einzelnen Land ausgearbeitet worden wären. Aber die Hauptsache sind natürlich die greifbaren praktischen Vorteile, die dadurch entstehen, daß die Länder in größerem Ausmaße ein einheitliches Rechtsgebiet ergeben. Es ist meine Überzeugung, daß es für die weitere europäische Zusammenarbeit von Interesse sein dürfte, die Erfahrungen der nordischen Zusammenarbeit auf dem Gebiet der Gesetzgebung zu beachten, die ich hier skizziert habe. Gewiß ist es so, daß nicht alle europäischen Völker einander so nahe stehen, wie es bis zu diesem Kriege der Fall bei den nordischen Völkern war. Aber die Zusammenarbeit an sich – die Idee dieser Zusammenarbeit und die Art, in der man vorgegangen ist – hat meiner Meinung nach trotzdem Anspruch auf Aufmerksamkeit, besonders in Verbindung mit der bevorstehenden europäischen Neuordnung. Sie zeigt einen Weg für eine solche Zusammenarbeit in weit größerem Umfange – nicht nur zwischen den verwandten germanischen Völkern, sondern auch soweit möglich und zweckmäßig zwischen den anderen europäischen Völkern. Es dürfte sich auch erweisen, daß man im großen und ganzen sich mit den gleichen Problemen in den verschiedenen Ländern beschäftigt und daß diese in vielen Fällen in gleicher oder ähnlicher Art gelöst werden können und in einzelnen Fällen von einer solchen Art sind, daß nur durch gemeinschaftliches Vorgehen eine befriedigende Lösung gefunden werden kann.

Es gibt in Wahrheit für uns alle Aufgaben genug, um die man sich sammeln kann und muß. Niemals früher haben die Verhältnisse so zu einem Zusammenstehen unter Führung Deutschlands gemahnt wie heute – zum Schutz gemeinsamer Interessen.

Noch nie haben die Verhältnisse mehr zu einem europäischen Zusammenhalten gemahnt als gerade jetzt.

Ich möchte schließen mit einem Worte Quislings:

»Es ist nicht unvereinbar miteinander, sondern im Gegenteil in un-

serer Zeit notwendig, daß wir folgendes sind: gute Norweger, gute Germanen und gute Europäer.«
Das sind einfache, aber eindringliche Worte, die auch für andere Völker entsprechende Verwendung finden können und die wir uns besonders ans Herz legen sollten.

Anmerkungen:

[1] Tagung des Deutschen Auslandswissenschaftlichen Instituts in Weimar, Januar 1945, vgl. Dokument Nr. 26
[2] Vgl. Dokument Nr. 16
[3] Vasbotten gibt hier in leicht gekürzter Form eine Erklärung Quislings vom 17.5.1943 wieder
[4] Quisling nimmt hier Bezug auf sein Gespräch mit Hitler vom 19.4.1943

Quelle:

Nordlandir, 4. Jahrgang Nr. 2, Oslo, Februar 1945, S. 2–6.

Finnland

»Die Sache ist einfach die, daß die Völker Europas zu weißen Negern des Dritten Reiches verwandelt werden sollen ...«[1] schrieb bereits 1939 der durch den nationalsozialistischen Expansionsdrang beunruhigte Marschall Mannerheim. Daß Finnland zwei Jahre später an der Seite des Reiches in den Krieg gegen die Sowjetunion eintrat, beruhte dann auch nicht auf einer ideologischen oder militärpolitischen Identität der Ziele von Helsinki und Berlin. Finnland führte vielmehr zur Rückeroberung seiner im Winterkrieg 1939/40 an die Sowjetunion verlorenen Gebiete einen Separat- oder Parallelkrieg. Zwischen Deutschland und dem kleinen skandinavischen Staat gab es weder eine Militärallianz noch ein völkerrechtliches Bündnis. Selbst den Beitritt zum Antikominternpakt am 25.11.1941 wollte Helsinki nur als Ausdruck des finnischen Antikommunismus verstanden wissen. So befand sich das erst seit 1918 unabhängige Land durchaus »formell gegenüber Deutschland in einem ungebundenen Verhältnis«.[2]

Die offiziellen Kriegsziele Finnlands, die primär auf die Wiedergewinnung der an Stalin abgetretenen Gebiete abzielten, blieben bescheiden. Allerdings postulierten politische und militärische Kreise die Schaffung Großfinnlands durch Angliederung von Ostkarelien bis zur Swir-Grenze und weiterer Gebietsstreifen. Staatspräsident Ryti teilte im Oktober 1941 dem Gesandten Schnurre mit, Finnlands territoriale Kriegsziele umfaßten sowohl Fernkarelien als auch die Kola-Halbinsel.[3] Im August 1942 bekräftigte er diese Aussage, betonte aber gleichzeitig, daß diese Ansprüche mit Rücksicht auf die USA und die Sozialistische Partei in der Öffentlichkeit nicht behandelt werden sollten.[4] Bereits im April 1942 hatten sich einflußreiche finnische Politiker besorgt darüber geäußert, daß auch der Norweger Quisling Forderungen auf Abtretung von Kola angemeldet habe.[5] Tatsächlich hatte Quisling in seiner *Denkschrift über die russische Frage* vom Februar 1943 ausgeführt, die Kola-Halbinsel könne entweder an Norwegen fallen, bei Rußland bleiben, oder »nordischgermanischer Gemeinbesitz« werden.[6] Die finnische Anwartschaft auf Ostkarelien und die Kola-Halbinsel wurde aber niemals ein verbindliches Kriegszielprogramm der Regierung in Helsinki[7], durch die Äußerungen des Staatspräsidenten Ryti erhielt sie allerdings einen »quasi-offiziellen« Charakter.[8]

Schon die Haltung in der Kriegszieldiskussion macht deutlich, inwieweit sich Finnlands Position von der offiziellen Politik Berlins unterschied. Das parlamentarisch regierte Land, dessen Bevölkerung zu 90% demokratisch und zu 40% sozialistisch gesinnt war[9], konnte auch nicht für das Konzept einer europäischen Neuordnung gewonnen werden, in der die Slawen nur noch die Rolle von Heloten spielten und das Nachkriegsschicksal der europäischen Völker völlig ungewiß blieb. Zwar hatte Hitler bei einem seiner zahlreichen Tischgespräche beteuert, das »Heldenvolk« der Finnen nicht in sein germanisches Reich eingliedern zu wollen, sondern ihm den Schutz der Nordflanke anzuvertrauen.[10] Damit scheint er seinen ursprünglichen Plan vom 16.7.1941, in vorsichtiger Form die Angliederung Finnlands als Bundesstaat vorzubereiten, revidiert zu haben. Aber die Finnen blieben mißtrauisch, speziell wurde geargwöhnt, daß sich hinter der tönenden Fassade vom Neuen Europa ein zentralistischer deutscher Wirtschaftsimperialismus verbergen könne. Bereits im Dezember 1941 und im Februar 1942 hatten finnische Politiker Besorgnisse wegen der Neugestaltung Europas geäußert, insbesondere befürchteten sie, ihrem Land könne in einem künftigen Großwirtschaftsraum die alleinige Rolle eines Agrarlandes und Rohstofflieferanten zugewiesen werden.[11] Als der deutsche Gesandte diese Besorgnisse nach Berlin kabelte und auch das finnische Interesse an der Neuorganisation Europas anschnitt, teilte ihm Reichsaußenminister von Ribbentrop als »Geheime Reichssache« mit, die Befürchtungen hinsichtlich der Industrie seien unbegründet, gleichzeitig aber wiegelte er jede Europadiskussion ab: »Zu einer Vertiefung von Erörterungen über die Neugestaltung Europas ist der gegenwärtige Zeitpunkt jedoch ungeeignet. Ich bitte Sie, sich Anregungen dieser Art gegenüber rezeptiv zu verhalten ...«[12]

Die Finnen ließen jedoch keinen Zweifel daran, wie sie sich ein künftiges Europa vorstellten. Um gegenüber dem amerikanischen und asiatischen Großraum bestehen zu können, befürworteten sie einen engeren Zusammenschluß Europas, der, so Staatspräsident Ryti, alles das zu respektieren habe, was auf dem Kontinent historisch gewachsen sei[13] und »auf Basis der Freiwilligkeit aufgebaut werden« müsse.[14] Im Herbst 1942 verfaßte einer der Gesandten des finnischen Außenministeriums eine Aufzeichnung über einen künftigen europäischen Verband, für den er eine gemeinsame europäische Außen- und Militärpolitik vorschlug.[15] Berlin ging auf die finnischen Anregungen nicht ein. Dem konservativen deutschen Botschafter in Helsinki, Wipert von Blücher, blieb daher nur übrig, auf der Gründungstagung der Deutsch-Finnischen Gesellschaft in Berlin im November 1942 noch einmal festzustellen, daß die Finnen wissen wollten, »wie nach deutscher Auffassung die Zukunft Europas aussehen sollte.«[16]

Besonderen Widerhall fand in Finnland Goebbels' Interview vom März 1943 gegenüber der dänischen Zeitung *Berlinske Tidende* (Dok. Nr. 9), wonach die europäische Neuordnung auf freiwilliger Basis erfolgen und das individuelle Gepräge der europäischen Nationen nicht angetastet werden solle. Von Blücher telegraphierte umgehend nach Berlin, ob er die Goebbelsschen Leitsätze, die in Finnland auf günstige Aufnahme rechnen könnten, offiziell vertreten dürfe. Aber von Ribbentrop, offensichtlich erbost über den Kompetenzeingriff des Reichspropagandaministers in die Bereiche der Außenpolitik, wies den Vorschlag zurück und desavouierte seinen Kollegen Dr. Goebbels, dessen Presseerklärung er als »nichtamtliche Äußerungen« abtat (Dok. Nr. 56). Das Goebbels-Interview bewog auch den finnischen Gesandten in Berlin, Professor Kivimäki, am 23.3.1943 im AA vorstellig zu werden. Kivimäki sprach die Notwendigkeit eines deutschen Europa-Programms an (Dok. Nr. 57), drang damit bei seinem deutschen Gesprächspartner von Weizsäcker aber nicht durch. Man darf allerdings unterstellen, daß der deutsche Staatssekretär, der die Weisungen seines Außenministers befolgte, privat die Meinung des finnischen Gesandten teilte.[17]

Finnland war somit mit seinen Bemühungen, eine positive deutsche Europaerklärung zu veranlassen, ebenso gescheitert wie andere Mitgliedsstaaten des Antikominternpakts. Einer der letzten finnischen Versuche, die Nationalsozialisten von einem vernünftigen Europakonzept zu überzeugen, findet sich 1943 in einer Ausgabe der Zeitschrift *Junges Europa*. Örnulf Tigerstedt von der Universität Helsinki beschwor ein gemeinsames europäisches Reich, das unter Wahrung der Souveränität, der Fahne, der Ehre und der übrigen nationalen Werte der Einzelstaaten errichtet werden sollte (Dok. Nr. 58).

Dokument Nr. 56

Der Gesandte in Helsinki von Blücher an das Auswärtige Amt, 16.3.1943

Telegramm

Nr. 615 vom 16.3.

Helsinki, den 16. März 1943
13 Uhr 47
Ankunft: 16. März 13 Uhr 35

Nach hier vorliegenden Pressestimmen hat Reichsminister Goebbels am 13. März vor Auslandsjournalisten folgende Leitsätze für Gestaltung neuen Europas aufgestellt:[1]

1) Harte Maßnahmen, zu denen Kriegsverhältnisse Deutschland in bestimmten Gebieten zwingen, gelten nur für Kriegsdauer. Neues Europa soll nicht durch Zwang zusammengehalten, sondern auf Weg Freiwilligkeit erreicht werden. Keine Diktatur gegenüber den einzelnen Ländern Europas.

2) Die nationalen Individualitäten sollen nicht ausgelöscht werden.

3) Alle Länder Europas sollen gesammelt werden unter Schutz starker Großmächte, so daß Einmischung von außerhalb ferngehalten.

4) Kein Land Europas wird gezwungen, bestimmtes Regime einzuführen. Wenn Länder an traditioneller Demokratie festhalten wollen, so ist das ihre eigene Angelegenheit.

Hierzu ist folgendes zu bemerken:

a) Neues Europa in Finnland meist interessierendes politisches Thema.

b) Leitsätze 1, 2 und 4 können hier auf günstige Aufnahme rechnen. Gegen 3 werden Finnen einwenden, daß sie nach Kriegsende nicht von Großmacht geschützt werden wollen und Einmischung von außerhalb Europas zu finnischem Nachteil bisher nicht vorgekommen.

c) Erbitte Drahtbescheid, ob ich Leitsätze auch meinerseits vertreten darf.*

Blücher[2]

Anmerkungen:

* In Telegramm Nr. 364 vom 19. März (290/183526) antwortete Ribbentrop: »Ich bitte Sie, in dortigen Gesprächen die Erörterung des Themas des neuen Europa möglichst zu vermeiden. Falls Sie auf die Äußerungen des Reichsministers Dr. Goebbels angesprochen werden, bitte ich in geeigneter Weise zum Ausdruck zu bringen, daß es sich hier offenbar um nichtamtliche Äußerungen handele.«

[1] Vgl. Dokument Nr. 9

[2] Wipert von Blücher, geb. am 14.7.1883 in Schwerin. Seit 1911 im Diplomatischen Dienst. 1931–35 Gesandter in Teheran, von 1935 bis September 1944 Gesandter in Helsinki.

Quelle:

ADAP, Serie E, Bd. V, Dok. Nr. 211, S. 411–412

Dokument Nr. 57

Finnische Anregung für ein Europa-Programm der Achse, 23.3.1943

St.-S. Nr. 179 Berlin, den 23. März 1943

Vertraulich!

Der *Finnische* Gesandte[1, 2] brachte bei mir heute das Gespräch auf eine schwedische Zeitungsnachricht, die besagt, Deutschland werde demnächst ein »Europa-Programm« herausbringen.[2] Mir scheint, daß diese Nachricht zusammenhängt mit der kürzlichen Unterhaltung, die Reichsminister Dr. Goebbels mit einer Anzahl ausländischer Journalisten gehabt hat.[2, 3]

Ich erwiderte gleich[2], von einer solchen Absicht sei mir nichts bekannt. Eine amtliche deutsche Äußerung könne der schwedischen Pressenachricht nicht zugrunde liegen.[2]

Der Gesandte fand sich mit dieser Bemerkung jedoch nicht ab. Er kam auf die labile Stimmung unter unseren Verbündeten und auf das in diesem Kreise ganz allgemein vorhandene Bedürfnis, von uns zu hören, wie wir uns die künftige Gestaltung Europas in großen Umrissen denken.[2]In Finnland sei dieses Bedürfnis zweifellos auch vorhanden. Man spüre dort – ebenso wie Kivimäki bei seiner kürzlichen Reise nach der Slowakei festgestellt habe – den Mangel an einer leitenden Idee[2], die geeignet wäre als Parole für unsere Freunde und für die Neutralen in Europa. Im Verhältnis Finnland/Schweden sei in jüngster Zeit gleichfalls zu spüren gewesen, daß man zur Ausrichtung der europäischen Staaten eine allgemeine Richtlinie nicht mehr entbehren könne.

Ich warf hier ein, in der Zeitspanne dieses Winters, wo die russischen Truppen im Vormarsch gewesen seien, hätten die Schweizer und schwedischen Blätter plötzlich von europäischer Solidarität gesprochen. Jetzt, wo das Blatt sich wende, vergäße diese Presse ebenso schnell wieder das Gemeinschaftsgefühl. Man könne an diesem Barometer ablesen, daß unsere Sache an der Ostfront gut stehe. Im übrigen sei auf diese Äußerungen der öffentlichen Meinung nicht viel zu geben, da sie Tageseinflüssen der Frontberichte, ja sogar des Wetters, urteilslos folge.

Kivimäki gab das zu, führte aber für seine Gedanken noch an, die jüngste Rede von Churchill habe bekanntlich die kleinen europäischen Staaten verprellt.[2] Auf diesem Hintergrund wäre eine deutsche Gegenerklärung besonders willkommen.[2] Gerade auch die Rückkehr der militärischen Initiative in unsere Hand an der Ostfront würde einem deutschen Europa-Plan den besten Start sichern.[2]
Zu Eingang und am Schluß dieses Gesprächs versicherte Kivimäki, privatim und nicht amtlich zu sprechen. Ich bin aber sicher, daß er diese Ausführungen im Sinne seiner Regierung gemacht hat.

Hiermit
dem Herrn Reichsaußenminister
Weizsäcker[4]

Anmerkungen:

[1] Professor Toivo Mikael Kivimäki
[2] Die jeweiligen Textpassagen sind in dem Dokument von Hand unterstrichen.
[3] Vgl. Dokument Nr. 9
[4] Ernst Freiherr von Weizsäcker (25.5.1882–4.8.1951), von April 1938 bis April 1943 Staatssekretär im AA.

Quelle:

PA AA, Nachlaß Cécil von Renthe-Fink, Band 13, E 384445–E 384446

Dokument Nr. 58

Örnulf Tigerstedt: Nationalstaat und Europagedanke, 1943 (Auszüge)

Obgleich der große Krieg noch mit voller Stärke weitergeht und wir noch kaum den Zeitpunkt seiner Beendigung zu ahnen vermögen, ist es doch nicht mehr als natürlich, daß wir alle uns fragen, was geschehen wird, wenn der Sieg einmal gewonnen ist und die Frage der Neuordnung Europas im Ernst auf dem Programm steht. Wird das Deutsche Reich, das heute die Zukunft Europas auf seinen Schultern trägt, wirklich die Möglichkeit zum Aufbau eines großen europäischen Reiches haben, das sein Führer seit langem prophezeit hat? Wird diese europäische Reichsschöpfung wirklich den lang andauernden Frieden mit sich bringen, den unsere unter dem Donner des Krieges aufgewachsene Generation so innig ersehnt? Wird es endlich Deutschlands großem Führer vergönnt sein, das Werk durchzuführen, das so vielen vor ihm mißlang: die Wiederaufrichtung der europäischen Einheit und Solidarität auf einer festen materiellen und ideologischen Grundlage? Nicht zum mindesten für mein finnisches Vaterland dürften diese Fragen von wesentlicher Bedeutung sein, wo eine deutsche Niederlage mit ihren Folgen, nämlich einem zentraleuropäischen Vakuum, mit Sicherheit zu einem ewigen Untergang meiner Nation führen würde. [...]

Wenn dieser europäische Freiheitskrieg über die Perspektive zufälliger Machtumgruppierungen hinaus wirklich einen Sinn haben und aus all diesen mit Blut getränkten Schlachtfeldern für die Zukunft ein dauernder Segen hervorsprießen soll, dann muß auch die endgültige und feste Errichtung der kontinentalen europäischen Einheit das offen anerkannte Ziel unserer gemeinsamen Bestrebungen sein. Das einstige Europa, aus gegeneinander bis an die Zähne ausgerüsteten autarkischen, gegeneinander intrigierenden Staaten bestehend, kann für die europäische Zukunft der Arbeit und des Friedens, auf die wir alle hoffen, nicht mehr Vorbild sein. Wenn die napoleonischen Kriege in dem unter zahllose Dynastien aufgeteilten Deutschland das Gefühl der Einigkeit gebaren, so haben auch diese Schicksalsstürme in unserem Erdteil ein neues Empfinden europäischer Einheit hervorgerufen. Seit den Zeiten der Hohenstaufen sind die Möglichkeiten für eine positive Lösung tatsächlich nie größer gewesen als jetzt. Denn diesmal handelt es sich nicht um einen scheinheiligen Völkerbund und eine anarchische Genfer Liga; die Garanten der künftigen europäischen Einheit sind heute nicht mehr Ohnmacht und Phrasen, sondern der Wille und Glaube der nationalsozialistischen Revolution, die Persönlichkeit des deutschen Führers, Deutschlands und des deutschen Volkes zentrale Stellung in Europa und die reale und zuverlässige Kraft der deutschen Waffen. Dann ist zugleich auch die deutsche, ebenso wie die weltgeschichtliche Aufgabe der übrigen europäischen Nationen, aber auch ihre unerhörte weltgeschichtliche Verantwortung klar und deutlich festgelegt.

Die große und entscheidende Schwierigkeit liegt indessen in dem Gegensatz, der zwischen dem europäischen Einheitsgedanken einerseits und dem in den bestehenden souveränen Nationalstaaten andererseits verkörperten lebendigen Nationalgefühl zu bestehen scheint. Denn ohne Zweifel ist das Nationalgefühl auch in unserer Zeit ein lebendiger und positiver Faktor. Das Nationalgefühl war es, das die feste und starke Mauer gegenüber den Zersetzungstendenzen des Bolschewismus ausmachte.

Und doch, wie unter den einzelnen Individuen der ungehemmte, private Individualismus leicht in anarchistische, staatsfeindliche Äußerungen ausartet, so neigt auch seine Parallelerscheinung unter den Staaten, der ungehemmte Chauvinismus, zur Zersplitterung der größeren Einheit, die unsere ganze europäische Kulturwelt in sich einschließt. Diese Entwicklung war schon vor Ausbruch des neuen Weltkrieges augenfällig.

Nach der jetzigen Lage gibt es nur die Wahl zwischen einer totalen Umwertung oder Europas endgültigem Versinken in Ohnmacht.

Wie aber die gefährlichen Tendenzen des privaten Individualismus von dem Organ des übergeordneten, gemeinsamen Staates zurückgehalten und kontrolliert werden, so sollte auch das berechtigte Nationalgefühl der verschiedenen Völker und Nationalstaaten eingeordnet werden können unter eine gemeinsame Idee, welche die Macht und die Möglichkeit besitzt einzugreifen, wo solche für das Ganze gefährlichen Äußerungen vorliegen. Gerade eine solche Idee verkörpert der uralte, europäische Reichsgedanke, der jetzt seine

große, für unseren Kontinent entscheidende Wiedergeburt erlebt. Wie die Königreiche, Herzogtümer, Markgrafschaften, Republiken und Stadtrepubliken des Mittelalters in den Plan des gemeinsamen Reiches eingebaut werden konnten, so sollten doch auch die Nationalstaaten unserer Zeit unter voller Wahrung ihrer nationalen Souveränität, ihrer Fahnen, ihrer Ehre und übrigen nationalen Werte auch jetzt in einer größeren Gemeinschaft – dem europäischen Reich – zusammengefaßt werden können. Nur mit fester Verankerung in dem großen zentraleuropäischen Germanenreich mit seiner großen Bevölkerung, seinen industriellen Kraftzentren, seiner einheitlichen Führung und starken Herrschermacht kann dieses europäische Reich mehr als ein platonischer Traum werden.
Europas Lage ist innerhalb der letzten Jahrzehnte von Grund auf verändert worden. Unter den Großräumen, die ringsum in der Welt schon geschaffen worden sind, kann dieser Kontinent nunmehr nur als eine organische Einheit bestehen. Verbleibt er dagegen noch weiterhin in über dreißig einander beargwöhnende vollsouveräne Staaten zersplittert, so wird seine Saga bald ihr Ende finden. Geeint wie einst Hellas unter Philipp von Mazedonien und der panhellenische Reichsbau in Korinth geht Europa dagegen neuen Aufgaben von gewaltigem Ausmaß entgegen. Wie das geeinte Hellas einst seine Schöpferkraft über Persien ausströmte und dort eine reiche Blütezeit des Hellenismus hervorrief, so eröffnen sich auch heute einem geeinten Europa riesenhafte Möglichkeiten im Osten. Weit hinter den Steppen Weißrußlands und der Ukraine wird dieser neue Hellenismus unserer Zeit seine Arbeitsaufgaben finden. Keine Nation unseres Erdteils ist jedoch stark genug, diese Aufgabe allein zu meistern. Sie ist vielmehr uns allen gemeinsam und erfordert unser aller gemeinsame Bemühungen. Wo aber die Aufgabe eine gemeinsame ist, da muß auch – ob wir wollen oder nicht – die Führung und Planung eine gemeinsame sein.
Es gibt keine privaten Fronten und keine separaten Kriege. Es gibt nur einen einzigen Kampf und ein einziges Feuer auf dem Herd der Zukunft. Die harmonische Vereinigung der Nationalstaaten im Rahmen einer übergeordneten, in Gesetz und Verfassung festgelegten Reichsidee, die Synthese zwischen dem Nationalismus und dem Reichsgedanken und die große gemeinsame Pionierarbeit im Osten, das sind die ersten Aufgaben der Generation, die für Europas Ge-

schichte so entscheidend sind. Die Kräfte sind aufmarschiert, und wenn der Donner dieses großen europäischen Freiheitskampfes verstummt ist, sind auch die endgültigen Entscheidungen gefallen.

Quelle:

Junges Europa. Blätter der Studenten Europas, 2. Jg., Heft 7/8 1943, S. 10–15

Rumänien

»Ich bin der Verbündete des Reiches gegen Rußland. Ich bin neutral zwischen Großbritannien und Deutschland. Ich bin für die Amerikaner gegen die Japaner.«[1] Mit diesen Worten kennzeichnete der rumänische Conducator, Marschall Ion Antonescu, am 12. Dezember 1941 die Position seines Landes in dem Krieg der Dreierpaktmächte gegen die Alliierten. Der seit dem 6.9.1940 regierende Staatsführer repräsentierte ein autoritäres Regime, das sich auf die traditionellen Eliten Rumäniens stützte und Rückhalt bei Heer, Polizei und Bürokratie fand.[2] Keine Massenbewegung stand hinter dem Marschall, der nach der Zerschlagung der Eisernen Garde im Januar 1941 eine Militärdiktatur einführte.

Die Außenpolitik Rumäniens war geprägt von dem Gedanken der Revision und einem unversöhnlichen Antikommunismus. Der rumänische Nationalismus hatte zwei fast gleichrangige Feindbilder: die Sowjetunion, die im Juni 1940 die Abtretung Bessarabiens und der Nordbukowina erzwungen hatte, und Ungarn, das durch den zweiten Wiener Schiedsspruch vom 30.8.1940 von Rumänien Nordsiebenbürgen und den Szekler Zipfel erhielt, Gebiete, in denen über eine Million Rumänen lebten. Obwohl Bukarest sich an die Politik Berlins anlehnte, ließ Antonescu sich nicht in die Rolle eines Vasallen des Reiches hineindrängen. Besonders auf dem Gebiet der Europapolitik setzte Rumänien deutlich andere Akzente als das nationalsozialistische Deutschland.

Verfechter einer weitgehend autonomen rumänischen Außen- und Europapolitik war Außenminister Mihai Antonescu, der seine eigenständige Rolle auch durch Kontakte zu den Westalliierten unterstrich, so daß er für Berlin 1943 zeitweilig zur Persona non grata wurde. Der Professor für Völkerrecht zählt noch heute zu einer der umstrittensten politischen Figuren der Achse, seine Beurteilung schwankt zwischen den Extremen maßlos ehrgeizig und intrigant[3], skrupellos, lächerlich und unglückselig[4] und der Einschätzung als »zweifellos hervorragend begabter Staatsmann«.[5] Für die meisten seiner deutschen Gesprächspartner war Mihai Antonescu ein windiger Levantiner, der hinter ihrem Rücken Friedensfühler ausstreckte und die deutsche Führung mit fortschrittlichen Europa-

konzepten nervte. Der Wahrheit näher kommen dürfte die unvoreingenommene Wertung Mussolinis, der den erst 39 Jahre alten Juristen im Juli 1943 wie folgt charakterisierte: »Ein Mann voller Mut, der klare Ideen hat und vernünftige Sachen äußert.«[6]
Mihai Antonescu vertrat zwei europäische Grundmaximen, die sich gegenseitig nicht ausschlossen. Um dem übermächtigen deutschen Einfluß auf dem Balkan, der die Unabhängigkeit einzelner Länder gefährdete, entgegenzuwirken, forderte er bereits 1941 eine lateinische Achse, der Italien, Frankreich, Portugal, Spanien und Rumänien angehören sollten.[7] Die Verstärkung der Bindungen zwischen Rom und Bukarest schien dem rumänischen Außenminister, der 1942 ein Buch mit dem Titel *Pro Italia* herausgab[8], unerläßlich, um die deutsche Hegemonie einzudämmen. Die lateinische Achse sollte nach Ansicht von Antonescu eingebettet sein in eine größere europäische Gemeinschaft. Seine weitreichenden Europapläne umfaßten die Schaffung sowohl eines europäischen Parlaments als auch einer europäischen Zollunion.[9] Um das psychologische und politische Terrain für dieses supranationale Konzept vorzubereiten, mußte die Achse zunächst einmal ihre europäischen Kriegsziele proklamieren. Mihai Antonescu gehörte zu den unermüdlichen Mahnern, die immer wieder darauf drängten, daß den europäischen Völkern positive Ziele vor Augen geführt wurden: »Herr Roosevelt spricht davon, er zählt die Prinzipien für die Welt von morgen auf, verkündet eine neue Ordnung, gibt den Völkern seiner Verbündeten einen Glauben und Vertrauen. Wir hingegen ignorieren auf diesem Gebiet alles, wissen nicht, wie unsere Zukunft sein wird, leben in Unruhe und Ungewißheit. Die Völker der Achse werden den Glauben verlieren, wenn Deutschland sich nicht dazu durchringt, aus dem glühenden Nebel, in dem es Krieg führt, herauszutreten, um seinen Ideen eine Gestalt zu geben und seine Aussagen zu präzisieren.«[10] 1942 schrieb der Außenminister einen Aufsatz für die deutsche Zeitschrift *Junges Europa,* in dem er einen Teil seiner Auffassungen über eine europäische Neuordnung zusammenfaßte. Antonescu betonte, daß das Ziel des Krieges der Aufbau, die Einheit des Kontinents sein müsse. Dabei dürfe der Gedanke der Rache keine Berücksichtigung finden, ein zerstückelnder Gewaltfrieden wie der von 1648 sei in jedem Fall abzulehnen.[11] Auch müsse eine uniformierende Tendenz, die die nationalen Eigenarten vernichte, ver-

mieden werden, da sie das Gefüge eines Staatenzusammenschlusses schwäche. Statt dessen postulierte Antonescu eine plurale europäische Einheit, »die jedem Volk seine Eigenarten und spezifischen Wesenszüge gewährt, aus denen die Lebenskraft der Nationen hervorgeht, die aber andererseits einen geistigen Einklang und eine wirtschaftliche Zusammenarbeit sucht ...«[12]

Staatsführer Ion Antonescu unterstützte das europäische Konzept seines jungen Außenministers und Vizeministerpräsidenten. Bereits im Mai 1941 hatte er sich zum Eintritt Rumäniens in einen europäischen Wirtschaftsverband bereit erklärt. Deutsche Diplomaten berichteten nach Berlin, der Marschall bekenne »sich als Anhänger der totalen europäischen Wirtschaftsunion und darüber hinaus einer europäischen politischen Union unter Führung Deutschlands.«[13] Aber beide Antonescus stießen bei Ribbentrop auf taube Ohren, wenn es darum ging, den Gedanken einer europäischen Union mit Leben zu erfüllen. Vergebens forderte der Marschall am 11.1.1943 vom Reichsaußenminister: »Faites vivre l'Europe par l'activité des réunions.«[14] Vergebens intervenierte der Staatsführer zwei Monate später beim deutschen Botschafter in Bukarest, um eine Europaerklärung des Reiches zu erhalten, die die politischen und ökonomischen Zukunftsperspektiven zumindest in Umrissen erkennen lassen sollte (Dok. Nr. 59).

Mihai Antonescu hatte die negative Bilanz seiner Januar-Gespräche mit dem Reichsaußenminister umgehend nach seiner Rückkehr dem italienischen Botschafter Renato Bova-Scoppa mitgeteilt, der sofort einen Zug nach Rom bestieg und ein Memorandum für Graf Ciano ausarbeitete, das für italienisch-rumänische Gespräche, eine gemeinsame europäische Aktion und eine politische Beendigung des Krieges eintrat. Antonescu habe, so teilte Bova-Scoppa dem Schwiegersohn Mussolinis mit, vom Schiffbruch Europas gesprochen und von der absoluten Gefühllosigkeit Berlins gegenüber den politischen und moralischen Problemen Europas, eine Haltung, die in den Abgrund führen müsse.[15] Mussolini hielt den Zeitpunkt für eine diplomatische Aktion ohne oder gegen den Willen Hitlers aber noch nicht für gekommen.

Nachdem Mihai Antonescu sich unter dem Eindruck der Niederlage von Stalingrad und »nach Ablehnung seiner Pläne für einen Zusammenschluß der europäischen Staaten unter deutscher Führung,

aber unter Wahrung der Eigenständigkeit der Partnerländer[16]« immer mehr von Hitler distanzierte und rumänische Gesandte im neutralen Ausland Kontakte zu den Westalliierten aufzunehmen suchten, um durch einen eventuellen Separatfrieden die drohende Bolschewisierung des Balkans zu verhindern, fiel der junge Antonescu in Berlin in Ungnade. Hitler teilte dem Conducator am 12. April mit, der rumänische Außenminister genieße nicht mehr sein Vertrauen. Die Deutschen übten auch diplomatischen Druck auf Rom aus, um die geplante Reise Mihai Antonescus nach Italien zu vereiteln. Sie konnten diese aber nur verzögern, denn am 29.6.1943 traf Antonescu in Venedig ein. Am 1. Juli konnte er seine Ansichten dem Duce vortragen. Der Rumäne beklagte die völlig unzureichende und negative Europapolitik des Reiches, appellierte an Mussolini, seine Aktion zur Entwicklung eines europäischen Achsenkonzepts fortzuführen (Dok. Nr. 60) und plädierte vorsichtig für Friedensgespräche mit den Westmächten. Mussolini ließ sich nicht auf separate Friedensverhandlungen mit den Alliierten ein, versprach aber, von Antonescus Ausführungen sichtlich beeindruckt, nach zwei Monaten eine Konferenz der Dreierpaktmächte und Neutralen einzuberufen, um das weitere Schicksal des Kontinents zu beraten – notfalls auch ohne Hitler.[17] Knapp vier Wochen später wurde der Duce gestürzt. Antonescus Traum einer lateinischen Achse, einer gegen Moskau gerichteten Mittelmeer-Entente war endgültig gescheitert. Gleichwohl bemühte er sich noch einmal, im Mai 1944, eine Koalition zwischen den lateinischen Achsenpartnern zu erreichen, als er der RSI gemeinsame Friedensverhandlungen mit den Westmächten vorschlug.[18]
Nachdem die Rumänen die römische Karte nicht mehr ausspielen konnten, setzten der Conducator und sein Außenminister ihre Versuche fort, im europäischen Sinne und Interesse auf die Reichsregierung einzuwirken. Ion Antonescu bat deutsche Diplomaten im Dezember 1943 schon beinahe flehentlich, mit einem Europaprogramm der Achsenmächte vor die Weltöffentlichkeit zu treten (Dok. Nr. 61). Auch in den nächsten Monaten kam er wiederholt auf diesen Gedanken zurück. Eine offizielle deutsche Erklärung über die zukünftige politische und wirtschaftliche Organisation Europas sollte »noch während des Krieges diplomatisch den Frieden« vorbereiten.[19] Die letzte derartige Initiative gegenüber Berlin war

Mihai Antonescu vorbehalten. Am 5. August 1944 kam es im Führerhauptquartier zwischen Ribbentrop und seinem rumänischen Amtskollegen, dessen Absetzung Berlin nicht hatte durchsetzen können, zu einer vierstündigen, zum Teil erregten und dramatischen Auseinandersetzung.[20] Antonescu verwies auf seine bisherigen Anstrengungen, »eine Formel für eine neue Synthese Europas« zu finden. »Er verstehe nicht«, so liest man in der von Legationsrat von Loesch gefertigten Gesprächsniederschrift, »warum der Herr RAM nicht mit den anderen nach Westen gerichteten Völkern Europas zusammenarbeiten wollte«. Anschließend wurde er noch deutlicher, als er Töne anschlug, wie sie im Führerhauptquartier sonst nicht zu hören waren. »Mihai Antonescu bat, der Herr RAM möge ihm verzeihen, wenn er so frei spräche, aber ihm scheine, als würde Deutschland besser fahren, wenn es anstelle der kalten Gewalt den anderen vermittelte, daß es mit ihnen zusammenarbeiten wolle.« Schließlich sprach er die Frage einer europäischen Staatengemeinschaft an: »Wenn man dem Publikum die Idee und die Vorteile einer europäischen Staatenordnung vermitteln könnte, so wäre es doch möglich, die Politik Churchills zu beeinflussen.« Der in die Enge getriebene Reichsaußenminister »entgegnete, daß ein Vertiefen solcher Fragen, jetzt keinen Wert habe, jetzt könnten nur noch die Waffen entscheiden«. Mit dem Verzicht auf jede diplomatische Aktivität gab Ribbentrop die endgültige Bankrotterklärung der nationalsozialistischen Europapolitik ab.

Die ungleichen Minister sollten sich nicht wiedersehen. 18 Tage nach dem Gespräch wurden Ion und Mihai Antonescu in Bukarest gestürzt.

Dokument Nr. 59

Marschall Antonescu drängt auf eine deutsche Europaerklärung, 14.3.1943

Geheime Reichssache
Nur als
Verschlußsache
zu behandeln

Telegramm
(Geh. Ch. V.)

Bukarest,	den 14. März 1943	9.00 Uhr
Ankunft:	den 14. März 1943	9.45 Uhr

Nr. 1387 vom 14.3.

Geheime Reichssache

Auf Drahterlaß Nr. 737+) vom 11. März

+) RAM 44 g. Rs.

Habe Marschall Antonescu im Beisein des Vizeministerpräsidenten[1] weisungsgemäß unterrichtet.[2, 3] In dem Kommuniqué[4] war auch erwähnt, daß man sich über die Neuordnung Europas[3] unterhalten habe. Marschall brachte zum Ausdruck, daß ihn selbstverständlich die Neuordnung Europas auch sehr interessiere.[3] Er bat mich dringend, indem er betonte, daß er dies als Freund und Bundesgenosse täte, dem Herrn Reichsaußenminister und dem Führer mitzuteilen, daß in dieser Angelegenheit unbedingt von seiten Deutschlands aus etwas geschehen müsse.[3] Man brauche ja, wenn man die Neuordnung Europas in irgendeiner Form den europäischen Staaten bekanntgebe, sich nicht in Details zu ergehen[3], sondern nur die große Linie anzugeben[3], und zwar nicht nur in politischer, sondern auch in ökonomischer Hinsicht.[3] Die europäischen Völker wären sicher gewillt, sich militärisch, oder, wenn dies nicht möglich, ideell in den gemeinsamen Kampf gegen den Bolschewismus einzuschalten[3], aber jeder stelle sich die Frage: »Was kommt dann hinterher, und was geschieht mit uns?« Er zeigte mir ein englisches Buch[3], »The New Europe«, welches mindestens über 200 Seiten stark und mit Kartenmaterial versehen war. Er hatte es aus Stockholm bekommen. Er sprach dabei die Befürchtung aus, daß uns die Feindmächte durch diese Propaganda, der wir nichts entgegensetzten, den Rang ablaufen würden.[3]

Killinger[5]

Anmerkungen:

[1] Professor Mihai Antonescu
[2] Am Rande des Dokuments findet sich die handschriftliche Eintragung: »Über Besprechungen RAM-Duce in Rom.«
[3] Die Textpassage ist in dem Dokument jeweils von Hand unterstrichen.
[4] Das Kommuniqué bezieht sich auf die Gespräche, die Ribbentrop im Februar 1943 in Rom mit italienischen Politikern führte. Die Passage über die Neuordnung Europas ist abgedruckt bei Duilio Susmel, I dieci mesi terribili, da El Alamein al 25 luglio 43, Roma o. J., S. 66.
[5] Manfred Freiherr von Killinger, geb. 1886. Seit 1927 NSDAP-Mitglied, Mai 1933 bis 1935 Ministerpräsident von Sachsen. SA-Obergruppenführer, 1941–1944 Deutscher Gesandter in Bukarest. Nach dem Umschwung in Rumänien 1944 Selbstmord.

Quelle:

PA AA, Nachlaß Cécil von Renthe-Fink, Bd. 13, E 384440–E 384441

Dokument Nr. 60

Giuseppe Bastianini: Aufzeichnung über das Gespräch Mussolinis mit Mihai Antonescu, Rocca delle Caminate, 1.7.1943 (Auszüge)

Nachdem Herr Antonescu dem Duce gegenüber seinen Dank für diesen Besuch ausgedrückt hatte, den er seit geraumer Zeit besonders gewünscht habe und den ergebenen Gruß des Conducators[1] übermittelt hatte, kam er sofort zur Sache. Er wollte den Duce vor allem wissen lassen, wie sehr sich der Conducator und er selbst seit 1941 bemüht hatten, in einer für alle, Verbündete und Feinde gleichermaßen, klaren Weise die politischen Kriegsziele der Dreierpaktmächte zu definieren. Seither habe er bei den verschiedenen Besuchen, die er dem Führer und Herrn von Ribbentrop in Deutschland abgestattet habe, völlig freimütig von der offenkundigen Notwendigkeit gesprochen, den Krieg nicht nur mit militärischen, sondern auch mit politischen Waffen zu führen, und dies zu dem doppelten Zweck, zum einen mit eindeutigen Aussagen den Kampfwillen der Dreierpaktmächte zu stärken und zum anderen den europäischen Völkern zu zeigen, daß die von Deutschland und seinen Verbündeten angestrebte Neue Ordnung eine substantielle Verbesserung für die Zukunft des Kontinents darstelle und sich auf Prinzipien gründe, die auch die neutralen Völker als berechtigt und gerecht ansehen könnten, um sie anzuregen, den Kampf, den die Dreierpaktmächte aufgenommen haben, zum Schaden unserer Feinde mit wohlwollender Erwartung zu verfolgen. [...]
Da Herr von Ribbentrop auf jede folgende Anregung, gegenüber Europa in irgendeiner Weise die Kriegsziele der Dreierpaktmächte zu präzisieren, immer in einer sehr ausweichenden Art geantwortet habe, habe Antonescu mit großer Befriedigung das Kommuniqué anläßlich des Rom-Besuchs des Reichsaußenministers im März[2] begrüßt, und er freue sich außerordentlich, daß in dem Kommuniqué anläßlich des Besuchs des Duce beim Führer im April[3] das Konzept der Unabhängigkeit der Völker, der Zusammenarbeit, der Gleichheit und Gerechtigkeit für alle so gebieterisch bestätigt worden sei. Er flehe den Duce, in dessen geistige Kraft er und der Conducator vollstes Vertrauen hätten, an, daß diese von ihm initiierte Aktion,

die ganz Europa mit lebhafter Zufriedenheit zur Kenntnis genommen habe, vom Duce weiterentwickelt werde, damit in diesem Kriege und am Ende dieses Krieges noch einmal der Geist der lateinischen Rechtlichkeit [equità] aufleuchte, der allein Europa die erwünschte Ruhe verschaffen könne.
Rumänien sei gewillt, sein Geschick völlig an das Italiens zu binden, und er erkläre dies dem Duce im Namen des Conducators. [...]

Anmerkungen:

[1] Marschall Ion Antonescu
[2] Tatsächlich besuchte Ribbentrop die italienische Hauptstadt nicht im März, sondern Ende Februar 1943.
[3] Das Treffen im Schloß Klessheim bei Salzburg fand vom 7.–10. April 1943 statt. Die Europa betreffende Passage des offiziellen Kommuniqués ist abgedruckt bei Duilio Susmel a.a.O. S. 106

Quelle:

Attilio Tamaro, Due anni di storia, volume primo, Roma 1981, S. 76–79 (hier: S. 76, 78) (Übersetzung: Autor). Die Wiedergabe erfolgt mit freundlicher Genehmigung des Giovanni Volpe Editore, Gruppo editoriale Ciarrapico.

Dokument Nr. 61

Die Gesandtschaft in Bukarest an das Auswärtige Amt, 5.12.1943 (Auszug)

Telegramm

Citissime	Bukarest, den 5. Dezember 1943 18 Uhr 45
Geheime Reichssache	Ankunft: 7. Dezember 0 Uhr 30
Nur als Verschlußsache zu behandeln	
Nr. 6972 vom 5.12.	

Für Herrn Reichsaußenminister

[...]

II. Vor Eintritt Besprechungen über das eigentliche Thema[1] vorbrachte Marschall[2] in leidenschaftlichen, beinahe flehentlichen Worten einen dringenden Appell, Deutschland möge politisch die Initiative ergreifen, ein Krieg müsse nicht nur militärisch, sondern auch politisch gewonnen werden. Obgleich Deutschland Europa vor dem Bolschewismus schütze, habe es in den besetzten Gebieten und selbst bei den Verbündeten so wenig Freunde, weil es Europa in Unklarheit über sein zukünftiges Schicksal lasse. Von Berlin sei ihm wiederholt gesagt worden, man könne vor einem neuen Sieg keine Friedensinitiative ergreifen; wenn ein solcher Sieg nun in absehbarer Zeit nicht komme, so müsse trotzdem etwas geschehen. Wenn der Führer jetzt keine auch noch so verhüllte Friedensinitiative ergreifen wolle, was er verstehen könne, so bliebe noch die Möglichkeit, mit einem Programm über die Organisierung Europas nach dem Krieg vor die Weltöffentlichkeit zu treten. Ein solches Programm würde überall mit größter Erleichterung begrüßt werden und würde gerade im gegenwärtigen Moment der Konferenz von Teheran[3] im Lager der Gegner wie eine Sprengbombe wirken.
Ich darlegte dem Marschall die Gründe für unsere eindeutige und klare Ablehnung jeder Art von Friedensfühlern. Marschall blieb aber dabei, daß auf alle Fälle auf politischem Gebiet etwas geschehen müsse. Er sei der verantwortliche Chef eines souveränen Staa-

tes, und wenn er auch nur ein kleiner Verbündeter sei, so könne er doch seinem Volk gegenüber nicht die Verantwortung tragen, zumal diese Verantwortung bei der rumänischen Verfassung ausschließlich auf seinen Schultern ruhe, wenn jetzt nicht politische Wege beschritten würden. Er bitte mich dringend, über seine Ausführungen sofort und möglichst ausführlich nach Berlin zu berichten.

Clodius
Killinger

Anmerkungen:

[1] Deutsch-rumänische Wirtschaftsbesprechungen
[2] Marschall Ion Antonescu
[3] Konferenz von Teheran (28.11.—1.12.1943) zwischen Roosevelt, Churchill und Stalin

Quelle:

ADAP, Serie E, Bd. VII, Dok. Nr. 116, S. 227—228

Nachwort

Als 1940 unter der Wucht der deutschen Angriffe die parlamentarischen Demokratien von Norwegen, Holland, Belgien, Luxemburg und Frankreich binnen kurzem zerbrachen, stürzte auch eine bestimmte Konzeption von Europa ein, eine bestimmte bürgerliche Lebensauffassung. Ein neues Zeitalter schien angebrochen, eine Epoche des undogmatischen Sozialismus und des Heroismus: »Ein neuer Sommer hebt an. Die Nacht stirbt. Die deutschen Soldaten sind die Söhne der Sonne, nach denen Alexanders.«[1] Ein Großteil der europäischen Bevölkerung, häufig der parlamentarischen Scheinkämpfe der Zwischenkriegszeit müde, ging wie selbstverständlich davon aus, daß den siegreichen Divisionen der Wehrmacht eine neue Lebens- und Weltanschauung folgen würde, die Europa umgestalten und der historisch überfälligen Einheit zuführen würde. So berichtete der deutsche Offizier Peter Graf Yorck von Wartenburg (1904–1944) im Juli 1940 über eine Reise in die soeben besetzten Weststaaten: »... das Überraschungsmoment für mich bestand darin, weder haßerfüllte noch niedergezwungene Menschen anzutreffen, deren Streben Revision und Revanche ist. Sondern ich fand europäische Bereitschaft auf dem Boden der vollzogenen Tatsachen und die Anschauung, daß die bisherige Geistesverfassung der menschlichen Wirklichkeit nicht entsprochen habe und daß das Junge nicht durchgedrungen sei.«[2] Die Kollaborationspolitiker Quisling und Mussert legten ihre ersten Entwürfe für einen großnordischen Bund bzw. Bund der germanischen Völker vor, mochten sie doch annehmen, mit derartigen Modellen Hitlers Vorliebe für die blonde Edelrasse zu entsprechen. Aber Hitler war nicht als Einiger des Kontinents gekommen, sondern als Zwingherr, nicht als Föderalist, sondern als rigider Zentralist. Selbst als sich 1941 nach dem Beginn des Rußlandfeldzuges das Banner des bedrohten Deutschland mit dem von Europa zu verbinden schien, ein schüchternes Gefühl supranationaler Solidarität entstand und sich die naivsten und idealistischsten Geister schon als Avantgarde eines Europa ohne Grenzen sahen, als kämpfende Aristokratie der Neuen Ordnung[3], verkündete Berlin keine europäische Nachkriegsordnung. Der deutschfreundliche französische Vichy-Staatssekretär Benoist-Méchin schrieb später in seinen Erinnerungen: »Ich hatte den Eindruck, daß die ausländischen Staaten im Denken Hitlers nur im bezug zum Reich existierten, das heißt nur in dem Umfang, wie sie seinen Plänen dienten. Das, was er Europa nannte, das war in Wirklichkeit ein großdeutsches Reich ...«[4] Der Nationalsozialismus war zum Gefangenen seiner eigenen Ideologie geworden, die jede supranationale, anderen Völkern paritätische Rechte einräumende Lösung ausschloß. Hinzu kam noch ein Gedanke, den Hitler und Ribbentrop zunehmend artikulierten und der jede europäische Konzeption eo ipso unmöglich machte: Siegten die Truppen des Reiches, so hatte man eine europäische Alternative nicht nötig, befand man sich aber auf der Verliererstraße, so konnte man sich eine europäische Initiative nicht leisten, weil dies als »Schwäche« ausgelegt worden wäre. Vertan wurde so 1940/41 auch die Chance, durch eine politische Einigung Europas die Anglo-Amerikaner zu isolieren und ihnen ihre Kriegsziele aus der Hand zu schlagen. Daß davor in westalliierten Kreisen eine erhebliche Furcht bestand, haben weder Hitler noch sein Außenminister erkannt.

Gleichwohl haben einige Nationalsozialisten und zahlreiche Kollaborateure die europäische Idee häufiger betont als die Alliierten.[5] Auch in deren Lager war der Europagedanke wenig gelitten. Es ist zwar fraglich, ob europäische Vorstellungen in ihrer Politik praktisch überhaupt keine Rolle gespielt haben[6], aber Washington und London können nicht für sich beanspruchen, der Europaidee während des Krieges entscheidende Impulse gegeben zu haben. Roosevelt schwelgte in seiner imperialistischen Vorstellung von den »four policemen«, die die säuberlich in Einflußzonen aufgeteilte Welt regieren sollten, und hatte für regionale europäische Programme nichts übrig. Churchill dachte primär in Kategorien des Commonwealth und entwickelte viel zu spät, im März 1943, als das politische Gewicht Londons bereits merklich geschwunden war, Aktivitäten im Hinblick auf die Vereinigten Staaten von Europa, als er in einer Radioansprache einen Bund der europäischen Nationen als einzige Möglichkeit bezeichnete, ein friedliches Nachkriegseuropa aufzubauen.[7]

Während die offiziellen deutschen Europabekundungen zumeist propagandistisch motiviert waren, waren die Erklärungen und Pläne der Kollaborateure und Achsenpartner durchaus ernst gemeint. Nahezu alle favorisierten das herkömmliche juristisch-politische Modell eines Staatenbundes[8] mit koordinierter Außen- und Wehrpolitik. Sie erkannten den Führungsanspruch des Reiches an und wollten einen Teil ihrer Aufgaben auf gemeinsame Organe übertragen. Nicht in Frage stellen wollten sie die eigene Staatlichkeit, und sie setzten auf einen Konföderationsvertrag anstelle der von Berlin geübten Befehlspraxis. Undenkbar schien es ihnen, daß das Reich nicht seine natürliche Mittellage, seine überragende Kontinentalstellung und seine Rolle als Gravitationszentrum für einen konstruktiven europäischen Konföderationsversuch nützen werde, um dann den vereinheitlichten Machtfaktor Europa gegen die USA und die Sowjetunion einzusetzen. Laval, Mussert und Quisling verfolgten mit ihren Konzepten gleich mehrere Ziele: Ein vereinigtes Europa nach ihren Vorstellungen hätte nicht nur die nationale Integrität und Souveränität ihrer Vaterländer gesichert und die Trennung zwischen Siegern und Besiegten aufgehoben, sondern auch dem nationalsozialistischen Expansionismus klare Grenzen gesetzt. Gleichzeitig hätte ihnen diese Lösung innenpolitisch einen erheblichen Prestigegewinn verschafft. Auch für die Partner Berlins, die sich in dieser Rolle zunehmend unwohler fühlten, hatte ein Europaprogramm der Achse die Funktion, den übermächtigen Einfluß des Reiches in Europa einzudämmen. Hinzu kam der Wunsch, mit einem derartigen Projekt dem Krieg der Achse auch ein positives Ziel zu geben, den moralischen Zusammenhalt innerhalb des Bündnisses zu stärken sowie mehr europäische Kräfte für die Dreierpaktmächte freizusetzen und die Neutralen günstig zu beeinflussen. Zudem hofften Politiker wie Ion und Mihai Antonescu sowie Giuseppe Bastianini, daß eine europäische Konzeption als Brücke für einen Verständigungsfrieden mit den Westalliierten benutzt werden konnte. Aber der einzige Staat, der möglicherweise in der Lage gewesen wäre, eine europäische Kurskorrektur einzuleiten, das faschistische Italien, spielte diese Karte zu spät aus, nämlich erst zu einem Zeitpunkt, als die machtpolitische Geltung Roms deutlich geschwunden war.

Aufrichtig waren auch die Bestrebungen der Intellektuellen, die einen Faschismus jenseits der alten Etiketten von rechts und links verkörperten und sich Europa als eine bewaffnete Poesie vorstell-

ten. Sie riefen zu einer Überwindung des Partikularismus der Einzelstaaten und einer neuen Solidarität des Kontinents auf. Drieu la Rochelle, Céline, Delaisi, Daye, de Man, Solaro, diese Schriftsteller und Journalisten träumten von einer europäischen Wiedergeburt, einer neuen europäischen Zivilisation unter der faschistischen Fahne, von einem kontinentalen Block, der schöpferisch und vital sein sollte.[9] Die Intellektuellen täuschten sich im Nationalsozialismus, und sie wurden getäuscht. Benoist-Méchin, Homme des lettres und Politiker, der mit seinen europäischen Ideen in Berlin nicht auf Gegenliebe gestoßen war, schrieb ernüchtert über die Tragik, die darin lag, daß das Reich diejenigen enttäuscht hatte, die so große Hoffnungen auf eine neue Europakonzeption gesetzt hatten: »Deutschland hatte Waffen von Königsberg nach Irun und von Hamburg in den Kaukasus exportiert. Aber keine konstruktive Idee, keine schöpferische Doktrin hatte den Vormarsch seiner Panzerdivisionen begleitet.«[10]
Die europäisch-diplomatischen Aktivitäten der Achse fanden ihren Höhepunkt im Frühjahr 1943, als keine Möglichkeit mehr bestand, den Krieg mit Mitteln der Gewalt zu einem siegreichen oder zumindest akzeptablen Ende zu führen. Auch das Auswärtige Amt in Berlin entwickelte intern Pläne und Vorstellungen, die durchaus europäische Ansätze aufwiesen. Aber Hitlers Alternative »Weltmacht oder Untergang«, seine sozialdarwinistische Doktrin ließen keine Lösung zu, die dem Reich nur die Rolle eines Primus inter pares eingebracht hätte: »Nichts lag Hitler ferner, als Europa in einer ›Neuen Ordnung‹ dauerhaft zu konsolidieren und dabei den unterwürfigen, da geschlagenen Nationen sowie den Neutralen oder dem in trotziger Opposition verharrenden England entgegenzukommen. Der permanente Kampf des deutschen Volkes als unabdingbare Voraussetzung einer sich über Generationen erstreckenden sozialen Revolution sollte dem ›weißen Mann‹ unter nationalsozialistischer Ägide zur endgültigen, dauerhaften Weltherrschaft verhelfen.«[11]
Vergegenwärtigen wir uns Hitlers rudimentäre Vorstellungen, die er von einer Nachkriegs»ordnung« in einem deutsch beherrschten Europa hatte, so wird deutlich, daß diese Organisierung des Kontinents seinen Bewohnern weder eine Zukunftsperspektive bot, noch die Möglichkeit, sich mit dem zugewiesenen Status zu arrangieren oder gar zu identifizieren. An der Neuen Ordnung war somit nur

die Totalität des Herrschaftsanspruches neu, in Ordnung aber war in diesem rassisch gestuften und zerklüfteten System tatsächlich gar nichts. Nach dem Willen des deutschen Diktators wären Nordfrankreich, Lothringen und ein Teil Burgunds als alte deutsche Territorien zum Reich gekommen, Rest-Frankreich auf den Rang eines Satelliten zurückgedrängt worden. Die germanischen Völker der Holländer, Flamen, Dänen und Norweger hätte man ohne Rücksicht auf ihre Vorstellungen als Gaue oder Reichsländer in das Großgermanische Reich integriert, bei passender Gelegenheit wären Schweden und die Schweiz gefolgt. Im Osten wäre insbesondere dem Baltikum, der Krim und Teilen der Ukraine die Funktion zugefallen, als Kolonialland für germanische Siedler zu dienen. Weniger Interesse zeigte Hitler demgegenüber am Balkanraum. Griechenland, Kroatien, Serbien und Albanien hätten daher eine halbautonome Position an der Peripherie des aufgeblähten Reiches aufrechterhalten können. Zum Vasallen Berlins wären auch Spanien, Portugal und Italien herabgesunken, wobei der faschistische Bündnispartner zahlreiche Gebietsverluste hätte in Kauf nehmen müssen (die Provinzen von Bozen, Trento, Belluno, Triest und Fiume).
Dem nationalsozialistischen Deutschland eröffnete sich nach dem Napoleonischen Frankreich die zweite Möglichkeit, aus einer überragenden militärischen Kontinentalstellung heraus einen politischen Einigungsprozeß in Gang zu bringen. Aber der nationalsozialistische Versuch, sich europäisch zu geben – »bombastisch und schäbig zugleich[12]« –, war eine Karikierung und Pervertierung des Europagedankens. Vom napoleonischen Europa blieben ein hervorragendes, bis heute nachwirkendes Rechtssystem und ein großangelegtes Reformwerk erhalten, und am Ende der Ära Bonaparte waren es auf dem Wiener Kongreß immer noch die Europäer, die über die Zukunft des Kontinents entschieden. Vom nationalsozialistischen Europa blieb nichts übrig als die Erinnerung an die Opfer, die in die Mühlen eines hybriden und amoralischen Machtanspruchs geraten waren. Und am Ende der Neuen Ordnung bestimmten nicht mehr die Europäer über ihr Schicksal, sondern die Flügelmächte USA und UdSSR.
Europa wurde 1945 erneut zergliedert, nachhaltiger und andauernder als unter der Achsenherrschaft, nachdem Osteuropa und Teile Mitteleuropas hinter dem Eisernen Vorhang verschwanden. Pierre

Drieu la Rochelle prophezeite den Europäern bereits im Januar 1945 neue Schrecken: »Armes Europa, zerrissen, verloren? Du hast die Amerikaner auf die eine, die Russen auf die andere Seite gerufen. Und jetzt wirst du getreten ...«[13] Tatsächlich hat der Krieg den Kontinent gründlich ruiniert. Seine Weltgeltung ist dahin, Deutschland zerstückelt. Staaten wie England und Frankreich sehen sich auf den Rang von Mittelmächten zurückgeworfen.
Den Europäern, durch eine blutende, künstliche und unsinnige Grenze geteilt und von den Patronatsmächten in unterschiedlicher Intensität gegängelt, bevormundet und majorisiert, bleibt die Hoffnung, daß ihr gemeinsames Vaterland aus der Objektrolle herausfindet und sich die Prophezeiung von Victor Hugo aus dem Jahr 1849 endlich erfüllt:

> »Es wird ein Tag kommen, wo du Frankreich, du Rußland, du Italien, du England, du Deutschland, wo ihr Nationen des Kontinents alle, ohne eure besonderen Eigenschaften und eure ruhmreiche Individualität einzubüßen, euch innig in eine höhere Einheit verschmelzen und die europäische Brüderlichkeit bilden werdet ...«[14]

Anhang

Kurzbiographien*

Otto Abetz

Geboren am 26.3.1903 in Schwetzingen. Staatlich geprüfter Zeichenlehrer. Engagiert sich in der Jugendbewegung und bemüht sich um eine Annäherung zwischen Deutschland und Frankreich. Beteiligt sich 1930–33 an der Organisation von vier deutsch-französischen Jugendtreffen. 1934 Frankreich-Referent der Reichsjugendführung. Vornehmlich propagandistische Tätigkeit in der Deutsch-Französischen Gesellschaft. In der Dienststelle Ribbentrop mit der Bearbeitung französischer Fragen beauftragt. Nach Zwischenstation als stellvertretender Leiter der Dienststelle Ribbentrop (Oktober 1939) wird er im März 1940 im Rang eines Gesandten in den Diplomatischen Dienst übernommen. Von August 1940 bis November 1944 deutscher Botschafter in Paris. Im Oktober 1945 verhaftet, wird er am 22.7.1949 vom französischen Obersten Gerichtshof zu 20 Jahren Zuchthaus verurteilt; entlassen im April 1954. Opfer eines Autounfalls am 5. Mai 1958.
Veröffentlichung: Das offene Problem. Rückblick auf zwei Jahrzehnte deutscher Frankreichpolitik, Köln 1951

Dino Alfieri

Geboren 1886 in Bologna. 1923 Eintritt in die PNF, organisiert 1932 die Ausstellung der Rivoluzione Fascista. Von 1929–1932 Unterstaatssekretär in Bottais Korporationsministerium. Von 1933–35 Präsident der Autoren- und Verlegergesellschaft. 1935/36 Unterstaatssekretär im Propagandaministerium, das er anschließend bis 1939 leitet. Ab Oktober 1939 bis April 1940 Botschafter beim Heiligen Stuhl, übernimmt dann bis Juni 1943 den Botschaf-

* Wegen der biographischen Daten von weiteren ausländischen Politikern und Intellektuellen aus den Jahren 1939–45 darf der Autor den Leser auf seine bisher veröffentlichten Bücher verweisen: Europas verratene Söhne, Bergisch Gladbach 1982, und: An deutscher Seite. Internationale Freiwillige von Wehrmacht und Waffen-SS, München 1985.

terposten in Berlin. Stimmt am 25. Juli 1943 im Großrat gegen Mussolini, flieht im Oktober 1943 in die Schweiz. 1944 im Prozeß von Verona in contumaciam zum Tode verurteilt. Gestorben in Mailand 1966.
Veröffentlichung: Due dittatori di fronte, Milano 1948

Ion Antonescu
Geboren am 2.6.1882 in Pitesti. Berufsoffizier, Absolvent der Kriegsschule, 1904 Leutnant. Während des 1. Weltkrieges Generalstabschef der Armee Presan. Kriegsminister in der Regierung Goga 1937/38, Kritiker der korrupten Königsdiktatur. Am 4.9.1940 zum Ministerpräsidenten und Staatsführer berufen. Zerschlägt im Januar 1941 die faschistische Eiserne Garde. Führt sein Land im Juni 1941 in den Rußlandfeldzug und erklärt am 12.12.1941 den USA den Krieg. Seit August 1941 Marschall von Rumänien. Versucht gegenüber Hitler die Interessen der rumänischen Nation zu wahren und sieht sich als Verbündeter, nicht als Satellit Berlins. Am 23.8.1944 von König Michael I. verhaftet, wird er in einem Schauprozeß von den Kommunisten zum Tode verurteilt und am 1.6.1946 in Jilava hingerichtet.

Mihai Antonescu
Geboren am 5.11.1904 in Nucet (Dâmbovita), Studium der Rechtswissenschaften, Professor für Völkerrecht. Im September 1940 rumänischer Justizminister. Von Juni 1941 bis zum 23.8.1944 Außenminister und stellvertretender Ministerpräsident. Propagiert 1941 den Gedanken einer lateinischen Achse unter Führung Italiens, Anhänger der Idee eines europäischen Zusammenschlusses der antikommunistischen Staaten. Seine Versuche, Rumänien mittels eines Sonderfriedens mit den Westalliierten aus dem Krieg herauszuführen, scheitern. Zusammen mit Ion Antonescu entmachtet, zum Tode verurteilt und am 1.6.1946 in Jilava hingerichtet.
Veröffentlichung (Auswahl): Pro Italia, Bukarest 1942

Giuseppe Bastianini
Geboren 1899 in Perugia, 1915–18 Kriegsteilnehmer, schließt sich früh dem Faschismus an. Im Oktober 1921 stellvertretender Generalsekretär der faschistischen Partei, 1923 in den Großen Rat ge-

Vidkun Quisling, Führer der Nasjonal Samling und ab 1.2.1942 norwegischer Ministerpräsident, auf einem Foto aus dem Jahr 1941 (Archiv Autor)

Arnvid L.B. Vasbotten, vom 27.11.1944 bis Kriegsende Innenminister im Kabinett Quisling (Archiv Autor)

Der Mythos von der nordischen Gemeinschaft: Norwegische NS-Jugend besucht deutsche HJ in Mecklenburg, 1941 (Archiv Autor)

Quisling zusammen mit skandinavischen Gesinnungsgenossen, dem Dänen Frits Clausen und dem Schweden Sven Olof Lindholm (Bjørn Østring)

Quisling im Kreis norwegischer und deutscher Funktionäre auf einer Versammlung der »Germanischen Volksgemeinschaft« (Bjørn Østring)

wählt. 1927 Eintritt in den Auswärtigen Dienst, bevollmächtigter Minister in Tanger, Lissabon und Athen, dann Botschafter in Warschau. Von 1936 bis 1939 Unterstaatssekretär im Außenministerium. Von Oktober 1939 bis Juni 1940 Botschafter in London, anschließend Kriegsteilnahme. Ab Mai 1941 Gouverneur von Dalmatien. Im Februar 1943 von Mussolini erneut als Unterstaatssekretär des Äußeren berufen, ein Amt, das er bis Juli 1943 innehat. Versucht vergeblich, der Kriegspolitik der Achse eine europäische Wende zu geben. Stimmt in der entscheidenden Großratssitzung vom 25.7.1943 gegen den Duce. Im Januar 1944 von einem faschistischen Sondergericht in contumaciam zum Tode verurteilt. Im Dezember 1947 beantragt die jugoslawische Regierung in Rom ergebnislos die Auslieferung Bastianinis wegen angeblich begangener Kriegsverbrechen. Verstorben in Mailand am 17.12.1961.
Veröffentlichungen (Auswahl): Gli italiani all' estero, Milano 1939; Uomini, cose, fatti. Memorie di un ambasciatore, Milano 1959.

Jacques Benoist-Méchin
Geboren am 1. Juli 1901 in Paris. Nach dem 1. Weltkrieg Mitglied der französischen Besatzungstruppen im Rheinland. 1925 Chefredakteur des radikalsozialistischen *Quotidien,* Direktor der Pariser Niederlassung von International News Service. 1929 Chefredakteur von *L'Europe Nouvelle,* 1930–31 Generalsekretär des *L'Intransigeant.* Unermüdlicher Kämpfer für die deutsch-französische Verständigung. Von Juni bis August 1940 in deutscher Kriegsgefangenschaft, von November 1940 bis Februar 1941 zuständig für die Betreuung der französischen Kriegsgefangenen. Eintritt in das Vichy-Kabinett als Staatssekretär. Versucht hartnäckig, Frankreich als gleichberechtigten Partner in eine europäische Allianz der Achsenmächte einzubringen. Gründet die kurzlebige Légion Tricolore und tritt im September 1942 nach Differenzen mit Pierre Laval aus dem Kabinett aus. Im September 1944 verhaftet, wird er am 29.5.1947 wegen Kollaboration zum Tode verurteilt, anschließend aber zu lebenslänglicher Zwangsarbeit begnadigt. Seine Bücher werden auf den Index gesetzt. Im Dezember 1953 aus der Haft entlassen. Verstorben in Paris am 24.2.1983.
Veröffentlichungen (Auswahl): Histoire de l'armée allemande, 6 Bände, 1936–1938 (dtsch. 1965 ff.); La moisson de quarante,

1941 (dtsch. 1983); Soixante jours qui ébranlèrent l'occident, 1956 (dtsch. 1959); De la défaite au désastre, 2 Bände, 1984–1985

Jean Bichelonne
Geboren 1904, Absolvent der Ecole Polytechnique, Ingenieur. 1939 Direktor zur Überwachung des Eisenbahnwesens im Ministerium für öffentliche Arbeiten und Professor an der Ecole nationale des mines. Nach der französischen Kapitulation der Waffenstillstandskommission in Wiesbaden zugeteilt. In der Vichy-Regierung Minister für industrielle Produktion und seit Dezember 1942 Verkehrsminister. Im September 1943 Übereinkunft mit Reichsminister Speer zur deutsch-französischen Zusammenarbeit auf dem Gebiet der Rüstungsindustrie. Verstorben im Dezember 1944 im SS-Lazarett Hohenlychen nach einer Operation am Knie.

Giuseppe Bottai
Geboren am 3.9.1895 in Rom. Im 1. Weltkrieg Freiwilliger und Leutnant der Arditi. 1921 Ablegung des juristischen Examens. Faschist der ersten Stunde, nimmt als Führer von 8000 Schwarzhemden aus den Abruzzen und Marken am Marsch auf Rom teil. Abgeordneter von 1921 bis 1939. Mitbegründer der Carta del lavoro, von September 1929 bis Juli 1932 Korporationsminister. 1932–1934 Präsident des Istituto Nazionale Fascista della Previdenza Sociale. 1935/36 Gouverneur von Rom, anschließend für zwei Monate Zivilgouverneur von Addis Abeba. In seiner Eigenschaft als Erziehungsminister (November 1936 bis Februar 1943) realisiert er eine weitgehende Schulreform. Herausgeber mehrerer Zeitschriften, unter ihnen *Critica Fascista, Archivio di studi corporativi* und *Primato.* Befürwortet eine europäische Mission des Faschismus und eine entsprechende Außen- und Kulturpolitik. Votiert am 25.7.1943 im Großrat gegen Mussolini. Wird in Norditalien zum Tode verurteilt, im monarchistischen Süden zu lebenslänglich Zuchthaus. Tritt im Sommer 1944 in die Fremdenlegion ein. Nach der Amnestie im November 1947 Rückkehr nach Italien. Gestorben in Rom am 9. Januar 1959.
Veröffentlichungen (Auswahl): La Carta del Lavoro, Roma 1927; Fascismo e capitalismo, Roma 1931; La Carta della Scuola, Milano

1939; Italo Balbo, Roma 1942; Vent' anni e un giorno, Milano 1949; Diario 1935–1944, Milano 2. Aufl. 1983

Werner Daitz
Geboren am 15.10.1884 in Lübeck. Ab 1931 Mitarbeiter für wirtschaftspolitische Fragen in der Reichsleitung der NSDAP. 1933 Reichstagsmitglied der NSDAP-Fraktion, im gleichen Jahr Amtsleiter der Außenpolitischen Abteilung der Reichsleitung der NSDAP. Inhaber zahlreicher Aufsichtsratsposten von Industrieunternehmen. Gesandter des AA und Gründer und Vorsitzender der Gesellschaft für europäische Wirtschaftsplanung und Großraumwirtschaft. Während des Krieges als NS-Wirtschaftsideologe einer der engagiertesten Verfechter einer rassischen Neuordnung Europas und Vordenker des Konzepts der Großraumwirtschaft.
Veröffentlichungen (Auswahl): Der Weg zur völkischen Wirtschaft, Berlin 1938; Der Weg zur Volkswirtschaft und Großraumpolitik, Dresden 1943; Wiedergeburt Europas durch europäischen Sozialismus. Europa-Charta, Amsterdam 1944

Pierre Daye
Geboren 1892 in Schaerbeek. 1914–1918 Kriegsdienst in Afrika. 1918–19 Militärattaché in Washington. Romancier und Journalist, Mitarbeiter an verschiedenen belgischen und französischen Zeitschriften, u. a. von 1932–1939 Korrespondent von *Je suis partout.* 1936–1939 Fraktionschef der Rexisten in der Kammer. Tritt im März 1940 in die Parti catholique ein. Gründet nach der deutschen Besetzung Belgiens ein politisches Büro, das die Umwandlung seiner Heimat in einen föderalistisch-korporativen Staat mit einer Einheitspartei zum Ziel hat. Von 1943–1945 als Generalkommissar für den Sport zuständig. Mitglied des Conseil Politique de Rex. Flieht 1945 nach Spanien, in Belgien 1946 in contumaciam zum Tode verurteilt. 1960 in Buenos Aires verstorben.
Veröffentlichungen (Auswahl): L'Europe en morceaux, Paris 1932; Par le monde qui change, Bruxelles 1941; L'Europe aux européens, Bruxelles 1942

Francis Delaisi
Geboren 1873 in Bazougers (Mayenne). Lehrer für Geschichte und Geographie, später Journalist. 1908 Chefredakteur der Tageszei-

tung *Les Nouvelles.* Anhänger der sozialrevolutionären Linken. Nach dem 1. Weltkrieg Bewunderer der Politik Briands und Aktivist der Paneuropa-Bewegung von Coudenhove-Kalergi. Unter deutscher Besatzung findet er als Syndikalist den Weg in die Kollaboration und arbeitet an einigen Kollaborationszeitschriften wie *L'Œuvre* und *La France Socialiste* mit. Seine Bücher werden 1945 verboten. Gestorben in Paris am 22. Juli 1947.
Veröffentlichungen (Auswahl): Le pétrole, 1920; Les contradictions du monde moderne, 1925; Les deux Europes, 1929; Les bases économiques des états-unis d'Europe, 1926; La révolution européenne, Paris 1942 (dtsch. 1943)

Otto Dietrich
Geboren am 31.8.1897 in Essen. Teilnahme am 1. Weltkrieg, Studium der Wirtschaftswissenschaften, Promotion; 1932 Reichsleiter im Führerkorps der NSDAP, 1933 Vizepräsident der Reichspressekammer. 1934 SS-Gruppenführer. 1938–1945 Pressechef der Reichsregierung. Staatssekretär im Propagandaministerium, Präsident der Reichspressekammer. 1941 Beförderung zum SS-Obergruppenführer. 1949 als Kriegsverbrecher zu sieben Jahren Haft verurteilt. Verstorben 1952.
Veröffentlichungen (Auswahl): Auf den Straßen des Sieges, 1939; Die geistigen Grundlagen des neuen Europa, Berlin 1941

Alexander Dolezalek
Geboren 1914 in Berlin als Sohn eines Physikprofessors. Leiter der Grenzland- und Außenämter der Berliner Hochschulen, Mitbegründer des außendeutschen Landdienstes, initiierte die Österreich-Arbeitskreise an den Hochschulen. Nach dem juristischen Staatsexamen 1939 Leiter der Wissenschaftsabteilung des VDA. Vorbereitende wissenschaftliche Tätigkeit für den ersten Wiener Schiedsspruch (Ungarn-Slowakei) und für die Moskauer Umsiedlungsverhandlungen 1939/40. Abteilungsleiter in der Reichsstudentenführung. 1941 Wehrdienst, bis zu seiner Verwundung Ende 1943 als vorgeschobener Artilleriebeobachter im Osten. 1944 zur Waffen-SS kommandiert. Im SS-Hauptamt zuerst Leiter der Ostabteilung, dann der Planungsabteilung. Entwirft dort die Generalpläne 1944 und 1945, eine Europa-Charta und konzipiert einen Eu-

ropapaß. Besitzt heute eines der wichtigsten Privatarchive zu Fragen der Geschichte und Politik in der Bundesrepublik.

Albrecht Haushofer
Geboren am 7.1.1903 in München als Sohn des berühmten Geopolitikers Karl Haushofer. Studium der Geschichte und Geographie in München. Mit 19 Jahren Doktorexamen, mit 23 Jahren Generalsekretär der Gesellschaft für Erdkunde in Berlin. 1934 Lehrbeauftragter für Politische Geographie und Geopolitik an der Hochschule für Politik in Berlin, 1939 Übernahme eines Lehrstuhls für dieses Fach an der Universität Berlin, 1940 Professor. Verfaßt nach Kriegsbeginn mehrere Denkschriften, die für einen deutsch-englischen Ausgleich eintreten. Nach dem Englandflug von Rudolf Heß (Mai 1941) acht Wochen in Gestapohaft. Knüpft Kontakte zu Kreisen des national-konservativen Widerstandes. Seit dem 20. Juli 1944 auf der Flucht, im Dezember 1944 verhaftet und am 23.4.1945 im Gefängnis Berlin, Lehrter Straße, erschossen.

Hans Peter Ipsen
Geboren in Hamburg am 11.12.1907. Studium der Rechtswissenschaften, Dr. jur. 1937 Universitätsdozent in Hamburg, 1939 ordentlicher öffentlicher Professor. 1974/75 1. Vorsitzender der Vereinigung der Deutschen Staatsrechtslehrer. 1973 emeritiert. Zahlreiche Veröffentlichungen zum öffentlichen Recht und zum Europarecht.

Hans K. E. L. Keller
Geboren am 2.1.1908 in Speyer. Studium der Rechtswissenschaften und Volkswirtschaft. Dr. oec. publ. 1930 München, Docteur en droit 1931 Bordeaux, Dr. jur. 1932 Kiel. Gründet 1931 die Deutsche Europa Union. Ruft 1934 die Internationale Arbeitsgemeinschaft der Nationalisten ins Leben, 1936 die Akademie für die Rechte der Völker. Beide Institutionen, die zahlreiche Auslandskontakte herstellen, werden bis 1940 von verschiedenen NS-Organisationen gegen den Willen des Auswärtigen Amtes protegiert. 1941 wird Keller als Dolmetscher zur Luftwaffe einberufen. Nach Kriegsende Tätigkeit in zahlreichen Vereinen und Gesellschaften, von 1952–1966 als Stadtrat in München tätig. Dort 1970 verstorben.

Veröffentlichungen (Auswahl): Das dritte Europa, 1934; Abschied vom »Völkerrecht«, 1938; Der Kampf um Völkerordnung, 1939; Das Recht der Völker, 1940; Völkerrecht und -pflicht, 1954; Völkerrecht und Weltwirtschaft, 1957

Carl Gustav Emil Mannerheim
Geboren am 4.6.1867 in Masku. 1885 Eintritt in das russische Kadettenkorps, 1887 in die Petersburger Kavallerieschule. Von 1891 bis 1914 Dienst in der Chevaleriegarde. Teilnahme am russisch-japanischen Krieg 1904/05. 1906 bis 1908 im Auftrag des russischen Generalstabs abenteuerlicher Ritt durch Asien. 1909–1914 als General und Kommandeur eines Ulanenregiments in Polen stationiert. 1915 Übernahme der 12. Kavalleriedivision, ab Juni 1917 Kommandeur des VI. Kavalleriekorps, Generalleutnant. Im September 1917 in die Reserve versetzt, anschließend Rückkehr nach Finnland. Oberbefehlshaber im Freiheitskrieg, von 1918–19 Reichsverweser. 1931 Vorsitzender des Ausschusses für Landesverteidigung, 1933 Feldmarschall. 1939/40 Oberbefehlshaber im Kampf gegen die Rote Armee. Leitet 1941–44 die militärischen Operationen im Fortsetzungskrieg gegen die Sowjetunion. Von August 1944 bis März 1946 Staatspräsident. Löst sein Land im Herbst 1944 vom deutschen Waffenbruder, um die Substanz der finnischen Nation zu retten. Am 28.1.1952 in Lausanne verstorben.
Veröffentlichung: Erinnerungen, Zürich-Freiburg 1952

Camillo Pellizzi
Geboren am 24.8.1896 in Collegno/Turin. Von 1920 bis 1939 zeitweilig Professor für italienische Sprache und Literatur an der Universität London. Von 1925–38 Delegierter für die italienischen Fasci in Großbritannien. Faschistischer Intellektueller, Protagonist der Kulturpolitik des Regimes. Professor an der Universität Pisa, lehrt faschistische Doktrin in Messina und Florenz. Von 1940 bis 1943 Präsident des Istituto Nazionale di Cultura Fascista. Herausgeber der *Civiltá Fascista* und Mitarbeiter bei zahlreichen anderen Zeitschriften wie *Gerarchia, Rivoluzione Fascista, Popolo d'Italia* und *Primato.* Nach dem Sturz Mussolinis Eintritt in das Movimento Federalista Europeo. Verstorben 1979.
Veröffentlichungen (Auswahl): Problemi e realtà del fascismo, Fi-

renze 1924; Fascismo – aristocrazia, Milano 1925; Una rivoluzione mancata, Milano 1949

Cécil von Renthe-Fink

Geboren am 27.1.1885 in Breslau. Studium der Rechtswissenschaften, Promotion. 1913 Eintritt in den Diplomatischen Dienst. 1921 zum Legationsrat ernannt, 1923 Gesandtschaftsrat. Nach verschiedenen Auslandsstationen von 1923–1927 Tätigkeit im AA. Anschließend bis Oktober 1933 in die politische Abteilung des Völkerbundssekretariats berufen. Im Juni 1936 Gesandter I. Klasse in Kopenhagen, von 1940 bis September 1942 Bevollmächtigter des Reiches in Dänemark, durch Dr. Werner Best ersetzt. Von November 1942 bis Dezember 1943 Gesandter im AA, dort mit Europafragen beschäftigt. Anschließend bis November 1944 Sonderbeauftragter bei Marschall Pétain. Nach Kriegsende von den Alliierten an Dänemark ausgeliefert, dort nicht verurteilt. 1949 in einem Spruchkammerverfahren als »Nicht belastet« eingestuft. Verstorben am 22.8.1964 in München.

Joachim von Ribbentrop

Geboren am 30.4.1893 in Wesel. Teilnahme am 1. Weltkrieg als Offizier, Außenhandelskaufmann. 1932 Eintritt in die NSDAP, 1933 Reichstagsmitglied, außenpolitischer Ratgeber Hitlers. 1934 Delegierter für Abrüstungsfragen, 1935 SS-Brigadeführer, Leiter des Amtes für Außenpolitische Sonderfragen im Stabe des Stellvertreters des Führers. Im August 1936 zum Deutschen Botschafter in London ernannt, SS-Gruppenführer. Von Februar 1938 bis Kriegsende Reichsaußenminister. 1940 SS-Obergruppenführer. Mittelmäßig und auf Hitler fixiert, gelingt es ihm nicht, während des Krieges die außenpolitische Isolation des Reiches zu durchbrechen. Als Kriegsverbrecher in Nürnberg zum Tode verurteilt, wird er am 16.10.1946 gehängt.
Veröffentlichung: Zwischen London und Moskau, Leoni 1953

Baldur von Schirach

Geboren am 9. Mai 1907 in Berlin. 1924 Eintritt in SA und NSDAP. 1929 Führer des Nationalsozialistischen Studentenbundes, zwei Jahre später SA-Gruppenführer. 1933 Ernennung zum Reichsju-

gendführer und damit verantwortlich für sechs Millionen (1936) Kinder und Jugendliche. Von August 1940 bis Kriegsende Reichsstatthalter und Gauleiter von Wien. 1941 SA-Obergruppenführer. Unter seiner Schirmherrschaft wird im September 1942 in Wien der Europäische Jugendverband gegründet. Nachdem er im Juni 1943 bei Hitler auf eine Mäßigung der NS-Besatzungsherrschaft in Europa drängt, verliert er jeden Einfluß auf die Führungsspitze des Dritten Reiches. Im Nürnberger Hauptkriegsverbrecherprozeß 1946 wegen Verbrechen gegen die Menschlichkeit zu 20 Jahren Gefängnis verurteilt. Im September 1966 entlassen, stirbt er am 8.8.1974 in Kröv an der Mosel.
Veröffentlichungen (Auswahl): Die Pioniere des Dritten Reiches, 1933; Die Hitler-Jugend, Idee und Gestalt, 1934; Revolution und Erziehung, 1938; Ich glaubte an Hitler, 1968

Arthur Seyß-Inquart
Geboren am 22.7.1892 in Stannern/Mähren. Studium der Rechtswissenschaften, Promotion. Rechtsanwalt in Wien. Mai 1937 österreichischer Staatsrat, Februar 1938 Minister für Inneres und öffentliche Sicherheit. Am 11.3.1938 österreichischer Bundeskanzler, nach dem Anschluß als SS-Gruppenführer bis 1939 Reichsstatthalter der Ostmark. 1940 Stellvertretender Generalgouverneur in Polen, von Mai 1940 bis Kriegsende Reichskommissar für die besetzten niederländischen Gebiete. Der SS-Obergruppenführer wird vom alliierten Nürnberger Militärtribunal als Kriegsverbrecher zum Tode verurteilt und am 16.10.1946 gehängt.
Veröffentlichung (Auswahl): Idee und Gestalt des Reiches, o. O., o. J. (1943)

Franz Alfred Six
Geboren am 9.7.1906 in Mannheim. Studium der Rechtswissenschaften. Seit 1930 NSDAP-Mitglied. 1934 Promotion zum Dr. phil. Hauptamtsleiter des NS-Studentenbundes. Leiter der Zentralabteilung Weltanschauliche Gegnerbekämpfung des SD, 1939 Leiter des Amtes II (weltanschauliche Forschung) des RSHA. 1938 Professor an der Universität Königsberg, 1939 an der Universität Berlin. 1941 Leiter des Vorkommandos Moskau der Einsatzgruppe B, SS-Brigadeführer. Am 1.9.1942 Eintritt in das AA, dort ab

1.4.1943 Leiter der Kulturpolitischen Abteilung. 1948 wegen Kriegsverbrechen zu 20 Jahren Haft verurteilt, am 30.9.1952 entlassen.
Veröffentlichungen (Auswahl): Das Reich und Europa. Eine politisch-historische Skizze, Berlin 1943; Europa. Tradition und Zukunft, Hamburg 1944

Arnvid Birger Liljedal Vasbotten
Geboren am 11.8.1903 in Florö/Westnorwegen. Jurist, im Herbst 1940 Eintritt in die Nasjonal Samling, im selben Jahr Abteilungsleiter im Justizministerium. Vom 1.11.1941 bis zum 27.11.1944 Mitglied des Obersten Gerichts. 1942 Vorstandsmitglied der Reichsversicherungsanstalt. Vorsitzender des Arbeitsgerichts. Vom 27.11.1944 bis zum Kriegsende Innenminister. Zu 20 Jahren Zwangsarbeit verurteilt, Mitte der 50er Jahre entlassen. Trotz seiner NS-Vergangenheit von 1957 bis 1972 Tätigkeit im Finanzministerium, als Erster Sekretär pensioniert. Verstorben am 17.5.1985.

Melitta Wiedemann
Geboren am 2.4.1900 in St. Petersburg, Abitur an einem Gymnasium in Baku, Übersiedlung nach Teheran. 1922 nimmt die Familie ihren Wohnsitz in Berlin. Studium der Volkswirtschaftslehre, gleichzeitig journalistische Tätigkeit, u. a. von Juli 1930 bis März 1931 bei *Der Angriff.* Im gleichen Jahr Austritt aus der NSDAP. Von 1937 bis 1945 beim Berliner Nibelungen-Verlag tätig. Hauptschriftleiterin der Zeitschrift *Contra Komintern,* die nach dem Hitler-Stalin-Pakt in *Die Aktion* umbenannt wird. Während des Krieges Kritikerin der NS-Ostpolitik und Förderin von General Wlassow. Setzt sich für eine konstruktive Europapolitik des Reiches ein. Wegen ihrer couragierten Briefe an höhere SS-Führer und Himmler am 17.11.1944 verhaftet und kurzzeitig in Gestapo-Haft. Verstorben in München am 13.9.1980.

Giselher Wirsing
Geboren am 15.4.1907 in Schweinfurt. Assistent an der Universität Heidelberg. 1932 Mitherausgeber, 1933 Herausgeber der Monatsschrift *Die Tat,* einem der brillantesten Organe der Konservativen Revolution. 1935–1941 Hauptschriftleiter der *Münchener Neue-*

sten Nachrichten, 1939–44 Mitherausgeber der Zeitschrift *Das XX. Jahrhundert.* Ab 1943 Leitung der auflagenstarken Propagandaillustrierten *Signal.* 1950 in einem Münchener Spruchkammerverfahren als Mitläufer eingestuft. Erreicht nach Kriegsende wieder Schlüsselstellungen in der deutschen Publizistik. Von 1954 bis 1970 Chefredakteur der Wochenzeitung *Christ und Welt.* Verstorben am 23.9.1975 in Stuttgart.
Veröffentlichungen (Auswahl): Zwischeneuropa und die deutsche Zukunft, Jena 1932; Deutschland und die Weltpolitik, Jena 1933; Engländer, Juden, Araber in Palästina, Jena 1938; Der maßlose Kontinent, Jena 1942; Das Zeitalter des Ikaros, Jena 1944; Die Menschenlawine, Stuttgart 1956; Der abwendbare Untergang, Düsseldorf 1975

Abkürzungsverzeichnis

AA	Auswärtiges Amt
ACRPP	Association pour la conservation et la reproduction de la presse
ADAP	Akten zur Deutschen Auswärtigen Politik
BA	Bundesarchiv
Bd.	Band
CAUR	Comitati d'azione per l'universalità di Roma
CGWOII	Navorsings- en Studiecentrum voor de Geschiedenis van de Tweede Wereldoorlog
DAF	Deutsche Arbeitsfront
EWG	Europäische Wirtschaftsgemeinschaft
GUF	Gruppi Universitari Fascisti
HJ	Hitlerjugend
IAdN	Internationale Arbeitsgemeinschaft der Nationalisten
IfZ	Institut für Zeitgeschichte
JFOM	Jeunesse de France et d'Outre Mer
KZ	Konzentrationslager
MA	Militärarchiv
NS	Nationalsozialismus/Nasjonal Samling
NSB	Nationaal-Socialistische Beweging der Nederlanden
NSDAP	Nationalsozialistische Deutsche Arbeiterpartei
PA	Politisches Archiv
PNF	Partito Nazionale Fascista
PPF	Parti Populaire Français
RAM	Reichsaußenminister
RNP	Rassemblement National Populaire
RSHA	Reichssicherheitshauptamt
RSI	Repubblica Sociale Italiana
SS	Schutzstaffel
VJHZ	Vierteljahreshefte für Zeitgeschichte

Anmerkungen

Einführung

1 M. Salewski, Ideas of the National Socialist Government and Party, in: Documents on the History of European Integration, vol. 1, Continental Plans for European Union 1939–1945, edited by W. Lipgens, Berlin-New York 1985, S. 37–178

2 U. Herbert, Fremdarbeiter. Politik und Praxis des »Ausländer-Einsatzes« in der Kriegswirtschaft des Dritten Reiches, Berlin-Bonn 1985, S. 419 Anm. 23; auch R. De Felice konstatiert in seinem Buch »Intellettuali di fronte al fascismo«, Roma 1985, S. 220 das Fehlen von Studien zur Geschichte und Konzeption der europäischen Neuen Ordnung

3 Vgl. etwa J. Piskol, Zur Entwicklung der außenpolitischen Nachkriegskonzeption der deutschen Monopolbourgeoisie 1943 bis 1945, in: Jahrbuch für Wirtschaftsgeschichte 1969/II, S. 329–345; Anatomie der Aggression. Neue Dokumente zu den Kriegszielen des faschistischen deutschen Imperialismus im Zweiten Weltkrieg, hrsg. von G. Hass/W. Schumann, Berlin 1972, S. 27

4 Piskol a.a.O. S. 332; in jüngster Zeit werten DDR-Historiker den nichtkommunistischen Widerstand im Dritten Reich jedoch objektiver und unbefangener, vgl. P. J. Winters, Heldentod auf dem Schafott, in: Frankfurter Allgemeine Zeitung (FAZ) Nr. 166 vom 22.7.1986; Gedenktafel für Graf Schwerin? In: FAZ Nr. 284 vom 8.12.1986; L. Müller, Nach Geschichte wird wieder gefragt, in: Kölnische Rundschau Nr. 303, Silvester 1986

5 Der komplette Text der Denkschrift ist abgedruckt in: Deutscher Widerstand 1938–1944. Fortschritt oder Reaktion? Hrsg. von B. Scheurig, München 2. Aufl. 1984, S. 53–129 (hier: S. 68)

6 D. Cofrancesco, Ideas of the Fascist Government and Party on Europe, in: Documents on the History of European Integration, vol. 1 a.a.O. S. 179–199; derselbe, Il mito europeo del fascismo (1939–1945), in: Storia contemporanea, 1983, S. 5–45

7 J. W. Borejsza, Die Rivalität zwischen Faschismus und Nationalsozialismus in Ostmitteleuropa, in: VJHZ, 29. Jg. (1981), S. 607; derselbe, Il fascismo e l'europa orientale. Dalla propaganda all'aggressione, Roma-Bari 1981, S. 223

8 Vgl. etwa L. Degrelle, La nostra Europa, Padova 1980

9 Aufzeichnung des Gesandten I. Klasse Schmidt (Büro RAM) vom 11.6.1943 über die Unterredung zwischen dem RAM und dem italienischen Botschafter in Fuschl am 10.6.1943, ADAP, Serie E, Bd. VI, Dok. Nr. 95, S. 170

10 B. Martin, Friedensinitiativen und Machtpolitik im Zweiten Weltkrieg 1939–1942, Düsseldorf 2. Aufl. 1976, S. 512

11 H. Brugmans, L'idée européenne 1920–1970, Bruges 3. Aufl. 1970, S. 73, Anm. 1; F. Bondy, Chronik und Mythoanalyse, FAZ Nr. 254 vom 1.11.1986

12 C. C. L. Andreyev, The Nature and Development of Opposition to Stalin as expressed by Soviet Citizens in German Hands During the Second World War, Dissertation Cambridge o. J., S. 246; vgl. a. J. Hoffmann, Die Geschichte der Wlassow-Armee, Freiburg 1984, S. 390 ff.

13 Die russische Freiheitsbewegung, in: Die Aktion. Kampfblatt für das Neue Europa, Berlin 5. Jg., Juli 1944, S. 248

[14] N. M. Nagy-Talavera, The Green Shirts and the Others, Stanford/California 1970, S. 116–118; 364–365; M. Ambri, I falsi fascismi. Ungheria, Jugoslavia, Romania 1919–1945, Roma 1980, S. 96–98

Deutschland

[1] R. Kühnl, Zur Programmatik der nationalsozialistischen Linken: Das Strasser-Programm von 1925/26, in: VJHZ, 14. Jg. (1966), S. 324–325; 333

[2] Der Reichsorganisationsleiter der NSDAP (Hrsg.), Deutschland ordnet Europa neu! Schulungs-Unterlage Nr. 10. Bearbeiter: Gauschulungsleiter Kieckbusch, o.O., o.J. (1942), S. 7

[3] Der Reichsorganisationsleiter der NSDAP (Hrsg.), Die europäische Revolution. Schulungs-Unterlage Nr. 27, o.O., o.J. (ca. 1944), S. 8

[4] Der Reichsorganisationsleiter der NSDAP (Hrsg.), Der Weltkampf des Reiches. Schulungs-Unterlage Nr. 25, o.O. 25.11.1943, S. 9–10

[5] Zum folgenden vgl. Hitlers Zweites Buch. Ein Dokument aus dem Jahr 1928, eingeleitet und kommentiert von G. L. Weinberg, Stuttgart 1961, S. 129–130

[6] Am 5.12.1940 erklärte Hitler gegenüber Sven Hedin, »Europa sei heute das Reich«, Aufzeichnung des Gesandten Hewel vom 6.12.1940, ADAP, Serie D, Bd. XI. 2, Dok. Nr. 449, S. 657

[7] Vgl. Adolf Hitler. Monologe im Führerhauptquartier. Die Aufzeichnungen Heinrich Heims, hrsg. von W. Jochmann, Hamburg 1980, S. 55 (Aufzeichnung vom 8.–11.8.1941); Hitlers Tischgespräche im Führerhauptquartier, hrsg. von H. Picker, Stuttgart 1977, S. 70 (Aufzeichnung vom 8.–10.9.1941); S. 196–197 (Aufzeichnung vom 5.4.1942)

[8] Adolf Hitler. Monologe a.a.O. S. 110 (Aufzeichnung vom 26. und 27.10.1941); S. 289–290 (Aufzeichnung vom 27.2.1942)

[9] Hitlers Tischgespräche a.a.O. S. 214 (Aufzeichnung vom 11.4.1942)

[10] P. Kluke, Nationalsozialistische Europaideologie, in: VJHZ, 3. Jg. (1955), S. 269

[11] Die Weizsäcker-Papiere 1933–1950, hrsg. von L. E. Hill, Frankfurt-Berlin-Wien 1974, S. 337 (Notiz vom 2.5.1943)

[12] Hinsichtlich der Geschichte der IAdN folgt der Verfasser seinen eigenen Ausführungen in: N. Cospito/H. W. Neulen (Hrsg.): Julius Evola nei documenti segreti del Terzo Reich, Roma 1986, S. 21–23

[13] Ein Bericht über diese Tagung, abgefaßt von einem Angehörigen des Außenpolitischen Amtes der NSDAP, findet sich im Bestand MA 128/1 des Archivs des IfZ

[14] G. Hahn, Grundfragen europäischer Ordnung. Ein Beitrag zur Neugestaltung der Völkerrechtslehre, Berlin 1939, bezeichnet Keller auf S. 80 als »einen entschiedenen Vorkämpfer« der völkischen Auffassung des Völkerrechts

[15] PA AA Inland II A/B. Internationale Arbeitsgemeinschaft der Nationalisten (Dr. Keller) von 1934–1937, Bd. 1, 82–22 Sdh. I, unpaginiert

[16] Wie Anm. 15

[17] Die Akten des PA AA Inland II A/B. Internationale Arbeitsgemeinschaft der Nationalisten (Dr. Keller) von 1937–1940, Bd. 2, 82–22 Sdh. I, schließen mit einer Eintragung vom 21.5.1940, ein Zeichen dafür, daß Keller seine Arbeit anschließend einstellen mußte.

[18] C. Düssel, Das politische Existenzminimum Europas, München 1944, S. 9

[19] Aufzeichnung des Gesandten Clodius vom 30.5.1940, ADAP, Serie D, Bd. IX, zweiter Band, Dok. Nr. 354, S. 390–395; Das Dritte Reich. Band 2: Weltmachtanspruch und nationaler Zusammenbruch 1939–1945, hrsg. von W. Michalka, München 1985, Dok. Nr. 56, S. 119–127

[20] Aufzeichnung des Botschafters Ritter vom 1.6.1940, ADAP, Serie D, Bd. IX, zweiter Band, Dok. Nr. 367, S. 407–411; Das Dritte Reich Band 2 a.a.O., Dok. Nr. 59, S. 133–136

[21] Ähnlich Daitz in seinem Aufsatz: Die Achse und die Großlebensräume der Welt, in: Die Aktion, 3. Jg., Dez.-Jan. 1942, S. 121–124

[22] Vgl. H. E. Volkmann, Autarkie, Großraumwirtschaft und Aggression, in: Militärgeschichtliche Mitteilungen 1/1976, S. 70–73

[23] Martin, Friedensinitiativen und Machtpolitik a.a.O. S. 266; zu sonstigen Plänen des Jahres 1940 vgl. W. Schumann, Die faschistische »Neuordnung« Europas nach den Plänen des deutschen Monopolkapitals, in: Zeitschrift für Geschichtswissenschaft 1971, S. 224–241; derselbe, Neue Dokumente der Reichsgruppe Industrie zur »Neuordnung« Europas, in: Jahrbuch für Geschichte, Band 5, (Ost-)Berlin 1971, S. 397–438

[24] Aufzeichnung des Leiters der Wirtschaftspolitischen Abteilung vom 9.8.1940, ADAP, Serie D, Bd. X, Dok. Nr. 320, S. 373 f.

[25] BA R 43 II/311, E 518696

[26] W. Funk, Die wirtschaftliche Neuordnung Europas, in: Monatshefte für Auswärtige Politik 1940, S. 636; die DNB-Meldung über die Rede Funks findet sich in: BA R 43 II/311, E 518704–518709

[27] Vermerk über die am 22. Juli 1940 unter Vorsitz von Reichsminister Funk im Reichswirtschaftsministerium abgehaltene Chefbesprechung, IfZ Archiv Fd 42, Varia Bl. 57

[28] Vgl. J. F. Freymond, Aspects of the Reich's Ministry of Economics Concept of an economic reorganization of Europe (1940), in: Studia Historiae Oeconomicae, Band 14 (1979), Posen 1980, S. 5–14

[29] J. Gillingham, Zur Vorgeschichte der Montan-Union. Westeuropas Kohle und Stahl in Depression und Krieg, in: VJHZ, 34. Jg. (1986), S. 402

[30] Gillingham a.a.O. S. 396

[31] Das Dritte Reich. Band 2 a.a.O., Dok. Nr. 64, S. 144

[32] PA AA Inland II g 289. Volkstum und Grenzfragen. Aufgabenkreis Forschungsgemeinschaften und Publikationsstellen u. a. von 1942 bis 1943, unpaginiert; Das Dritte Reich. Band 2 a.a.O., Dok. Nr. 58, S. 129 ff.

[33] PA AA Inland II g 288. Volkstum und Grenzfragen. Eindeutschung des Ostlandes, Südostdt. Forschungsgemeinschaft, Völkische Neuordnung im SO von 1941 bis 1944, E 653086–653091

[34] Martin, Friedensinitiativen und Machtpolitik a.a.O. S. 356; vgl. a. S. 432

[35] Martin, Friedensinitiativen und Machtpolitik a.a.O. S. 506; vgl. a. S. 457

[36] Aufzeichnung Albrecht Haushofers, ADAP, Serie D, Bd. XI. 1, Dok. Nr. 61, S. 69–71; W. Stubbe, In Memoriam Albrecht Haushofer, in: VJHZ 8. Jg. (1960), S. 246

[37] Martin, Friedensinitiativen und Machtpolitik a.a.O. S. 490

[38] A. u. V. Toynbee (Hrsg.), Survey of International Affairs 1939–1946, London-New York-Toronto 1954, S. 47 f.; 50 f.

[39] PA AA Nachlaß Cécil von Renthe-Fink, Bd. 13, E 384413–E 384421 (hier: E 384416)

[40] W. Michalka, Vom Antikominternpakt zum euro-asiatischen Kontinentalblock: Ribbentrops Alternativkonzeption zu Hitlers außenpolitischem »Programm«, in: W. Michalka (Hrsg.), Nationalsozialistische Außenpolitik, Darmstadt 1978, S. 471–492; K. Hildebrand, Deutsche Außenpolitik 1933–1945, Stuttgart-Berlin 3. Aufl. 1976, S. 104–106; vgl. a. J. von Ribbentrop, Zwischen London und Moskau, Leoni 1953, S. 233 ff.

[41] W. Best, Joachim von Ribbentrop, Manuskript, Kopenhagen 1949, S. 2

[42] H.-G. von Studnitz, Als Berlin brannte. Tagebuch der Jahre 1943–1945, Bergisch Gladbach 1985, S. 194 f.

[43] W. von Blücher, Gesandter zwischen Diktatur und Demokratie, Wiesbaden 1951, S. 293

[44] Vgl. A. Ratenieks, Was bringt die Neuordnung Europas den europäischen Völkern, Dresden 1942, S. 41–45

[45] Vgl. J. Weyer, Politikwissenschaft im Faschismus (1933–1945): Die vergessenen zwölf Jahre, in: Politische Vierteljahresschrift, 26. Jg. (1985), S. 423–437

[46] An dem Kurs zu Fragen der Neuen Ordnung im Jahr 1942 nahmen z. B. 135 Teilnehmer aus 18 Nationen teil. Ein Bericht über diese Tagung, erstellt vom Präsidenten Six, ist enthalten in: PA AA Handakten Luther. Verschiedenes von 1940 bis 1943, Bd. 45, 428302–428308

[47] H.-A. Jacobsen, Zur Rolle der Diplomatie im 3. Reich, in: K. Schwabe (Hrsg.), Das Diplomatische Korps 1871–1945, Boppard 1985, S. 185 f.; 195 f.

[48] M. Thielenhaus, Zwischen Anpassung und Widerstand: Deutsche Diplomaten 1938–1941, Paderborn 1984, S. 19

[49] Ribbentrop a.a.O. S. 258

[50] Martin, Friedensinitiativen und Machtpolitik a.a.O. S. 28; P. Seabury, Die Wilhelmstraße. Die Geschichte der deutschen Diplomatie 1930–1945, Frankfurt 1956, S. 185

[51] Aufzeichnung des Gesandten Rühle vom 24.3.1942, PA AA Handakten Luther. Schriftverkehr N-Sch von 1942, Bd. 14, 327101

[52] Schreiben des RAM vom 1.9.1942, PA AA Handakten Luther. Verschiedenes von 1940 bis 1943, Bd. 45, 428394–428398 (hier: 428395)

[53] Notiz vom 6.9.1942, PA AA Handakten Luther. Verschiedenes von 1940 bis 1943, Bd. 45, 428415–428422; vgl. a. L. Nestler, Über den Zeitpunkt und die Ursachen erster Ansätze zur Modifikation der Kriegszielplanung und der Okkupationspolitik Hitlerdeutschlands (Herbst 1942 bis Frühjahr 1943), in: Studia Historiae Oeconomicae, Bd. 14 (1979), Posen 1980, S. 128

[54] Keesings Archiv der Gegenwart 1942, Wien 1943, E 5553

[55] Vgl. Aktennotiz über die Gründung des Europäischen Jugendverbandes für den Herrn Reichsaußenminister (ohne Datum), PA AA Handakten Luther. Vortragsnotizen von 1942 bis 1943, Bd. 29, 339574–339583

[56] Wollt Ihr den totalen Krieg? Die geheimen Goebbels-Konferenzen 1939–1943, hrsg. von W. A. Boelcke, München 1969, S. 370 (Konferenz vom 18.9.1942)

[57] Vgl. den Tagungsbericht in: Das Junge Deutschland, 36. Jg., Nr. 9 vom 15.9.1942, S. 225 f.; im übrigen: W. Klose, Generation im Gleichschritt: Die Hitlerjugend, Oldenburg-Hamburg-München 1982, S. 248; H. W. Neulen, An deutscher Seite. Internationale Freiwillige von Wehrmacht und Waffen-SS, München 1985, S. 25; H. W. Neulen, Europas verratene Söhne, Bergisch Gladbach 1982, S. 47–48; Toynbee a.a.O. S. 62

[58] Mitteilung von Unterstaatssekretär Luther vom 14.1.1943, PA AA Handakten

Der finnische Marschall Mannerheim (hier mit General Heinrichs am Kartentisch) befürchtete bereits 1939, die Völker Europas sollten »zu weißen Negern des Dritten Reiches verwandelt werden« (Otto Spronk)

Der finnische Gesandte in Berlin, Professor Toivo Mikael Kivimäki (Mitte), sprach sich im März 1943 für eine europäische Initiative der Reichsregierung aus (CGWOII)

Der rumänische Staatsführer, Marschall Ion Antonescu, zeichnet deutsche Soldaten aus (CGWOII)

Trotz des Hitlerbildes auf dem Schreibtisch kein Nationalsozialist: Der rumänische Außenminister Mihai Antonescu (CGWOII)

Luther. a) Schriftverkehr Auswärtiges Amt, b) Hauspersonal Reichsaußenminister, c) Vorzimmerakte von 1936 bis 1943, Bd. 41, unpaginiert. Im Frühjahr war aber scheinbar auf italienische Initiative hin eine Wiederbelebung des Europäischen Jugendverbandes geplant. So sollte im Herbst 1943 eine zweite Tagung des Verbandes in Rom stattfinden, eine Veranstaltung, die nicht zuletzt wegen des politischen Umschwungs in Italien unterblieb, vgl. S. Setta, Renato Ricci, Dallo squadrismo alla Repubblica Sociale Italiana, Bologna 1986, S. 231–232

59 Vgl. etwa die für Spanien herausgegebene Zeitschrift ASPA, Nr. 131, November 1942

60 Verfügung Hitlers vom 4.11.1942, ADAP, Serie E, Bd. IV, Dok. Nr. 124, S. 222–224

61 Die Dichtung im kommenden Europa. Weimarer Reden 1941, Hamburg 1942, S. 7

62 Vgl. Brasillachs Tagungsbericht in: B. Payr, Phönix oder Asche. Frankreichs geistiges Ringen nach dem Zusammenbruch, Dortmund 1942, S. 375–378; R. Brasillach, Journal d'un homme occupé, Paris 1955, S. 171 ff.; der Beitrag von Marcel Jouhandeau ist ebenfalls bei Payr a.a.O. auf S. 378 ff. abgedruckt; Pierre Drieu la Rochelle faßte seine auf der Deutschlandreise fußenden Schlußfolgerungen in dem Artikel »L'Allemagne Européenne« in der Zeitschrift La Nouvelle Revue Française, Paris, Jan. 1942, S. 104–112 zusammen

63 G. Pintor, Il sangue d'Europa (1939–1943), a cura di V. Gerratana, Torino 2. Aufl. 1966, S. 133 Anm. 1; sieben Reden des zweiten Weimarer Treffens sind abgedruckt in: R. Erckmann, Dichter und Krieger. Weimarer Reden 1942, Hamburg 1943

64 IfZ Archiv MA 340, 6104–6124

65 IfZ Archiv Fa 272, 17 seitige Denkschrift

65a Nach Nestler a.a.O. setzte der Prozeß um politische Alternativen bereits im September 1942 ein

66 Wollt Ihr den totalen Krieg a.a.O. S. 442

67 Herbert a.a.O. S. 238–241; 351; vgl. a. Toynbee a.a.O. S. 53 f.

68 Vgl. den Auszug der Goebbels-Rede in: Junges Europa, 4/1943, S. 8–11

69 Goebbels Tagebücher aus den Jahren 1942–43 mit anderen Dokumenten, hrsg. von Louis P. Lochner, Zürich 1948, S. 259 (Eintragung vom 9.3.1943)

70 Vgl. J. Schröder, Italiens Kriegsaustritt 1943, Göttingen-Zürich-Frankfurt 1969, S. 60–61

71 Goebbels Tagebücher a.a.O. S. 327 (Eintragung vom 8.5.1943)

72 Lagebesprechungen im Führerhauptquartier. Protokollfragmente aus Hitlers militärischen Konferenzen 1942–1945, hrsg. von H. Heiber, Berlin-Darmstadt-Wien 1963, S. 118

73 SS-Leitheft, August 1943, auszugsweise abgedruckt in: Junges Europa, 4/1943, S. 15

74 W. Daitz, Völkischer Sozialismus und europäischer Sozialismus, in: NS-Monatshefte, Folge 159/1943; auch abgedruckt in: Mitteilungen des Zentralforschungsinstituts für nationale Wirtschaftsordnung und Großraumwirtschaft, Dresden 2/1944, S. 5–11 (hier: S. 10)

75 Kosyk, W. (Hrsg.), Das Dritte Reich und die ukrainische Frage. Dokumente 1934–1944, München 1985, S. 189

76 PA AA Handakten Luther. Vortragsnotizen von 1942 bis 1943, Bd. 29, 339670–339674; 339688–339689

[77] PA AA Inland II g 17 e. Geheime Reichssachen von 1942 bis 1943, 130311–130326 (2. Entwurf Dr. Kieser); 130327–130332 (Entwurf Best-Kieser)

[78] Schriftliche Mitteilung von Dr. Werner Best vom 16.12.1985

[79] D. Irving, Hitlers Krieg. Götterdämmerung 1942–1945, München-Berlin 1986, S. 84; vgl. a. Toynbee a.a.O. S. 56, der noch einen weiteren Europaplan, ausgearbeitet durch von Steengracht aus dem Jahr 1940, erwähnt

[80] Vgl. E. Collotti, Il »Nuovo Ordine« Europeo e l'imperialismo nazista, in: Rivista di storia contemporanea 1973, S. 364

[81] Aufzeichnung des Gesandten I. Klasse Schmidt vom 10.4.1943 über ein Gespräch zwischen Ribbentrop und Bastianini, ADAP, Serie E, Bd. V. Dok. Nr. 286, S. 543–555 (hier: S. 554)

[82] Aufzeichnung des Gesandten I. Klasse Schmidt vom 11.4.1943 über ein Gespräch zwischen Ribbentrop und Bastianini, ADAP, Serie E, Bd. V, Dok. Nr. 291, S. 566–571 (hier: S. 570 f.)

[83] Aufzeichnung des Gesandten I. Klasse Schmidt vom 11.6.1943, ADAP, Serie E, Bd. VI, Dok. Nr. 95, S. 161–175 (hier: S. 171)

[84] Verfügung des RAM nebst Begleitschreiben Steengrachts vom 19. Februar 1944, IfZ Archiv NG 3009; vgl. a. Seabury a.a.O. S. 182 f.

[85] Heinz Trützschler von Falkenstein (1902–1971) wurde 1949 in den Diplomatischen Dienst der Bundesrepublik übernommen und avancierte später zum Botschafter in Pakistan und Island. Seine NSDAP-Mitgliedschaft und seine Tätigkeit in Ribbentrops Behörde brachten ihm zahlreiche Schwierigkeiten ein.

[86] IfZ Archiv NG 3009

[87] Aufzeichnung von Dr. Megerle für den Herrn RAM vom 28.6.1943, PA AA Nachlaß Cécil von Renthe-Fink, Bd. 13, E 384488–384491

[88] Dies Dokument übersieht Salewski a.a.O. S. 127, der fälschlich davon ausgeht, der Europa-Ausschuß habe quasi keine Funktion ausgeübt. Salewski sind bei seinen Recherchen im PA AA auch die Unterlagen aus dem Jahr 1942 zur Vorgeschichte des Europa-Ausschusses entgangen

[89] K. Drechsler/H. Dress/G. Hass, Europapläne des deutschen Imperialismus im Zweiten Weltkrieg, in: Zeitschrift für Geschichtswissenschaft 7/1971, S. 921; dieselben, Der Platz Zentraleuropas in der Konzeption der Großraumwirtschaft, in: Bulletin des Arbeitskreises Zweiter Weltkrieg, Berlin 1970, S. 16

[90] So Collotti a.a.O. S. 360; 365; Nestler a.a.O. S. 135–136 betont, trotz aller alternativen Planungen habe innerhalb des NS-Systems hinsichtlich der Grundlagen imperialistischer Politik weiterhin »unverändert Homogenität« bestanden

[91] PA AA Nachlaß Cécil von Renthe-Fink, Bd. 12, unpaginiert

[92] Wie Anm. 91, Bl. 18 der Vorschläge Kolbs

[93] PA AA Nachlaß Cécil von Renthe-Fink, Bd. 11, D 514490–D 514499; Anatomie der Aggression a.a.O. S. 185–191

[94] Entsprechende Entwürfe und Ausarbeitungen finden sich im PA AA Nachlaß Cécil von Renthe-Fink, Bd. 11

[95] E. von Weizsäcker, Erinnerungen, München-Leipzig-Freiburg 1950, S. 264; vgl. a. S. 385-386

[96] Von Blücher a.a.O. S. 337

[97] W. Stucki, Von Pétain zur Vierten Republik, Vichy 1944, Bern 1947, S. 23 f.

[98] U. von Hassell, Vom andern Deutschland, Zürich 1946, S. 317 (Eintragung vom

24./25.5.1943); ähnlich die Einschätzung von Dr. Werner Best, schriftliche Mitteilung vom 16.12.1985

99 PA AA Nachlaß Cécil von Renthe-Fink, Bd. 11, E 514550–E 514552; Anatomie der Aggression a.a.O. S. 218–219. Aller Wahrscheinlichkeit nach ist auch die in diesem Buch als Dok. Nr. 1 abgedruckte Notiz zeitlich in diese Phase europäischer Planungen Renthe-Finks einzuordnen

100 PA AA Nachlaß Cécil von Renthe-Fink, Bd. 11, E 514435–E 514438

101 PA AA Nachlaß Cécil von Renthe-Fink, Bd. 11, E 514423–E 514429; Anatomie der Aggression a.a.O. S. 219–221

102 BA R 3/1941, 182–187; vgl. a. W. Schumann, Probleme der deutschen Außenwirtschaft und einer »Europäischen Wirtschaftsplanung« 1943/44, in: Studia Historiae Oeconomicae, Bd. 14 (1979), Posen 1980, S. 143–145

103 Vgl. L. Gruchmann, Nationalsozialistische Großraumordnung. Die Konstruktion einer »deutschen Monroe-Doktrin«, Stuttgart 1962

104 G. A. Walz, Völkerrechtsordnung und Nationalsozialismus. Untersuchungen zur Erneuerung des Völkerrechts, München 1942, S. 146 ff.

105 Walz a.a.O. S. 143

106 Hahn, Grundfragen europäischer Ordnung a.a.O.

107 W. Stuckart, Gedanken zur praktischen Durchführung der europäischen Einigung, in: Junges Europa, 8/1942, S. 7

108 A. Bay, Der nationalsozialistische Gedanke der Großraumwirtschaft und seine ideologischen Grundlagen, Köln 1962, S. 26; zur Ablehnung des Souveränitätsgedankens durch die NS-Völkerrechtslehre vgl. a. R. Höhn, Reich, Großraum, Großmacht, Darmstadt 1942, S. 127 ff.

109 W. Hasselblatt, Zusammenfassung der Denkschrift über die Tatbestände und Gefahren der völkerpolitischen Lage nach dem Sieg, PA AA Inland II g 288, D 653088

110 Vgl. K. Pastenaci, Neuordnung Europas, o.O., o.J. (ca. 1941), S. 38 f.; 41

111 Höhn a.a.O. S. 45; 123; 125

112 F. A. Müllereisert, Die in Einigung begriffenen Staaten von Europa, das Großdeutsche Reich und das Völkerrecht des europäischen Großraumes, Karlsruhe 1941, S. 52

113 Kluke a.a.O. S. 240–275

114 F. Berber, Die Neuordnung Europas und die Aufgabe der außenpolitischen Wissenschaft, in: Auswärtige Politik, März 1942, S. 189–195

115 H. Höhne, Der Orden unter dem Totenkopf. Die Geschichte der SS, Gütersloh 1967, S. 469–471. Herr Ulrich Wiedemann, Neffe von Melitta Wiedemann, hat für den Verfasser dankenswerterweise am 20.2.1986 einen ausführlichen Lebenslauf seiner Tante gefertigt, auf dem auch die Kurzbiographie in diesem Buch beruht

116 Aktenvermerk Persönlicher Stab Reichsführer-SS vom 22.11.1944, IfZ Archiv MA 292, 8155

117 K. R. Ganzer, Das Reich als europäische Ordnungsmacht, Hamburg 2. Aufl. 1941, S. 86; vgl. a. S. 132

118 W. Schüßler, Vom Reich und der Reichsidee in der deutschen Geschichte, Leipzig-Berlin 1942, S. 5

119 Vgl. Der Reichsorganisationsleiter der NSDAP (Hrsg.), Der Weltkampf des Reiches a.a.O.

120 F. A. Six, Das Reich und die Grundlegung Europas, in: Jahrbuch der Weltpolitik, Berlin 1942, S. 30

120a Vgl. O. von Habsburg, Die Reichsidee, Wien-München 1986, S. 28

121 M. Funke, Universität und Zeitgeist im Dritten Reich, in: Aus Politik und Zeitgeschichte, B 12/86 vom 22. März 1986, S. 9

122 Six, Das Reich und die Grundlegung Europas a.a.O. S. 14; Six, Das Reich und Europa, Berlin 1943, S. 6; Six, Europa, Tradition und Zukunft, Hamburg 1944, S. 8

123 NS-Publikationen, die die Sowjetunion zu Europa rechnen, erschienen meist vor Ausbruch des Rußlandfeldzuges, vgl. G. Gebhard, Europas Wirtschaftsfreiheit, Essen 1941, S. 11

124 E. Fleischer, Europa und das neue Weltbewußtsein, Stuttgart 1942, S. 56

125 O. Kriegk, Die Geburt Europas, Berlin 1943, S. 291

126 Höhn a.a.O. S. 124

127 Hitlers Zweites Buch a.a.O. S. 129

128 Vgl. Ganzer, Das Reich als europäische Ordnungsmacht a.a.O. S. 5–7; M. Clauss, Tatsache Europa, Prag 1943, S. 12–13; 16; Fleischer a.a.O. S. 177; W. Ziegler, Der Ordnungsgedanke in der europäischen Geschichte, in: Europa als Lebenskampfgemeinschaft. Europäische Vorlesungen, Dresden 1942, S. 68

129 F. Schönemann, USA und Europa, in: Europa und die Welt, Berlin 1944, S. 87

130 Vgl. F. Naumann, Mitteleuropa, Berlin 1916; F. von Liszt, Ein Mitteleuropäischer Staatenverband, Leipzig o.J.; W. O. Henderson, Mitteleuropäische Zollvereinspläne, in: Zeitschrift für die gesamte Staatswissenschaft 1966, S. 130–162

131 H. Rumpf, Mitteleuropa. Zur Geschichte und Deutung eines politischen Begriffs, in: Historische Zeitschrift 1942, S. 510; auch W. Schüßler, Mitteleuropa als Wirklichkeit und Schicksal, Köln 2. Aufl. 1939, gab der Kriegszielplanung des Jahres 1939 noch einen mitteleuropäischen Inhalt; ebenso das hier abgedruckte Dokument Nr. 3 vom 9.7.1940

132 A. Seyß-Inquart, Worum es geht. Worte an die Führer der HJ nach einer Ansprache in der Akademie der Jugendführung am 14. Juli 1944, o.O., o.J.

133 W. Frauendienst, Der innere Neuaufbau des Reiches als Beitrag zur europäischen Ordnung, in: Jahrbuch der Weltpolitik, Berlin 1942, S. 112–139

134 Bay a.a.O. S. 6; A. Sölter, Das Großraumkartell, Dresden 1941, S. 25

135 A. Oesterheld, Wirtschaftsraum Europa, Berlin 1943, S. 14–15

136 Das Dritte Reich. Band 1 a.a.O., Dok. Nr. 171, S. 210–212

137 Bay a.a.O. S. 182

138 E. von Sivers, Die Struktur der Großraumwirtschaft, in: Mitteilungen des Zentralforschungsinstituts für Nationale Wirtschaftsordnung und Großraumwirtschaft, Dresden 3/4 1944, S. 46

139 H. Backe, Um die Nahrungsfreiheit Europas, Leipzig 1942, S. 222–225; vgl. a. Oesterheld a.a.O. S. 123; 135; O. von Frangeš, Die Donaustaaten Südosteuropas und der deutsche Großwirtschaftsraum, in: Weltwirtschaftliches Archiv, 53. Jg., 2/1941, S. 309 ff., sprach sich allein für solche Industrien aus, die eigene Rohprodukte verarbeiten

140 In seinem Aufsatz, Die europäische Großraumwirtschaft, in: Folge 22/1939 der Zeitschrift Volkswirtschaft, hatte Daitz die biologische Konzeption des Großraumes allerdings noch nicht betont, vielmehr die Sowjetunion zu diesem Raum gerechnet; vgl. a. Ratenieks a.a.O. S. 50; Bay a.a.O. S. 30 ff.

141 So Sölter a.a.O. S. 27; vgl. a. Bay a.a.O. S. 35

142 W. Daitz, Wiedergeburt Europas durch europäischen Sozialismus. Europa-Charta, Amsterdam 1944, S. 143; im Reichswirtschaftsministerium war man

über die Studie von Daitz im übrigen nicht besonders glücklich, vgl. L. Herbst, Der totale Krieg und die Ordnung der Wirtschaft, Stuttgart 1982, S. 309

[143] Vgl. Sölter a.a.O. S. 37f.; Jecht, Die Entwicklung zur europäischen Wirtschaftsgemeinschaft, in: Europäische Wirtschaftsgemeinschaft, Berlin 1942, S. 62; G. Koenigs, Europäische Verkehrsfragen, in: Europäische Wirtschaftsgemeinschaft a.a.O. S. 141; vgl. im übrigen Bay a.a.O. S. 55; 69

[144] Sölter a.a.O. S. 17

[145] Schüßler, Vom Reich und der Reichsidee a.a.O. S. 66; Six, Das Reich und Europa a.a.O. S. 93; Six, Europa a.a.O. S. 85; Six, Die Binnenkriege des europäischen Kontinents und der Einigungskrieg der Gegenwart, in: Europa und die Welt a.a.O. S. 222–253; K. H. Pfeffer, Europa in der Auseinandersetzung der Kontinente, in: Europa und die Welt a.a.O. S. 67

[146] C. Düssel, Europa und die Achse, Essen 4. Aufl. 1942, S. 95; vgl. a. A. Blau, Die Beteiligung der europäischen Völker am Kampf gegen den Bolschewismus, in: Europa und die Welt a.a.O. S. 254–272; Six, Das Reich und Europa a.a.O. S. 93–95; Six, Europa a.a.O. S. 115–117; W. Tröge, Europäische Front. Soldaten bauen Europa, Wien o.J. (1942)

[146a] Der Verfasser hat die Motivation und das Schicksal der ausländischen Freiwilligen der deutschen Streitkräfte in seinen Büchern: Europas verratene Söhne a.a.O. und An deutscher Seite a.a.O. dargestellt

[147] Zur Person von A. Winnig vgl. A. Mohler, Die Konservative Revolution in Deutschland. Ein Handbuch, Darmstadt 2. Aufl. 1972, S. 415 f.; L. Dupeux, »Nationalbolschewismus« in Deutschland 1919–1933, München 1985, S. 243 ff.

[148] Europa. Gedanken eines Deutschen, Berlin-Steglitz 1938

[149] Geist der Nationen. Italiener/Franzosen/Deutsche, 1. Auflage 1938, 2. Aufl. 1940

[150] Brinckmann, Geist der Nationen a.a.O., Hamburg 4. Aufl. 1948, S. 8

[151] A. Reithinger, Voraussetzungen und Größenordnungen der kontinentaleuropäischen Großraumwirtschaft, in: Probleme des europäischen Großwirtschaftsraumes, Berlin 1943, S. 14–15

[152] Zur Person G. Wirsings vgl. Mohler, Die Konservative Revolution a.a.O. S. 435; A. Mohler, Deutsche Nachkriegspresse und Vergangenheitsbewältigung, in: Criticòn Nr. 32 (November-Dezember 1975), S. 245–250 (unter dem Titel: Der Fall Giselher Wirsing auch aufgenommen in: A. Mohler, Tendenzwende für Fortgeschrittene, München 1978, S. 146–155); J. Nurdin, De la »Zwischeneuropa« à l'Europe Hitlérienne: l'itinéraire de G. Wirsing, in: Revue d'Allemagne, tome XVI, numéro 3 (Juli-September 1984), S. 510–520

[153] G. Wirsing, Das Zeitalter des Ikaros. Von Gesetz und Grenzen unseres Jahrhunderts, Jena 1944, S. 98

[154] A. Dallin, Deutsche Herrschaft in Rußland 1941–1945, Düsseldorf 1958, S. 524 ff.

[155] Vgl. T. Oberländer, 6 Denkschriften aus dem Zweiten Weltkrieg über die Behandlung der Sowjetvölker, Ingolstadt 1984; E. E. Dwinger, Die 12 Gespräche 1933–1945, Velbert und Kettwig 1966; Aufzeichnung des Generalkonsuls Otto Felix Bräutigam vom 25.10.1942, in: Ursachen und Folgen, 18. Band, Berlin o.J., S. 581–589; G. von Mende, Volkstumspolitik im Osten, 19seitige Denkschrift von 1943, Privatarchiv Prof. Dr. Gerhard von Mende/Oslo

[156] A. E. Frauenfeld, Denkschrift über die Probleme der Verwaltung der bes. Ostgebiete vom 10.2.1944, IfZ Archiv MA 327, 0418–0455

[157] Vgl. Dallin a.a.O. S. 277–278

[158] Die Stellung der Sozialpolitik in der europäischen Ordnung, Hrsg.: Arbeitswissenschaftliches Institut der DAF, Berlin 1944, S. 61; T. Bühler, Grundfragen der europäischen Sozialordnung, in: Zeitschrift für Politik, 7/8 1944, S. 243

[159] Vgl. das Presseecho in: Wirtschafts- und Sozialberichte, 3/4 1944, S. 55–56

[160] Herbert a.a.O. S. 180–181; abweichende Zahlenangaben für den September 1941 (2140000) macht P. Beisiegel, Der Arbeitseinsatz in Europa, in: Europäische Wirtschaftsgemeinschaft a.a.O. S. 126

[161] Die Stellung der Sozialpolitik in der europäischen Ordnung a.a.O. S. 80

[162] So aber der Aufsatz: Fortentwicklung der Stellung der Ostarbeiter, in: Die Aktion, März 1944, S. 130–132; vgl. demgegenüber Herbert a.a.O. S. 266–269

[163] So in dem mit M. W. (wahrscheinlich Melitta Wiedemann) gezeichneten Artikel: Völkische Ostpolitik des Reiches, in: Die Aktion, Juni 1944, S. 206; zur Kennzeichenfrage vgl. a. Herbert a.a.O. S. 264–266

[164] Vgl. A. Petacco, Gli ascari: una lunga fedeltà, una misera pensione, in: Storia Illustrata Nr. 334 (September 1985), S. 28; B. Gatta, Gli uomini del Duce, Milano 1986, S. 56

[165] Schumann, Probleme der deutschen Außenwirtschaft a.a.O. S. 146–149

[166] Herbst a.a.O. S. 300–313

[167] Die Denkschrift Riedls wird von DDR-Historikern übereinstimmend als Beweis für »expansive Ziele« der deutschen »Monopolbourgeoisie« gewertet, vgl. Drechsler/Dress/Hass, Der Platz Zentraleuropas a.a.O. S. 21–22; dieselben, Europapläne des deutschen Imperialismus a.a.O. S. 923; Piskol a.a.O. S. 339–342; um zu diesem Ergebnis zu gelangen, muß man Riedls Abrücken von der Hitlerschen Politik als »Demagogie« bzw. »demagogische Phrasen« disqualifizieren. Tatsächlich stand Riedls Exposé nicht in der Tradition eines imperialistischen Chauvinismus, sondern war ein ernstgemeinter Versuch, an die Stelle des NS-Expansionismus eine vernünftige und praktikable Form der europäischen Integration zu setzen.

[168] T. Hansen, Der Hamsun-Prozeß, Hamburg 1979, S. 104 ff.; vgl. a. Keesings Archiv der Gegenwart 1943, Wien 1944, C 5989

[169] Neulen, An deutscher Seite a.a.O. S. 35

[169a] M. G. Steinert, Die 23 Tage der Regierung Dönitz, Düsseldorf-Wien 1967, S. 28; Anatomie der Aggression a.a.O. S. 27; vgl. a. L. Graf Schwerin von Krosigk, Staatsbankrott, Göttingen-Frankfurt-Zürich 1974, S. 348 ff.

[170] Zitiert nach B. Wegner, Hitlers politische Soldaten: Die Waffen-SS 1933–1945, Paderborn 1982, S. 48

[171] Das Dritte Reich, Band 2 a.a.O., Dok. Nr. 117, S. 228

[172] Das Dritte Reich, Band 2 a.a.O., Dok. Nr. 94, S. 188

[173] Vgl. hierzu im einzelnen Neulen, Europas verratene Söhne a.a.O. und An deutscher Seite a.a.O.

[174] A. Mohler, Der verlorenste Haufen, in: Criticòn, Nr. 87 (Januar-Februar 1985), S. 6

[175] F. Lobsiger, Un Suisse au service de Hitler, Paris 1985, S. 218

[176] So der norwegische Kriegskorrespondent Ulf Breien in: Frontfighters. The Norwegian Volunteers Legion of the Waffen-SS, 1941–1943, edited with an introduction by R. Landwehr, Madison/Wisc./USA, 1986, unpaginiert

[177] W. Lipgens, Die Anfänge der europäischen Einigungspolitik 1945–1950. Erster Teil: 1945–1947, Stuttgart 1977, S. 44 f.

[178] Dr. Riedweg war bis 1943 Chef der Germanischen Leitstelle im SS-Hauptamt. Dr. Büeler arbeitete bis Herbst 1943 in der dortigen Abteilung für kulturelle Betreuung. Das Zitieren mehrerer Schweizer Freiwilliger im Zusammenhang mit dem Europagedanken ist im übrigen zufällig. Derartige Äußerungen lassen sich bei Freiwilligen aller Nationalitäten West- und Nordeuropas nachweisen.

[179] H. Büeler, Was die »SS« war und was sie nicht war. Ein Überblick, Manuskript aus dem Jahr 1947, IfZ Archiv ZS 670, S. 23–25

[180] C. Düssel, Das politische Existenzminimum Europas, München 1944, S. 6

[181] Alexander Dolezalek hat dem Autor gegenüber die politischen Vorstellungen der Amtsgruppe D des SS-Hauptamtes mehrfach, beginnend mit einem Interview am 26.3.1983, detailliert erläutert und aus seinem Dokumentenkabinett hierzu wertvolle Dokumente zur Verfügung gestellt. Die Echtheit des Materials ergibt sich unter anderem daraus, daß Teile der Dokumente unter der Signatur MA 218, 2590–2603 auch im Archiv des IfZ mikroverfilmt sind bzw. unter der Signatur 6889 BDC Flensburg 7 June 1945 in den National Archives verwahrt wurden, wo sie von Professor Dr. H.-A. Jacobsen aufgespürt wurden, der sie dem Autor freundlicherweise überlassen hat.

[182] Zur damaligen Zeit arbeitete im SS-Hauptamt Dr. Vivian Stranders, ehemaliger britischer Hauptmann, Alt-Pg. und naturalisierter Deutscher. Von ihm wurde angenommen, daß es sich um einen Angehörigen des britischen Geheimdienstes handelte. Die in die Dolezalek-Pläne eingeweihten Mitglieder der Amtsgruppe D informierten Stranders gezielt über deutsch-sowjetische Fühlungnahmen und prokommunistische Strömungen im Reich und ließen ihn wissen, daß ein besiegtes Deutschland sich der KPD zuwenden würde. Sie hofften, Stranders werde diese Mitteilungen nach London weiterleiten.

[183] Vgl. H. Stehle, Deutsche Friedensfühler bei den Westmächten im Februar/März 1945, in: VJHZ, 30. Jg. (1982), S. 538–555; Steinert a.a.O. S. 23–24; R. Hansen, Ribbentrops Friedensfühler im Frühjahr 1945, in: Geschichte in Wissenschaft und Unterricht, 1967, S. 716–730

[184] In diesem Zusammenhang ist interessant, daß noch im März 1945 in Stockholm eine deutsche »Friedensdelegation« auftauchte, die den Alliierten vorschlug, Hitler solle durch Himmler »als Repräsentanten einer demokratischen und friedliebenden Regierung ersetzt werden«, vgl. I. Fleischhauer, Die Chance des Sonderfriedens, Berlin 1986, S. 328, Anm. 57

[185] Neulen, An deutscher Seite a.a.O. S. 34

[186] BA NS 31/42

[187] Im Schrifttum ist die Deutsche Freiheitsbewegung fälschlicherweise dem Leiter der Personalabteilung im Reichssicherheitshauptamt, A. Franke-Grieksch, zugeschrieben worden, vgl. H. A. Jacobsen, Der Tod stand vor der Tür, in: Die Welt Nr. 79 vom 3.4.1965; derselbe, Zur Lage der Nation: Deutschland im Mai 1945, in: Aus Politik und Zeitgeschichte, B 13/85 vom 30. März 1985, S. 8 f.; Steinert a.a.O. S. 19–20. Weiter ordnet Jacobsen a.a.O. die Anlage 4 zum Generalplan 1945 vom 5.4.1945 »Überwindung der Katastrophe«, in der ein deutsch-sowjetischer Sonderfrieden und die Bildung einer aus Deutschland und der UdSSR bestehenden »sozialistischen Union« gefordert wird, »wahrscheinlich ... jüngeren Offizieren der deutschen Wehrmacht« zu, während das Dokument – 6889 BDC Flensburg 7 June 1945 – unzweifelhaft von Dolezalek stammt, wie sich aus der Paraphe »Do.« am Ende des Schriftstückes ergibt. Alexander Dolezalek selbst ordnet seine Denkschrift selbst noch in die »Politik der doppel-

ten Kehrtwendung« ein, was bedeuten würde, ihre prosowjetische Tendenz war zur Irreführung der Westalliierten bestimmt. Dies ist jedoch fraglich, denn in dem Dokument selbst wird der Plan, Waffenstillstandsverhandlungen mit dem Osten aufzunehmen, um den Westen verhandlungsbereit zu machen, ausdrücklich als nicht mehr durchführbar bezeichnet.

188 Sehr ähnliche Thesen wie Dolezalek erarbeitete der österreichische Jurist Dr. Kier, der am Berliner Kaiser-Wilhelm-Institut für Völkerrecht und ausländisches öffentliches Recht beschäftigt war und mit dem SS-Hauptamt, Amtsgruppe D, in regem Gedankenaustausch gestanden hatte. Kiers 14 europäische Freiheitsthesen finden sich im IfZ Archiv unter der Signatur ZS 2372.

Italien

1 So Marcello Veneziani in seiner Einführung zu der Neuauflage von A. Romualdi, Il fascismo come fenomeno europeo, Roma 1984, S. 11

2 Mussolini in seiner Einleitung zu J. S. Barnes, The Universal Aspects of Fascism, London 1928, S. xix; B. Mussolini, Fascismo e nazismo, Roma 1984, S. 14

3 A. Varo, During the darkness which precedes dawn. Verso gli stati uniti d'Europa, Milano 1932, S. 20; 38

4 Teile des Schlußprotokolls des Convegno Volta sind abgedruckt in: Intervento, Roma Nr. 42 (März-April 1980), S. 93–109

5 A. Gravelli, Hitler, Mussolini und die Revision, Leizpig o.J. (1933), S. 60

6 Zu den CAUR vgl. M. A. Ledeen, L'Internazionale fascista, Roma-Bari 1973; Borejsza, Il fascismo e l'Europa orientale a.a.O. S. 139 ff.; Neulen, Europas verratene Söhne a.a.O. S. 50 ff.

7 E. W. Eschmann, Die Außenpolitik des Faschismus, Berlin, 2. Aufl. 1934, S. 84

8 Zum Kongreß von Montreux vgl. Comités d'Action pour l'Universalité de Rome. Réunion de Montreux, 16–17 Décembre 1934–XIII, édité par le Bureau de Presse des Comités d'Action pour l'Universalité de Rome, Roma 1935

9 R. Coudenhove-Kalergi, Eine Idee erobert Europa. Meine Lebenserinnerungen, Wien-München-Basel 1958, S. 201

10 Wie Anm. 9

11 Coudenhove-Kalergi, Eine Idee a.a.O. S. 201–202; derselbe, Europa erwacht! Paris-Wien-Zürich 1934, S. 132

12 L. Sommer, Neugestaltung der Handelspolitik, Berlin-Wien 1935, S. 224

12a B. Ricci, Lo scrittore italiano, Roma 1984, S. 19

13 E. Wiskemann, The Rome-Berlin Axis, London 1966, S. 328

14 G. Bottai, Diario 1935–1944, a cura di G. B. Guerri, Milano 2. Aufl. 1983, S. 375 (Eintragung vom 20.4.1943)

15 Schreiben des Duce an den Führer vom 3. Januar 1940, ADAP, Serie D, Bd. VIII, Dok. Nr. 504, S. 474–477 (hier: S. 475 f.); vgl. a. L. Simoni (Pseudonym für Michele Lanza), Berlin ambassade d'Italie 1939–1943, Paris 1947, S. 64–65; bei Mussolini, Fascismo e nazismo a.a.O. S. 100–101, findet sich eine andere Fassung, wonach das polnische Volk »die Behandlung von Besiegten verdient, nicht die von Sklaven«. Es ist davon auszugehen, daß es sich hierbei um den Entwurf des Schreibens des Duce handelt, der bei der endgültigen Abfassung des Brieftextes »entschärft« wurde.

16 Simoni a.a.O. S. 69–70

17 A. Pirelli, Taccuini 1922/1943, a cura di D. Barbone, Bologna 1984, S. 300

[18] G. Ciano, Diario 1939–43, Milano 5. Aufl. 1971, S. 423. Der Autor ist sich darüber im klaren, daß die Tagebuchaufzeichnungen Cianos mit Vorsicht heranzuziehen sind, da sie nachträglich »bearbeitet« wurden. Er hat jedoch keinen Zweifel daran, daß der hier zitierte Ausspruch von Mussolini stammt; dies beweisen zahlreiche ähnliche Aussagen des Duce, die von anderen Zeitzeugen bestätigt wurden.

[19] Vgl. F. Anfuso, Die beiden Gefreiten. Ihr Spiel um Deutschland und Italien, München 1952, S. 167; E. Ortona, Il 1943 da Palazzo Chigi. Note di Diario, in: Storia contemporanea 1983, S. 1082 (Eintragung vom 11.2.1943)

[20] Dies war, zumindest was Belgien und Holland anbetrifft, der Zeitpunkt unmittelbar nach der geglückten deutschen Invasion 1940.

[21] G. Bottai, Diario 1935–1944 a.a.O. S. 300 (Eintragung vom 24.3.1942); vgl. a. derselbe, Vent'anni e un giorno, Milano 1977, S. 221. Auch diese Tagebuchaufzeichnungen sind nachträglich »bearbeitet« worden, wie ein Vergleich mit den von G. B. Guerri herausgegebenen Originaltagebüchern beweist.

[22] Schreiben Mussolinis an Hitler vom 22. Juli 1942, ADAP, Serie E, Bd. III, Dok. Nr. 122, S. 212–213; vgl. a. Wiskemann, The Rome-Berlin Axis a.a.O. S. 327

[23] Ciano a.a.O. S. 601-602 (Eintragung vom 8.10.1942)

[24] Vgl. etwa die Tagebuchaufzeichnungen von L. Simoni a.a.O. S. 16 (Eintragung vom 29.10.1939); S. 30 (Eintragung vom 6.11.1939); S. 38 (18.11.1939); S. 43 (28.11.1939); S. 159–160 (23.6.1940); weiter D. Alfieri, Due dittatori di fronte, Milano 1948, S. 245

[25] G. Pintor, Commento a un soldato tedesco, Primato, 1.2.1941; auch enthalten in Pintor, Il sangue d'Europa a.a.O. S. 78; »Primato« 1940–1943, antologia a cura di L. Mangoni, Bari 1977, S. 126; G. B. Guerri, Giuseppe Bottai, un fascista critico, Milano 2. Aufl. 1976, S. 193 f.

[26] PA AA Inland II g 291. Volkstum und Grenzfragen. Beobachtg. italien. Aktivität an Alpengrenze der Publikationsstelle Innsbruck von 1941–1943, 632132

[27] PA AA Inland II g 291, 632107

[28] PA AA Inland II g 291, 632104

[29] Der Artikel ist veröffentlicht in: Reich, Volksordnung, Lebensraum, Darmstadt III. Band 1942, S. 9–39

[30] PA AA Inland I-D. Italien: Kirche 6 von 1941 bis 1944, Bd. 2

[31] A. De Stefani, Il riordinamento e la pacificazione dell'Europa, in: Rivista italiana di scienze economiche, Roma 1941, S. 990

[32] D. Cofrancesco, Il mito europeo del fascismo a.a.O. S. 15 f.; Il Convegno di Pisa per i problemi economici dell Ordine Nuovo, in: Lo Stato, Roma 1942, S. 162–165

[33] Cofrancesco, Il mito europeo del fascismo a.a.O. S. 23; derselbe, Ideas of the Fascist Government and Party on Europe a.a.O. S. 181; die Arbeiten von Cofrancesco vermögen im übrigen trotz ihrer Materialfülle nicht zu überzeugen. Cofrancesco beschränkt sich fast ausschließlich auf die kulturelle und publizistische Seite der eurofaschistischen Thematik und läßt die entsprechenden Vorstellungen der Regierung (z. B. Bastianini 1943) außer acht. Dadurch entsteht ein verzerrtes Bild der historischen Realität. Deutlich andere Akzente setzt insoweit die neueste Abhandlung über den italienischen Eurofaschismus: F. Silvestri, Il fascismo e l'Europa, in: Mussolini nel centenario della nascita, Roma 1986, S. 617–623

[34] F. M. Pacces, Verso un economia corporativa europea, in: Critica Fascista vom 1.11.1940, S. 6; vgl. a. Cofrancesco, Il mito europeo del fascismo a.a.O. S. 36

[35] Zu Mazzini vgl. H. Kohn, Propheten ihrer Völker, Bern 1948, S. 91–121; R. H. Foerster, Europa. Geschichte einer politischen Idee, München 1967, S. 275–279; Mazzinis Bruderschaftsvertrag der Organisation »Junges Europa« von 1861 findet sich in: D. de Rougemont, Europa. Vom Mythos zur Wirklichkeit, München 1962, S. 240 ff.

[36] Aufzeichnung des Wiss. Hilfsarbeiters Prinzing vom 10.9.1942, ADAP, Serie E, Bd. III, Dok. Nr. 279, S. 475–479 (hier: S. 477)

[37] Der Tagungsbeitrag von Spirito ist abgedruckt in: Intervento, Roma Nr. 41 (Januar-Februar 1980), S. 124–126; außerdem wurden die Ideen Pellizzis scharf von dem Staatsrechtslehrer Carlo Costamagna angegriffen, vgl. seinen Aufsatz: L'idea dell'Europa e la guerra, in: Lo Stato, März 1943, S. 65–78

[38] Der Tagungsbeitrag von Fortunati ist abgedruckt in: Intervento Nr. 41 a.a.O. S. 126–128

[39] Die Weizsäcker-Papiere a.a.O. S. 267–268 (Notiz vom 6.9.1941)

[40] Anfuso a.a.O. S. 176–189; Alfieri a.a.O. S. 218; 221 ff.; Pini, G./Susmel, D., Mussolini. L'uomo e l'opera, vol. 4. Dall'Impero alla Repubblica (1938–1945), Firenze 4. Aufl. 1973, S. 141 f.; Ribbentrops Einspruch gegen das Kommuniqué scheint allerdings keine politischen Ursachen gehabt zu haben, sondern Ausdruck der verletzten Eitelkeit des RAM gewesen zu sein, vgl. P. Schmidt, Statist auf diplomatischer Bühne 1923–1945, Bonn 1950, S. 548–549

[41] Bottai, Diario 1935–1944 a.a.O. S. 284 (Eintragung vom 17.9.1941)

[42] Pirelli a.a.O. S. 337 (Eintragung vom 5.6.1942)

[43] Von Hassell a.a.O. S. 280 (Eintragung vom 3.10.1942)

[44] Memorandum vom 4.11.1942-XXI, Pirelli a.a.O. S. 369

[45] Pirelli a.a.O. S. 372 (Eintragung vom 5.11.1942)

[46] G. Bastianini, Uomini, cose, fatti, Milano 1959, S. 80

[47] Telegramm des Botschafters in Rom an das AA vom 11.2.1943, ADAP, Serie E, Bd. V, Dok. Nr. 119, S. 203–205 (hier: S. 205)

[48] Zum Besuch des RAM in Rom vgl. Bastianini a.a.O. S. 84 ff.; F. W. Deakin, Die brutale Freundschaft, Köln-Berlin 1962, S. 239; Neulen, Europas verratene Söhne a.a.O. S. 64; Schröder, Italiens Kriegsaustritt a.a.O. S. 59 f.; D. Susmel, I dieci mesi terribili, da El Alamein al 25 luglio 43, Roma o.J., S. 66; E. Wiskemann, Fascism in Italy: its Development and Influence, London-Melbourne – Toronto 1969, S. 79 f.

[49] Von Hassell a.a.O. S. 303

[50] Wiskemann, The Rome-Berlin Axis a.a.O. S. 344 f.; dieselbe, Fascism in Italy a.a.O. S. 79 f.

[51] Aufzeichnung von Rintelen vom 24.3.1943, PA AA Büro des Staatssekretärs. Italien Bd. 12, 124083–124084; Schröder, Italiens Kriegsaustritt a.a.O. S. 61

[52] Der Text der europäischen Charta ist bisher nicht aufgefunden worden.

[53] Hier scheinen die Tagebuchaufzeichnungen von Ortona a.a.O. S. 1097 (Eintragungen vom 6. und 7.4.1943) am verläßlichsten. Nach Bastianini, der bereits für den Rom-Besuch des RAM fälschlich den Monat März nennt, wurde die Europa-Charta von Mussolini bereits drei Tage vor der Reise abgesegnet, vgl. Bastianini a.a.O. S. 92

[54] Vgl. E. von Rintelen, Mussolini als Bundesgenosse, Tübingen-Stuttgart 1951, S. 192

[55] Aufzeichnung über die Unterredung zwischen dem RAM und dem Staatssekretär

Bastianini (8.4.1943) vom 10.4.1943, ADAP, Serie E, Bd. V, Dok. Nr. 286, S. 543–555 (hier: S. 554)

[56] Aufzeichnung über die Unterredung zwischen dem RAM und dem Staatssekretär Bastianini (9.4.1943) vom 11.4.1943, ADAP, Serie E, Bd. V, Dok. Nr. 291, S. 566–571 (hier: S. 567)

[57] Wie Anm. 56, S. 571

[58] Bastianini a.a.O. S. 101; zu dem Treffen von Klessheim vgl. im übrigen W. Baum/E. Weichold, Der Krieg der »Achsenmächte« im Mittelmeerraum, Göttingen-Zürich-Frankfurt 1973, S. 317 f.; Deakin a.a.O. S. 311–324; P. Monelli, Roma 1943, Milano 1979, S. 52 f.; Pini/Susmel vol. 4 a.a.O. S. 219 f.; F.-K. von Plehwe, Schicksalsstunden in Rom, Berlin 1967, S. 22–30; Schröder, Italiens Kriegsaustritt a.a.O. S. 61 ff.; Die Weizsäcker-Papiere a.a.O. S. 336 (Notiz vom 13.4.1943); Wiskemann, The Rome-Berlin Axis a.a.O. S. 346 f.

[59] So C. Madajczyk, Die Besatzungssysteme der Achsenmächte, in: Studia Historiae Oeconomicae, Bd. 14 (1979), Posen 1980, S. 109

[60] Schröder, Italiens Kriegsaustritt a.a.O. S. 66 f.

[61] Aufzeichnung von Hencke vom 21.10.1943, PA AA Büro des Staatssekretärs. Italien Bd. 18, 70824

[62] Vgl. J. Schröder, Bestrebungen zur Eliminierung der Ostfront 1941–1943, Göttingen-Zürich 1985, S. 18–25

[63] E. M. Gray, Dopo vent'anni. Il Fascismo e l'Europa, a cura del P.N.F., Roma 1943-XXI

[64] Bastianini a.a.O. S. 85; Simoni a.a.O. S. 382 (Eintragung vom 29.4.1943); Bottai, Diario 1935–1944 a.a.O. S. 368 (Eintragung vom 18.3.1943)

[65] Pirelli a.a.O. S. 445 (Eintragung vom 7.–8.7.1943)

[66] Telegramm Schmidt vom 17.4.1943, PA AA Büro des Staatssekretärs. Italien Bd. 13, 124193; Schröder, Italiens Kriegsaustritt a.a.O. S. 63

[67] Aufzeichnung Baron von Steengracht vom 14.5.1943, ADAP, Serie E, Bd. VI, Dok. Nr. 37, S. 68–71; vgl. a. den persönlichen Brief Alfieris an Mussolini vom 14.5.1943, Simoni a.a.O. S. 389 f.; Deakin a.a.O. S. 350 f.

[68] Aufzeichnung Baron von Steengracht vom 19.5.1943, ADAP, Serie E, Bd. VI, Dok. Nr. 46, S. 83 f.

[69] Zu der Rede Salatas vgl. Telegramm von Mackensen vom 19.5.1943, PA AA Büro des Staatssekretärs. Italien Bd. 13, 124348–124351; Deakin a.a.O. S. 351 f.; Schröder, Italiens Kriegsaustritt a.a.O. S. 64

[70] Deakin a.a.O. S. 352 f.; Schröder, Italiens Kriegsaustritt a.a.O. S. 64

[71] Bottai, Diario 1935–1944 a.a.O. S. 379 (Eintragung vom 23.5.1943)

[72] Alfieri a.a.O. S. 249

[73] Aufzeichnung des Gesandten Schmidt vom 11.6.1943, ADAP, Serie E, Bd. VI, Dok. Nr. 95, S. 161–174 (hier: S. 169–174); Simoni a.a.O. S. 402 ff. (Eintragung vom 11.6.1943)

[74] Alfieri a.a.O. S. 297

[75] PA AA Büro des Staatssekretärs. Italien Bd. 13, 124621–124624

[76] Vgl. etwa Mussolinis Einlassung gegenüber Pirelli von Ende April 1943, Pirelli a.a.O. S. 429 (Eintragung vom 22./23.4.1943)

[77] PA AA Nachlaß Cécil von Renthe-Fink, Bd. 13, E 384481–E 384482; vgl. a. Bottai, Diario 1935–1944 a.a.O. S. 403 (Eintragung vom 22.7.1943)

[78] Pantelleria hatte am 11.6. kapituliert, Lampedusa einen Tag später

[79] Zum Konzept von Primato vgl. Bottai, Diario 1935–1944 a.a.O. S. 221 f. (Ein-

tragungen vom 12. und 13.8.1940); Bottai, Vent'anni e un giorno a.a.O. S. 190 f. (Eintragungen vom 12. und 13.8.1940); R. De Felice, Mussolini il Duce. Lo stato totalitario 1936–1940, Torino 1981, S. 730 f.; Guerri a.a.O. S. 179–195; eine Sammlung von Aufsätzen aus Primato enthalten: »Primato« 1940–1943 a.a.O.; V. Vettori, Antologia di Primato, Roma 1968

80 Telegramm Rahn vom 4.3.1944, PA AA Büro des Staatssekretärs. Italien Bd. 19, 71673

81 L. Garibaldi, Mussolini e il professore. Vita e diari di Carlo Alberto Biggini, Milano 1983, S. 352

82 G. Capasso Torre di Caprara, L'Asse e l'Europa, Venezia 1944, S. 22; die Fondazione Biblioteca archivio luigi micheletti in Brescia hat dem Autor dies Dokument neben anderen Materialien freundlicherweise zur Verfügung gestellt.

83 B. Mussolini, Testamento politico, Roma 1984, S. 55 f.; F. Massobrio/U. Guglielmotti, Storia della Repubblica Sociale Italiana, Bd. 2, Roma 3. Aufl. 1978, S. 943

84 Mussolini, Testamento politico a.a.O. S. 80; Massobrio/Guglielmotti Bd. 2 a.a.O. S. 995; S. Bertoldi, La Repubblica di Salò. Storia, documenti, immagini, Bd. 3, Milano 1980, S. 1068. Der Europagedanke beschäftigte Mussolini auch in seinem Gespräch mit dem Journalisten Gian Gaetano Cabella am 20.4.1945, vgl. Mussolini, Testamento politico a.a.O. S. 88; Neulen, Europas verratene Söhne a.a.O. S. 68

Frankreich

1 Pétain et les Allemandes. Mémorandum d'Abetz sur les rapports Franco-Allemandes, Paris 1948, S. 87

2 D. Veillon, La collaboration. Textes et débats, Paris 1984, S. 362

3 Vgl. etwa R. Abellio, Ma dernière mémoire, Band 3: Sol invictus. 1939–1947, Paris 1980, S. 275 f.

4 J. Benoist-Méchin, De la défaite au désastre. Band 1: Les occasions manquées. Juillet 1940 – avril 1942, Paris 1984, S. 94 f.

5 Benoist-Méchin Bd. 1 a.a.O. S. 338

6 Vgl. Benoist-Méchin Bd. 1 a.a.O. S. 237–253; der gesamte Vertragstext ist auf den Seiten 437–445 abgedruckt; teilweise auch in: ADAP, Serie D, Bd. XIII. 1, Dok. Nr. 113, S. 121–126; zu der Note vgl. a. O. Abetz, Das offene Problem, Köln 1951, S. 196 ff.

7 Benoist-Méchin Bd. 1 a.a.O. S. 251 f.

8 Pétain et les Allemandes a.a.O. S. 110 f.

9 Telegramm der Botschaft in Paris an das AA vom 30.7.1941, ADAP, Serie D, Bd. XIII. 1, Dok. Nr. 162, S. 194 f.; Pétain et les Allemandes a.a.O. S. 111–114

10 J. Benoist-Méchin, De la défaite au désastre. Band 2: L'espoir trahi. Avril-novembre 1942, Paris 1985, S. 134 f.

11 Benoist-Méchin Band 1 a.a.O. S. 324; ähnlich die Aufzeichnung des Gesandten Schmidt über die Unterredung zwischen Göring und Pétain, ADAP, Serie D, Bd. XIII. 2, Dok. Nr. 529, S. 749

12 PA AA Büro des Staatssekretärs. Frankreich Bd. 10, 221457–221458

13 Aufzeichnung des Gesandten Schmidt vom 14.11.1942, ADAP, Serie E, Bd. IV, Dok. Nr. 176, S. 301–310 (hier: S. 306 f.); Deakin a.a.O. S. 94

14 Aufzeichnung des Gesandten Schmidt vom 2.5.1943, ADAP, Serie E, Bd. VI, Dok. Nr. 6, S. 8–17 (hier: S. 15)

15 Aufzeichnung des Gesandten Schmidt vom 3.5.1943, ADAP, Serie E, Bd. VI, Dok. Nr. 7, S. 18–26 (hier: S. 22)

16 Deakin a.a.O. S. 348 f.; H. Amouroux, La grande histoire des Français sous l'occupation, Band 6: L'impitoyable guerre civile, décembre 1942–décembre 1943, Paris 1983, S. 36

17 Bastianini a.a.O. S. 290; Deakin a.a.O. S. 349

18 Die Rede ist auch abgedruckt bei R. de Chambrun, Pierre Laval devant l'histoire, Paris 1983, S. 358 f.

19 L. F. Céline, Von einem Schloß zum andern, Reinbek/Hamburg 1960, S. 196

20 Zu den Gesprächen zwischen Speer und Bichelonne vgl. die Aufzeichnung des Gesandten Schnurre vom 22.9.1943, ADAP, Serie E, Bd. VI, Dok.Nr. 338, S. 573–575; Amouroux Bd. 6 a.a.O. S. 264 ff.; H. Kehrl, Krisenmanager im Dritten Reich, Düsseldorf 1973, S. 316 f.; A.S. Milward, French Labour and the German Economy, 1942–1945: An Essay on the Nature of the Fascist New Order, in: The Economic History Review, 1970, S. 344 ff.; derselbe: German Economic Policy towards France, 1942–1944, in: Studies in International History, edited by K. Bourne and D. C. Watt, London 1967, S. 426 ff.; A. Speer, Erinnerungen, Berlin 8. Aufl. 1970, S. 322-324

21 Milward, German Economic Policy towards France a.a.O. S. 428

22 Z. Sternhell, Ni droite ni gauche, Paris 1983, S. 287 f.

23 Zu der numerischen Stärke der einzelnen Kollaborationsparteien vgl. Neulen, An deutscher Seite a.a.O. S. 98 f.

24 PA AA Büro des Staatssekretärs. Frankreich Bd. 10, 221747

25 J. Doriot, Réalités, Paris 1942, S. 99

26 J. Doriot, Le destin français, Paris 1943, S. 3 (Rede vom 5.8.1943); vgl. a. derselbe, Réalités a.a.O. S. 118 f. (Rede vom 18.7.1941)

27 V. Barthélemy, Du communisme au fascisme, Paris 1978, S. 339 f.; das Memorandum Barthelemys erinnert stark an Gedankengänge Pierre Drieu la Rochelles, vgl. insoweit Dok. Nr. 45

28 H. Rousso, Un château en Allemagne. La France de Pétain en exil. Sigmaringen 1944–1945, Paris 1980, S. 93; 96

29 Céline a.a.O. S. 82

30 Georges Suarez, Direktor der Tageszeitung Aujourd'hui, wurde 54jährig am 9.11.1944 im Fort de Montrouge erschossen, der bekannte Marineschriftsteller Paul Chack am 9.1.1945 hingerichtet.

31 L'Echo de Nancy vom 16.1.1945 (ACRPP, Paris)

32 Le Petit Parisien vom 22.2.1945 (ACRPP, Paris)

33 A. Fabre-Luce (Hrsg.), Anthologie de la Nouvelle Europe, Paris 1942, S. 252

34 M. Déat, Europa und seine Völker, in: Junges Europa, 5/1942, S. 30

35 Déat a.a.O. S. 31

36 Die Konferenz von Moskau fand vom 19.–30.10.1943 zwischen den Außenministern Molotow (UdSSR), Eden (Großbritannien) und Hull (USA) statt.

37 Le sens de la guerre – l'Europe future, in: Jeune Force de France, Nr. 20, 15.11.1943 (ACRPP, Paris)

38 P. Bourget, Paris, année 44. Occupation-libération-épuration, Paris 1984, S. 462–464

39 L. Richard, Ein gewisser Liberalismus und seine Mäander, in: J. Sieß (Hrsg.), Widerstand, Flucht, Kollaboration, Frankfurt 1984, S. 90 f.

40 Vgl. Payr a.a.O. S. 136 f.

[41] J. Morand-Deviller, Louis-Ferdinand Céline und die Politik, in: Sieß a.a.O. S. 149

[42] Veillon a.a.O. S. 369

[43] Äußerung Drieu la Rochelles von Januar 1943, zitiert nach F. J. Grover, Drieu la Rochelle (1893–1945), Paris 1979, S. 133

[44] P. Drieu la Rochelle, Mesure de la France, suivi de Écrits 1939–1940, Paris 1964, S. 75 f.

[45] P. Drieu la Rochelle, Le jeune européen, suivi de Genéve ou Moscou, Paris 1978, S. 216 f.

[46] F. Bondy, Es gibt zu viele Vaterländer, in: Rheinischer Merkur vom 7.9.1979

[47] P. Drieu la Rochelle, Geheimer Bericht und andere biographische Aufzeichnungen, München 1986, S. 100 (Tagebucheintragung vom 3.11.1944)

[48] Artikel, veröffentlicht in La Gerbe vom 21.8.1941, vgl. P. Drieu la Rochelle, Chronique politique 1934–1942, Paris 1943, S. 320

[49] P. Drieu la Rochelle, France, Angleterre, Allemagne, in: Deutschland-Frankreich. Vierteljahresschrift des Deutschen Instituts Paris, 1. Jg., 3/1943, S. 36 ff.

[50] Drieu la Rochelle, France, Angleterre, Allemagne a.a.O. S. 39

[51] P. Drieu la Rochelle, Der bolivianische Traum, Köln-Lövenich 1981, S. 194

[52] Bondy a.a.O. Rheinischer Merkur vom 7.9.1979

Belgien

[1] H. de Man, Après coup, Bruxelles 1941, S. 319; vgl. a. derselbe, Gegen den Strom, Stuttgart 1953, S. 245 ff.

[2] Brugmans a.a.O. S. 86

[3] H. de Man, Réflexions sur la paix, Bruxelles 1942, S. 110 f.

[4] de Man, Réflexions a.a.O. S. 107

[5] de Man, Gegen den Strom a.a.O. S. 257; Neulen, Europas verratene Söhne a.a.O. S. 95

[6] F. van der Elst, Elias, chef du V.N.V., in: Cahiers d'histoire de la seconde guerre mondiale, 3/1974, S. 185 f.

[7] L. Narvaez Duchesse de Valence, Degrelle m'a dit, Bruxelles 1977, S. 291

[8] Der deutsche Text seiner Ansprache an die Wallonische Legion vom 8.8.1941 ist abgedruckt in: Die Aktion, 5. Jg., März 1944, S. 121–125

[9] L. Degrelle, Waffen-SS. La grande sconosciuta, Monfalcone 1984, S. 45 f. Im übrigen ist festzustellen, daß Degrelle mit zunehmendem Alter in seinen Nachkriegspublikationen eine immer extremer werdende Hitler-freundliche Position bezogen hat. Ein Beispiel für seine groteske Einschätzung des deutschen Diktators findet sich in: La nostra Europa a.a.O. S. 47: »Jeden Tag bewundere ich Hitler mehr: Dieses absolute Genie auf politischem, militärischem und auch sozialem Gebiet, ein Genie, wie es nicht einmal Napoleon war.« Ähnlich Degrelle in: Playboy (deutsch), Nr. 11 (Nov.) 1979, S. 92. Es erscheint jedoch fraglich, ob diese NS-Apologie ein hinreichender Grund dafür sein kann, auf den Kopf des nunmehr 80jährigen Greises eine »Prämie« von 100.000 Dollar auszusetzen, wie es ein in Los Angeles beheimatetes Institut 1985 wohl getan hat. Vgl. Diagnosen, Februar 1986, S. 40 ff.

[10] Vgl. Schreiben des Vertreters des AA beim Militärbefehlshaber in Belgien und Nordfrankreich von Bargen (Brüssel) an den Staatssekretär des AA Freiherrn von Weizsäcker vom 15.1.1943, ADAP, Serie E, Bd. V, Dok. Nr. 51, S. 106

[11] Der Text der Rede Degrelles vom 18.1.1943 ist auszugsweise abgedruckt in: Ursachen und Folgen, 18. Band a.a.O. S. 318–322

[12] R. Poulet, Ce n'est pas une vie, Paris 1976, S. 286

[13] Brief von Pierre de Ligne an Victor Matthys vom 25.1.1943, CGWOII/Bruxelles

[14] Brief von Raymond de Becker an Léon Degrelle vom 18.1.1943, CGWOII/Bruxelles; ein Teil des Briefes ist auch abgedruckt bei F. Bertin, L'Europe de Hitler, Bd. 1, Paris 1976, S.164

[15] Der Militärbefehlshaber in Belgien und Nordfrankreich-Militärverwaltungschef. Tätigkeitsbericht Nr. 24.1.4.1943–30.6.1943, Bl. A 32, IfZ Archiv MA 677/5, Bl. 272; vgl. a. Neulen, An deutscher Seite a.a.O. S. 86

[16] Vgl. Aufzeichnung des Gesandten Krug von Nidda vom 10.11.1944, ADAP, Serie E, Bd. VIII, Dok. Nr. 292, S. 535; vgl. a. Neulen, An deutscher Seite a.a.O. S. 88

[17] Documents on the History of European Integration, vol. 1 a.a.O. S. 10

[18] Vgl. den Brief Pierre Dayes an den französischen Verleger Bernard Grasset vom 5.10.1940, CGWOII/Bruxelles (Kapitel XLIII der unveröffentlichten »Mémoires« von P. Daye)

[19] J. Gerard-Libois/J. Gotovitch, L'An 40. La Belgique occupée, Bruxelles 1971, S. 232, 474 f.

[20] Vgl. zu folgendem P. Daye, L'Europe aux européens, Bruxelles 1942, S. 110–111; 165–166; 87–88; 142; 150

[21] Daye a.a.O. S. 122–123

[22] Daye a.a.O. S. 175

[23] Daye a.a.O. S. 114

[24] Brief Pierre Dayes an Bernard Grasset vom 28.11.1940, CGWOII/Bruxelles (Kapitel XLIII der unveröffentlichten »Mémoires« von P. Daye)

Holland

[1] J. Meyers, Mussert, een politiek leven, Amsterdam 2. Aufl. 1984, S. 208

[2] Schreiben Rauters an Himmler vom 14.11.1942, IfZ Archiv MA 328, Bl. 2046; Bertin Bd. 1 a.a.O. S. 214

[3] Schreiben Rauters an Himmler vom 19.6.1943, IfZ Archiv MA 328

[4] Wie Anm. 3

[5] Meyers a.a.O. S. 19; 64; G. Hirschfeld, Fremdherrschaft und Kollaboration. Die Niederlande unter deutscher Besatzung 1940–1945, Stuttgart 1984, S. 161 f.

[6] Meyers a.a.O. S. 63

[7] Der Text der Denkschrift ist abgedruckt in: A. A. Mussert, Fijf Nota's van Mussert aan Hitler over de Samenwerking van Duitschland en Nederland in een Bond van Germaansche Volkeren 1940–1944, S-Gravenhage 1947, S. 12–32; vgl. a. Hirschfeld a.a.O. S. 174, Meyers a.a.O. S. 190–192; Bertin Bd. 1 a.a.O. S. 210

[8] Mussert, Vijf Nota's a.a.O. S. 32

[9] Meyers a.a.O. S. 192

[10] A. A. Mussert, Die Aufgabe der Niederlande im Neuen Europa, o.J., o.O. (1940), S. 28

[11] Mussert, Die Aufgabe a.a.O. S. 12

[12] A. A. Mussert, Der europäische Bund, in: Junges Europa, 1. Jg., 4/1942, S. 20

[13] Vgl. zu folgendem A. A. Mussert, Über den niederländischen Staat in dem neuen Europa, Utrecht 1942, S. 5; 20; 8; 11

[14] Bertin Bd. 1 a.a.O. S. 199

[15] Schreiben Himmlers an Seyß-Inquart vom 7.1.1941, IfZ Archiv MA 290, Bl. 1035; zum annexionistischen Kurs der SS vgl. a. Schreiben des Gesandtschaftsrats Wickel an Unterstaatssekretär Luther vom 11. Mai 1942, ADAP, Serie E, Bd. II, Dok. Nr. 198, S. 338–340

[16] Dieses »Abnutzungs-Prinzip« wurde nicht von allen Dienststellen des Reiches gutgeheißen. So lehnte der Schweizer SS-Obersturmbannführer Riedweg, der Chef der Germanischen Leitstelle, diese Strategie im Interesse »einer germanischen Reichspolitik« ab, vgl. Ursachen und Folgen, 18. Band a.a.O. S. 295

[17] Bericht des Vertreters des Auswärtigen Amtes beim Reichskommissar für die besetzten niederländischen Gebiete, Bene, an das AA vom 1.10.1941, ADAP, Serie D, Bd. XIII. 2, Dok. Nr. 373, S. 491; die Schlußfolgerung Benes, es sei »ein selbständiger Staat Niederlande im Germanischen Reich gewünscht«, ist nicht haltbar. Bene selbst hatte an der Besprechung Hitler/Seyß-Inquart nicht teilgenommen und stützte seinen Bericht auf die Ausführungen des Reichskommissars

[18] Mussert, Vijf Nota's a.a.O. S. 61; Hirschfeld a.a.O. S. 188; in den ADAP, Serie E, Bd. I, Dok. Nr. 86, S. 156 findet sich ein hiervon abweichender Text der Eidesleistung, der in dieser Fassung nicht zutrifft.

[19] Aufzeichnung des Reichsleiters Bormann vom 14.12.1942, ADAP, Serie E, Bd. IV, Dok. Nr. 284, S. 510–511

[20] Schreiben Rauters an Himmler vom 14.11.1942, IfZ Archiv MA 328, Bl. 2046

[21] Vgl. Schreiben Rauters an Himmler vom 17.12.1942, IfZ Archiv MA 331, Bl. 4848–4851

[22] Vgl. zum folgenden P. E. Keuchenius, Germanischer Aufbruch. Holland im Sturm seiner Schicksalswende, Berlin 1941, S. 3; 23; 25

[23] Note über den politischen Zustand der Niederlande vom 17. Mai 1943, abgedruckt in: Mussert, Vijf Nota's a.a.O. S. 59–71

[24] Der Gesamttext der Rede findet sich im IfZ Archiv, MA 328

[25] Die Niederschrift über die Besprechung ist erhalten im IfZ Archiv, MA 340, Bl. 5790–5809; abgedruckt bei J. Ackermann, Heinrich Himmler als Ideologe, Göttingen-Zürich-Frankfurt 1970, S. 276–284

[26] Note über die politische Entwicklung in den Niederlanden vom 26.10.1943, abgedruckt in: Mussert, Vijf Nota's a.a.O. S. 75–93

[27] Hirschfeld a.a.O. S. 174

[28] Bertin Bd. 1 a.a.O. S. 208

[29] Meyers a.a.O. S. 240

[30] Meyers a.a.O. S. 274

Norwegen

[1] Aus einer Rede von V. Quisling, gehalten anläßlich des 8. Parteitages der Nasjonal Samling in Oslo im September 1942, vgl. Norwegen und die germanische Aufgabe in Europa, in: Zeitschrift für Politik, 12/1942, S. 794 f.

[2] Diesen Begriff verwendete Quisling in seiner Rundfunkansprache vom 26.9.1940

[3] V. Quisling, Rußland und wir, Oslo 1942, S. 220 ff.

[4] H.-D. Loock, Quisling, Rosenberg und Terboven, Stuttgart 1970, S. 105

[5] Vgl. V. Quisling, A Nordic World Federation, in: The British Union Quarterly, vol. I, no. 1, January-April 1937, S. 96 f.; einige Absätze aus dem Artikel sind auch abgedruckt bei Loock a.a.O. S. 155–157

[6] Quisling, A Nordic World Federation a.a.O. S. 92 f.
[7] L. W. Doob (Hrsg.), »Ezra Pound speaking«. Radio Speeches of World War II, Westport-London 1978, S. 404
[8] Martin, Friedensinitiativen und Machtpolitik a.a.O. S. 357
[9] Wie Anm. 8
[10] Loock a.a.O. S. 270
[11] H. Boehm, Norwegen zwischen England und Deutschland, Lippoldsberg 1956, S. 131
[12] ADAP, Serie D, Bd. XII. 1, Dok. Nr. 147, S. 214; H.-A. Jacobsen, Der Weg zur Teilung der Welt, Koblenz-Bonn 2. Aufl. 1979, S. 243
[13] 6-seitiges Schreiben von Vidkun Quisling vom 2.8.1941, gerichtet an Reichsminister Dr. Lammers, Archiv Autor
[14] Den Hinweis auf diese Rede Quislings verdankt der Autor Herrn P.O. Storlid, der die Arbeit des Verfassers durch zahlreiche Hilfen nachhaltig gefördert hat.
[15] H. F. Knudsen, I was Quisling's Secretary, London 1967, S. 180; M. Quisling, Dagbok og andre efterlatte papirer, Oslo 1980, S. 141–142
[16] Aufzeichnung des Unterstaatssekretärs Woermann vom 17.2.1942, ADAP, Serie E, Bd. I, Dok.Nr. 248, S. 468
[17] Aufzeichnung des Unterstaatssekretärs Woermann vom 20.2.1942, ADAP, Serie E, Bd. I, Dok. Nr. 262, S. 494 f.
[18] Der Text des Memorandums über die heutige innen-und außenpolitische Lage Norwegens findet sich im IfZ Archiv unter der Signatur MA 110; er ist abgedruckt bei Boehm a.a.O. S. 186–194
[19] »Geheim«, Az. RK. 428 A g, IfZ Archiv, MA 110
[20] Aufzeichnung des Reichsministers und Chefs der Reichskanzlei Lammers vom 12.8.1942, ADAP, Serie E, Bd. III, Dok. Nr. 182, S. 307
[21] Vgl. D. Eichholtz, Expansionsrichtung Nordeuropa, in: Zeitschrift für Geschichtswissenschaft, 1/1979, S. 23 ff.
[22] Wie Anm. 20, S. 308
[23] ADAP, Serie E, Bd. III, Dok. Nr. 293, S. 500–501; Boehm a.a.O. S. 157 f.
[24] U. Noack, Norwegen zwischen Friedensvermittlung und Fremdherrschaft, Krefeld 1952, S. 36 ff.; 125 ff.
[25] Vgl. hierzu das Standardwerk von J. Hoffmann, Die Geschichte der Wlassow-Armee a.a.O.; Neulen, An deutscher Seite a.a.O. S. 338–352
[26] Eine Niederschrift über die Besprechung vom 19.4.1943 ist bisher nicht ermittelt worden
[27] Aufzeichnung des Regierungsrats Hagemann vom 16.4.1943, ADAP, Serie E, Bd. V, Dok. Nr. 310, S. 609–615; Neulen, An deutscher Seite a.a.O. S. 157
[28] Die Übersetzung dieser Textpassage hat freundlicherweise P. O. Storlid übernommen
[29] P. M. Hayes, Quisling. The Career and Political Ideas of Vidkun Quisling, Newton Abbot 1971, S. 291
[30] Vgl. The Irish Times vom 19.1.1951: Plan for Hitler-led Federation of Europe. Der Zeitungsausschnitt wurde dem Autor durch Herrn Odd V. Aspheim zugänglich gemacht, der dem Verfasser auch durch die Überlassung von anderen Unterlagen äußerst behilflich war.
[31] The Irish Times vom 19.1.1951 a.a.O.
[32] Schreiben von Himmler an Berger vom 28.2.1944. Der Reichsführer-SS, RF/M. 36/30/44g, Archiv Autor

[33] 13-seitige Denkschrift, Archiv Autor
[34] Schreiben des Reichsführers-SS, Chef des SS-Hauptamtes vom 13.4.1944 an Himmler, VS-Tgb.Nr. 264/44 geh. Der handschriftliche Vermerk Himmlers hierauf datiert vom 26.4.1944, Archiv Autor
[35] G. Lunde, Die nationale Revolution in Norwegen, in: Zeitschrift für Politik, 11/1941, S. 667
[36] Auf der dem Autor vorliegenden Fassung des Entwurfs Europa-Pakt, die aus dem Nachlaß von Maria Quisling stammt, befindet sich keine nähere Datierung. Das Datum 2.11.1944 ist erwähnt in der Zeitung The Irish Times vom 19.1.1951 a.a.O. sowie in der kleinen norwegischen Zeitschrift »8. Mai« vom 13. und 20.4.1951
[37] So jedenfalls The Irish Times vom 19.1.1951 a.a.O.
[38] So Berger in einem Schreiben an Himmler vom 6.2.1945 über die Besprechung Hitlers mit Quisling, IfZ Archiv MA 332, Bl. 6828
[39] W. Best, Betrifft: Vidkun Quisling, Manuskript vom 25.12.1948, S. 3, Archiv Autor
[40] Hayes a.a.O. S. 296; vgl. a. Knudsen a.a.O. S. 152
[41] Dieser Teil der Verteidigungsrede ist abgedruckt in: Folk og Land, 33. Jg., 7/1984, S. 8
[42] S. S. Nilson, Knut Hamsun und die Politik, Villingen 1964, S. 216 f.
[43] E. J. Rustad, Hva betyr en germansk samling for Norge? In: Skuqqsja, 5–6/1944, S. 138–143
[44] Loock a.a.O. S. 559
[45] Best, Betrifft: Vidkun Quisling a.a.O. S. 4

Finnland

[1] S. Jägerskiöld, Mannerheim 1867–1951, Herford 1985, S. 146
[2] Jägerskiöld a.a.O. S. 224
[3] Aufzeichnung des Gesandten Schnurre vom 31.10.1941, ADAP, Serie D, Bd. XIII. 2, Dok. Nr. 436, S. 588 f.
[4] Telegramm des Gesandten in Helsinki von Blücher an das AA vom 20.8.1942, ADAP, Serie E, Bd. III, Dok. Nr. 207, S. 249 f.
[5] Vgl. Telegramm des RAM an die Gesandtschaft in Helsinki vom 4.4.1942, ADAP, Serie E, Bd. II, Dok. Nr. 111, S. 191
[6] V. Quisling, Denkschrift über die russische Frage vom 5.2.1943, S. 13, Archiv Autor. Ansprüche auf die Kola-Halbinsel dürfte wohl der norwegische Finanzminister Frederik Prytz angemeldet haben, vgl. O. Bräutigam, So hat es sich zugetragen ..., Würzburg 1968, S. 419 f.
[7] M. Salewski, Staatsräson und Waffenbrüderschaft. Probleme der deutsch-finnischen Politik 1941–1944, in: VJHZ, 27. Jg. (1979), S. 385
[8] G. R. Überschär, Kriegsführung und Politik in Nordeuropa, in: Das Deutsche Reich und der Zweite Weltkrieg. Bd. 4: Der Angriff auf die Sowjetunion, Stuttgart 1983, S. 853; G. R. Überschär, Guerre de coalition où guerre separée, in: Revue d'Histoire de la deuxième guerre mondiale, Nr. 118 (April 1980), S. 62
[9] Von Blücher a.a.O. S. 119
[10] Hitlers Tischgespräche a.a.O. S. 191 (Aufzeichnung vom 5.4.1942)
[11] Von Blücher a.a.O. S. 267 f.; 277 f.; Drechsler/Dress/Hass, Der Platz Zentraleuropas in der Konzeption der Großraumwirtschaft a.a.O. S. 11 f.

12 Telegramm des RAM an die Gesandtschaft in Helsinki vom 14.3.1942, ADAP, Serie E, Bd. II, Dok. Nr. 38, S. 67

13 So Ryti am 25.2.1942 zum deutschen Gesandten, vgl. von Blücher a.a.O. S. 277

14 Telegramm des Gesandten in Helsinki von Blücher an das AA vom 27.10.1942, ADAP, Serie E, Bd. IV, Dok. Nr. 102, S. 183

15 Von Blücher a.a.O. S. 297 f.

16 Von Blücher a.a.O. S. 305

17 Dies ergibt sich schon aus dem Tenor seiner Aufzeichnung (Dok. Nr. 57)

Rumänien

1 G. Barbul, Mémorial Antonescu, Bd. 1: Le IIIe homme de l'Axe, Paris 1950, S. 141

2 Das Rumänien der Kriegsjahre war keineswegs ein »régime totalitaire de dictature militaire-fasciste«, so aber insbesondere die Einschätzung kommunistischer Historiker, vgl. G. Zaharia, La vie politique en Roumanie (1940–1944), in: Revue d'Histoire de la deuxième guerre mondiale Nr. 140 (Oktober 1985), S. 56; zutreffend demgegenüber A. Hillgruber, Hitler, König Carol und Marschall Antonescu, Wiesbaden 2. Aufl. 1965, S. 122

3 H. Neubacher, Sonderauftrag Südost 1940–1945, Seeheim 3. Aufl. 1966, S. 54

4 I. Gheorghe, Rumäniens Weg zum Satellitenstaat, Heidelberg 1952, S. 302

5 G. Mergl, Rumänien. Der Weg zur Kapitulation 1940–1944, in: Osteuropa, 2. Jg. 1952, S. 381

6 R. Bova-Scoppa, Colloqui con due dittatori, Roma 1949, S. 113

7 Bova-Scoppa a.a.O. S. 42; Deakin a.a.O. S. 169; Hillgruber, Hitler, König Carol und Marschall Antonescu a.a.O. S. 168; nach Barbul a.a.O. S. 183 sollte die Staatengruppe unter der Führung des Heiligen Stuhls stehen; der Gedanke einer lateinischen Achse (zwischen Spanien, Italien und Frankreich) wurde im übrigen auch von dem spanischen Außenminister Ramón Serrano Suñer verfolgt, vgl. R. Serrano Suñer, Espagne 1931–1945, Paris 1984, S. 197 f.; Adolf Hitler. Monologe im Führerhauptquartier a.a.O. S. 391

8 Borejsza, Il fascismo e l'Europa orientale a.a.O. S. 253

9 Hillgruber, Hitler, König Carol und Marschall Antonescu a.a.O. S. 122

10 Bova-Scoppa a.a.O. S. 64–65; vgl. a. S. 46; 52

11 Ähnliche Gedanken äußerte M. Antonescu auch gegenüber dem italienischen Botschafter, vgl. Bova-Scoppa a.a.O. S. 42

12 M. Antonescu, Die Lebenskraft Europas, in: Junges Europa, 1. Jg., 11/1942, S. 18

13 Telegramm der Gesandtschaft in Bukarest an das AA vom 5.5.1941, ADAP, Serie D, Bd. XII. 2, Dok. Nr. 460, S. 600

14 Aufzeichnung des Gesandten Schmidt über eine Unterredung zwischen dem RAM, Marschall Antonescu und Vizeministerpräsident Antonescu am 11.1.1943, ADAP, Serie E, Bd. V, Dok. Nr. 31, S. 63

15 Das Memorandum ist abgedruckt bei Bova-Scoppa a.a.O. S. 72–76; vgl. a. Bottai, Vent'anni e un giorno a.a.O. S. 246 f.; derselbe, Diario 1935–1944 a.a.O. S. 353; Ciano a.a.O. S. 648–650; Deakin a.a.O. S. 169–172

16 A. Hillgruber, Mihai Antonescu, in: Biographisches Lexikon zur Geschichte Südosteuropas, Band I, A-F, München 1974, S. 84

17 Zu dem Besuch M. Antonescus bei Mussolini und seinen Ergebnissen vgl. Bova-

Scoppa a.a.O. S. 113–115; Bastianini a.a.O. S. 113–114; Barbul a.a.O. S. 195–203; Deakin a.a.O. S. 363–365; Hillgruber, Hitler, König Carol und Marschall Antonescu a.a.O. S. 171; Ortona a.a.O. S. 1116–1119; Susmel a.a.O. S. 216. Die dem deutschen Botschafter in Rom übermittelte Darstellung Bastianinis über die italienisch-rumänischen Gespräche verschleiert deren wahren politischen Inhalt, vgl. ADAP, Serie E, Bd. VI, Dok. Nr. 130, S. 223–225

[18] L. Villari, Italian Foreign Policy under Mussolini, New York 1956, S. 343 f.

[19] Aufzeichnung des Gesandten Clodius über die Lage in Rumänien vom 12.7.1944, ADAP, Serie E, Bd. VIII, Dok. Nr. 110, S. 198

[20] Aufzeichnung über die Unterredung zwischen dem RAM und M. Antonescu vom 7.8.1944, ADAP, Serie E, Bd. VIII., Dok. Nr. 149, S. 278–292

Nachwort

[1] D. de Roux, La mort de Céline, Paris 1969, S. 114

[2] C. Müller, Oberst i. G. Stauffenberg. Eine Biographie, Düsseldorf o.J. (1971), S. 193

[3] Brugmans a.a.O. S. 82

[4] Benoist-Méchin, De la défaite au désastre, Band 1 a.a.O. S. 91

[5] Brugmans a.a.O. S. 81

[6] So Brugmans a.a.O. S. 89

[7] Lipgens, Die Anfänge der europäischen Einigungspolitik 1945–1950 a.a.O. S. 64; 67; Foerster, Europa a.a.O. S. 317; J.-B. Duroselle, L'idée d'Europe dans l'histoire, Paris 1965, S. 309 f.; D. Brandes, Konföderationspläne im 2. Weltkrieg, in: Südosteuropa-Mitteilungen 1983, S. 12; vernichtend ist das Urteil des ehemaligen Labour-Abgeordneten E. Hughes über Churchills Europapolitik. Er schreibt in seinem Buch: Churchill. Ein Mann in seinem Widerspruch, Kiel 2. Aufl. 1986, S. 203: »Winston Churchill unternahm nicht den geringsten Versuch, darzutun, wie eine Nachkriegspolitik für Europa auszusehen habe.«

[8] Beispiele für Staatenbünde sind die Schweizerische Eidgenossenschaft von 1803–1815 und von 1815–1848, die Konföderation in den USA von 1778–1787 und der Deutsche Bund von 1815–1866.

[9] Vgl. T. Kunnas, La tentazione fascista, Napoli 1981, S. 13

[10] Benoist-Méchin, De la défaite au désastre, Band 2 a.a.O. S. 179

[11] B. Martin, Das »Dritte Reich« und die »Friedens«-Frage im Zweiten Weltkrieg, in: Nationalsozialistische Außenpolitik a.a.O. S. 549

[12] Foerster, Europa a.a.O. S. 312

[13] Drieu la Rochelle, Geheimer Bericht a.a.O. S. 126

[14] De Rougemont a.a.O. S. 245

Quellen- und Literaturverzeichnis

A Unveröffentlichte Quellen

1) Politisches Archiv des Auswärtigen Amtes. Bonn

Büro des Staatssekretärs. Italien
vom 1. Januar 1943–31. März 1943, Band 12;
vom 1. April 1943–30. Juni 1943, Band 13;
vom 16. Oktober 1943–31. Dezember 1943, Band 18;
vom 1. Januar 1944–30. April 1944, Band 19;.

Büro des Staatsekretärs. Frankreich
vom 1. Juni 1941–30. September 1941, Band 5;
vom 1. Oktober 1941–31. Januar 1942, Band 6;
vom 1. Juli 1942–30. September 1942, Band 9;
vom 1. Oktober 1942–19. November 1942, Band 10.

Nachlaß Cécil von Renthe-Fink
Bd. 11: Entwürfe zu einer Denkschrift, die Gründung des europäischen Staatenbundes betreffend/wurde dem RAM über den St.S im November 1943 vorgelegt
Bd. 12: Versch. Aufzeichnungen
Bd. 13: Thesen, Aufzeichnungen, Pressestimmen. Sept. 1939–Okt. 1943
Bd. 14:
Bd. 15: Standardthesen und Richtlinien für die Deutsche Auslandspropaganda. Geheime Reichssache. Nur für den Dienstgebrauch

Handakten Luther
betreffend Schriftverkehr K-M von 1942, Bd. 13;
betreffend Schriftverkehr N-Sch von 1942, Bd. 14;
betreffend Schriftverkehr St-Z von 1942, Bd. 15;
betreffend Vortragsnotizen von 1942 bis 1943, Bd. 29;
betreffend Vortragsnotizen von 1942 bis 1943, Bd. 30;
betreffend a) Schriftverkehr Auswärtiges Amt, b) Hauspersonal Reichsaußenminister, c) Vorzimmerakte von 1936 bis 1943, Bd. 41;
betreffend Verschiedenes von 1940 bis 1943, Bd. 45.

Inland I – D. Italien: Kirche 6 von 1941 bis 1944, Bd. 2
Inland II A/B. Internationale Arbeitsgemeinschaft der Nationalisten (Dr. Keller) von 1934 bis 1937, Bd. 1; von 1937 bis 1940, Bd. 2. Az.: 82–22 Sdh. I, Paket 25.
Inland II g 17e. Geheime Reichssachen von 1942 bis 1943.

Inland II g 214. Volksdeutsche Allgemeines. Volkstumsfragen von 1938 bis 1944.
Inland II g 288. Volkstum und Grenzfragen. Eindeutschung des Ostlandes, Südostdt. Forschungsgemeinschaft, Völkische Neuordnung im SO von 1941 bis 1944.
Inland II g 289. Volkstum und Grenzfragen. Aufgabenkreis Forschungsgemeinschaften und Publikationsstellen u. a. von 1942 bis 1943.
Inland II g 291. Volkstum und Grenzfragen. Beobachtg. italien. Aktivität an Alpengrenze der Publikationsstelle Innsbruck von 1941–1943.
Inland II g 364. Betreffend Berichte und Meldungen zur Lage in und über Frankreich von 1943. Band 4.

2) Archiv des Instituts für Zeitgeschichte, München

Fa 78
Fa 272 Kurt O. Rabl: Denkschrift zur Neuordnung Europas und zur künftigen Verfassung eines Großreiches unter Führung der europäischen Nordvölker, 9.12.1942
Fd 42

MA 110
MA 128/1
MA 218
MA 253
MA 259
MA 290
MA 292
MA 327 A. E. Frauenfeld: Denkschrift über die Probleme der Verwaltung der bes. Ostgebiete, Bl. 419–455
MA 328
MA 331
MA 332
MA 340
MA 677/5
MA 798
NG 3009
ZS 670 Heinrich Büeler: Was die »SS« war und was sie nicht war, 1947
ZS 2372 Carl Peter Spahn: Die europäischen Freiheitsthesen

3)Bundesarchiv Koblenz

Nachlaß Haushofer 833. Denkschrift von Albert Haushofer: Gedanken zur Friedensordnung.
NS 31/42 Entwurf: Die politische Aufgabe des deutschen Führers und Unterführers in den fremdvölkischen Einheiten der Waffen-SS, nebst Begleitschreiben des SS-Hauptamtes, Amtsgruppe D, vom 22.10.1944

NSD 41/237 Lehrplan für die weltanschauliche Erziehung in der SS und der Polizei. Erarbeitet und herausgegeben vom SS-Hauptamt
R 43 II/311 Unterlagen zur Großraumwirtschaft
R 3/1941 Reichsministerium für Rüstung und Kriegsproduktion

4) Bundesarchiv/Militärarchiv Freiburg

RM 7/681. Seekriegsleitung 3. Abt. FP. Politische Übersicht Nr. 63. Berlin, den 16. März 1943
RM 7/681. Oberkommando der Kriegsmarine 3. Abt. SKL/FP. Tages-Übersicht Nr. 68. Berlin, den 22. März 1943

5) Dokumentenkabinett Vlotho. Studien-Sammlung für europäische Geschichte, Gegenwart und Zukunftsplanung

Heinz von Homeyer: Der Gedanke »Europa« – die Kriegsentscheidung. 18-seitige Denkschrift vom 1.3.1944
Unterlagen aus dem Generalplan 1944 der Amtsgruppe D des SS-Hauptamtes, fortgeschrieben 1945.
Unterlagen zu Deutschen Freiheitsbewegung, 1945.
Unterlagen zur European British Peace League.

6) Privatarchiv Professor Dr. Gerhard von Mende/Oslo, verwaltet durch Frau Karo von Mende

Gerhard von Mende: Volkstumspolitik im Osten, 19-seitige Denkschrift von 1943

7) Archiv Autor

Werner Best: Joachim von Ribbentrop, 9seitiges Manuskript vom 6.3.1949
Werner Best: Betrifft: Vidkun Quisling, 5seitiges Manuskript vom 25.12.1948
Vidkun Quisling: Schreiben an Reichsminister Lammers vom 2.8.1941 (6 Seiten).
Vidkun Quisling: Denkschrift über die russische Frage vom 2. Februar 1943, 29 Seiten nebst Begleitschreiben von SS-Obergruppenführer Berger vom 1. März 1943.
Vidkun Quisling: Die schwedische und nordische Frage, 13-seitige Denkschrift vom 30.3.1944 nebst Begleitschreiben von SS-Obergruppenführer Berger vom 13.4.1944
Vidkun Quisling: Entwurf Europa-Pakt 1944, 4 Seiten
Schreiben Himmlers an Berger vom 28.2.1944 (Der Reichsführer-SS, RF/M. 36/30/44g)
Folder »Wiederherstellung«. Dokument Nr. 2: Denkschrift »Überwindung der Katastrophe«. 5. April 1945. 6889 BDC Flensburg 7 June 1945

B Veröffentlichte Quellen, Reden, Tagebücher

ADAP – Akten zur Deutschen Auswärtigen Politik, Serie D, 1937–1941, Frankfurt 1961 – Göttingen 1970: Bd. VIII, September 1939 bis März 1940; Bd. IX, März bis Juni 1940; Bd. X, Juni bis August 1940; Bd. XI. 1, September bis November 1940; Bd. XI. 2, November 1940 bis Januar 1941; Bd. XII. 1, Februar bis April 1941; Bd. XII. 2, April bis Juni 1941; Bd. XIII. 1, Juni bis September 1941; Bd. XIII. 2, September bis Dezember 1941; Serie E, 1941–1945, Göttingen 1969 – Göttingen 1979: Bd. I, Dezember 1941 bis Februar 1942; Bd. II, März bis Juni 1942; Bd. III, Juni bis September 1942; Bd. IV, Oktober bis Dezember 1942; Bd. V, Januar bis April 1943; Bd. VI, Mai bis September 1943; Bd. VII, Oktober 1943 bis April 1944; Bd. VIII, Mai 1944 bis Mai 1945.

Anatomie der Aggression. Neue Dokumente zu den Kriegszielen des faschistischen deutschen Imperialismus im zweiten Weltkrieg, herausgegeben von Gerhart Hass und Wolfgang Schumann, (Ost-)Berlin 1972.

Bottai, Giuseppe: Vent' anni e un giorno (24 luglio 1943), Milano 1977.

Bottai, Giuseppe: Diario 1935–1944, a cura di Giordano Bruno Guerri, Milano 2. Aufl. 1983.

Ciano, Galeazzo: Diario 1939–1943, Milano 5. Aufl. 1971.

Cofrancesco, Dino: Ideas of the Fascist Government and Party on Europe, in: Documents on the History of European Integration, vol. 1, Berlin-New York 1985, S. 179–199.

Deutscher Widerstand 1938–1944. Fortschritt oder Reaktion? Herausgegeben von Bodo Scheurig, München 2. Aufl. 1984 (dtv dokumente Nr. 2943).

Documents on the History of European Integration, vol. 1: Continental Plans for European Union 1939–1945, edited by Walter Lipgens, Berlin-New York 1985.

Doob, Leonard W. (Hrsg.): »Ezra Pound speaking«. Radio Speeches of World War II, Westport-London 1978 (Contributions in American Studies, 37).

Drechsler, Karl/Dress, Hans/Hass, Gerhart: Europapläne des deutschen Imperialismus im Zweiten Weltkrieg, in: Zeitschrift für Geschichtswissenschaft 7/1971, S. 916–931.

Das Dritte Reich. Band 1: »Volksgemeinschaft« und Großmachtpolitik 1933–1945. Band 2: Weltmachtanspruch und nationaler Zusammenbruch 1939–1945, herausgegeben von Wolfgang Michalka, München 1985 (dtv dokumente Nr. 2925 und 2926).

L'Europa al convegno degli Istituti fascisti di cultura nel 1942, zwei Teile, in: Intervento, Roma Nr. 41 (Januar-Februar 1980), S. 111–128; Intervento, Roma Nr. 42 (März–April 1980), S. 111–128.

Gibbons, Robert: Allgemeine Richtlinien für die politische und wirt-

schaftliche Verwaltung der besetzten Ostgebiete, in: VJHZ, 25. Jg. (1977), S. 252–261.
Goebbels Tagebücher aus den Jahren 1942–43 mit anderen Dokumenten, herausgegeben von Louis P. Lochner, Zürich 1948.
Goebbels Tagebücher 1945. Einführung von Rolf Hochhuth, Bergisch Gladbach 1980.

Hassell, Ulrich von: Vom andern Deutschland. Aus den nachgelassenen Tagebüchern 1938–1944, Zürich 1946.
Heinrich Himmler. Geheimreden 1933 bis 1945 und andere Ansprachen. Herausgegeben von Bradley F. Smith und Agnes F. Peterson, Frankfurt-Berlin-Wien 1974.
Hitler, Adolf: Mein Kampf, München 77. Aufl. 1933.
Hitlers Zweites Buch. Ein Dokument aus dem Jahr 1928. Eingeleitet und kommentiert von Gerhard L. Weinberg, Stuttgart 1961 (Quellen und Darstellungen zur Zeitgeschichte, 7).
Hitlers Tischgespräche im Führerhauptquartier, herausgegeben von Henry Picker, Stuttgart 1977.
Adolf Hitler. Monologe im Führerhauptquartier 1941–1944. Die Aufzeichnungen Heinrich Heims, herausgegeben von Werner Jochmann, Hamburg 1980.

Jacobsen, Hans-Adolf: 1939–1945. Der Zweite Weltkrieg in Chronik und Dokumenten, Darmstadt 5. Aufl. 1961.
Jacobsen, Hans-Adolf: Der Weg zur Teilung der Welt. Politik und Strategie 1939–1945, Koblenz-Bonn 2. Aufl. 1979.

Keesings Archiv der Gegenwart 1939–1945. 7 Bände, Wien 1939–1944, Essen 1945.
Kosyk, Wolodymyr (Hrsg.): Das Dritte Reich und die ukrainische Frage. Dokumente 1934–1944, München 1985.

Lagebesprechungen im Führerhauptquartier. Protokollfragmente aus Hitlers militärischen Konferenzen 1942–1945, hrsg. von Helmut Heiber, Berlin-Darmstadt-Wien 1963.

Mussert, A. A.: Vijf Nota's van Mussert aan Hitler over de Samenwerking van Duitschland en Nederland in een Bond van Germaansche Volkeren 1940–1944, S-Gravenhage 1947 (Rijksinstituut voor Oorlogsdocumentatie, Serie Bronnenpublicaties Nr. 3)
Mussolini, Benito: Fascismo e nazismo, Roma 1984 (Scritti e discorsi, 14).
Mussolini, Benito: Testamento politico, Roma 1984 (Scritti e discorsi, 18).

Oberländer, Theodor: 6 Denkschriften aus dem Zweiten Weltkrieg über

die Behandlung der Sowjetvölker, Ingolstadt 1984 (Quellenstudien der Zeitgeschichtlichen Forschungsstelle Ingolstadt, 2).
Orestano, Francesco: Il convegno Volta sull' Europa della Regia Academia d' Italia (1932), in: Intervento, Roma Nr. 42 (März–April 1980), S. 93–109.
Ortona, Egidio: Il 1943 da Palazzo Chigi. Note di Diario, in: Storia contemporanea, Bologna 1983, S. 1067–1147.

Pétain et les Allemandes. Mémorandum d'Abetz sur les rapports Franco-Allemandes, Paris 1948.
Pirelli, Alberto: Taccuini 1922/1943, a cura di Donato Barbone, Bologna 1984.

Quisling, Maria: Dagbok og andre efterlatte papirer, Oslo 1980.

Reichsführer! Briefe an und von Himmler, herausgegeben von Helmut Heiber, München 1970 (dtv dokumente Nr. 639).
Rougemont, Denis de: Europa. Vom Mythos zur Wirklichkeit, München 1962.

Salewski, Michael: Ideas of the National Socialist Government and Party, in: Documents on the History of European Integration, vol. 1, Berlin-New York 1985, S. 37–178.
Schumann, Wolfgang: Die faschistische »Neuordnung« Europas nach den Plänen des deutschen Monopolkapitals, in: Zeitschrift für Geschichtswissenschaft 1/1971, S. 224–241.
Schumann, Wolfgang: Neue Dokumente der Reichsgruppe Industrie zur »Neuordnung« Europas, in: Jahrbuch für Geschichte, Band 5, (Ost-)Berlin 1971, S. 397–438.
Simoni, Leonardo (d. i. Michele Lanza): Berlin ambassade d'Italie 1939–1943, Paris 9. Aufl. 1947.
Staatsmänner und Diplomaten bei Hitler. Vertrauliche Aufzeichnungen über die Unterredungen mit Vertretern des Auslandes 1939–1941, herausgegeben und kommentiert von Andreas Hillgruber, München 1969 (dtv dokumente Nr. 554).
Studnitz, Hans-Georg von: Als Berlin brannte. Tagebuch der Jahre 1943–1945, Bergisch Gladbach 1985.

Ursachen und Folgen. Vom deutschen Zusammenbruch 1918 und 1945 bis zur staatlichen Neuordnung Deutschlands in der Gegenwart. Eine Urkunden- und Dokumentensammlung zur Zeitgeschichte. Herausgeber und Bearbeiter Herbert Michaelis und Ernst Schraepler unter Mitwirkung von Günter Scheel, Band 14 – Band 23, Berlin o. J.
Die Weizsäcker-Papiere 1933–1950, herausgegeben von Leonidas E. Hill, Frankfurt-Berlin-Wien 1974.
Wollt ihr den totalen Krieg? Die geheimen Goebbels-Konferenzen

1939–1943, herausgegeben von Willi A. Boelcke, München 1969 (dtv dokumente Nr. 578).

C Zeitgenössische Literatur

A.C.R.P.P. (Association pour la conservation et la reproduction photographique de la presse), Paris:
Le Combattant Européen, juin 1942–juillet 1944.
Devenir, février – juillet 1944.
L'Echo de Nancy, novembre 1944–février 1945.
Jeune Force de France, novembre 1942–juillet/août 1944.
Le Petit Parisien, 6 janvier–31 mars, 6–7, 10 avril 1945.

Ansaldo, Giovanni: Die geistigen Kräfte des neuen Europa, in: Die Aktion. Kampfblatt für das Neue Europa, Berlin-Leipzig, 3. Jahrgang, Dez.-Jan. 1942, S. 115–121.
Antonescu, Mihai: Die Lebenskraft Europas, in: Junges Europa, Berlin 1. Jahrgang 1942/42, Heft 11, S. 16–19.
Arzet, Robert: Zur kapitalwirtschaftlichen Neuordnung Europas, Berlin 1942 (Schriften des Deutschen Instituts für Außenpolitische Forschung und des Hamburger Instituts für Auswärtige Politik, Heft 97).
Aspa. Actualidades sociales y politicas de Alemania. Numero especial dedicado a la juventud, Berlin Nr. 131 (November 1942).

Backe, Herbert: Um die Nahrungsfreiheit Europas, Leipzig 1942.
Bade, Wilfrid: Der gute Europäer, in: Illustrierte Zeitung Leipzig. Sonderausgabe. Der europäische Mensch, 1944, S. 51–52.
Barnes, James Strachey: The Universal Aspects of Fascism, London 1928.
Berber, Friedrich: Die Neuordnung Europas und die Aufgabe der außenpolitischen Wissenschaft, in: Auswärtige Politik, 9. Jg., März 1942, S. 189–195.
Blau, Albrecht: Die Beteiligung der europäischen Völker am Kampf gegen den Bolschewismus, in: Europa und die Welt, Berlin 1944, S. 254–272.
Bottai, Giuseppe: Studi sull'Ordine Nuovo, in: Primato, 1. Juli 1943.
Bremer, Karl Heinz: Europäische Stimmen. Jacques Chardonne, in: Deutschland-Frankreich. Vierteljahresschrift des Deutschen Instituts/Paris, 1. Jg., Nr. 1/1942, S. 139–142.
Bühler, Theodor: Grundlagen der europäischen Sozialordnung, in: Zeitschrift für Politik, Berlin 1944, S. 233–249.

Capasso Torre di Caprara, G.: L'Asse e l'europa, Venezia 1944.
Chateaubriand, Alphonse de: Frankreich und der europäische Freiheitskampf, in: Junges Europa, Berlin 1. Jg. 1941/42, Heft 5, S. 29–31.
Ciasca, Raffaele: Difesa dell'Europa, in: Primato, 1. August 1942.

Cirese, Alberto Mario: Das europäische Gewissen, in: Junges Europa, Berlin 1. Jg. 1941/42, Heft 6, S. 4–7.
Clauss, Max: Tatsache Europa, Prag 1943.
Comités d'Action pour l'Universalité de Rome. Réunion de Montreux, 16–17 Décembre 1934–XIII, édité par le Bureau de Presse des Comités d'Action pour l'Universalité de Rome, Roma 1935.
Coudenhove-Kalergi, R.N.: Europa erwacht! Paris-Wien-Zürich 1934.

Daitz, Werner: Die europäische Großraumwirtschaft. Geschichtliche Grundlagen und natürliche Voraussetzungen, Sonderdruck aus Folge 22/1939 der Zeitschrift Der Vierjahresplan.
Daitz, Werner: Neuordnung Europas aus Rasse und Raum, in: Nationalsozialistische Monatshefte, München Bd. 11, 1940, II, S. 529–534.
Daitz, Werner: Die Achse und die Großlebensräume der Welt, in: Die Aktion, Berlin-Leipzig, 3. Jg., Dez.-Jan. 1942, S. 121–124.
Daitz, Werner: Völkischer Sozialismus und europäischer Sozialismus, in: Mitteilungen des Zentralforschungsinstituts für nationale Wirtschaftsordnung und Großraumwirtschaft, Nr. 2/1944, S. 5–11.
Daitz, Werner: Wiedergeburt Europas durch europäischen Sozialismus. Europa-Charta, Amsterdam 1944.
Daye, Pierre: Die europäische Revolution und der Krieg, in: Junges Europa, Berlin 1. Jg. 1941/42, Heft 3, S. 17–19.
Daye, Pierre: L'Europe aux européens, Bruxelles 1942.
Déat, Marcel: Europa und seine Völker, in: Junges Europa, Berlin 1. Jg. 1941/42, Heft 5, S. 29–31.
Degrelle, Léon: Ansprache an die Wallonische Legion, in: Die Aktion, Berlin 5. Jg., März 1944, S. 121–125.
Delaisi, Francis: Die Revolution der europäischen Wirtschaft, Stuttgart-Berlin 1943.
De Stefani, Alberto: Il riordinamento e la pacificazione dell'Europa, in: Rivista italiana di scienze economiche, Roma, Oktober 1941, S. 989–992.
Deutschland, Italien und das Neue Europa. Gesammelte Beiträge von Leo Bruhns, Hans Engel, Karl Brandi, Ernst Wilhelm Eschmann, Friedrich Baethgen, Franco Valsecchi, Albert Prinzing, Berlin 1943.
Das junge Deutschland. Amtliches Organ des Jugendführers des Deutschen Reiches, Berlin 36.–38. Jg., 1942–1944.
Die Dichtung im kommenden Europa. Weimarer Reden 1941, Hamburg 1942.
Didier, Friedrich: Europa arbeitet in Deutschland. Sauckel mobilisiert die Leistungsreserven, Berlin 1943.
Dietrich, Otto: Die geistigen Grundlagen des neuen Europa, Berlin 1941.
Doriot, Jacques: Réalités, Paris 1942 (Collection »Les temps nouveaux«)
Doriot, Jacques: Le destin français, Paris 1943.
Drieu la Rochelle, Pierre: L'Allemagne européenne, in: La Nouvelle Revue Française, Paris 1942, S. 104–112.
Drieu la Rochelle, Pierre: Chronique politique 1934–1942, Paris 1943.

Drieu la Rochelle, Pierre: France, Angleterre, Allemagne, in: Deutschland-Frankreich. Vierteljahresschrift des Deutschen Instituts/Paris, 1. Jg., Nr. 3/1943, S. 28–42.
Düssel, Carl: Europa und die Achse. Die kontinentaleuropäische Frage als Kehrseite britischer Politik, Essen 4. Aufl. 1942.
Düssel, Carl: Das politische Existenzminimum Europas, München 1944.

Engdahl, Per: Der Norden und das neue Europa, in: Die Aktion, Hamburg 2. Jg., Februar 1941, S. 213–218.
Epting, Karl: Europäische Stimmen. Drieu la Rochelle, in: Deutschland-Frankreich. Vierteljahresschrift des Deutschen Instituts/Paris, 1. Jg., Nr. 1/1942, S. 137–139.
Erckmann, Rudolf (Hrsg.): Dichter und Krieger. Weimarer Reden 1942, Hamburg 1943.
Eschmann, Ernst Wilhelm: Die Außenpolitik des Faschismus, Berlin 2. Aufl. 1934.
Europa. Handbuch der politischen, wirtschaftlichen und kulturellen Entwicklung des neuen Europa. Herausgegeben vom Deutschen Institut für Außenpolitische Forschung, Leipzig 1943.
Europa als Lebenskampfgemeinschaft. Europäische Vorlesungen. Herausgegeben vom Akademischen Kulturaustausch, Dresden 1942.
Europa und die Welt. Gesammelte Beiträge von E. W. Eschmann, H. Scurla u. a., Berlin 1944 (Veröffentlichungen des Deutschen Auslandswissenschaftlichen Instituts, 13).
Das Junge Europa. Der Europäische Jugendverband, in: Das junge Deutschland, 1942, S. 284–286.
Europäische Wirtschaftsgemeinschaft. Herausgegeben von dem Verein Berliner Kaufleute und Industrieller und der Wirtschafts-Hochschule Berlin, Berlin 1942.
Evers, W.: Die Bedeutung Norwegens in einem europäischen Großwirtschaftsraum, in: Die Umschau, 45. Jg., 1941, S. 262–266.
Evola, Julius: Reichsgedanke und Universalismus, in: Junges Europa, Berlin 1. Jg. 1941/42, Heft 8, S. 14–17.
Evola, Julius: Reich und Imperium als Elemente der Neuen Europäischen Ordnung, in: Europäische Revue, Berlin 1942, S. 69–75.

Fabre-Luce, Alfred: Anthologie de la Nouvelle Europe, Paris 1942.
Ferri, Carlo Emilio: Vorschläge zur wirtschaftlichen Zusammenarbeit in Europa, in: Junges Europa, 3/1943, S. 41–45.
Fleischer, Eugen: Europa und das neue Weltbewußtsein, Stuttgart 1942.
Fortentwicklung der Stellung der Ostarbeiter, in: Die Aktion, Berlin 5. Jg., März 1944, S. 130–132.
Frangeš, Otto von: Die Donaustaaten Südosteuropas und der deutsche Großwirtschaftsraum, in: Weltwirtschaftliches Archiv, 53. Jg., Heft 2/1941, S. 284–320.
Frauendienst, Werner: Der innere Neuaufbau des Reiches als Beitrag zur

europäischen Ordnung, in: Jahrbuch der Weltpolitik, Berlin 1942, S. 112–139.
Nationale Freiheit in der europäischen Gemeinschaft, in: Die Aktion, Berlin, 5. Jg., Oktober 1943. S. 1–5.
Die russische Freiheitsbewegung, in: Die Aktion, Berlin, 5. Jg., Juli 1944, S. 246–252.
Fritzsche, Hans: Der Kampf um Europa, in: Die Aktion, Berlin-Leipzig, 3. Jg., Nov. 1941, S. 49–52.
Funk, Walther: Die wirtschaftliche Neuordnung Europas, in: Monatshefte für auswärtige Politik, 1940, S. 630–636.
Funk, Walther: Reichswirtschaftsminister Walther Funk über die wirtschaftliche Zukunft Europas, in: Die Aktion, Berlin-Leipzig, 3. Jg., Dez.-Jan. 1942, S. 105–113.

Ganzer, Karl Richard: Das Reich als europäische Ordnungsmacht, Hamburg 2. Aufl. 1941.
Gebhardt, Gerhard: Europas Wirtschaftsfreiheit, Essen 1941 (Schriftenreihe der Gesellschaft für Europäische Wirtschaftsplanung und Großraumwirtschaft e. V., Berlin, 3).
Genechten, R. van: Die europäische Aufgabe der Niederlande, in: Junges Europa, Berlin 1. Jg. 1941/42, Heft 5, S. 31-33.
Goebbels, Joseph: An Europa. Auszug aus der historischen Rede im Berliner Sportpalast, in: Junges Europa, 4/1943, S. 8–11.
Gravelli, Asvero: Hitler, Mussolini und die Revision, Leipzig o.J. (1933).
Gray, Ezio M.: Dopo vent'anni. Il Fascismo e l'Europa, Roma 1943.

Hahn, Georg: Grundfragen europäischer Ordnung. Ein Beitrag zur Neugestaltung des Völkerrechts, Berlin-Wien 1939.
Hartung, Fritz/Mayer, Theodor/Platzhoff, Walter: Das Reich und Europa, Leipzig 2. Aufl. 1941.
Henne, Rolf: Europäische Entscheidung, in: Nationale Hefte. Schweizer Monatsschrift, Zürich VIII (1941/42), S. 65–69.
Herre, Paul: Deutschland und die europäische Ordnung, Berlin 1941.
Hillen Ziegfeld, A.: Deutschland – das Gewissen Europas. Führung und Ordnung als deutsche Sendung, Berlin-Tempelhof o.J. (1942).
Höhn, Reinhard: Reich, Großraum, Großmacht, Darmstadt 1942 (Forschungen zum Staats- und Verwaltungsrecht, Reihe A, Bd. XIII).
Hunke, Heinrich: Arbeit und Wehr als Grundsteine Europas, in: Europa als Lebenskampfgemeinschaft, Dresden 1942, S. 133–146.

Ipsen, Hans Peter: Zwischen Krieg und Neutralität. Die Staaten der Erde in ihrer Stellung zum Krieg, in: Brüsseler Zeitung vom 25.5.1943.
Ipsen, Hans Peter: Reichsaußenverwaltung. Die deutsche Verwaltung betreut jenseits der inneren Reichsgrenzen 154 Millionen Menschen, in: Brüsseler Zeitung vom 3.4.1943.

Janeff, Janko: Der europäische Geist, in: Europa als Lebenskampfgemeinschaft, Dresden 1942, S. 133–146.

Keuchenius, Pieter Emiel: Germanischer Aufbruch. Holland im Sturm seiner Schicksalswende, Berlin 1941.
Knudsen, Thorvald: Rußland und Europa. Herausgegeben vom Zentralforschungsinstitut für Nationale Wirtschaftsordnung und Großraumwirtschaft Dresden, Dresden 1943.
Der Kongreß von Salzbrunn in der europäischen Presse, in: Wirtschafts- und Sozialberichte. Herausgegeben vom Arbeitswissenschaftlichen Institut der Deutschen Arbeitsfront, Berlin Nr. 3/4, August 1944, S. 55–56.
Koskenniemi, Veikko Antero: Die europäische Front, in: Junges Europa, Berlin 1. Jg. 1941/42, Heft 1, S. 9–11.
Kriegk, Otto: Die Geburt Europas, Berlin 1943.

Liszt, Franz von: Ein Mitteleuropäischer Staatenverband, Leipzig 1914 (Zwischen Krieg und Frieden, 2).
Loesch, Karl von: Großraumbildung, in: Europa und die Welt, Berlin 1944, S. 120–130.
Lunde, Gulbrand: Der Platz Norwegens im Neuen Europa, in: Nordlandir, Oslo 2. Jg. 1942, S. 5–7.
Lunde, Gulbrand: Die nationale Bewegung in Norwegen, in: Zeitschrift für Politik, 31. Band, Heft 11/1941, S. 653–667.

Mabre (d. i. Max Brehm): Feldzug für Europa. Ein Bildbericht vom Krieg gegen die Sowjetunion, Neustadt/Aisch o.J. (1942).
Man, Henri de: Après coup (Mémoires), Bruxelles 1941.
Man, Henri de: Réflexions sur la paix, Bruxelles 1942.
Manoilescu, Mihail: Ideen zum staatlichen Neuaufbau Europas, in: Junges Europa, Berlin 1. Jg. 1941/42, Heft 4, S. 31–38.
Manoilescu, Mihail: Vorarbeiten zur europäischen Neuordnung, in: Europäische Revue, Berlin, April 1941, S. 223–227.
Marcheselli, Orazio: Männer schaffen Europa, Bologna o.J. (ca. 1941).
Marsanich, Augusto de: Unità economica dell'Europa, in: Economia fascista, Roma 1940, S. 12–18.
Morandi, Carlo: L'idea dell'unità dell'Europa, in: Primato vom 1.11.1942.
Müllereisert, F. A.: Die in Einigung begriffenen Staaten von Europa, das Großdeutsche Reich und das Völkerrecht des europäischen Großraumes, Karlsruhe 1941.
Mussert, Anton Adriaan: Die Aufgabe der Niederlande im Neuen Europa, Utrecht o.J. (1940).
Mussert, Anton Adriaan: Über den niederländischen Staat in dem neuen Europa, Utrecht 1942.

Mussert, Anton Adriaan: Der europäische Bund, in: Junges Europa, Berlin 1. Jg. 1941/42, Heft 4, S. 19–20.

Naumann, Friedrich: Mitteleuropa, Berlin 1916.
Norwegens Teilname am internationalen Pressekongreß in Venedig, in: Nordlandir, Oslo 2. Jg. 1942, S. 11–15.

Oesterheld, Alfred: Wirtschaftsraum Europa, Oldenburg-Berlin 1943.
Østring, Bjørn: Das Blut der Gefallenen ist Saat, in: Junges Europa, Berlin 9/10 1943, S. 45–48.
Völkische Ostpolitik des Reiches, in: Die Aktion, Berlin 5. Jg. 1944, S. 205–208.

Pacces, F.M.: Verso un economia corporativa europea, in: Critica Fascista, Roma 1.11.1940.
Pastenaci, Kurt: Neuordnung Europas, o.O., o.J. (ca. 1941).
Payr, Bernhard: Phönix oder Asche. Frankreichs geistiges Ringen nach dem Zusammenbruch, Dortmund 1942.
Pfeffer, Karl Heinz: Europa in der Auseinandersetzung der Kontinente, in: Europa und die Welt, Berlin 1944, S. 55–70.
Probleme des europäischen Großwirtschaftsraumes. Gesammelte Beiträge von A. Reithinger, B. Kiesewetter, W. Grävell, K. Krüger, W. Schmidt, Berlin 1943.

Quisling, Vidkun: A Nordic World Federation, in: The British Union Quarterly, Vol. I, No. 1, Jan.-April 1937, S. 87–101.
Quisling, Vidkun: Rußland und wir, Oslo 1942.
Quisling ruft Norwegen! Reden und Aufsätze, München 1942.
Quisling, Vidkun: Norwegen und die germanische Aufgabe in Europa, In: Zeitschrift für Politik, 32. Band, Heft 12/1942, S. 787–804.

Ratenieks, A.: Was bringt die Neuordnung Europas den europäischen Völkern, herausgegeben von der Gesellschaft für Europäische Wirtschaftsplanung und Großraumwirtschaft e.V., Dresden 1942.
Der Reichsorganisationsleiter der NSDAP (Hrsg.): Deutschland ordnet Europa neu! Schulungsunterlage Nr. 10, Bearbeiter: Gauschulungsleiter Kieckbusch, o.O., O.J. (1942).
Der Reichsorganisationsleiter der NSDAP (Hrsg.): Der Weltkampf des Reiches. Schulungsunterlage Nr. 25, o.O., 25.11.1943.
Der Reichsorganisationsleiter der NSDAP (Hrsg.): Die europäische Revolution. Schulungsunterlage Nr. 27, Berlin o.J. (ca. 1944).
Rein, Adolf: Europa und das Reich. Betrachtungen zur Geschichte der europäischen Ordnung, Essen 1943 (Veröffentlichungen des Deutschen Instituts für Außenpolitische Forschung).
Rheinbaben, Werner Freiherr von: Um ein neues Europa. Tatsachen und Probleme, Berlin 1939.

Ribbentrop, Joachim von: Le temps travaille pour les puissances de l'ordre nouveau unies par le Pacte tripartite, o.O., o.J. (ca. 1943).
Rose, Franz: Neuordnung Europas. 1000 Jahre Frieden! Berlin o.J. (1941).
Rumpf, Helmut: Mitteleuropa. Zur Geschichte und Deutung eines politischen Begriffs, in: Historische Zeitschrift, Berlin, 165 (1942), S. 510–527.
Rustad, Einar J.: Hva betyr en germansk samling for Norge? In: Skuqqsja Nr. 5–6 (Mai-Juni) 1944, S. 138–143.

Sanders, A.: Bemerkungen zur kontinentaleuropäischen Entwicklung in: Nationalsozialistische Monatshefte, München, Bd. 11, 1940, II, S. 515–528.
Sanders, A.: Um die Gestaltung Europas. Kontinentaleuropa vom Mythos bis zur Gegenwart, München 3. Aufl. 1942.
Sanders, A.: Die Stunden der Entscheidung. Kampf um Europa, München 1943.
Schlußprotokoll der Tagung von Bad Salzbrunn, in: Wirtschafts- und Sozialberichte. Herausgegeben vom Arbeitswissenschaftlichen Institut der Deutschen Arbeitsfront, Berlin Nr. 1/2, Mai 1944, S. 4–5.
Schmidt, Heinz: Europäischer Jugendverband, in: Das junge Deutschland Nr. 9/1942, S. 225 f.
Schüßler, Wilhelm: Mitteleuropa als Wirklichkeit und Schicksal, Köln 2. Aufl. 1939.
Schüßler, Wilhelm: Vom Reich und der Reichsidee in der deutschen Geschichte, Leipzig-Berlin 1942.
Selvi, Giovanni: Die Grundlagen der Neuen Ordnung, in: Reich, Volksordnung, Lebensraum, Darmstadt III. Band 1942, S. 9–39.
Seyß-Inquart, Arthur: Idee und Gestalt des Reiches, o.O., o.J. (1943).
Seyß-Inquart, Arthur: Worum es geht. Worte an die Führer der HJ nach einer Ansprache in der Akademie für Jugendführung am 14. Juli 1944 (Nur für den Dienstgebrauch in der HJ), o.O., o.J. (1944).
Sivers, Erik von: Die Struktur der Großraumwirtschaft, in: Mitteilungen des Zentralforschungsinstituts für nationale Wirtschaftsordnung und Großraumwirtschaft, Dresden 3/4 1944, S. 46–67.
Six, Franz Alfred: Das Reich und die Grundlegung Europas, in: Jahrbuch der Weltpolitik, Berlin 1942, S. 13–35.
Six, F. A.: Das Reich und Europa. Eine politisch-historische Skizze, Berlin 1943 (Schriftenreihe der NSDAP, Gruppe IV: Europäische Politik).
Six, Franz Alfred: Europa. Tradition und Zukunft, Hamburg 1944.
Six, Franz Alfred: Die Binnenkriege des europäischen Kontinents und der Einigungskrieg der Gegenwart, in: Europa und die Welt, Berlin 1944, S. 222–253.
Six, Franz Alfred: Europa in der Entscheidung, in: Zeitschrift für Politik, 35. Band, Nr. 1/3, Januar-März 1945, S. 35 f.

Smedal, Gustav: Grönland und der Norden. Sechs kleine Aufsätze über die Grönlandfrage, Oslo o.J. (ca. 1943).
Sölter, Arno: Das Großraumkartell. Ein Instrument der industriellen Marktordnung im neuen Europa. Herausgegeben vom Zentralforschungsinstitut für nationale Wirtschaftsordnung und Großraumwirtschaft, Dresden 1941.
Solaro, Giuseppe: Wirtschaftslenkung und Privatinitiative im Neuen Europa, in: Junges Europa, Berlin 1. Jg. 1941/42, Heft 9/10, S. 35–37.
Solaro, Giuseppe: La comunità imperiale fascista della nuova Europa, in: Geopolitica, Milano, anno IV, nr. 2 vom 28.2.1942, S. 93–98.
Sommer, Louise: Neugestaltung der Handelspolitik. Wege zu einem intereuropäischen Präferenzsystem, Berlin-Wien 1935.
Europäische Sozialwissenschaft, in: Wirtschafts- und Sozialberichte, Berlin Nr. 1/2, Mai 1944, S. 1–4.
Stegemann, Hermann: Weltwende. Der Kampf um die Zukunft und Deutschlands Gestaltwandel, Stuttgart-Berlin 1934.
Die Stellung der Sozialpolitik in der europäischen Ordnung. Herausgeber: Arbeitswissenschaftliches Institut der Deutschen Arbeitsfront, Berlin 1944.
Stuckart, Wilhelm: Gedanken zur praktischen Durchführung der europäischen Einigung, zwei Teile, in: Junges Europa 1. Jg. 1941/42, Heft 8, S. 7–13 und Heft 9/10, S. 30–34.

Tigerstedt, Örnulf: Nationalstaat und Europagedanke, in: Junges Europa, 7/8 1943, S. 10–15.
Tröge, Walter: Europäische Front. Soldaten bauen Europa, Wien o.J. (1942).

Varo, Arminio: During the darkness which precedes dawn. Verso gli stati uniti fascisti d'Europa, Milano 1932.
Vasbotten, Arnvid L.B.: Europäische Gemeinschaft und Europäisches Gemeinschaftsrecht, in: Nordlandir, 4. Jahrgang, Oslo Nr. 2, Februar 1945, S. 2–6.

Walz, G. A.: Völkerrechtsordnung und Nationalsozialismus. Untersuchungen zur Erneuerung des Völkerrechts, München 1942.
Winnig, August: Europa. Gedanken eines Deutschen, Berlin 1938.
Wintermayer, Eduard: L'Europe en marche, Paris 1943.
Wirsing, Giselher: Zwischeneuropa und die deutsche Zukunft, Jena 1932.
Wirsing, Giselher: Das Zeitalter des Ikaros. Von Gesetz und Grenzen unseres Jahrhunderts, Jena 1944.
Wofür kämpfen wir? Herausgegeben vom Personal-Amt des Heeres, Berlin 1944.

Ziegler, Wilhelm: Der Ordnungsgedanke in der europäischen Geschichte, in: Europa als Lebenskampfgemeinschaft, Dresden 1942, S. 49–71.

Zweite Zusammenkunft des Salzbrunner Arbeitskreises, in: Wirtschafts- und Sozialberichte, Berlin Nr. 5, November 1944, S. 79–83.

D Literatur nach 1945

Abellio, Raymond: Ma dernière mémoire, Band 3: Sol invictus, 1939–1947, Paris 1980.

Abetz, Otto: Das offene Problem. Ein Rückblick auf zwei Jahrzehnte deutscher Frankreichpolitik, Köln 1951.

Ackermann, Josef: Heinrich Himmler als Ideologe, Göttingen-Zürich-Frankfurt 1970.

Alfieri, Dino: Due dittatori di fronte, Milano 1948.

Ambri, Mariano: I falsi fascismi. Ungheria, Jugoslavia, Romania 1919–1945, Roma 1980.

Amouroux, Henri: La grande histoire des Français sous l'occupation, Band 6: L'impitoyable guerre civile, décembre 1942 – décembre 1943, Paris 1983.

Andreyev, Constance Catherine Laura: The Nature and Development of Opposition to Stalin as expressed by Soviet Citizens in German Hands During the Second World War. Dissertation submitted for the degree of Ph. D., University of Cambridge, o.J,.

Anfuso, Filippo: Die beiden Gefreiten. Ihr Spiel um Deutschland und Italien, München 1952.

Arndt, Ernst: Pierre Drieu la Rochelle. Ein Europäer zwischen den Fronten, in: Junges Forum, Hamburg, Nr. 1/1976, S. 3–17.

Barbul, Gheorge: Mémorial Antonescu. Band 1: Le IIIe homme de l'Axe, Paris 1950.

Barthélemy, Victor: Du communisme au fascisme. L'histoire d'un engagement politique, Paris 1978.

Bastianini, Giuseppe: Uomini, cose, fatti. Memorie di un ambasciatore, Milano 1959.

Baum, Walter/Weichold, Eberhard: Der Krieg der »Achsenmächte« im Mittelmeer-Raum. Die »Strategie« der Diktatoren, Göttingen-Zürich-Frankfurt 1973 (Studien und Dokumente zur Geschichte des Zweiten Weltkrieges, 14).

Bay, Achim: Der nationalsozialistische Gedanke der Großraumwirtschaft und seine ideologischen Grundlagen. Darstellung und Kritik, Dissertation, Köln 1962.

Benoist-Méchin, Jacques: Ernte 1940, Kiel 1983.

Benoist-Méchin, Jacques: De la défaite au désastre. Band 1: Les occasions manquées. Juillet 1940–avril 1942, Paris 1984. Band 2: L'espoir trahi. Avril – novembre 1942, Paris 1985.

Bertin, Francis: L'Europe de Hitler, 3 Bände, Paris 1976–1977.

Bertoldi, Silvio: La Repubblica de Salò. Storia, documenti, immagini, 4 Bände, Milano 1980–1981.

Blücher, Wipert von: Gesandter zwischen Diktatur und Demokratie. Erinnerungen aus den Jahren 1935–1944, Wiesbaden 1951.
Boehm, Hermann: Norwegen zwischen England und Deutschland. Die Zeit vor und während des Zweiten Weltkrieges, Lippoldsberg 1956.
Bondy, François: Es gibt zu viele Vaterländer. Die Wiederentdeckung des französischen Autors Pierre Drieu la Rochelle, in: Rheinischer Merkur vom 7.9.1979.
Borejsza, Jerzy W.: Il fascismo e l'Europa orientale. Dalla propaganda all'aggressione, Roma-Bari 1981.
Borejsza, Jerzy W.: Die Rivalität zwischen Faschismus und Nationalsozialismus in Ostmitteleuropa, in: VJHZ, 29. Jg. (1981), S. 579–614.
Bosl, Karl (Hrsg.): Das Jahr 1941 in der europäischen Politik, München-Wien 1972.
Bourget, Pierre: Paris, année 1944. Occupation – libération – épuration, Paris 1984.
Bova-Scoppa, R.: Colloqui con due dittatori, Roma 1949.
Bräutigam, Otto: So hat es sich zugetragen ... Ein Leben als Soldat und Diplomat, Würzburg 1968.
Brandes, Detlef: Konföderationspläne im 2. Weltkrieg, in: Südosteuropa-Mitteilungen, 23. Jg., 4/1983, S. 3–19.
Brasillach, Robert: Journal d'un homme occupé, Paris 1955.
Brasillach, Robert: Notre avant-guerre. Une génération dans l'orage. Mémoires, Paris 1973.
Brinckmann, Albert Erich: Geist der Nationen. Italiener/Franzosen/Deutsche, Hamburg 4. Aufl. 1948.
Brugmans, Henri: L'ideé européenne 1920–1970, Bruges 3. Aufl. 1970 (Cahiers de Bruges, N.S. 26).
Brunet, Jean-Paul: Jacques Doriot. Du communisme au fascisme, Paris 1986.
Buchheim, Christoph: Die besetzten Länder im Dienste der deutschen Kriegswirtschaft während des Zweiten Weltkrieges. Ein Bericht der Forschungsstelle für Wehrwirtschaft, in: VJHZ, 34. Jg. (1986), S. 117–145.

Céline, Louis-Ferdinand: Von einem Schloß zum andern, Reinbek/Hamburg 1960.
Chambrun, René de: Pierre Laval devant l'histoire, Paris 1983.
Charlier, Jean Michel: Degrelle Televisivo, Monfalcone 1984.
Cofrancesco, Dino: Il mito europeo del fascismo (1939–1945), in: Storia contemporanea, Bologna, 1983, S. 5–45.
Collotti, Enzo: Il »Nuovo Ordine« Europeo e l'imperialismo nazista, in: Rivista di storia contemporanea 1973, S. 358–373.
Cospito, Nicola/Neulen, Hans Werner (Hrsg.): Julius Evola nei documenti segreti del Terzo Reich, Roma 1986.
Coudenhove-Kalergi, Richard: Eine Idee erobert Europa. Meine Lebenserinnerungen, Wien-München-Basel 1958.

Coudenhove-Kalergi, Richard: Weltmacht Europa, Stuttgart 2. Aufl. 1972.

Dallin, Alexander: Deutsche Herrschaft in Rußland 1941–1945. Eine Studie über Besatzungspolitik, Düsseldorf 1958.
Deakin, F. W.: Die brutale Freundschaft. Hitler, Mussolini und der Untergang des italienischen Faschismus, Köln-Berlin 1962.
De Felice, Renzo: Mussolini il Duce. Gli anni del consenso 1929–1936, Torino 2. Aufl. 1976.
De Felice, Renzo: Mussolini il Duce. Lo stato totalitario 1936–1940, Torino 1981.
De Felice, Renzo: Intellettuali di fronte al fascismo, Roma 1985 (I fatti della storia. Saggi 18)
Degrelle, Léon: La nostra Europa, Padova 1980.
Degrelle, Léon: Waffen-SS. La grande sconosciuta, Manfalcone 1984.
Delmas, Claude: Histoire des projects d'unification politique d'Europe 1815–1970, Heule-Bruxelles-Namur 1971 (Université Internationale de Sciences Comparées Luxembourg).
Das Deutsche Reich und der Zweite Weltkrieg, herausgegeben vom Militärgeschichtlichen Forschungsamt, vorerst 4 Bände, Stuttgart 1979–1984.
Band 1: Ursachen und Voraussetzungen der deutschen Kriegspolitik;
Band 2: Die Errichtung der Hegemonie auf dem europäischen Kontinent;
Band 3: Der Mittelmeerraum und Südosteuropa;
Band 4: Der Angriff auf die Sowjetunion.
Diner, Dan: »Grundbuch des Planeten«. Zur Geopolitik Karl Haushofers, in: VJHZ 32. Jg. (1984), S. 1–28.
Dioudonnat, Pierre-Marie: Je suis partout 1930–1944. Les Maurassiens devant la tentation fasciste, Paris 1973.
Drechsler, Karl/Dress, Hans/Hass, Gerhart: Der Platz Zentraleuropas in der Konzeption der Großraumwirtschaft, in: Bulletin des Arbeitskreises Zweiter Weltkrieg, (Ost-)Berlin 1970, S. 2–29.
Drieu la Rochelle, Pierre: Bilan fasciste, in: »84«, Paris 1950, S. 47–55.
Drieu la Rochelle, Pierre: Mesure de la France, suivi de Écrits 1939–1940, Paris 1964.
Drieu la Rochelle, Pierre: Socialismo, fascismo, Europa, hrsg. von Jean Mabire, Roma 1964.
Drieu la Rochelle, Pierre: Die Unzulänglichen, Roman, Berlin 1966.
Drieu la Rochelle, Pierre: Le jeune européen, suivi de Genève ou Moscou, Paris 1978.
Drieu la Rochelle, Pierre: I cani di paglia, Romanzo, Bolzano 1979.
Drieu la Rochelle, Pierre: Der bolivianische Traum, Köln-Lövenich 1981.
Drieu la Rochelle, Pierre: Fragment de mémoires 1940–1941, Paris 1982.
Drieu la Rochelle, Pierre: Geheimer Bericht und andere biographische Aufzeichnungen, München 1986.

Das Dritte Reich und Europa. Bericht über die Tagung des Instituts für Zeitgeschichte in Tutzing/Mai 1956, München 1957.
Dupeux, Louis: »Nationalbolschewismus« in Deutschland 1919–1933. Kommunistische Strategie und konservative Dynamik, München 1985.
Duroselle, Jean-Baptiste: L'idée d'Europe dans l'histoire, Paris 1965.
Dwinger, Edwin Erich: Die 12 Gespräche 1933–1945, Velbert und Kettwig 1966.

Eichholtz, Dietrich: Expansionsrichtung Nordeuropa. Der »Europäische Großwirtschaftsraum« und die nordischen Länder nach dem faschistischen Überfall auf die UdSSR, in: Zeitschrift für Geschichtswissenschaft 1/1979, S. 17–31.
Europa. Gedanke und Wirklichkeit. Ausstellung des Historischen Archivs der Stadt Köln, Köln 1979.

Fleischhauer, Ingeborg: Die Chance des Sonderfriedens. Deutsch-sowjetische Geheimgespräche 1941–1945, Berlin 1986.
Foerster, Rolf Helmut: Europa. Geschichte einer politischen Idee, München 1967.
Freymond, Jean F.: Aspect's of the Reich's Ministry of Economics Concept of an economic reorganization of Europe (1940), in: Studia Historiae Oeconomicae. Bd. 14, 1979, Posen 1980, S. 5–14.
Frommelt, Reinhard: Paneuropa oder Mitteleuropa. Einigungsbestrebungen im Kalkül deutscher Wirtschaft und Politik 1925–1933, Stuttgart 1977 (Schriftenreihe der VJHZ, 34).
Frontfighters. The Norwegian Volunteer Legion of the Waffen-SS, 1941–1943, edited with an introduction by R. Landwehr, Madison/Wisc. USA, 1986.
Funke, Manfred: Universität und Zeitgeist im Dritten Reich, in: Aus Politik und Zeitgeschichte, B 12/86 vom 22. März 1986, S. 3–14.

Garibaldi, Luciano: Mussolini e il professore. Vita e diari di Carlo Alberto Biggini, Milano 1983.
Gatta, Bruno: Gli uomini del Duce, Milano 1986.
Gerard-Libois, J./Gotovitch, J.: L'An 40. La Belgique occupée, Bruxelles 1971.
Gheorghe, Ion: Rumäniens Weg zum Satellitenstaat, Heidelberg 1952.
Gillingham, John: Zur Vorgeschichte der Montan-Union. Westeuropas Kohle und Stahl in Depression und Krieg, in: VJHZ 34. Jg. (1986), S. 381–405.
Gregor, A. James: L'ideologia del fascismo, Milano 1974.
Grover, Frédéric J.: Drieu la Rochelle (1893–1945). Vie, œuvres, témoignages, Paris 1979.
Gruchmann, Lothar: Nationalsozialistische Großraumordnung. Die Konstruktion einer »deutschen Monroe-Doktrin«, Stuttgart 1962 (Schriftenreihe der VJHZ, 4).

Guerri, Giordano Bruno: Giuseppe Bottai, un fascista critico, Milano 2. Aufl. 1976.
Guerri, Giordano Bruno: Un gerarca che non amava la politica, in: Storia Illustrata Nr. 346 (September 1986), S. 102 (betrifft G. Bastianini).
Guerri, Roberto: Manifesti italiani nella Seconda Guerra Mondiale, Milano 1982.

Habsburg, Otto von: Die Reichsidee. Geschichte und Zukunft einer übernationalen Ordnung, Wien-München 1986.
Hansen, Reimer: Ribbentrops Friedensfühler im Frühjahr 1945, in: Geschichte in Wissenschaft und Unterricht, Dezember 1967, S. 716–730.
Hansen, Thorkild: Der Hamsun-Prozeß, Hamburg 1979.
Hayes, Paul M.: Quisling. The Career and Political Ideas of Vidkun Quisling, Newton Abbot 1971.
Henderson, W. O.: Mitteleuropäische Zollvereinspläne 1840–1940, in: Zeitschrift für die gesamte Staatswissenschaft, Bd. 122 (1966), S. 130–162.
Herbert, Ulrich: Fremdarbeiter. Politik und Praxis des »Ausländer-Einsatzes« in der Kriegswirtschaft des Dritten Reiches, Berlin-Bonn 1985.
Herbst, Ludolf: Der totale Krieg und die Ordnung der Wirtschaft. Die Kriegswirtschaft im Spannungsfeld von Politik, Ideologie und Propaganda 1939–1945, Stuttgart 1982 (Studien zur Zeitgeschichte, 21).
Hildebrand, Klaus: Deutsche Außenpolitik 1933–1945, Stuttgart-Berlin-Köln-Mainz, 3. Aufl. 1976.
Hill, Leonidas E.: The Wilhelmstraße in the Nazi Era, in: Political Science Quarterly, Lancaster LXXXII (1967), S. 546–570.
Hillgruber, Andreas: Hitler, König Carol und Marschall Antonescu. Die deutsch-rumänischen Beziehungen 1938–1944, Wiesbaden, 2. Aufl. 1965 (Veröffentlichungen des Instituts für Europäische Geschichte Mainz, 5).
Hillgruber, Andreas: Ion Antonescu, in: Biographisches Lexikon zur Geschichte Südosteuropas. Herausgegeben von Mathias Bernath und Felix v. Schroeder. Band I, A – F, München 1974 (Südosteuropäische Arbeiten, 75), S. 81–83.
Hillgruber, Andreas: Mihai Antonescu, in: Biographisches Lexikon zur Geschichte Südosteuropas, Band I a.a.O., S. 83–84.
Hillgruber, Andreas/Hümmelchen, Gerhard: Chronik des Zweiten Weltkrieges. Kalendarium militärischer und politischer Ereignisse 1939–1945, Düsseldorf 1978.
Hirschfeld, Gerhard: Fremdherrschaft und Kollaboration. Die Niederlande unter deutscher Besatzung 1940–1945, Stuttgart 1984 (Studien zur Zeitgeschichte, 25).
Höhne, Heinz: Der Orden unter dem Totenkopf. Die Geschichte der SS, Gütersloh 1967.
Hoffmann, Joachim: Die Geschichte der Wlassow-Armee, Freiburg 1984 (Einzelschriften zur militärischen Geschichte des Zweiten Weltkrieges, 27).

Hughes, Emrys: Churchill. Ein Mann in seinem Widerspruch, Kiel 2. Aufl. 1986.

Irving, David: Hitlers Krieg. Götterdämmerung 1942–1945, München-Berlin 1986.

Jacobsen, Hans-Adolf: Der Tod stand vor der Tür. Über den inneren Zusammenbruch Deutschlands im Frühjahr 1945, in: Die Welt Nr. 79 vom 3. April 1965.

Jacobsen, Hans-Adolf: Zur Rolle der Diplomatie im 3. Reich, in: Klaus Schwabe (Hrsg.): Das Diplomatische Korps 1871–1945, Boppard am Rhein 1985, S. 171–199.

Jacobsen, Hans-Adolf: Zur Lage der Nation: Deutschland im Mai 1945, in: Aus Politik und Zeitgeschichte, B 13/85 vom 30. März 1985, S. 3–22.

Jäckel, Eberhard: Frankreich in Hitlers Europa. Die deutsche Frankreichpolitik im Zweiten Weltkrieg, Stuttgart 1966 (Quellen und Darstellungen zur Zeitgeschichte, 14).

Jägerskiöld, Stig: Mannerheim 1867–1951, Herford 1985.

Kaehler, S. A.: Geschichtsbild und Europapolitik des Nationalsozialismus, in: Die Sammlung, 1954, S. 337–354.

Kehrl, Hans: Krisenmanager im Dritten Reich. 6 Jahre Frieden – 6 Jahre Krieg, Düsseldorf 1973.

Klose, Werner: Generation im Gleichschritt: Die Hitlerjugend. Ein Dokumentarbericht, Oldenburg-Hamburg-München 1982.

Kluke, Paul: Nationalsozialistische Europaideologie, in: VJHZ, 3. Jg. (1955), S. 240–275.

Knudsen, H. Franklin: I was Quisling's Secretary, London 1967.

Kohn, Hans: Propheten ihrer Völker. Mill, Michelet, Mazzini, Treitschke, Dostojewski. Studien zum Nationalismus des 19. Jahrhunderts, Bern 1948.

Kühl, Joachim: Föderationspläne im Donauraum und in Ostmitteleuropa, München 1958 (Untersuchungen zur Gegenwartskunde Südosteuropas, herausgegeben vom Südost-Institut München, II).

Kühnl, Reinhard: Zur Programmatik der nationalsozialistischen Linken: Das Strasser-Programm von 1925/26, in: VJHZ, 14. Jg. (1966), S. 317–333.

Kunnas, Tarmo: La tentazione fascista, Napoli 1981.

Ledeen, Michael Arthur: L'internazionale fascista, Roma-Bari 1973.

Lipgens, Walter: Die Anfänge der europäischen Einigungspolitik 1945–1950. Erster Teil: 1945–1947, Stuttgart 1977.

Lipgens, Walter: Widerstand gegen Hitler und europäische Föderation, in: Aus Politik und Zeitgeschichte, B 26/84 vom 30.6.1984, S. 25–37.

Lobsinger, François: Un Suisse au service de Hitler, Paris 1985.

Loock, Hans-Dietrich: Zur »Großgermanischen« Politik des Dritten Reiches, in: VJHZ, 8. Jg. (1960), S. 37–63.
Loock, Hans-Dietrich: Quisling, Rosenberg und Terboven. Zur Vorgeschichte und Geschichte der nationalsozialistischen Revolution in Norwegen, Stuttgart 1970 (Quellen und Darstellungen zur Zeitgeschichte, 18).

Mabire, Jean: Drieu parmi nous. Paris 1963.
Madajczyk, Czeslaw: Die Besatzungssysteme der Achsenmächte. Versuch einer komparativen Analyse, in: Studia Historiae Oeconomicae, Bd. 14, 1979, Posen 1980, S. 105–122.
Man, Henri de: Gegen den Strom. Memoiren eines europäischen Sozialisten, Stuttgart 1953.
Martin, Bernd: Friedensinitiativen und Machtpolitik im Zweiten Weltkrieg 1939–1942, Düsseldorf, 2. Aufl. 1976.
Martin, Bernd: Das »Dritte Reich« und die »Friedens«-Frage im Zweiten Weltkrieg, in: Wolfgang Michalka (Hrsg.): Nationalsozialistische Außenpolitik, Darmstadt 1978, S. 526–549.
Massobrio, Franco/Guglielmotti, Umberto: Storia della Repubblica Sociale Italiana, 2 Bände, Roma 3. Aufl. 1978.
Mergl, Georg: Rumänien. Der Weg zur Kapitulation 1940–1944, in: Osteuropa, 2. Jg. (1952), S. 379–385.
Meyers, Jan: Mussert, een politiek leven, Amsterdam 2. Aufl. 1984.
Michalka, Wolfgang (Hrsg.): Nationalsozialistische Außenpolitik, Darmstadt 1985.
Michalka, Wolfgang: Vom Antikominternpakt zum euro-asiatischen Kontinentalblock: Ribbentrops Alternativkonzeption zu Hitlers außenpolitischem »Programm«, in: W. Michalka (Hrsg.): Nationalsozialistische Außenpolitik a.a.O. S. 471–492.
Michel, Henri: Sur la collaboration »littéraire«, in: Revue des deux mondes, Januar 1985, S. 84–98.
Milward, Alan S.: German Economic Policy towards France, 1942–1944, in: K. Bourne/D. C. Watt: Studies in International History, London 1967, S. 422–443.
Milward, Alan S.: French Labor and the German Economy, 1942–1945: An Essay on the Nature of the Fascist New Order, in: The economic history review, 1970, S. 336–351.
Milward, Alan S.: Der Zweite Weltkrieg. Krieg, Wirtschaft und Gesellschaft 1939–1945, München 1977 (Geschichte der Weltwirtschaft im 20. Jahrhundert, 5).
Mohler, Armin: Die Konservative Revolution in Deutschland 1918–1932. Ein Handbuch, Darmstadt 2. Aufl. 1972.
Mohler, Armin: Deutsche Nachkriegspresse und Vergangenheitsbewältigung. Erinnerungen an Giselher Wirsing, in: Criticon Nr. 32, Nov.-Dez. 1975, S. 245–250 (auch in: A. Mohler: Tendenzwende für Fortgeschrittene, München 1978, S. 146–155).

Mohler, Armin: Karl Haushofer, in: Criticon Nr. 56, Nov.-Dez. 1979, S. 260-263.
Mohler, Armin: Der verlorenste Haufen, in: Criticon Nr. 87, Jan.-Febr. 1985, S. 5 ff.
Monelli, Paolo: Roma 1943, Milano 1979.
Moser, Arnulf: Das französische Befreiungskomitee auf der Insel Mainau und das Ende der deutsch-französischen Collaboration 1944/45, Sigmaringen 1980 (Konstanzer Geschichts- und Rechtsquellen, XXV).
Müller, Christian: Oberst i.G. Stauffenberg. Eine Biographie, Düsseldorf o.J. (1971) (Bonner Schriften zur Politik und Zeitgeschichte, 3).

Nagy-Talavera, Nicholas M.: The Green Shirts and the Others. A History of Fascism in Hungary and Rumania, Stanford/California 1970.
Narvaez, Louise Duchesse de Valence: Degrelle m'a dit, Bruxelles 1977.
Nestler, Ludwig: Über den Zeitpunkt und die Ursachen erster Ansätze zur Modifikation der Kriegszielplanung und der Okkupationspolitik Hitlerdeutschlands (Herbst 1942 bis Frühjahr 1943), in: Studia Historiae Oeconomicae, Bd. 14, 1979, Posen 1980, S. 123–139.
Neubacher, Hermann: Sonderauftrag Südost 1940–1945. Bericht eines fliegenden Diplomaten, Seeheim 3. Aufl. 1966.
Neulen, Hans Werner: Eurofaschismus und der Zweite Weltkrieg. Europas verratene Söhne, München 1980.
Neulen, Hans Werner: Europas verratene Söhne, Bergisch Gladbach 1982.
Neulen, Hans Werner: An deutscher Seite. Internationale Freiwillige von Wehrmacht und Waffen-SS, München 1985.
1943–45. L'immagine della Repubblica Sociale Italiana nella propaganda, a cura della Fondazione Luigi Micheletti, Milano 1985 (Katalog der gleichnamigen Ausstellung, Brescia 3.–24.10.1985).
Nilson, Sten Sparre: Knut Hamsun und die Politik, Villingen 1964.
Noack, Ulrich: Norwegen zwischen Friedensvermittlung und Fremdherrschaft, Krefeld 1952.
Nurdin, Jean: De la »Zwischeneuropa« à l'Europe Hitlérienne: L'itinéraire de G. Wirsing, in: Revue d'Allemagne, tome XVI, Numéro 3, Juli-September 1984, S. 510–521.

Pérusat, Jean-Marie: Drieu la Rochelle ou le goût du malentendu, Frankfurt-Bern-Las Vegas 1977.
Petacco, Arrigo: Gli ascari: Una lunga fedeltà, una misera pensione, in: Storia Illustrata Nr. 334 (September 1985), S. 28–29.
Petrick, Fritz: Das Okkupationsregime des faschistischen deutschen Imperialismus in Norwegen 1940 bis 1945, in: Zeitschrift für Geschichtswissenschaft, 1983, S. 397–413.
Pfeil, Alfred: Die französische Kriegsgeneration und der Faschismus: Pierre Drieu la Rochelle als politischer Schriftsteller, München 1971.
Pini, Giorgio/Susmel, Duilio: Mussolino. L'uomo e l'opera, 4 Bände, Firenze 4. Aufl. 1973.

Pintor, Giaime: Il sangue d'Europa (1919–1943), a cura die Valentino Gerratana, Torino 2. Aufl. 1966.
Piskol, Joachim: Zur Entwicklung der außenpolitischen Nachkriegskonzeption der deutschen Monopolbourgeoisie 1943 bis 1945, in: Jahrbuch für Wirtschaftsgeschichte 1969/II, S. 329–345.
Pitamitz, Antonio: Il gerarca dal volto umano, in: Storia Illustrata Nr. 346 (September 1986), S. 98–105 (betrifft G. Bastianini).
Plehwe, Friedrich Karl von: Schicksalsstunden in Rom. Ende eines Bündnisses, Frankfurt-Berlin 1967.
Poulet, Robert: Ce n'est pas une vie, Paris 1976.
»Primato« 1940–1943, antologia a cura di Luisa Mangoni, Bari 1977.

Reichert, Hans Ulrich/Brodman, Roman u. a.: Europa unterm Hakenkreuz. Städte und Stationen, Köln 1982.
Rein, Hannes: Wer war Quisling? In: Der Weg, Buenos Aires, 4. Jg., Heft 7, S. 654 ff.
Ribbentrop, Joachim von: Zwischen London und Moskau. Erinnerungen und letzte Aufzeichnungen, Leoni 1973.
Ricci, Berto: Lo scrittore italiano, Roma 1984.
Rintelen, Enno von: Mussolini als Bundesgenosse. Erinnerungen des deutschen Militärattachés in Rom 1936–1943, Tübingen-Stuttgart 1951.
Romualdi, Adriano: Il fascismo come fenomeno europeo, mit einer Einleitung von Marcello Veneziani, Roma 2. Aufl. 1984.
Rousso, Henri: Un château en Allemagne. La France de Pétain en exil. Sigmaringen 1944–1945, Paris 1980.
Roux, Dominique de: La mort de Céline, Paris 1969.

Saint-Ygnan, Jean-Louis: Drieu la Rochelle ou l'obsession de la décadence, Paris 1984.
Salewski, Michael: Staatsräson und Waffenbrüderschaft. Probleme der deutsch-finnischen Politik 1941–1944, in: VJHZ, 27. Jg. (1979), S. 370–391.
Salotti, Guglielmo: Nicola Bombacci da Mosca a Salò, Roma 1986 (I fatti della storia. Saggi, 20).
Schmidt, Paul: Statist auf diplomatischer Bühne 1923–45. Erlebnisse des Chefdolmetschers im Auswärtigen Amt mit den Staatsmännern Europas, Bonn 1950.
Schröder, Josef: Italiens Kriegsaustritt 1943. Die deutsche Gegenmaßnahmen im italienischen Raum: Fall »Alarich« und »Achse«, Göttingen-Zürich-Frankfurt 1969 (Studien und Dokumente zur Geschichte des Zweiten Weltkrieges, 10).
Schröder, Josef: Bestrebungen zur Eliminierung der Ostfront, 1941–1943, Göttingen-Zürich 1985.
Schumann, Wolfgang: Probleme der deutschen Außenwirtschaft und einer »Europäischen Wirtschaftsplanung« 1943/44, in: Studia Historiae Oeconomicae, Bd. 14, 1979, Posen 1980, S. 141–160.

Schumann, Wolfgang/Bednareck, Horst: Die faschistische »Neuordnung« Europas, in: Deutsche Außenpolitik, (Ost)Berlin 1969, S. 968–974.
Schwabe, Klaus (Hrsg).: Das Diplomatische Korps 1871–1945, Boppard am Rhein 1985 (Deutsche Führungsschichten in der Neuzeit, 16).
Schwerin von Krosigk, Lutz Graf: Staatsbankrott. Die Geschichte der Finanzpolitik des Deutschen Reiches von 1920 bis 1945. Göttingen-Frankfurt-Zürich 1974.
Seabury, Paul: Die Wilhelmstraße. Die Geschichte der deutschen Diplomatie 1930–1945, Frankfurt 1956.
Serrano Suñer, Ramón: Espagne 1931–1945, Paris 1984.
Setta, Sandro: Renato Ricci. Dallo squadrismo alla Repubblica Sociale Italiana, Bologna 1986.
Sieß, Jürgen (Hrsg.): Widerstand, Flucht, Kollaboration. Literarische Intelligenz und Politik in Frankreich, Frankfurt-New York 1984.
Silvestri, Franco: Il fascismo e l'Europa, in: Mussolini nel centenario della nascita, Roma 1986, S. 617–623.
Speer, Albert: Erinnerungen, Frankfurt-Berlin 8. Aufl. 1970.
Stehle, Hansjakob: Deutsche Friedensfühler bei den Westmächten im Februar/März 1945, in: VJHZ, 30. Jg. (1982), S. 538–555.
Steinert, Marlis G.: Die 23 Tage der Regierung Dönitz, Düsseldorf-Wien 1967.
Sternhell, Zeev: Ni droite ni gauche. L'idéologie fasciste en France, Paris 1983.
Steuckers, Robert: Hendrik de Man. Ein europäischer Nonkonformist auf der Suche nach dem Dritten Weg, in: Junges Forum, Hamburg Nr. 5–6/1985 (Frühjahr 1986).
Stockhorst, Erich: Fünftausend Köpfe. Wer war was im Dritten Reich, Kiel 2. Aufl. 1985.
Stubbe, Walter: In Memoriam Albrecht Haushofer, in: VJHZ 8 Jg. (1960), S. 236–256.
Stucki, Walter: Von Pétain zur Vierten Republik, Vichy 1944, Bern 1947.
Susmel, Duilio: I dieci mesi terribili, da El Alamein al 25 luglio 1943, Roma o.J.

Tamaro, Attilio: Due anni di storia, Band 1, Roma 1981 (Storia e documenti del fascismo, 4).
Thielenhaus, Marion: Zwischen Anpassung und Widerstand: Deutsche Diplomaten 1938–1941. Die politischen Aktivitäten der Beamtengruppe um Ernst von Weizsäcker im Auswärtigen Amt, Paderborn 1984.
Toynbee, Arnold/Toynbee, Veronica M. (Hrsg.): Hitler's Europe. Survey of International Affairs 1939–1946, London-New York-Toronto 1954.

Überschär, Gerd R.: Guerre de coalition ou guerre séparée: Conception et structures de la stratégie germano-finlandoise dans la guerre contre l'URSS (1941–1944), in: Revue d'Histoire de la deuxième guerre mondiale Nr. 118 (April 1980), S. 27–68.

Van der Elst, Frans: Elias, chef du V.N.V., in: Cahiers d'histoire de la Seconde Guerre Mondiale, Nr. 3/1974, S. 175–197.
Veillon, Dominique: La collaboration. Textes et débats, Paris 1984.
Vettori, Vittorio (Hrsg.): Antologia di Primato, Roma 1968.
Villari, Luigi: Italian Foreign Policy under Mussolini, New York 1956.
Volkmann, Hans-Erich: Autarkie, Großraumwirtschaft und Aggression. Zur ökonomischen Motivation der Besetzung Luxemburgs, Belgiens und der Niederlande 1940, in: Militärgeschichtliche Mitteilungen 1/1976, S. 51–76.
Volkmann, Hans-Erich: Aspekte der nationalsozialistischen Wehrwirtschaft 1933–1936, in: Francia. Forschungen zur westeuropäischen Geschichte, Band 5 (1977), S. 513–538.

Wegner, Bernd: Hitlers politische Soldaten: Die Waffen-SS 1933–1945, Paderborn 1985.
Weizsäcker, Ernst von: Erinnerungen, München-Leipzig-Freiburg 1950.
Weyer, Johannes: Politikwissenschaft im Faschismus (1933–1945). Die vergessenen zwölf Jahre, in: Politische Vierteljahresschrift, 26. Jg. (1985), Heft 4, S. 423–437.
Wiskemann, Elizabeth: The Rome-Berlin Axis. A Study of the Relations between Hitler and Mussolini, London 1966.
Wiskemann, Elizabeth: Fascism in Italy: Its Development and Influence, London-Melbourne-Toronto 1969.
Wistrich, Robert: Wer war wer im Dritten Reich, München 1983.
Wolf, Dieter: Die Doriot-Bewegung. Ein Beitrag zur Geschichte des französischen Faschismus, Stuttgart 1967 (Quellen und Darstellungen zur Zeitgeschichte, 14).

Zipfel, Friedrich: Hitlers Konzept einer »Neuordnung« Europas, in: Aus Theorie und Praxis der Geschichtswissenschaft. Festschrift für Hans Herzfeld, Berlin 1972, S. 154–174.

Register

Hans Werner Neulen

An deutscher Seite

Die Freiwilligen der Waffen-SS

Universitas

Alfred M. de Zayas

Die Wehrmacht-Untersuchungsstelle

Deutsche Ermittlungen über alliierte

Völkerrechts Verletzungen

im Zweiten Weltkrieg

Universitas/Langen-Müller

BRITANIEN
DÄNEMARK
NORWEGEN
SCHWEDEN
FINNLAND
NIEDERLANDE
FLANDERN
WALLONIE
FRANKREICH
SCHWEIZ
ITALIEN
SLOVENIEN
KROATIEN
ASERBEIDSCHAN
FREIES INDIEN
ALBANIEN
ATLANTISCHER OZEAN
NORDSEE
MITTEL MEER
Symbole der reichsdeutschen Divisionen auf Abzeichentafel.
Briten
Flamen
Wallonen
Franzosen
Spanier
Schweizer
Italiener
Araber
Dänen